요한계시록에서 보는
새로운 시작

요한계시록에서 보는 새로운 시작

초판 1쇄 인쇄 2017년 3월 20일
초판 1쇄 발행 2017년 3월 25일

    지은이 김덕수
    펴낸이 장대윤

    펴낸곳 도서출판 대서
      등록 제22-2411호
      주소 서울시 서초구 방배동 981-56
      전화 02-583-0612 / 팩스 02-583-0543
      메일 daiseo1216@hanmail.net

    디자인 참디자인

ISBN 979-11-86595-30-5 (03230)

* 책 값은 뒤표지에 있습니다.
* 잘못된 책은 교환하여 드립니다.

이 책은 신 저작권법에 의하여 한국 내에서 보호받는 저작물이므로
무단 전재와 무단 복제를 금합니다.

요한계시록 귀납적 강해

요한계시록에서 보는
새로운 시작

| 김덕수 지음 |

Inductive Exposition of Revelation

우리가 요한계시록을 이단들에게 뺏기지 말고, 조금 힘들어 보여도 꼭 읽어야 할 이유가 여기 있다. 요한계시록은 마지막 때를 사는 사람들에게 복된 삶의 길을 제시하기 때문이다. 그러므로 포기하지 말고 성경의 마지막 계시를 제대로 이해하여, 복된 삶의 길로 들어설 수 있도록 우리 모두가 함께 도전했으면 좋겠다.

도서출판 **대서**

서문

요한계시록이라고 하면 묵시서의 특성과 많은 상징성과 수많은 구약 인용 때문에 대개 어렵다는 생각을 모두 갖고 있는 것 같다. 그렇다고 우리 그리스도인들이 이 중요한 책을 포기하면, 이단들과 마귀의 놀이터가 되어 버릴 수 있다는 점을 잊지 말아야 한다.

성경의 첫 책인 창세기부터 마지막 책인 요한계시록까지 성경의 66권은 하나하나 중요하지 않은 책이 없지만, 하나님께서 어떻게 이 세상을 시작하여 어떻게 마무리하고 어떻게 온 세상을 새롭게 할 것인지를 우리가 알아야 하기에, 창세기 못지않게 요한계시록은 누구나 알아야 할 중요한 책이다.

그 말은 요한계시록은 많은 사람들이 생각하는 것처럼 세상의 종말을 다루는 책이 아니라, 우리의 죄로 인해 파괴된 모든 것들을 하나님께서 어떻게 새롭게 하시고, 새롭게 하실 것인가를 다루는 책이라는 의미이기도 하다. 그것이 왜 요한계시록이 말하는 새 하늘과 새 땅이 창세기의 에덴동산 이미지를 사용하는가의 이유이기도 하다.

어떤 사람들은 죄 많은 이 세상은 우리가 살 곳이 아니고 속히 천국 문을 향해 올라가야 한다고 생각하지만, 성경은 주님의 날이 되면 이 세상이 뜨거운 불에 풀어지고 하늘이 큰 소리로 떠나가더라도(벧후3:10-12) 하나님은 자신이 창조한 세상을 포기하지 않으신다 말씀하신다. 그의 창조는 옳은 것이고 우리가 죄로 세상을 파괴했어도 주님은 세상을 회복하실 것이란 것이 성경이 말하는 온전한 구원의 한 부분인 것이다.

그 말은 우리는 이 세상을 포기하고 하늘 어디로 올라가는 것이 아니라 우리는 그의 약속대로 의가 있는 새 하늘과 새 땅을 바라봐야 하며(벧후3:13), 그것은 하나님께로부터 하늘로서 내려오는 새 예루살렘 성(계 21:1-2)이라는 사실에 주목해야 한다는 사실이다.

그러나 이단 뿐 아니라 정통 기독교회 속에도 잘못된 신앙과 가르침이 파급되면서, 한국 기독교는 내세 지향적이며 이 세상을 포기하도록 가르쳐온 이원론적인 사상으로 옷 입은 비성경적 기독교가 되어 버렸고, 예수님을 죄 사함과 천국 티켓 주는 개인주의적 구원론 안에 가두어 버린 결과 기독교인들은 더 이상 세상 속에서 참된 빛도 소금도 되지 못하게 만들어 버렸다. 이것은 요한계시록이 계속 반복하는 음녀와 바빌론(17~18장)으로 묘사하는 세상을 성도들이 이기고 나오기는커녕 바빌론 같은 세상의 노예가 되게 만드는 것이다.

하나님은 실패자가 아니시기에 이 세상을 포기하지 않고, 첫 창조의 영광의 모습으로 만물을 새롭게 하시는 분(21:5)이시다. 그 가운데 우리의 썩을 몸도 부활의 몸을 입고 최후의 심판을 통과하여 생명나무에 나아가며(22:14) 하늘로부터 내려오는 거룩한 성(21:10)에서 빛되신 하나님과 영원히 함께 할 것이고(21:22-23) 우리는 생명수에 참여(22:17)하게 될 것이다. 그것이 총체적 구원의 그림이지, 성경이 말하는 구원은 내가 단순히 죄 사함 받고 저 구름 위 천당 가는 수준 이상인 것이다.

다른 말로 해서 요한계시록은 단순히 세상의 종말과 심판에 대한 책이 아니라, 죄로 파괴된 우리가 부활하신 주님께서 보여주셨던 영생의 모습으로 회복되고, 우리의 죄로 말미암아 탄식하고 있는 이 세상도 창세기에 에덴동산으로 그려졌던 새 하늘과 새 땅 곧 새예루살렘으로 이 땅에 회복되어 '새로운 시작'을 하는 이야기이다.

그렇다면 모든 그리스도인은 한 명도 빠짐없이, 이 모든 가장 영광스럽고 복된 요한계시록의 말씀의 축복에 함께 참여해야 한다. 이것은 신비체험을 한 자나, 특별한 신학자나, 특별계시를 받았다는 어떤 이긴 자만의 전유물이 아니라 모든 정상적인 그리스도인에게 주신 하나님의 말씀이다.

본서는 청담동의 베이직교회(조정민목사)에서 주일마다 설교했던 것을 기초로 했지만 그 당시 다루지 못했던 요한계시록의 첫 부분을 보완하고, 주일예배란 제한된 시간에 충분히 설명하지 못했던 부분을 조금 더 보강하여 누구나 알아보기 쉽게 정리한 요한계시록 강해서이다.

본문 중간의 소제목들은 그 앞 부분에서 본문의 원래 의미를 살펴보고 그것이 오늘의 삶에 어떤 교훈을 주는지 적용할 수 있고 교훈까지 아우르도록 제시한 개요들이다. 즉 귀납적 강해라는 말이다.

전통적인 연역적 강해는 저자가 말하고자 하는 몇 가지 사항(결론)을 먼저 제시하고, 그것을 성경 본문을 사용하여 입증해나가는 방식이다. 그러나 귀납적 강해라 함은 먼저 본문을 관찰하고, 그 본문이 말하고자 하는 바가 무엇인지를 찾아보고, 그 의미를 설명한 후에 요약된 원리를 각 부분의 작은 결론으로 뒤에 제시하는 것이다. 즉 본문이 말하고자 하는 바를 제시하는 것이지, 내가 하고 싶은 말을 하고 성경 이 구절 저 구절을 끄집어들여 내 주장을 옹호하게 만드는 방식이 아니다.

그런 의미에서 각 단락의 요지(개요)들은 그 앞 내용의 작은 결론이기에 개요문 앞에는 앞부분을 가리키는 작은 화살표를 붙여놓은 것이다.

아무쪼록 이 책을 통해 신학자나 목회자만이 아니라, 한국교회의 모든 성도들이 하나님께서 디자인하신 세상의 시작과 마지막 즉 새로운 시작의 거대한 그림을 파악하여, 지금 우리가 어디쯤 어디에 살고 있는지 깨달아 오늘의 사명을 감당하고 바빌론처럼 거대한 세상의 탐욕의 구덩이에서 믿음으로 이기고 나오는 모두가 되기를 축원한다.

백석대학교 신학대학원 방배동 연구실에서
김덕수 교수

목 차

서문 · 4

01 마지막 때를 사는 우리의 자세(계 1장) · 11
02 거부할 것과 지켜야 할 것(계 2:1-7) · 30
03 경제적 압박 속에서도 믿음을 지키다(계 2:8-17) · 38
04 냄비 신앙과 연탄불 신앙(계 2:18-26) · 52
05 당신은 이름 값을 하고 계십니까?(계 3:1-6) · 62
06 천국 문으로 인도하는 교회, 열린 문을 가로 막는 교회(계 3:7-13) · 72
07 우리를 내치지 마옵소서(계 3:14-22) · 80
08 숨기고 싶은 것, 보여주고 싶은 것(계 4:1-11) · 91
09 사역과 예배의 본질(계 5:1-14) · 102
10 지혜와 능력의 예수님을 찬송하라!(계 5:8-14) · 121
11 심판 가운데의 안식(계 6장) · 125
12 심판 가운데 베푸시는 은혜(계 7장) · 137
13 아직 기회가 있을 때에(계 8장) · 147
14 우리가 피해야 할 것들(계 9장) · 159
15 힘들지만 중요한 선택(계 10장) · 171

16 잠시 환난을 당해도 우리는 결국 이길 것이다(계 11장) · 185

17 박해를 이기고 나오는 승리할 교회(계 12장) · 199

18 더 이상 미혹당하지 마세요(계 13장) · 213

19 소속을 밝히세요!(계 14장) · 229

20 오직 어린 양만 노래하자(계 15장) · 243

21 의로운 심판과 참된 축복(계 16장) · 255

22 흙탕물에서 나오세요!(계 17-18장) · 269

23 종말을 맞이하는 사람의 자세(계 19장) · 281

24 첫번째 부활(계 20:1-6) · 294

25 부활과 심판(계 20장) · 306

26 하늘과 땅의 위대한 결합(계 21:1-8) · 317

27 새 예루살렘 새 에덴(계 21:9-22:5) · 328

28 우리를 향해 다가오시는 주님(계 22:6-21) · 340

01
마지막 때를 사는 우리의 자세
(요한계시록 1장)

　요한계시록을 읽을 때마다 많은 사람들은 종말이 언제 오고, 그 때 무슨 일이 벌어질 것인지에 대한 관심에서 접근한다. 그러다보니 요한계시록은 시한부 종말론자들의 모판이 되기도 했다.
　또 어떤 사람들은 요한계시록을 천국의 비밀에 대한 책으로만 보니, 자신과 자기네 집단만 그 비밀을 해석할 능력이 있다는 주장을 함으로 본의 아니게 요한계시록은 이단들의 놀이터가 되어 버렸다.
　이단이 아닌 제대로 된 교회에 다니는 사람들 가운데는 이 요한계시록이 너무 어렵고, 단순히 종말에 대한 얘기만 가득한 책이라고 관심이 안 간다는 사람들도 있다. 정말 요한계시록은 일상을 살아가는, 아니 치열하게 오늘을 살아가야만하는 우리 대부분의 성도들에게는 아무런 의미가 없는 책인가? 그렇지 않다. 요한의 계시록을 통해 우리는 세상의 마지막 일의 결과를 보게 되기에 자동적으로 오늘을 어떻게 살아야 할지, 보다 명확하게 알게 된다.
　또 어떤 사람들은 요한계시록을 함부로 풀 수 없는 신비하고 어려운 책이란 점만 강조하여 특별계시를 받은 오직 자신만 알 수 있다는 식으로 호도하여 추종자를 끌어 모으기도 한다.
　하지만 1:3 말씀처럼 이 예언의 말씀을 읽고 지키는 자만이 복이 있다는 말씀은 무효란 말인가? 그렇지 않다. 요한계시록이 상징적 언어로 쓰인 부분이 많지만, 2천 년의 시간과 지구의 반대편 이라는 문화적 차이를 극복할 수 있도록 몇 가지 도움만 받는다면 누구나 그 기본적이고 핵심적인 메시지를 통해 하나님께서 약속한 복된 삶을 누릴 수 있다.

성경은 모든 하나님의 백성을 위한 책이지 극소수의 특별한 자만을 위한 것이 아니라는 것이 우리 기독교 신앙의 출발점이고 기본임을 잊지 말아야 한다.

우리가 요한계시록을 이단들에게 뺏기지 말고, 조금 힘들어 보여도 꼭 읽어야 할 이유가 여기 있다. 요한계시록은 마지막 때를 사는 사람들에게 복된 삶의 길을 제시하기 때문이다. 그러므로 포기하지 말고 성경의 마지막 계시를 제대로 이해하여, 복된 삶의 길로 들어설 수 있도록 우리 모두가 함께 나아갔으면 좋겠다.

먼저 계시록은 우리가 이 책의 이름을 부르듯 요한의 계시가 아니라, 예수님의 계시임을 밝히면서 시작한다.

1:1a 예수 그리스도의 계시라

예수 그리스도의 계시란 예수 그리스도에 의한 계시란 의미로 이해할 수도 있고, 예수 그리스도로부터 나온 계시라고 이해해도 된다. 두 가지 중 어떤 것이든, 분명한 것은 예수님께서 그 백성들에게 알리고 싶어서 보여주셔서 계시하신 내용이라는 말이다. 그러므로 우리는 이 책의 메시지를 분명하게 알아야 한다.

1b 이는 하나님이 그에게 주사 반드시 속히 일어날 일들을 그 종들에게 보이시려고 그의 천사를 그 종 요한에게 보내어 알게 하신 것이라

이 요한계시록에 나오는 이야기들은 그 목적을 분명히 밝히고 시작하건대 이는 '반드시 속히 일어날 일들'이다. 정말 이런 일이 생길까 하는 사람들은 성경에서 이미 이루어졌던 수많은 예언의 사실들을 기억해보라. 하나님께서 미리 말씀하셨던 것들 가운데 성취되지 않은 것이 있던가? 모두 이루어졌다. 아닌 것을 찾았다면 그것은 앞으로 이루어질 일임을 우리는 성경에 나타난 대부분 사건과 성취를 통해 확신하게 된다. 그러므로 앞으로 요한계시록에서 볼 일도 이미 이루어진 것도 있고, 지금 이루어져 가고 있는 것도 있음을 알게 될 것이고 또한 얼마되지 않아 이루어질 것을 우리는 확신하게 된다.

하나님은 항상 어떤 일을 갑자기 행하시지 않는다. 언제나 미리 알리시고 그의 백성들이 대비할 수 있는 은혜를 베풀어오셨다.

다니엘 2:28도 보면 "오직 은밀한 것을 나타내실 이는 하늘에 계신 하나님이시라 그가 느부갓네살 왕에게 후일에 될 일을 알게 하셨나이다"고 한다. 하나님은 심지어 느부갓네살 왕을 통해서도 알리셨는데 요한과 사도들을 통해 마지막 때의 일을 알려주지 않으시겠는가?

하나님은 예수 그리스도를 통해 우리에게 그것을 계시하실 뿐 아니라, 천사들을 통해 요한과 종들을 통해 계시하신 것이라고 1절은 말한다.

이 때 종들은 특별한 선지자나 어떤 선지자 그룹이 아니라, 하나님의 신앙공동체 구성원 전체를 말한다. 따라서 어떤 이단 지도자들이 말하는 것처럼 자신만 계시록의 비밀을 안다고 주장하는 것은 1장 1절부터 틀린 잘못된 주장임을 잊지 말기 바란다.

목사가 설교를 하는 것도, 요한이 기록한 이 책도, 전부 하나님께서 보여주시고 계시하신 것을 증언하는 것뿐이다. 2절을 보라.

1:2 요한은 하나님의 말씀과 예수 그리스도의 증거 곧 자기가 본 것을 다 증언하였느니라

계시록은 하나님 말씀과 예수 그리스도의 증언에 대한 책이다. 요한이 창작한 것이 아니다.

오늘날 우리가 듣는 설교란 무엇인가? 그것은 철저히 하나님이 하신 말씀의 증언이어야지 설교자 자신의 창작이 되면 안된다.

그럼 이렇게 하나님께서 계시하시고, 우리에게 알게 하신 이유는 무엇 때문인가?

먼저 3절 후반에서 "때가 가까움이라"고 한다. 마지막 때가 가까이 다가왔기 때문이다. 막 1:15은 "예수께서 때가 찼고 하나님의 나라가 가까이 왔으니"라고 말씀하셨던 것을 증언하고 있다.

가깝다는 말은 도착이 시작됐다는 말이다. 그것은 먼 미래의 일이 아니라 지금 일어나기 시작하고 있다는 것이다. 재림과 완성이 임박했다는 말이 아니라, 요한에게는 자기 세대에 시작되어 진행되고 있는 것으로 보고 있다. 말씀의 성취가 이미 시작됐다는 말이다.

1:12, 20절에서 스가랴 4장의 일곱 촛대를 인용한 것과, 16절에서 사 49:2을 인용해 메시아의 입에서 나오는 양날 선 칼을 언급하는 것도 성취가 시작되었다는 관점 때문이다. 그것은 1:7에서도 확인할 수 있을 것이다.

1:7 볼지어다 그가 구름을 타고 오시리라 각 사람의 눈이 그를 보겠고 그를 찌른 자들도 볼 것이요 땅에 있는 모든 족속이 그로 말미암아 애곡하리니 그러하리라 아멘

이 구절은 다니엘 7:13 예언의 성취를 말하는 것이다. 성부 하나님 우편에 앉으셨던 그리스도께서 이 땅에 왕좌를 펴시고 즉위하심으로 성취된다.

주께서 구름을 타고 오시는 이유는 무엇일까? 단순한 재림의 방법을 설명하는 것이 아니라, 심판주로 오늘날의 교회를 심판하러 오고 계심을 상징하는 것이다.

계시록 전체에서 그리스도의 오심은 마지막 때를 위해 하나님께서 세상을 정리하는 것으로, 세상을 향한 하나님 나라의 역사 전체 과정을 마무리하기기 위한 오심이다. 그것은 세상과 우리 앞에 축복과 심판을 베푸는 과정으로 이해해야 한다. 당대의 교회에 그리스도께서 주권을 행사하러 오시는 것이고, 이런 전 과정을 끝내는 마무리로 마지막 오심이 재림이다.

그 재림, 주님의 오심을 7절은 '오시리라', 8절은 '장차 올'이라고 미래적으로 표현했지만, 실제적으로는 지금 성취가 점진적으로 진행되고 있다는 이야기다. 빌라델비아 교회에 주시는 말씀 중 3:11에서 '내가 속히 오리라'고 약속하신 것도 같은 관점이다.

이 모든 것은 새로운 예언이 아니라, 이미 주어진 구약 예언의 성취라는 것이 계시록과 신약의 일관성있는 가르침이다. 특히 스가랴 12:10은 이스라엘이 이방 민족들에 대해 거두는 마지막 때의 승리를 앞두고, 이스라엘 자신이 찌른 다윗의 후손인 주님 앞에서 회개하는 장면이 등장한다. 이 때 우리에게 필요한 것은 무엇인가? 5절의 표현처럼, 죽은 자들 가운데 먼저 나신 장자를 위한 통곡이 있어야 한다는 것이다.

그런데 7절 후반을 보면 이 개념이 유대인 뿐 아니라 전 세계적으로 보편화된다는 것이다. 땅에 있는 모든 족속이, 각 사람의 눈이 그를 볼 것이라 한다. 즉 예수님께서 재림하실 때에 이방인들도 회개하고 돌아와 슥 12:10 예언을 성취하는 참 이스라엘이 된다는 것이다. 이렇게 재림이 있기 전 교회 시대에 모든 족속의 이방인들이 믿고 돌아오며 그 말씀은 성취되는 것이다. 따라서 이런 하나님의 전체 계획을 이해하는 것은 너무나 귀한 것이기에 3절은 이렇게 말했던 것이다.

1:3 이 예언의 말씀을 읽는 자와 듣는 자와 그 가운데에 기록한 것을 지키는 자는 복이 있나니 때가 가까움이라

그러나 계시록을 포함해 성경은 지적 사변을 위한 책이 아니다. 남이 모르는 어떤 것을 먼저 알게 돼서 신나고 나만 알고 있는 비밀이어서 좋아한다면 하나님께서 계시하신 이유를 모르는 어리석은 자이다.

요한계시록은 종말과 관련된 어떤 특별한 지식에 대한 책이 아니다. 계시록은 하나님의 백성에게 오늘을 어떻게 살아야 할지, 그리고 앞으로 어떻게 세상이 진행될지에 대한 앞날의 일, 모두에 관한 책이다.

무엇보다 중요한 것은, 주께서 계시한 것이 우리가 지켜야 할, 삶으로 살아내야 할 메시지라는 점이다. 따라서 삶의 순종이 없이 어떤 지적 호기심을 채울 책으로 계시록에 접근하면 안된다.

왜냐하면 성경은 마지막 때에 주님은 우리의 삶으로 증명된 믿음을 보실 것이라고 가르치기 때문이다. 요한계시록이 시작되는 1:3뿐 아니라, 이 책의 마지막 부분 22:7b에도 "이 두루마리의 예언의 말씀을 지키는 자는 복이 있으리라"고 재차 반복하며 마친다. 즉 철저하게 요한계시록의 의도는 마지막 때의 일을 알아서 우리의 삶을 준비하고, 그 말씀을 지키며 살게 하려는 것이다.

여기서 요한계시록의 7복이 시작된다. 많은 사람들이 복음서에 나오는 8복만 아는데, 요한계시록에는 7복이 나온다. 그 계시록의 7복을 하나씩 찾아가는 기쁨을 누려보기 바란다.

계시록이 말하는 첫 번째 복은 '말씀을 읽고 듣고 지키는 자의 복'이다.

말씀을 지키다, 준수한다는 주제는 계 2:26; 3:3, 8, 10; 12:17; 14:12; 16:15; 22:7, 9 등에 열 번 이상 반복되는 아주 중요한 부분이다. 그럼 참된 축복은 어디서 시작된다는 말인가?

🔼 참된 축복은 하나님 말씀을 읽고 듣고 지키는데서 시작된다(1:3).

이렇게 말하면, "그럼 혼자 집에서 성경 읽고 기도하면 되는 것 아닌가? 교회가 왜 필요한가?"라는 질문을 하는 사람이 꼭 있다. 이 질문을 다른 말로 하자면 "요한계시록 전반부에서 하나님은 왜 그렇게 교회에 대한 강조를 하시는 걸까?"가 될 것이다.

    그것은 요한계시록 2장과 3장에 걸친 일곱 교회에 대한 메시지를 이해하면 알게 될 것이다. 그런데 그 전에 계시록 1장은, 특히 4절은 그 출발점 역할을 해 준다.

1:4a 요한은 아시아에 있는 일곱 교회에 편지하노니 이제도 계시고 전에도 계셨고 장차 오실 이와 그의 보좌 앞에 있는 일곱 영과

    먼저, 왜 일곱 교회일까?

    일곱 교회에 일곱 번의 메시지가 주어지겠지만 이 일곱이란 꼭 그 7개의 교회만을 이야기하려는 것이 아니다. 일곱은 온전한 창조의 7일에서 유래했다고 하는 사람도 있지만, 성경의 숫자 상징 중 온전함과 충만함을 의미하는 것이다. 예를 들어 레 4:6, 17을 보면 죄를 사할 때도 피를 일곱 번에 걸쳐 뿌리는 것이 온전한 행동이다. 이스라엘이 여리고 성을 함락하기 위해 도는 행진의 횟수도, 부정함에서 완전히 깨끗해지는 기간 모두 7이라는 숫자를 사용한다. 그렇다면 일곱 교회에 보내는 메시지는 온 세상의 보편적 교회에 보내는 말씀이지, 2천 년 전 터키 지역에 있던 특정 교회에만 주는 메시지가 아니다. 따라서 오늘 우리도 이 일곱 교회에 주시는 메시지를 들을 필요가 있는 것이다.

1:5 또 충성된 증인으로 죽은 자들 가운데에서 먼저 나시고 땅의 임금들의 머리가 되신 예수 그리스도로 말미암아 은혜와 평강이 너희에게 있기를 원하노라 우리를 사랑하사 그의 피로 우리 죄에서 우리를 해방하시고

    또한 요한은 계시록을 통해 교회에 은혜와 평강을 축원한다. 이 때 은혜와 평강은 예수님으로 말미암아 주어지는 것인데, 그 예수님은 어떤 분인가?

    그 분은 부활하신 주님이신데, 죽은 자들 가운데서 먼저 나신 분이다.

이 표현은 시 89:27 "내가 또 그를 장자로 삼고 세상 왕들에게 지존자가 되게 하며"란 구절을 인용하여 장자이며, 땅의 임금들의 머리라서 세상 왕들에게 지존자가 되신 분이시다. 온 세상에 대한 주권을 가졌다는 말이다.

그러나 앞으로 6:15; 17:2; 18:3에서 보겠지만, 땅(세상)의 왕들은 하나님 나라의 충성된 신복이 되기를 싫어하고 그리스도의 통치를 반대할 것이다. 그것은 그들의 배후에 있는 사탄의 세력 때문이다. 그럼에도 불구하고 주님은 우리를 사랑하셔서 그의 피로 이런 완악한 죄에서 우리를 해방시켜주시는 분이다. 이런 이유로 6절의 송영이 나오는 것이다.

1:6 그의 아버지 하나님을 위하여 우리를 나라와 제사장으로 삼으신 그에게 영광과 능력이 세세토록 있기를 원하노라 아멘

영광과 능력이 세세토록 그 주 예수님께 있기를 바라는 송영에 우리는 아멘을 실어 올릴 수 밖에 없다.

그런 찬미를 올려드리는 것이 마땅한 이유는, 5절에서 본 것처럼 하나님께서 예수님을 죽은 자들 가운데서 일으키신 부활로 말미암아 주님은 새 창조의 창시자요 근원(arche, 3:14 개역개정은 '창조의 근본')이 되시고, 예수님으로 말미암아 영원한 나라가 세워질 것이기 때문이다. 그리스도의 십자가와 부활로 주님은 우리를 하나님 아버지를 위해 나라와 제사장으로 삼으셨다.

우리 하나님 아버지가 원하시는 것이 바로 이것이었다. 우리가 교회이며 나라가 되며 제사장의 역할을 하는 것이다. 이는 우리가 그리스도의 통치가 임하는 나라가 되고, 세상을 향한 제사장 역할을 하는 것을 의미한다. 그것은 신약의 벧전 2:9나 본문 계 1:6에서 처음 나오는 말씀이 아니라 이미 토라에서 주어졌던 말씀이었다.

출 19:6 "너희가 내게 대하여 제사장 나라가 되며 거룩한 백성이 되리라 너는 이 말을 이스라엘 자손에게 전할지니라"

하나님은 이스라엘이 이방인들에게 구원 계시의 빛을 증거하는 제사장 나라의 백성이 되기를 원하셨다. 그러나 선민의식만 남았고 그들은 이 사명에 실패하고 말았다. 그래서 유대인은 계 2:9에서 실상은 이스라엘이 아니라 사탄의 회당이라는 말을 듣고 마는 것이다. 이스라엘이 이루지 못했던 그 꿈을 이제 교회가 해내야 한다.

구약의 이스라엘 그리고 신약의 새 이스라엘인 교회에게 너희가 내게 대한 제사장 나라가 되어야 한다고 할 때, 성경이 말하는 나라는 장소도 정치적 국가 개념을 뜻하는 것이 아니고 하나님의 백성을 말한다. 제사장도 어떤 종교적 직제를 말하는 것이 아니라, 삶의 양식이며 행동방식을 가리킨다. 기독교인은 단순히 나라 안에서 사는 것에 그치지 말고, 나라가 되어야 한다. 그 말은 아직은 불완전하지만 하나님 나라로서 그 왕적 권능을 행사해야 한다는 것이다. 그리스도인들은 세상을 향해 하나님 나라의 왕적 권세를 행사하고 이 세상을 하나님 앞에서 중재하는 제사장적 역할을 해야 한다. 예수님이 그랬듯이 세상을 위해 기꺼이 고난 받음으로써 제사장 직의 역할을 감당해 내야 한다. 그렇게 할 때 교회는 새로운 제사장이었던 그리스도와 동일시될 것이다.

그런데 우리는, 그리고 교회는 과연 나라와 제사장으로 살고 있는가? 우리는 이 질문에 대답할 수 있어야 한다.

사도행전이 첫 장 1:8에서부터 계속해서 예수의 증인으로 살 것을 요구하듯이, 계시록도 우리 모두 세상 앞에서 예수의 증인으로 살아야 한다고 말한다. 계 1:9를 보자.

1:9 나 요한은 너희 형제요 예수의 환난과 나라와 참음에 동참하는 자라 하나님의 말씀과 예수를 증언하였음으로 말미암아 밧모라 하는 섬에 있었더니

요한은 자신을 하나님 말씀과 예수를 증언하는 자로 소개한다. 그러나 그것은 쉬운 일은 아니다. 왜냐면 증인의 삶은 사도행전의 베드로와 요한, 그리고 바울이 겪었듯이 환난과 핍박의 삶이기 때문이다. 그래서 요한은 자신을 독자들 혹은 성도들과 함께 '예수의 환난과 나라와 참음'에 동참하는 형제로 여긴다. 이런 말을 계시록 첫 장에서 하는 이유는 요한계시록을 받을 당시 교회가 믿음을 지키려다 환난과 핍박 가운데 있었기 때문이다.

그런데 '환난과 나라와 참음' 앞에 정관사가 하나만 있는데, 그것은 세 단어가 동일한 실재를 의미함을 보여준다. 하나님의 나라는 환난이 있고 참음의 표지를 갖는다.

우리는 하나님 나라에서 왕노릇 하기는 좋아하지만, 현실은 오직 환난과 참음(인내)을 통한 통치이지 제왕처럼 살며 권력을 전횡하는 것이 아니다. 신실하게 환난을 참아내는 것이 이 땅에서 하나님 나라의 왕노릇이다.

그렇다면 우리 그리스도인들은 어떻게 믿음으로 세상을 이기는 것인가?

악의 세력이 지배하는 세상에서 신앙으로 환난과 참음에 동참하면서 하나님 말씀과 예수를 증언하는 것이 믿음으로 이기는 것이다. 반대로 세상 앞에서 그리스도인으로서의 증언을 거부하는 것은 세상에 지는 것이며 마지막 날 하나님의 법정에서 심판(20:12-13)의 기초가 된다.

1:10 주의 날에 내가 성령에 감동되어 내 뒤에서 나는 나팔 소리 같은 큰 음성을 들으니

요한은 밧모섬의 채석장 유배생활 중 동굴 같은 방에서 주일에 하나님께 외로이 예배드리다가 성령에 감동하여 이 계시를 받은 것 같다. 그것은 요한이 모세와 구약 선지자의 반열에 서 있는 존재처럼 우리에게 보인다. 등 뒤에서 들린 나팔 소리와 같은 큰 음성은, 하나님께서 모세에게 나타나셨던 출 19:16 "셋째 날 아침에 우레와 번개와 빽빽한 구름이 산 위에 있고 나팔 소리가 매우 크게 들리니 진중에 있는 모든 백성이 다 떨더라"

라는 광경을 기억하게 한다. 그 때 출 19:19을 보면 "나팔 소리가 점점 커질 때에 모세가 말한즉 하나님이 음성으로 대답하시더라"고 하셨던 것처럼, 하나님께서 성령으로 말씀하셨다는 것이다. 그 때 무슨 명령을 내리신 것인가?

1:11 이르되 네가 보는 것을 두루마리에 써서 에베소, 서머나, 버가모, 두아디라, 사데, 빌라델비아, 라오디게아 등 일곱 교회에 보내라 하시기로

이제 주께서 환상 가운데 보여주시고 말씀하시는 것을 두루마리에 써서 일곱 교회에 보내라는 것이다. 따라서 4~11절의 말씀은 3~4장에 나올 일곱 교회에 보내는 편지의 배경이 되는 것이다. 이 때 일곱 교회는 4절에서 밝혔듯이 당시의 교회와 오늘의 세상 모든 교회를 대표하는 것이지, 그 지명된 7교회만을 말하는 것이 아니다.

앞에서 참된 축복은 이 계시의 말씀을 읽고 듣고 지키는 자에게 주어지는 것임을 보았는데 계시록 1장이 말하고자 하는 두 번째 교훈은 무엇일까?

앞으로 3-4장에서도 보겠지만, 일곱 교회에 주는 메시지를 통해 계속 강조될 교훈은 참된 축복은 말씀의 증인된 교회의 삶을 통해 경험될 것이란 것이다.

📖 참된 축복은 말씀의 증인된 교회의 삶을 통해 경험된다(1:1, 2, 6, 11-20).

참된 축복은 말씀을 읽고 듣고 지키는 삶과, 증인된 교회를 통해 시작되고 진행됨을 알아보았다. 그러면 마지막 때를 사는 우리 성도들은 어떤 자세로 그 복된 삶을 살아내야 하는걸까? 그것을 이해하려면 우리 주 예수님을 통해 이 세상을 향한 하나님의 경륜을 알아야 한다. 계 1:4, 8, 12-18절은 그것을 상세히 우리에게 보여준다. 먼저 4절 후반부를 보자.

1:4b 이제도 계시고 전에도 계셨고 장차 오실 이와 그의 보좌 앞에 있는 일곱 영과 이제도 계시고 전에도 계셨고 장차 오실(is to come)-

이 부분은 예수님의 영원성과 초역사적 측면을 보여준다. 그런데 이것은 구약 출 3:14를 반영한 것이다. "하나님이 모세에게 이르시되 나는 스스로 있는 자이니라 또 이르시되 너는 이스라엘 자손에게 이같이 이르기를 스스로 있는 자가 나를 너희에게 보내셨다 하라" 요한계시록을 종말에 대한 책이라고 요한을 통해 처음 나타난 종말에 대한 계시라고 생각하는 사람이 많은데, 여기에 나타난 예수님에 대한 계시는 토라에서 보여줬던 하나님의 자기 계시와 맥을 같이 하고 있음을 우리는 알 수 있다. 하나님 이름에 대한 이런 계시의 연장인 사 41:4, 43:10, 44:6, 48:12을 보면 더 잘 알 수 있을 것이다. 그런데 본문 1:4에서 간단 명료하게 내려준 예수님의 본성은 역사의 시작과 중간과 끝 모두에 존재하시는 역사의 주인이란 점이다. 게다가 보좌 앞의 일곱 영은 성령님인데, 성령은 우리가 하나님이 거하시는 성전이 되도록 능력을 베푼다. 그렇다면 여기에서도 우리는 하나님과 예수님과 성령님의 삼위일체 정신이 깃들어 있음을 확인하게 된다. 8절도 마찬가지다.

1:8 주 하나님이 이르시되 나는 알파와 오메가라 이제도 있고 전에도 있었고 장차 올 자요 전능한 자라 하시더라

우리 주 예수님은 알파와 오메가이신 하나님이시다. 역사의 시작과 끝, 모든 과정에 대한 하나님의 임재와 통치를 담당하실 분이다. 그는 '이제도 있고 전에도 있었고 장차 올' 분이라고 할 때, 예수님은 역사의 과거와 현재와 미래 모두에 초월적으로 존재하는 분이란 얘기다. 주님은 지금 우리가 살고 있는 중간 과정인 현재를 포함해 과거, 미래 모두에 임재하시고 통치하시는 분이시다. 그래서 전능자이신 것이다.

바로 그분이 현재 성도들이 직면하는 모든 상황도 다스리고 계심을 알리기 위해 과거 현재 미래 순서가 아니고, 현재를 먼저 언급하는 것이다. 주님은 지금도 우리의 교회를 계속 찾아오고 계신다.

그 분은 또 어떤 분인지 12절 이하에서 알려준다.

1:12 몸을 돌이켜 나에게 말한 음성을 알아 보려고 돌이킬 때에 일곱 금 촛대를 보았는데

요한이 뒤에서 말씀하시는 그 분이 누구인지 궁금해 뒤돌아보자, 환상이 보였다. 그것은 일곱 금 촛대 사이에 계신 주님이었다. 촛대라고 한 것은 실제로는 성전의 등잔대이다. 성전에는 한 개의 중심 기둥에 연결된 일곱 가지 형태의 금 등잔대가 있었는데, 그것을 '메노라'라고 부른다. 요한은 환상 가운데 7개의 등잔대를 본 것이다.

스가랴도 슥 4:2에서 순금 등잔대 위에 놓인 기름 그릇 위에 일곱 등잔이 놓여 있는 것을 본 적이 있다. 그런데 슥 4:10을 보면 이 일곱은 온 세상에 두루 다니는 여호와의 눈이라고 한다. 이 환상에 의거해 앞으로 계 5:6에서도 온 세상을 감찰할 일곱 눈을 세상에 보내심을 받은 하나님의 일곱 영으로 소개한다. 따라서 계 1:12의 일곱 금 등잔대는 성전의 일곱 등불이며, 그것은 온 세상에 보내진 성령으로 일곱 영을 상징한 것이며, 하나님의 온 땅과 세상 모든 교회에 대한 보편적 사역을 상징한다. 그렇다면 예수님은 초림과 재림 사이의 기간에 존재할 하나님 백성 전체를 감찰하시고 심판하실 분이시다(11:3-4). 그리고 이제 2-3장에 기록된 일곱 교회를 향한 편지는 2천 년 전의 그 일곱 교회 뿐 아니라, 오늘날을 포함해 오고 갈 모든 교회에 전달되어 읽혀져야 할 말씀이 된다.

13절 이하에서는 계속해서 예수님이 어떤 분인지를 알려준다.

1:13 촛대 사이에 인자 같은 이가 발에 끌리는 옷을 입고 가슴에 금띠를 띠고

예수님을 표현하는 중요한 단어로 인자가 등장한다. 이 심상은 다니엘 7:13-14와 10:5-6에 나온 것이다. 특히 다니엘 10:6에 기반을 둔 것이 계 1:14이다.

1:14 그의 머리와 털의 희기가 흰 양털 같고 눈 같으며 그의 눈은 불꽃 같고

다니엘서의 햇불 같은 눈은 불꽃같은 눈으로 바뀌었지만 본질은 다르지 않다.

1:15 그의 발은 풀무불에 단련한 빛난 주석 같고 그의 음성은 많은 물 소리와 같으며

예수님의 발을 풀무불에 단련한 빛나는 주석같은 모습으로 그린 것은 도덕적으로 순결한 교회를 세울 분이기 때문이다. 라오디게아 교회에 대한 책망 후 계 3:18에서 내게서 불로 연단한 금을 사라고 한 것도 바로 이 관점에서 하신 말씀이다.

주님의 음성을 많은 물소리 같다고 표현한 것은 에스겔 1:24에서 보듯 천상의 네 생물이 거동할 때 그 날개에서 나는 소리이고, 겔 43:2에서 하나님의 영광이 동편에서 움직여 올 때 나는 소리이다.

1:16 그의 오른손에 일곱 별이 있고 그의 입에서 좌우에 날선 검이 나오고 그 얼굴은 해가 힘있게 비치는 것 같더라

이어지는 16절이 말하듯 주님의 오른 손에 일곱 별이 들려 있는 것은 뒤에 나오는 20절에서 그 정체를 밝혀주시듯이 일곱 교회의 사자이다.

그 주님의 입에서는 좌우에 날선 검이 나온다. 그 심상은 이사야 11:4에서 "그의 입의 막대기로 세상을 치며 그의 입술의 기운으로 악인을 죽일 것이며"란 구절과 이사야 49:2에서 "내 입을 날카로운 칼 같이 만드시고"란 말씀에서 묘사된 메시아의 모습이다.

그 분의 얼굴은 해가 힘있게 비치는 것과 같다는 것 역시 구약 사사기

5:31에서 "여호와여 주의 원수들은 다 이와 같이 망하게 하시고 주를 사랑하는 자들은 해가 힘 있게 돋음 같게 하시옵소서"란 말씀의 심상에서 온 것이다. 지금 우리가 계속 확인해 보듯이 요한계시록을 정확히 이해하려면 기도원에 들어가서 많은 시간 금식 기도를 하는 것도 중요하겠지만, 먼저 구약의 배경을 잘 알아야 한다. 요한계시록만큼 구약성경을 많이 인용하고 그 배경 위에 쌓아올린 책도 드물 것이다.

이처럼 영광스럽고 거룩하게 빛나는 예수님을 보면, 영광의 하나님 앞에 쓰러졌던 구약의 사람들과 같은 현상이 일어난다. 17절을 보자.

1:17 내가 볼 때에 그의 발 앞에 엎드러져 죽은 자 같이 되매 그가 오른손을 내게 얹고 이르시되 두려워하지 말라 나는 처음이요 마지막이니

우리 죄인들은 영광의 주, 거룩하신 하나님 앞에서 살 수가 없는 것이다. 거룩한 빛 앞에서 죄인들은 모두 쓰러지기 마련이다. 예수님에 대한 환상의 기반으로 많이 인용된 다니엘서 8:17-18을 보면 "그가 내가 선 곳으로 나왔는데 그가 나올 때에 내가 두려워서 얼굴을 땅에 대고 엎드리매 그가 내게 이르되 인자야 깨달아 알라 이 환상은 정한 때 끝에 관한 것이니라 그가 내게 말할 때에 내가 얼굴을 땅에 대고 엎드리어 깊이 잠들매 그가 나를 어루만져서 일으켜 세우며" 역시 얼굴을 땅에 대고 엎드러져 죽은 자같이 되기 마련이다. 주님이 오른 손으로 어루만져 일으켜 세워주셔야 우리는 살 수 있는 것이다. 다니엘 10:8-9에서도 다니엘은 다시 힘이 다 빠지고 자신의 아름다운 빛이 변해 썩은 것 같이 되며 땅에 얼굴을 대고 쓰러져 죽은 것같이 되는 현상이 다시 등장한다.

다들 하나님을 보여달라고, 그러면 내가 믿을 수 있을거라고 말하지만 그것은 정말 뭘 잘 모르는 사람들의 푸념일 뿐이다. 거룩한 하나님을 보고 살 자는 없다. 그 영광을 보고도 살려면 하나님의 오른 손으로 특별히 만져주시고 일으켜 세워주셔야만 가능한 일이다. 그러니 이렇게 성경 말씀 속에 자신을 계시한 그 말씀을 통해 만나고 믿는 것이 지혜로운 것이지, 죄인들이 하나님을 보겠다고 까불다가 죽는 일이 생기면 안된다.

주님은 이 계시의 편지를 온 세상에 전할 사명을 가진 요한을 일으켜 세우시며, 두려워하지 말고 맡겨주신 사명을 다 하라고 하며 자신을 다시 소개하신다. 나는 처음이요 마지막이라고 하신다. 그것은 사 41:4; 44:6; 48:12에서 하나님께서 자신을 소개했던 용어가 아닌가? 구약에서 가르쳐 주셨던 하나님의 자기 계시에 근거하여 예수님은 자신을 온전한 주권을 가지신 하나님 이심을 증언하신 것이다.

그것만이 아니다. 예수님은 사람들이 십자가에 못 박아 죽였지만 다시 사신 분이시다.

1:18 곧 살아 있는 자라 내가 전에 죽었었노라 볼지어다 이제 세세토록 살아 있어 사망과 음부의 열쇠를 가졌노니

지금도 살아있는 자라는 것은 사망의 권세를 물리치고 승리하신 분임을 말하려고 하는 것이다. 이 구절은 예수님의 신적 속성을 가르치는 세 시제의 세 단어가 등장한다. 그것은,

전에 죽었다 - 살아 있다 - 그리고 세세토록 살아 있을 분이다.

그것은 4절과 8절의 용어로는 전에도 계셨고 지금도 계시고 앞으로 영원히 계실 분이란 것과 같은 말이다. 이 표현은 앞으로 4:8과 16:5에서도 다시 강조될 중요한 속성이다.

그런 신적 속성은 예수님께서 현재 뿐 아니라 죽음까지 지배할 근거이기에 이사야 22:22의 표현으로는 다윗 집의 열쇠를 가지신 분으로 사망과 음부의 열쇠를 가지신 분이라고 할 수 있을 것이다.

이제 예수님이 어떤 분인지, 그 분은 핍박받는 성도들이 살고 있는 이 세상 뿐 아니라 다가올 마지막 때까지를 다 그 손에 붙잡고 계신 분이라는 것을 알게 되었다. 이 사실을 알았다면 그러면 우리는 어떻게 해야 할

까? 그 사실을 알려야 한다. 그래서 19절에서는 이렇게 명령하신다.

1:19 그러므로 네가 본 것과 지금 있는 일과 장차 될 일을 기록하라
12~18절에서 본 환상에 기초한 명령이다. 지금까지 본 모든 것과 계시해 준 대로 앞으로 될 일을 모두 기록해 알려야 한다.

이 구절을 정확히 읽어낸다면 계시록을 단순히 미래에 대한 책으로만 볼 수 없게 된다. 왜냐하면 이미 본 것(네가 본 것)과 장차 될 일(예수님의 부활과 재림 사이의 모든 일들) 뿐 아니라, 지금 있는(현재 벌어지고) 일 즉 세 시제 모두에 대한 것이기 때문이다.

1:20 "네가 본 것은 내 오른손의 일곱 별의 비밀과 또 일곱 금 촛대라 일곱 별은 일곱 교회의 사자요 일곱 촛대는 일곱 교회니라"
그리스도의 통치는 마지막 구절에서 보여주듯 현재 고난 받는 교회 가운데에 공존한다. 그것이 앞으로 다룰 십자가의 비밀이고, 이 험한 바빌론 같은 세상을 살아나가야 할 그리스도인들의 삶과 교회와 함께 하실 그리스도의 임재인 것이다. 따라서 우리는 1장의 마지막 교훈을 받게 된다.

📖 참된 축복은 하나님이 영존하시는 사랑의 심판자임을 알 때 완성된다 (1:4-8; 17-18).

이 사실을 모르면 우리는 참된 축복이 무엇인지 영원히 알지 못한 상태로 살다가 가게 될 것이다. 그냥 그렇게 살다가 이 땅에서의 삶이 너무 힘들고 심판주로 오실 예수님께서 이 세상을 어떻게 마무리하실지 모른 상태에서 그냥 지쳐 쓰러져 버리게 될 것이다.

그러나 지금 읽기 시작한 이 요한계시록을, 중간에 포기하지 않고 마지막 22장까지 다 읽고 나면 우리는 예수님이 사랑의 주님이시고 그 분이 사랑의 심판자라는 것을 깨닫고 감사하게 될 것이다. 그리고 우리와 함께 하시며 그 환란을 이기게 하시는 축복이 우리에게 보장되어 있음을 발견하고 우리에게 닥친 삶을 능히 살아 낼 수 있을 것이다.

요한계시록의 그 축복이 이 책을 읽기 시작한 여러분 모두에게 임하기를 축원한다.

계시록 2~3장에 나오는 세 부류의 일곱 교회들

1 에베소   2 서머나   3 버가모   4 두아디라   5 사데   6 빌라델피아   7 라오디게아
   C   A   B   B   B   A   C

일곱 교회는 크게 셋으로 분류될 수 있다.

첫 부류 C- 1 에베소 교회, 7 라오디게아 교회
: 영적으로 심각한 위험 상태에 있다.
교훈: 심판 대비하고 참 믿음이 가져오는 약속을 받도록 회개하라.

둘째 부류 B- 3 버가모, 4 두아디라, 5 사데 교회
: 신실한 자와 이방 문화와 타협자의 공존.
그 중 그나마 나은 교회가 3 버가모, 가장 문제있는 교회가 5 사데 교회
교훈: 타협자에게 임할 심판을 피하도록 타협 요소 제거하라.
타협을 거부한 자에게 주어지는 약속을 상속받아라.

셋째 부류 A- 2 서머나 교회, 6 빌라델비아 교회
: 이방인과 유대인의 박해에도 불구하고 신실함 증명한 교회들.
가난하고 작은 능력을 가지고 있지만(3:8), 참 이스라엘로서
더 큰 환난에 직면할 것이므로 계속 견인하라는 격려 받음.
교훈: 자신들이 영원한 구원의 약속을 상속받을 것이란 소망을 가져야 한다.
건강한 교회는 항상 소수에 불과하다.

일곱 교회 이야기의 중심 사상:
위협하는 이방 문화 한 복판에서 교회는 그리스도에 대한 충성을 다해야 한다.

02
거부할 것과 지켜야 할 것
(요한계시록 2:1-7)

얼마 전 제자 목사님이 손녀 자랑하는 것을 들었는데, 그 손녀는 내가 주례했던 부부의 딸이라 궁금하기도 하던 차였다. 3살짜리 아이인데, 교회에서 놀다가 자기 장난감을 힘이 센 녀석이 빼앗아 가면 그 아이랑 싸워서 장난감을 다시 뺏는 것이 아니라 그냥 빼앗아간 아이의 엄마한테로 간다는 것이다. 그리고 자기 장난감을 빼앗아 놀고 있는 그 애를 보라고 손으로 가리킨다는 것이다. 그러면 그 애 엄마가 가서 찾아다 준다는 것이다. 그 얘기를 듣고는 어린아이가 얼마나 똑똑한지 감탄이 되었다. 세살 밖에 안된 조그만 아이가 세상살이의 지혜를 어떻게 터득한 것인지 신기했다. 내 장난감을 빼앗아간 아이를 책임지고 있는 부모에게 말하면, 자기가 가서 힘을 쓰고 그 아이와 싸우지 않아도 그 아이의 엄마가 가서 문제를 해결해 준다. 아무리 생각해봐도 참으로 신통한 아이다.

교회에 문제가 있으면 무엇보다도 먼저 교회의 머리되신 그리스도께 말씀드려야 한다. 그러면 주님은 각 교회의 사자에 말씀하신다. 하나님께서 성도들에게 하고 싶은 메시지를 주님은 그 교회의 사자, 곧 교회를 대표하는 천사에게 전하신다. 이처럼 하나님은 그 교회의 사자를 통해 교회의 구성원인 각 성도에게 말씀하신다.

2:1 에베소 교회의 사자에게 편지하라 오른손에 있는 일곱별을 붙잡고 일곱 금 촛대 사이를 거니시는 이가 이르시되

그 말씀을 주시는 주님은 어떤 분이신가?

그 분은 일곱 금 촛대 사이를 거니시는 분이시라는 것은, 현재 교회에서 벌어지는 모든 일들을 낱낱이 다 알고 계시다는 말이다. 그 주님이 이르신다는 것은 구약에서 공식적인 하나님의 말씀 선언인 '여호와께서 이같이 말씀하시느니라'와 같은 표현이다. 먼저 어떤 것을 말씀하시는가?

2:2 내가 네 행위와 수고와 네 인내를 알고 또 악한 자들을 용납하지 아니한 것과 자칭 사도라 하되 아닌 자들을 시험하여 그의 거짓된 것을 네가 드러낸 것과

에베소 교회는 본문을 다 읽어보면 책망 받을 교회이다. 그러나 주님은 책망 전에 먼저 칭찬하신다. 아무리 마음에 안드는 경우라도 찾아보면 잘한 것이 없지 않다. 에베소 교회가 잘 한 점은 분별력 없이 아무거나 믿지 않은 것이다. 지금이나 그 때나 광명의 천사로 가장한 거짓 사도들이 많았지만, 에베소 교회는 자칭 사도라 하지만 아닌 사람들을 시험하고 거부했다. 우리도 그래야 한다. 오늘날에도 얼마나 미묘하게 유사 복음을 전하는 사람들이 많은지 모른다. 그들을 시험하고 분별력을 가져야 한다. 그러나 너무도 많은 교인들이 성경공부하자고 하면 넘어가서 신천지 등 이단의 가르침이 어디가 잘못된지도 모르고 빠져드는 것을 보면 잘못된 것을 드러내기는커녕 분별력조차 없는 것인데 참으로 안타깝다.

2:3 또 네가 참고 내 이름을 위하여 견디고 게으르지 아니한 것을 아노라

또한 그들은 예수님의 이름을 위하여 견디고 게으르지 아니했다 한다. 예수님의 이름을 위하여란 구절은 거짓을 용납하지 않고 잘못된 것은 드러내고 진리의 복음은 분명히 전했음을 칭찬한 것이다.

그들은 오늘날 보수 교회들이 그러듯이 내적 교리적 순전성만 아니라, 외적으로도 삶에 인내와 부지런함까지 있었다. 그것이 온전한 그리스도의 모습이다. 교리적 정통과 보수는 그렇게 강조하면서 삶에 있어서는 세상 사람들과 다를 바 없으며 자신들이 무엇이 잘못되었는지도 모르는 사람들은 참으로 딱한 사람들이다. 자신들이 믿는 정통 보수 교리가 경건을 보장해 주는 것으로 착각한 사람들이다. 그들의 문제는 교리와 삶 사이의 단절이다. 사도 바울은 가르치는 자는 자신을 먼저 살피며 그 일을 하라고 했는데 그 이유는 딤전 4:16b "이것을 행함으로 네 자신과 네게 듣는 자를 구원"하기 때문이라고 했다. 교리는 삶으로 증명되어야 한다. 에베소 교회는 전체적으로 봐서는 책망 받은 교회지만, 적어도 예수님의 이름을 위하여 개인과 교회에 닥친 어려움을 참아내고 복음 진리 수호를 위하여 열심히 살아낸 점은 칭찬받아 마땅한 교회였다.

2:6 오직 네게 이것이 있으니 네가 니골라 당의 행위를 미워하는도다 나도 이것을 미워하노라

구체적인 예를 들어 에베소 교회를 칭찬하신 것은 바로 이런 점 때문이라고 한다. '네게 이것이 있다'란 말이 강조를 위해 먼저 나오고, 그 후에 우상숭배와 거짓 교리를 미워함 같은 구체적 행동이 소개된다. 그것은 니골라 당을 미워한 것이다.

에베소는 황제숭배를 담당한 두 개의 신전을 아데미 신전과 제우스 신전을 선언했었다. 그러므로 에베소는 우상숭배가 만연한 사회였다. 고대 이스라엘에 큰 영향을 주었던 풍요와 다산의 신인 바알처럼, 그리스 문화권인 에베소 지역에도 풍요와 다산의 여신 아르테미스 숭배가 있었는데, 아데미 여신전에는 사제와 여사제의 수가 한 때는 수천 명까지 이르렀다 한다. 종교적 옷을 입은 그 신전 여사제와의 성행위가 풍요에 이르는 길이라 여긴 당시의 세상 풍토는 심각한 매춘의 문제와 다를 바가 없었다.

고대 근동의 바알 숭배의 문제와 문화적 자부심 높은 그리스 문화권의 에베소 지역 문제는 뭐가 달라진 것이고 고도의 철학과 예술과 정치를 누린다고 뭐가 나아진 것인가? 정치 경제 문화의 발전은 이런 우상숭배와 죄성을 전혀 줄여주지 못하는 것을 확인할 뿐이다.

오늘날 한국의 세상 문화는 다를까? 오늘날 보수 기독교인들도 세상 사람들 사는 방식에 똑 같이 참여하고 친구들을 끌어들이며 같이 하고 있는 모습은 정말 없을까?

니골라 당은 당시 에베소 지역의 이런 우상숭배 문화에 참여해도 괜찮다고 주장했던 사람들이다. 에베소 지역의 경제적 번영에는 행 19:23-41에서 보듯이 은으로 아르테미스 신상 모형을 만들어 파는 등 이 신전과 결부된 상거래도 한 몫을 했을 정도였다. 그런데 이런 세상 풍토 속에서 그래도 악한 자들의 가르침에 타협하지 않고 니골라 당의 행위를 미워하고 거부한 것은 엄청난 용기요 칭찬받아 마땅하다. 에베소 교회가 칭찬받은 것을 통해 우리가 배울 수 있는 것은 무엇일까? 하나님이 기뻐하시는 것을 기뻐하고, 주님이 미워하는 것을 우리도 미워해야 한다는 것이다.

🔒 **잘못된 교훈과 잘못된 지도자는 거부해야 한다**(2:2, 3, 6).

이처럼 악한 세상 풍토 속에서도 악을 미워하고 진리를 추구한 에베소 교회는 칭찬받아 마땅하지만, 그럼에도 불구하고 책망 받을 부분이 있었다. 먼저, 에베소 교회에 야단칠 것이 있어도 우선 칭찬하고 나중에 책망하시는 주님의 방식도 눈 여겨 보면 좋겠다. 사람을 책망을 받을 만큼 마음이 열릴 때 훈계하는 것이 좋은데, 그러기 위해서는 야단만 치는 것이 아니라 열심히 한 것과 잘한 것을 인정해 주는 것이 선행되어야 한다. 다시 에베소 교회를 향한 주님의 책망은 어떤 것이었는지 보자.

2:4 그러나 너를 책망할 것이 있나니 너의 처음 사랑을 버렸느니라

아무리 정통 교리를 추구하고 진리를 수호하고, 이단을 척결하는 일을 잘했어도 하나님을 향한 처음 사랑을 잃어버린 것처럼 잘못된 일은 없다.

2절에서 보듯 그들에게는 교리적 분별력은 있지만, 복음과 주님에 대한 사랑의 열정을 잃어버린 것이 문제였다. 오늘날 우리도 바로 이런 잘못에 빠질 수 있다. 누구보다 냉정한 교리적 분별력이 있음을 자랑하지만 주님과 복음 자체에 대한 뜨거움을 잃는 것, 그것보다 비참한 것이 어디 있는가? 하나님이 언제 우리를 교리의 수호자로 부르셨나? 하나님은 우리가 지켜드리지 않으면 안되고, 주님의 진리는 우리가 수호해 드리지 않으면 그 분 스스로 못 지키시는 뭔가 부족한 분이신가?

주님은 우리를 교리의 수호자로 부르기 전에, 우리를 사랑하시고 우리가 주님을 사랑하기를 원하셔서 부르신 것 아닐까?

주님 사랑하는 것은 또한 주께서 사랑하신 사람들을 사랑하고 이웃을 사랑(막 12:31)하는 것으로 연결되는 것이 성경의 가르침이다.

소위 정통 보수 교회의 문제가 무엇인가? 교리적 정통은 그렇게 열렬히 주장하는데, 하나님을 뜨겁게 사랑하는 삶은 없으며 세상과 이웃에 대한 관심도 없는 것 아닌가?

진리 수호의 직무는 자임하면서 왜 하나님을 사랑하고 이웃을 사랑하는 것에는 그토록 무심한 것일까? 어떤 목사님에게 들었는데, 설교 중 아직도 왜 그 차가운 바다 속에 자식을 묻어야 하는지 이유를 알지 못해 안타까워하는 세월호 부모들 얘기와, 그토록 열심히 공부하고 돈 들여 대학 나온 우리의 자식들 청년들 실직 얘기와 힘겹게 하루하루를 살아가는 이 땅의 노동자들 얘기와, 백남기 농민 얘기를 하면 교인들이 질겁을 하고 종북 타령을 하는 건지, 교회는 이 땅의 부유하고 안정을 구가하는 기득권의 평안을 격려하는 것 외에 아파하는 이웃의 얘기를 하면 왜 안된다는 건지 모르겠다는 탄식을 들었다.

왜 주님은 1절에서 왜 일곱 금 촛대 사이를 거니시는가? 주님과 만나서 우리가 받은 빛을 세상을 다니며 예수 제자로 살면서 비춰주라고 독려하시는 것이 아닐까? 주님과 만났을 때의 처음 사랑이 회복된다면 주님과의 뜨거운 관계가 회복될 것이고, 우리가 은혜 받은 복음의 빛을 어두운 세상에 증거할 수밖에 없다. 그것은 자연스러운 연결이다.

하나님을 향한 불타오르는 사랑은 항상 복음 증거로 이어지게 되어 있다. 우리가 그토록 열망하는 복음전도의 동기와 시작과 핵심은 따라서 하나님 사랑과 이웃 사랑이다. 그러므로 어디서 넘어지고 어디서 타락했는지를 찾고, 회개하고 우리가 예수님 만났을 때 처음에 보였던 그 뜨거운 사랑의 삶을 회복하지 않으면 주님은 우리의 촛대를 옮기시겠다는 것이 바로 이어지는 5절의 경고이다.

2:5 그러므로 어디서 떨어졌는지를 생각하고 회개하여 처음 행위를 가지라 만일 그리하지 아니하고 회개하지 아니하면 내가 네게 가서 네 촛대를 그 자리에서 옮기리라

우리가 회개할 것은 처음 행위를 버린 것이다. 하나님을 뜨겁게 사랑하여 우리를 구원하신 복음의 진리를 왜곡 시키는 것을 용납하고 바른 복음의 진리에 합당한 삶을 살지 못했던 것이다.

구약 스가랴 4장 2절과 11절에서 본 것은 이스라엘이 어둠을 밝히는 촛대(등잔대)였다는 사실이다. 마찬가지로 에베소 교회의 촛대가 있다. 계 11:3-4, 10에서 하나님의 두 증인은 주님 앞에 서 있는 두 감람나무요 두 촛대라고 하신 것을 보면 촛대의 일차적 의미는 증언이다.

행 19:10에서 사도 바울이 "두 해 동안 이같이 하니 아시아에 사는 자는 유대인이나 헬라인이나 다 주의 말씀을 듣더라"는 말씀에서 보듯이 그 증언의 사명을 다할 때 에베소는 축복을 입었으나, 그 사명을 잃었을 때 하나님은 그 촛대를 옮기신다는 것이다.

우리의 신앙은 어떠한가? 우리 교회의 신앙은 증인으로서의 사명을 잘 감당하고 있는가?

이스라엘이 그랬고 에베소 교회가 그랬듯이, 오늘날 우리 한국교회도 그 처음 사랑과 처음에 보였던 순수했던 신앙의 삶을 잃어버렸고, 이방의 빛이 되라는 소명으로서의 부르심을 잃었다. 촛대를 옮긴다는 것은 우리가 하나님께서 주신 사명을 포기하면 그 사명을 다른 교회에 주신다는 것이다.

그런데 그것이 처음 사랑과 무슨 관계인가? 교회는 촛대 위에서 불타오르는 성령의 능력으로 지속되는 것인데, 그 불타오르는 사랑 없이는 증인의 사명을 감당할 수 없기 때문에 촛대를 옮기는 것과 앞에서 언급한 처음 사랑은 밀접한 관계에 있는 것이다. 따라서 교회는,

🔼 처음 사랑으로, 맡겨주신 사명을 수행해야 한다(2:4, 5).

우리는 항상 주님 마음에 합한 교회가 되기를 바란다. 이제 에베소 교회에게 주신 주님의 음성을 통해 주님 마음에 합한 교회가 되려면 어떻게 해야 할지 6절은 우리에게 알게 해준다.

2:6 오직 네게 이것이 있으니 네가 니골라 당의 행위를 미워하는도다 나도 이것을 미워하노라

만연한 우상숭배의 세상 속에서, 악한 자들의 가르침에 타협하지 않고 니골라 당의 행위를 미워하고 거부하는 용기. 그것을 가져야 한다.

그럴 때에 주어지는 축복이 있다. 그것이 7절이다.

2:7 귀 있는 자는 성령이 교회들에게 하시는 말씀을 들을지어다 이기는 그에게는 내가 하나님의 낙원에 있는 생명나무의 열매를 주어 먹게 하리라

하나님은 그 축복에 대해 모두가 알기를 원하신다. 주목해 듣기를 바라신다.

귀 있는 자는 들으지어다 - 사 6장에 기인한 명령이며 공관복음에서 볼 수 있듯이 예수님의 명령 공식문이다. 그것은 선지자적 권면이다. 우상숭배와 영적 무감각과 타성적 사고와 우리의 세속화된 생활 방식에 대한 강한 도전의 문장이다.

여기서 이기는 삶이란 일곱 교회가 각각 구원의 약속을 상속받기 위해 요구되는 것으로, 우리의 인내와 신실함이다. 요한계시록의 종반부 계 21:7에서도 "이기는 자는 이것들을 상속으로 받으리라 나는 그의 하나님이 되고 그는 내 아들이 되리라"는 말씀을 반복한다. 이기는 자가 상속받을 낙원의 생명나무 열매는, 여호와께서 우리의 하나님이 되어 주시고, 우리는 주님의 자녀가 되는 것이다. 본문 7절에서는 낙원에 있는 생명나무 열매를 먹는 것, 즉 영생을 얻는 것으로 그려지는 것이다.

그러면 에베소 교회에 주신 메시지에서 우리가 얻게 되는 마지막 교훈은 무엇인가? 우상숭배적 삶의 풍토를 받아들인 니골라 당을 거부하고, 첫사랑을 잃지 않도록 사는 분명한 태도를 유지하는 삶을 살아, 하나님께서 예비하신 생명나무 열매를 받아야 한다는 것이다.

거부할 것과 지켜야 할 것을 분별하는 지혜로 구원에 이르러야 한다(2:6).

그러므로 이 복된 영생의 삶을 위해 우리가 이겨야 할 것은 단순히 박해나 환난이 아니라, 세상에 그리스도를 증언하지 않는 죄라고 하신 신학대학원 시절 스승 G.K. 비일(Beale)교수님의 말씀이 저뿐 아니라 여러분 모두에게도 큰 울림으로 다가왔으면 좋겠다.

우리는 하나님 말씀의 증인으로 전해야할 것을 전하고 있는가?

03
경제적 압박 속에서도 믿음을 지키다
오늘날의 서머나 교회와 버가모 교회에 주시는 말씀
(요한계시록 2:8-17)

말은 누가 하느냐에 따라 가치가 달라진다. 노인정에서 화투치던 노파가 하는 말과 독일 메르켈 총리가 하는 말은 그 무게는 다르고, 만화방에서 라면 먹으면서 시간 때우던 노총각이 내뱉는 말과 노벨문학상 수상자가 하는 말은 그 깊이가 다르고 그 말이 끼치는 영향력도 달라진다.

우리는 살면서 누구의 말을 듣고 어떤 말을 따를지 잘 결정해야 한다. 안타까운 것은 많은 사람들이 TV에 나오는 유명 연예인의 말과 신변잡기에는 그렇게 관심을 가지고 열심히 들으면서, 정작 삶의 방향을 바꾸고 인생을 바꾸고 심판 자리에서의 판결과 영원을 결정지을 분의 말에는 귀 기울이지 않는다는 것이다. 그것은 인간 한 개인이나 교회같은 공동체도 마찬가지다. 한 사람이나 교회나 귀 기울여야 할 것에 귀를 기울이고 우리의 운명을 바꿀 말씀에 귀를 기울여야 한다.

그럼 우리는 왜 예수님의 말씀에 귀를 기울이고 그 분의 말씀을 들어야 하는가? 예수님이 어떤 분이길래 그런가 살펴보자.

2:8 서머나 교회의 사자에게 편지하라 처음이며 마지막이요 죽었다가 살아나신 이가 이르시되

박해에 직면해 있고 어쩌면 순교까지도 맞을 수 있었던 서머나 교회 성도들에게 그리스도는 자신을 '처음이며 마지막이요'라고 소개한다. 그들은 함께 신앙생활하던 형제자매들이 잡혀가고 순교하는 것을 보며 죽음 이후에 대해 누구보다도 많이 생각해 보았을 것이다. 그들에게 자신을 '처음이요 마지막'이라 말씀하시는 것은 자신이 죽음 저 건너편을 포함해 영원을 소유하신 역사의 주권자라고 자신을 소개하신 것이다. 또한 11절 후반을 보면 '이기는 자는 둘째 사망의 해를 받지 아니하리라'고 하심으로 최후의 심판을 하실 재판장이며 영원한 죽음이냐 부활이냐를 가를 분임을 밝힌 것이다. 또한 믿음의 시련 앞에 처해있는 버가모 교회에게 자신을 소개하는 것을 통해서도 그가 누구인가를 알 수 있다.

2:12 버가모 교회의 사자에게 편지하라 좌우에 날선 검을 가지신 이가 이르시되

주님은 이미 1:16에서 자신을 "오른손에 일곱 별이 있고 그의 입에서 좌우에 날선 검이 나오고 그 얼굴은 해가 힘있게 비치는" 모습으로 보여주셨었다. 바로 그 심상 중 하나인 '좌우에 날선 검을 가지신 이'로 자신을 소개하신다. 이것은 최후의 심판 자리에서 무엇에 근거해 영벌과 영생으로 가르는지 심판의 기준에 대해 궁금해 하던 우리에게 답을 주는 부분이다.

최후의 심판의 근거는 좌우에 날선 검으로 묘사된 하나님의 말씀이다. 지금도 기독교 신앙에 기초한 서구 문명에서 유래한 재판부와 사법적 근거를 상징할 때 검이란 상징을 쓰지 않는가?

믿음을 지키지 않고 하나님을 향한 충성의 약속을 배신한 자에게 임할 심판도 바로 그 주님의 말씀에 기초하기 때문에 16절은 이렇게 말한다.

2:16 그러므로 회개하라 그리하지 아니하면 내가 네게 속히 가서 내 입의 검으로 그들과 싸우리라

반대로 끝까지 믿음을 지키고 이기는 자에게 그 분은 어떤 분인가를 17

절은 보여준다.

2:17 귀 있는 자는 성령이 교회들에게 하시는 말씀을 들을지어다 이기는 그에게는 내가 감추었던 만나를 주고 또 흰 돌을 줄 터인데 그 돌 위에 새 이름을 기록한 것이 있나니 받는 자 밖에는 그 이름을 알 사람이 없느니라

예수님이 마지막 심판의 자리에서 믿음을 지키고 승리한 자에게 감추었던 만나와 흰 돌이란 천국 잔치에 참여하고 하나님을 알고 하나님께 아신바 되는 구원의 축복을 주실 분도 바로 예수님인 것이다.

그러므로 우리는 어떤 말에 귀를 기울여야 하나? 말의 내용보다 누가 하는 말인가에 따라 결정하는 것이 중요하다.

갈수록 세상이 혼란스러워지며 신문도, 인터넷 뉴스도, TV 뉴스에 나오는 이야기도 어떤 것을 신뢰해야 할지 모를 때가 있다. 그 어떤 것도 사실의 일부만 다루고, 그것도 각자 정보 제공자의 관점에서 해석하고 포장해서 내 놓기 때문에, 우리가 무엇이 진실인지 판단하기 힘들어 지고 있다. 그러므로 어떤 말을 들어야 하느냐보다 누가 그 말을 하느냐를 확인해야 한다.

그럼 우리는 누구의 말에 귀를 기울여야 하는가? 세상에서 성공했다는 사람들의 성공 세미나를 쫓아다녀야 하는가, 인간관계와 처세술 책의 조언을 습득해야 하는가, 인생 경험 많은 나이든 사람들의 세상살이 비법을 따라야 하는가? 세상에서 힘있고 많이 배운 사람들이 저마다 한 마디씩 이렇게 살아야 한다, 저래야 한다고 우리 귀에 재잘거리지만, 우리는 최후의 심판자요, 그 심판의 근거인 하나님 말씀을 가지신 분이신 예수 그리스도의 음성에 귀를 기울여야 한다. 따라서 우리는 '누가 참된 성도인가?'를 지금까지의 말씀을 통해 알 수 있다.

🔼 심판자의 진리의 말씀을 듣는 자가 참된 성도이다(8, 12, 16, 17).

혼란스러운 세상일수록 선명하고 굵은 진리의 선으로 다가오는 것은 하나 뿐이다. 하나님 말씀인 성경만이 완전한 진리요 유일한 진리로 지금도 우리 앞에 놓여있다. 바로 그 말씀을 읽고, 예수님의 말씀만을 들어야 한다. 진리의 주관자요 심판자의 말을 안듣고 무엇을 들으려고 하는 것인가?

그렇다면 진리의 말씀을 들어야 할 텐데, 왜 듣지 않고 들어도 지키지 않고 믿음을 떠나는가? 믿음으로 살려고 결심을 해도 이 험한 세상에서는 수많은 방해자들이 있다.

2:9 내가 네 환난과 궁핍을 알거니와 실상은 네가 부요한 자니라 자칭 유대인이라 하는 자들의 비방도 알거니와 실상은 유대인이 아니요 사탄의 회당이라

서머나 교회 성도들은 유대인들의 박해로 인해 경제적 어려움 즉 환난과 궁핍을 겪고 있다. 믿는 사람들을 힘들게 하는 사람들은 이방인이 아닌 같은 하나님을 믿는다는 유대인들이다. 그런데 예수 믿는 사람들을 핍박하는 그들의 배후에서 역사하고 있는 영의 정체는 무엇인가? 그것은 사탄이다.

당시 상황을 잠시 살펴보면, 1세기 후반까지 기독교는 로마 당국의 인정을 받은 유대교의 우산 아래 어느 정도 보호를 받았다. 유대교는 황제를 신으로 숭배하지는 않았지만 통치자로 존중하여 제물을 바치는 것을 인정해 왔다. 그러다 보니 일부 유대교인들은 심지어 하나님과 로마 황제나 다른 신을 나란히 섬기는 데에 별로 문제를 느끼지 않는 상태에까지 이르렀다. 그러나 네로의 박해 이후 기독교는 점차 유대교와 다른 종교로 간주되기 시작했고 로마 당국으로부터 보호받는 상황이 끝났다. 같은 유대인들조차 십자가에 못 박혀 사형당한 죄수를 메시아로 경배하는 것 때문에 기독교 예배를 신성모독으로 간주(행 26:9-10)했고, 점점 세력이 커가는 기독교를 질시한 유대인들이 그리스도인들을 로마 당국에 고발하기에 이르러, 그로 인해 경제적 어려움까지 발생한 것이다.

　이처럼 유대인들은 로마인과 이방인들을 부추겨(결탁해) 기독교인들을 박해했기에 계 2:9은 유대교 모임을 사탄의 회당이라고 비난을 하는 것이다.

　항상 바른 믿음을 추구하는 성도와 교회들은 항상 제도권 교회와 기득권층으로부터 박해를 받기 마련이다. 이처럼 경제적으로는 어려워도 신실한 믿음으로 사는 서머나 교회는 칭찬받고 주님은 그들이야 말로 실상은 부요한 자라고 말씀해 주시는 것이다.

　외적으로는 유대인이지만 실상은 사탄의 모임인 동족들의 비방과 핍박은 사실 웃어넘길만한 것이 아니었다. 유대인들의 박해는 성도들의 삶과 사업에 있어서 심각한 어려움을 초래했다.

2:10a 너는 장차 받을 고난을 두려워하지 말라 볼지어다 마귀가 장차 너희 가운데에서 몇 사람을 옥에 던져 시험을 받게 하리니 너희가 십 일 동안 환난을 받으리라

　이미 황제숭배는 서머나 도시의 전 영역에 스며들어 있고, 궁핍을 피하고 경제적 번영을 이루거나 사회적 지위를 더 높이려면 어떤 식으로든 황제 숭배에 가담해야 했다. 수시로 황제에게 제사를 드리고 외국인과 방문자도 황제숭배에 참여할 것을 종용 받았기 때문이다.

　만일 거부하면 투옥과 처형과 같은 박해로 이어지고, 더욱 심하게 경제적 정치적 환난을 겪게 되는데 이런 것을 '두려워하지 말라'는 것이다. 왜냐면 주께서 이미 그들보다 더한 박해와 죽음까지 겪었지만 부활하심으로 마귀를 패배시켰기 때문이다.

　이미 느부갓네살 왕 시절 다니엘과 세 친구도 열흘간 시험을 받았으나 왕의 진미를 거부하고 이겨냈고(단 1:8), 믿음을 지키다가 불 속에 던져져도 결국 주께서 살려주시지 않았던가?

　그렇다면 예수의 제자로서 서머나 교회 성도들이나 오늘 우리도 더욱 확신을 가지고 믿음을 지켜야 한다.

이것이 서머나 교회의 상황이었고 그 환난 속에서도 믿음을 지킨 것이 서머나 교회가 칭찬받았던 이유라면, 그 믿음의 싸움은 서머나 교회 홀로 겪는 외롭고 힘든 투쟁이 아니었다. 버가모 교회 형제자매들도 동일한 믿음의 싸움을 싸우고 있었음을 안다는 것은 서로에게 큰 격려가 되었을 것이다. 이제 버가모 교회의 상황도 크게 다르지 않았다.

2:13a 네가 어디에 사는지를 내가 아노니 거기는 사탄의 권좌가 있는 데라

서머나 교회나 버가모 교회의 주변에는 황제숭배를 위한 신전들과 제우스 신전 등을 세워 놓은 우상숭배의 중심지였다. 특히 버가모 지역 뒤편 언덕에는 여러 이방 신전들이 세워졌는데, 신들의 아버지라 불리는 제우스의 권좌 형상이 있는 신전과 아데미 신전이 있었고, 특히 치료와 의술의 신 아스클레피오스를 숭배하는 신전도 있었다.

그 중 아스클레피오스(asklepios)는 그리스 로마 신화에 나오는 의술의 신으로 뱀이 상징인데, 의사가 아니더라도 의대나 군대 의료 의무병과 상징이나 세계 보건 기구 휘장에서 지팡이를 감고 올리기는 뱀 형상을 본 적이 있을 것이다. 세계 보건 기구와 세계 의사회 그리고 미국, 일본, 영국 등 주요 국가의 의사협회는 아스클레피오스 지팡이를 사용하지만, 엄밀히 말해서 한국, 일본, 중국의 의무부대와 국내 여러 보건 관련 단체에서 사용하는 것은 뱀 두 마리가 서로 꼬으며 올라가는 헤르메스(여행가이드, 목동의 신이며 상업, 도둑, 죽음의 전령이다!)의 지팡이인 카두세우스를 사용하고 있다는 점에서 다르지만 뱀이 기어오르는 지팡이란 기본 상징은 크게 봐서는 같은 것이다.

아무튼 아스클레피오스는 아폴론의 아들이라고 알려져 있다. 아폴론은 그의 아내가 바람을 피웠다는 까마귀의 거짓말에 속아 부인을 죽이지만 바로 후회하고 부인의 뱃속에서 아들을 꺼낸다. 켄타우로스 카이론

(Chiron)의 손에서 길러진 아스클레피오스는 그에게서 의술을 배우기 시작하였고 죽은 사람까지 살릴 실력을 갖추게 된다. 그것은 어느 날 환자를 치료하던 아스클레피오스가 자신에게 다가오는 뱀을 죽였는데, 다른 뱀이 죽은 뱀을 치료하기 위해 약초를 가지고 오는 것을 보고 죽음을 이겨내는 비법을 알게 되었다고 한다. 그러나 그는 제우스가 던진 벼락을 맞고 죽게 되는데, 그것은 죽은 사람을 살려낸 대가로 황금을 받았기 때문이라는 설과 아스클레피오스 덕분에 인간이 불사의 능력을 갖게 될 것을 제우스가 두려워했기 때문이라는 설이 있다. 아무튼 아스클레피오스도 결국 죽음을 맞이하는데, 아들의 죽음을 슬퍼한 아폴론의 요청과 그의 생전 선행을 기리기 위해 제우스는 그를 밤하늘의 별자리로 만들어 줬다고 한다. 그것이 오피우커스(Ophiuchus)란 뱀자리이다.

이런 황제숭배와 뱀의 신을 포함한 여러 신전들이 있었기에 13절에서 보듯 버가모는 사탄의 권좌의 중심지로 칭해진다. 창세기의 뱀의 심상은 요한계시록에서는 정치제도(짐승으로 상징된다)를 통해 하나님 백성을 박해하는 용의 심상을 가진 사탄으로 그 정체가 드러나는 것을 앞으로 보게 될 것이다.

우상숭배에 자신을 내드린 버가모 교인들의 행태는 발람과 니골라 당으로 계속 고발된다.

2:14 그러나 네게 두어 가지 책망할 것이 있나니 거기 네게 발람의 교훈을 지키는 자들이 있도다 발람이 발락을 가르쳐 이스라엘 자손 앞에 걸림돌을 놓아 우상의 제물을 먹게 하였고 또 행음하게 하였느니라

버가모 교회 성도들은 이교의 제사와 마귀적 국가 권력에 저항했지만, 일부 우상숭배 관습에 대해서는 묵인했는데 그것은 민 25:1-3; 31:16에서 말하는 발람 사건 같은 것이다.

발람은 신 23:4, 느 13:2과 같은 구약에서는 물론 벧후 2:14과 유 1:1 같은 신약에서도 경제적 이득을 위해 하나님 백성을 우상숭배 관습에 참여시키려 했던 거짓 선지자의 대명사로 사용된 대표적인 인물이다. 이것은 조금 뒤에 나오는 두아디라 교회에도 적용(2:20)되는 것으로 보아 당시 소아시아 지역에 만연했던 일이었던 것으로 보인다. 그것은 고전 10:1-22에서는 우상 신전에서 음식 먹는 것으로 사도 바울에 의해 다루어진 적이 있었다.

소아시아 지역의 축제는 황제나 아스클레오피스, 아데미, 제우스 신을 숭배하는 우상숭배와 음행으로 얼룩진 방탕한 축제였는데, 모든 주민들이 참여하였기에 빠지기도 힘들었고 특히 수호신 숭배가 중요하게 여겨지는 상인길드 축제에 동참을 안하면 경제적 사회적 배척을 받았다(벧전 3:13-17). 그 풍토에 같이 어울리기를 거절하면 비밀투표(오스트라시즘)를 통해 경제적 추방을 당하고 교역 특혜를 빼앗기도 했다. "어쭈~ 까불어? 내가 네 놈들 이 바닥에 발도 못 붙이게 해 버릴꺼야!"하는 사람들도 있었던 것이다. 그러므로 버가모 교회의 성도들에게 믿음을 지키고 산다는 것은 경제적 손해를 감수하는 것으로 직결되었던 것이다. 그럼에도 불구하고 안디바는 믿음을 지켰고 결국 순교했지만, 대다수는 발람이 발락을 가르쳐 그러했듯이 다들 그러는데 뭐 어떠냐 괜찮다며 우상 제사에 참여하게 하고 행음을 부추긴 일이 발생했던 것 같다. 발람 같은 사람들과 함께 15절을 보면 니골라 당 사람들도 있었다.

2:15 이와 같이 네게도 니골라 당의 교훈을 지키는 자들이 있도다

6절과 15절에 나오는 니골라(사람들을 이기는 자란 의미이다) 당은 14절의 발람(사람들을 빼앗거나 지배하는 자를 의미)과 같은 사람들이라고 차용된 표현이다.

우리는 세상 풍조를 따라 권력 추종의 꽃인 황제숭배와 세상 권세와 재물을 가지고 협박하고 힘들게 하며 믿음 지키기 힘들게 만드는 사탄의 공세 속에 살지만, 하나님은 그 모든 것을 아시면서 도전하시는데, 처음 사랑과 믿음을 지키라는 그 음성에 귀를 기울여야 할 것이다. 그렇다면 누가 참된 성도란 말인가?

📌 **경제적 압박 속에서도 믿음을 지키는 자가 참된 성도이다**(9-15).

교회 안에는 발람과 니골라 당 같은 사람들도 있지만, 경제적으로 어려움을 받고 어떠한 핍박을 당해도 꿋꿋이 믿음을 지키는 사람들도 있다.

2:10b … 너희가 십 일 동안 환난을 받으리라 네가 죽도록 충성하라 그리하면 내가 생명의 관을 네게 주리라

믿음을 지키는 것은 고난을 면제받는 것이 아니라 때로 환난을 겪는 것을 의미한다. 그러나 그 고난은 영원한 것이 아니다. 십 일이란 제한된 시간 임을 주님께서는 지적하신다. 문자적 열흘이 아니고 상징적인 숫자이기에, 우리에게는 조금 힘들고 긴 시간일 수 있다. 그러나 죽기까지 충성하는 자에게는 생명의 관을 씌워 주시겠다고 약속하신다. 예수님을 믿었기 때문에 환난과 어려움에서 면제되고 축복만이 기다리고 있다는 어떤 거짓 교사들의 가르침은 성경이 말하는 바가 아니다. 믿음을 지키는 삶에는 그만한 고난이 따른다. 오히려 주님은 종말이 가까울수록 더 심해질 박해 속에서 신앙을 지키라고 격려하신다. 사탄이 사는 곳에서 죽임을 당할 때도 '내 이름을 붙잡고' 믿음을 저버리지 않는 것이 승리다. 우리에게 주시는 마지막 확신은 오직 이것이다.

2:11 귀 있는 자는 성령이 교회들에게 하시는 말씀을 들을지어다 이기는 자는 둘째 사망의 해를 받지 아니하리라

믿음을 지키고 이 시련을 끝까지 이기고 나오는 자는 영원한 형벌, 둘째 사망의 해를 받지 않게 된다는 약속이다. 믿음을 지키다가 불구덩이에 던져진 다니엘의 세 친구나 서머나 교회 성도나 우리 모두에게 주어진 이 약속의 말씀을 붙잡고 환난을 이기고 나가야 한다.

"하나님이 어디 계셔? 눈 딱 감고 부인하고 다 하는 황제 숭배하면 당신 사업도 살 수 있어." 하는 사람들의 소리, "당신 정말 당선되고 싶다면 장로면 뭐해? 불교계도 찾아가서 절하고 신천지도 통일교 표도 얻어야 할 것 아닌가?"라고 하는 다른 사람들의 말에 귀 기울이지 말고 처음과 마지막이신 그 분의 말씀, 성령이 교회들에게 하시는 말씀을 들어야 한다.

우리 주 예수 그리스도는 죽음에서 부활하심으로 말미암아, 사망의 전 영역을 지배할 능력 갖고 계시고(그것이 1:18 사망과 음부의 열쇠 언급 이유였다), 오직 주님만이 사망에 대한 사탄의 지배권을 묶어놓고 자기 백성을 사망이란 궁극적 해에서 보호하실 수 있다.

믿음을 지키는 성도들은 둘째 사망의 해를 받지 않을 것은, 앞으로 계 20:6, 14; 21:8 등에서 보게 되겠지만 둘째 사망은 불신자들의 형벌에 대한 것이기 때문에 성도들에게는 근본적으로 관계가 없을 것이다.

2:13b 네가 내 이름을 굳게 잡아서 내 충성된 증인 안디바가 너희 가운데 곧 사탄이 사는 곳에서 죽임을 당할 때에도 나를 믿는 믿음을 저버리지 아니하였도다

본문은 믿음을 지키다가 순교한 서머나 교회의 성도들처럼, 사탄의 보좌가 있는 버가모 교회에서도 믿음을 지키다가 순교한 안디바 같은 사람이 있다는 것을 숨기지 않는다. 아니 그 이름을 잊지 않고 우리에게까지 들려주신다. 그런 사람들을 생각하며 우리는 믿음을 지켜야 하고, 혹시라도 넘어진 사람들은 다시 일어나라고 회개하고 돌이키라고 주님은 권면하신다. 16절을 보자.

2:16 그러므로 회개하라 그리하지 아니하면 내가 네게 속히 가서 내 입

의 검으로 그들과 싸우리라

믿음을 버리고 회개하지 않는 자에게는 심판이 있을 것이고 그 심판의 자리에는 하나님 말씀을 기반으로 주께서 검을 들고 대적하실 것임을 분명히 밝히셨다.

민 22:23, 31을 보면 발람이 계속 이스라엘을 대적하자 천사는 손에 칼을 들고 막아섰다. 그리고 민 31:8에서는 악행은 칼로 죽임 당할 것이라고 경고한 바 있다. 은혜와 사랑과 구원을 강조한다고 생각하는 신약시대의 성경의 마지막 부분까지도 하나님의 그 방침은 달라지지 않았다. 버가모 교회에 들어와 있는 거짓 선생들은 회개하지 않으면 발람과 똑같은 운명에 봉착하고 교회도 이 악한 자들을 계속 묵인하면 처벌받을 것이라고 경고하는 것이다. 이 마지막 경고를 받고 회개하고 돌이키라는 것이다.

사실 죄를 묵인하는 것도 동조하는 것도 죄다. 2016년 3월 13일에 방영되었던 국내 TV드라마 '미세스캅2'을 보면, 재벌 2세가 주인공에게 타협하자며 증거물로 녹음을 남기려 한다. 동의한다는 말을 차마 못하자, 내 말에 반대하지 않고 가만히만 있으면 동의하는 것으로 간주해드리겠다고 하는 게 나온다. 특검이나 헌법재판소에 선 죄인들도 자신들이 직접 적극적으로 범죄하지 않았기에 자신은 죄를 짓지 않았다고 생각할지 모르지만 동조한 것도 죄다. 발람 당시에 이스라엘 백성은 우상숭배자들을 심판하지 못해서 2만 4천명이 염병으로 죽는 심판을 당했다(민 25:9). 사도 바울도 고전 10:7-11에서 우상숭배를 묵인하는 문제를 갖고 있던 고린도 교회에 주는 경고도 같은 맥락이다.

그러나 끝까지 믿음을 지키는 자에게는 축복이 있다. 그것이 율법의 본질이고, 또한 복음의 본질이다. 믿고 지키는 자에게는 구원과 영생의 축복이, 믿지 않고 하나님의 법(옛 언약 OT든, 복음 즉 새 언약 NT이든)을 지키지 않는 자에게는 심판이 있다는 것이 구약과 신약을 가로지르며 나타나는 하나님의 일관된 경륜이요 원칙이다.

2:17 귀 있는 자는 성령이 교회들에게 하시는 말씀을 들을지어다 이기는 그에게는 내가 감추었던 만나를 주고 또 흰 돌을 줄 터인데 그 돌 위에 새 이름을 기록한 것이 있나니 받는 자 밖에는 그 이름을 알 사람이 없느니라

귀있는 자라면 자신들의 죄에 대해 '성령이 하시는 말씀'을 들어야 할 것이다. 만일 계속 우상숭배를 하거나 그런 잘못을 묵인하는 죄를 범하면 니골라 당이나 발람의 집단 모두에게 징계할 것이고, 회개하고 그리스도에 대한 순수한 신앙으로 돌이키면 그리스도의 기업을 약속받을 것을 17절에서 강조한다.

약속된 상은 두 가지다. 먼저 '감추었던 만나'를 받는 것이다. 이것은 19:9에서 보듯이 어린 양의 혼인 잔치에서 온전히 먹도록 되어 있는 음식이다. 어린 양의 혼인 잔치는 그리스도와의 복된 교제를 상징한다. 그래서 예수님은 지상 사역을 하실 때 요 6:32-33에서 자신을 하늘에서 온 참된 떡으로 제시하셨던 것이다. 지금은 감추어진 만나지만 세상이 끝날 때 우리를 포함한 모든 하나님의 백성에게 다시 주어질 것이다. 두 번째 축복은 '새 이름이 새겨진 흰 돌(백석)'을 받는 것이다.

민 11:7은 만나를 진주 같아 보인다고 번역했는데, 고대 언어에 의하면 호박돌 모양의 보석 혹은 흰 돌로도 번역될 수 있는 단어였다. 구약에서 또한 흰 돌은 죄인을 석방하는 투표에 사용된 도구이기도 했고 그 승인을 표시하기 위해 사용된 것이다. 이전의 범죄로 심판 아래 놓였던 죄인들이 예수를 믿으면 유죄판결을 뒤집고 예수님의 잔치에 그 이름이 새겨진 초대장을 받게 되는 상징으로 이런 심상을 사용한 것이기도 하다.

이 때 '새 이름'은 나중에 계 3:12 "이기는 자는 내 하나님 성전에 기둥이 되게 하리니 그가 결코 다시 나가지 아니하리라 내가 하나님의 이름과 하나님의 성 곧 하늘에서 내 하나님께로부터 내려오는 새 예루살렘의 이름과 나의 새 이름을 그이 위에 기록하리라"에서 보듯이 예수님 자신만 아는 이름을 새겨 두신 그의 백성들이고 그들이 하나님 성전의 기둥이라는 가장 아름다운 말씀이다.

구약에서는 항상 상대의 이름을 아는 것은 그를 장악하거나 소유하는 것을 뜻했다. 창 32:26에서 야곱이 "당신이 내게 축복하지 아니하면 가게 하지 아니하겠나이다"라고 뗑깡을 부리자 그 다음 27절에서 "그 사람이 그에게 이르되 네 이름이 무엇이냐"고 물으시고 야곱이라고 자신의 정체성을 밝히자 28절에서 "네 이름을 다시는 야곱이라 부를 것이 아니요 이스라엘이라 부를 것"이라고 한 것과 같은 맥락에서 이해해야 하는 것이다.

창 32:29a를 보면 새롭게 하는 축복을 받자 야곱이 다시 천사에게 "야곱이 청하여 이르되 당신의 이름을 알려주소서"라고 요구하는데 그 천사는 "어찌하여 내 이름을 묻느냐 하고" 거기서 야곱에게 축복하는 자의 입장에 서서 이야기를 마치는 것을 보게 된다. 그것이 바로 그 이름을 아는 것에 깔려 있는 사상이다.

그래서 이사야 선지자는 사 62:2에서 마지막 축복을 "이방 나라들이 네 공의를, 뭇 왕이 다 네 영광을 볼 것이요 너는 여호와의 입으로 정하실 새 이름으로 일컬음이 될 것"이라고 했던 것이다. 이사야 선지자가 예언했던 마지막 때의 사건이 지금 요한계시록에서 이렇게 완성될 것이다.

본문 17절 후반부 "그 돌 위에 새 이름을 기록한 것이 있나니 받는 자 밖에는 그 이름을 알 사람이 없느니라"란 말씀은 눅 10:22에서 예수님께서 "내 아버지께서 모든 것을 내게 주셨으니 아버지 외에는 아들이 누구인지 아는 자가 없고 아들과 또 아들의 소원대로 계시를 받는 자 외에는 아버지가 누구인지 아는 자가 없나이다" 하셨던 말씀 속에서 이해할 수 있다.

지금까지 우리는 본문을 통해 누가 참된 성도인가를 살펴보았다. 첫째로 심판자가 주시는 진리의 말씀을 듣는 자만이 참된 성도이며, 둘째로 경제적 어려움 속에서도 믿음을 지키는 자만이 참된 성도임을 알아보았다. 그럼 마지막으로 어떤 사람이 하나님 나라의 백성이며 어떤 사람이 참된 성도란 말인가?
▶ 끝까지 믿음을 지키는 자만이 참된 성도이다(10, 11, 13, 17).

그리스나 로마의 신도 아니고, 통치자 황제도 아니고 오직 예수님을 주로 믿고 그 믿음을 배신하지 않는 사람만이 그 흰 돌을 받을 것인데, 그들은 예수님의 계시를 받은 자요 예수의 이름으로 일컬어질 사람들이요 그들만 하나님 나라의 기둥이 될 사람들이다.

태어나면서부터 아브라함의 후손이요 이스라엘 백성이라고 주장하지만 도무지 하나님 자녀란 삶의 증거가 없는 사람들, 교회에 등록하고 주일성수하고 십일조 하며 교회생활 열심히 한다고 하지만 세상 사람과 전혀 다를 바 없이 돈과 재물과 명성 같은 세상 유혹에 넘어진 사람들, 하나님보다 세상이 주는 힘에 굴복한 사람들이 아닌 끝까지 믿음을 지키고 넘어지면 일어나고 다시 넘어지면 또 일어나서 마지막까지 주님을 따르며 예수님을 향한 믿음을 지킨 사람들만이 주님께서 아신다 하실 것이고 그들만이 주님을 보게 될 것이나.

당신은 승리의 사람들인가, 아니면 멸망할 21세기의 니골라 당과 발람의 사람들인가? 우리 자신을 돌아보자.

04
냄비 신앙과 연탄불 신앙
(요한계시록 2:18-26)

우리 민족을 비하하는 말 중에 냄비 같다는 표현이 있다. 또한 우리가 잘 쓰는 표현 중 용두사미라는 말도 있다. 처음에는 뜨겁다가 금방 식어버리고 시간이 지나면 흐지부지하는 것을 뜻한다. 추운 겨울에 난방비가 없는 쪽방 사람들은 추울 때 잠시 전기장판을 틀고 조금 따뜻해지면 끈다고 한다. 추위도 무섭지만 그분들에게는 전기 요금이 더 무섭기 때문일 것이다. 그런데 전기장판은 금방 뜨끈뜨끈하지만 전기 스위치만 끄면 언제 그랬냐는 듯이 속절없이 차가워져 버린다. 그들에게는 연탄 불같이 한번 불붙여 놓으면 오래가고 한번 달궈지면 그래도 오래가는 구둘장이 그리울 것이다.

우리 신앙도 그런 면이 있는 것 같다. 처음에는 그 누구에도 비길 바 없을 만큼 뜨겁지만, 시간이 지나며 양은 냄비처럼 금방 식어버리는 신앙도 있을 것이고, 연탄불에 달궈진 구둘장 아랫목처럼 오래가는 신앙도 있을 것이다. 주님 앞에 우리의 신앙은 어떤 모습으로 보일지 자못 궁금하다.

먼저 두아디라 교회에게 하시는 주님의 말씀부터 들어보자.

2:18 두아디라 교회의 사자에게 편지하라 그 눈이 불꽃같고 그 발이 빛난 주석과 같은 하나님의 아들이 이르시되

하나님의 아들 예수님은 우리의 삶의 모든 구석구석을 감찰하고 주목해 보시는 분이심을 보여주기 위해 주님은 두아디라 교회 성도들에게 자신을 '그 눈이 불꽃같은 분'으로 소개한다.

자신을 어떻게 소개하시는 가는 주께서 그 교회에 하시려는 말씀과 관련되어 있다.

두아디라 교회를 향한 16절의 칭찬은 주님이 불꽃같은 안목으로 그들의 삶을 감찰하고 계신 분이기 때문에 가능한 것이다.

예수님은 자신을 심판자이신 하나님의 아들로 소개하는데 그것이 '불꽃같은 눈'을 가지신 분으로 그린 것이다. 그것은 구약 단 10:6 "또 그의 몸은 황옥 같고 그의 얼굴은 번갯빛 같고 그의 눈은 횃불 같고 그의 팔과 발은 빛난 놋과 같고 그의 말소리는 무리의 소리와 같더라"에서 이미 보이셨던 환상과 같다. 그 불꽃같은 눈으로 본 두아디라 교회 성도들의 특징은 무엇인가?

2:19 내가 네 사업과 사랑과 믿음과 섬김과 인내를 아노니 네 나중 행위가 처음 것보다 많도다

나중 행위가 처음 것보다 많다는 것이었다. 이 얼마나 귀한 칭찬인가? 어떤 사람은 처음에는 세상을 불사를 것 같은 뜨거움을 보이지만 조금 지나면 양은 냄비처럼 식어버리는데, 두아디라 교인들은 처음보다 나중이 더 나은 신앙이었다.

그런데 그 판단 기준을 나중 '행위'가 처음 것보다 많다고 한 것은 오직 은혜와 오직 믿음에 의한 법정적 칭의 개념이란 좁은 렌즈로만 구원을 보는 일부 우리 한국 교인들에게는 행위 구원론처럼 보여서 이 부분은 눈 감고 그냥 넘어가고 싶을지도 모르겠다. 그러나 이미 6절에서도 주님은 니골라 당의 '행위'를 미워한다하셨지 니골라 당의 교리를 미워한다고 하시지 않았으며, 23절에서도 다시 '각 사람의 행위대로 갚아주겠다'고 하신 것을 기억해야 한다.

　사도 바울은 율법의 행위가 아니라 믿음으로 구원받음을 강조하지만, 그 의도를 파악하려면 바울이 말하는 율법의 행위가 무엇을 말하느냐를 먼저 제대로 알아야 할 것이다. 예를 들어 롬 3:27에서 "그런즉 자랑할 데가 어디냐 있을 수가 없느니라 무슨 법으로냐 행위로냐 아니라 오직 믿음의 법으로니라"고 할 때도 즉 율법의 행위인 행위의 법과 믿음의 법을 대조한 것이지 믿음과 율법을 대조하는 것이 아님에 주목해야 한다. 여기서 '믿음의 법'이란 하나님의 율법을 믿음으로 살아내는 것을 말한다. 그래서 고후 11:15에서 사도 바울이 "그러므로 사탄의 일꾼들도 자기를 의의 일꾼으로 가장하는 것이 또한 대단한 일이 아니니라 그들의 마지막은 그 행위대로 되리라"고 할 때 최종적 심판의 근거로 행위를 언급하는 것이 일관성있는 사도 바울의 가르침인 것이다.

　창조주요 구원자요 심판자이신 예수님께서 두아디라 교회의 믿음을 19절에서 칭찬하실 때도, 네 나중 행위가 처음보다 많다고 하신 것은 19절 앞부분에서 '네 사업과 사랑과 믿음과 섬김과 인내'를 아셨기 때문이라는 것과 연결된 것이다.

　그런데 이상한 것은 우리 개역개정 성경은 19절 후반부의 '행위'와 같은 헬라어 단어를 같은 절 앞부분에서는 '사업'이라고 번역한 점이다. 새번역은 그래서 '행위'로 바로 잡았고 현대인의 성경은 네가 '한 일'이라고 쉽게 번역했고, 영어성경들도 NIV/NASB는 your deeds로 NRSV/ESV는 your works로 번역하여, 네 사업(행위)과 사랑과 섬김 같은 우리의 행동이 인내의 믿음 같은 추상적 개념과 구별될 수 없는 같은 것임을 보여주고 있다. 그것을 지금 요한계시록 2:19에서 주님은 우리의 나중 행위를 보시겠다는 것이고, 계 3:2에서는 "내 하나님 앞에 네 행위의 온전한 것을 찾지 못하였노니"로 표현한 것이며, 마지막 심판을 다루는 계 20장에서도 "12 또 내가 보니 죽은 자들이 큰 자나 작은 자나 그 보좌 앞에 서 있는데 책들이 펴 있고 또 다른 책이 펴졌으니 곧 생명책이라 죽은 자들이 자기 행위를 따라 책들에 기록된 대로 심판을 받으니 13 바다가 그 가운데에서 죽은 자들을 내주고 또 사망과 음부도 그 가운데에서 죽은 자들을 내주매 각 사람이 자기의 행위대로 심판을 받고"라고 반복하는 것이다. 성경이 계속 반복해서 가르치는 우리의 행위는 우리의 믿음의 증거이지, 비기독교적이요 잘못된 공덕주의 구원론과는 아무 관계가 없다.

다만, 그럼 어떻게 해야 우리의 나중 행위가 처음 행위보다 더 많을 수 있는가를 가르치는 것만 주목하면 된다. 버가모 교회도 그랬지만 박해 앞에서 두아디라 교회 성도들도 환난과 핍박 앞에서 믿음과 인내를 가졌다는 것이다. 그것이 이 교회가 칭찬받은 이유이다.

이런 관점은 2:13에서 안디바가 충성된 증인으로서 삶을 다했던 것과 3:8-10에서 빌라델비아 교회 역시 박해에도 불구하고 인내를 보였던 것을 언급하며 3:14에서 그리스도 자신이 충성된 증인 되셨던 것을 되새겨 주는 데서도 볼 수 있고, 나아가 13:7-10에서 짐승에게 박해받는 성도들에게 인내와 신실함을 요구하고 17:12-14에서 열 왕과 맞서 싸우는 어린 양을 신실하게 따르기를 요청하는 것에서도 보듯이 요한계시록 전체를 흐르는 중요한 메시지이다. 즉 한마디로 말해서 환난과 핍박이 올지라도 인내와 믿음으로 나아가야 하는 것이다.

↥ 처음보다 나중 삶이 더 칭찬받는 성도가 되자(18-19).

나중 행위가 처음 것보다 많다고 칭찬받은 두아디아 교회 성도라고 모든 면에서 다 잘하고 문제가 없는 것은 아니다. 20-23절을 보면 책망 받은 부분도 있는데 그것은 무엇 때문일까?

2:20 그러나 네게 책망할 일이 있노라 자칭 선지자라 하는 여자 이세벨

을 네가 용납함이니 그가 내 종들을 가르쳐 꾀어 행음하게 하고 우상의 제물을 먹게 하는도다

　버가모 교회와 마찬가지로 두아디라 교회도 이세벨로 상징된 거짓 여선생을 용납한 죄 문제가 지적된다. 스스로를 선지자라 자칭하는 거짓 여제자의 문제는 앞에서 지적했던 버가모 교회의 발람이나 니골라 당의 문제처럼 이교적 행음과 우상 제물 먹기를 통한 이방 종교와의 교류와 크게 다르지 않다. 당시 교회에 만연했던 우상숭배 관습에 집단적으로 가담을 요구하고 거절하면 사업상의 일에 어려움을 주던 상인들의 연합회 등과도 관련되어 있을 수 있다. 두아디라는 세마포 옷, 자주 옷, 동, 노예 거래가 흥왕하던 지역이라 아마도 우상숭배와 분리되지 않는 상인조합과의 관계에 있어서 신앙을 가진 사업가들이 많은 갈등을 느꼈을 것이다. 그런데 사업에 있어서 우상숭배적인 상인길드와의 관계는 아무 문제가 아닌 것처럼 두둔하고 가르치던 자칭 여선지자로 자칭하는 교회의 여자 지도자들의 문제는 앞으로 13:14와 19:20에서도 반복되는 것을 볼 텐데 17:1-2와 18:3, 8-9, 11-12, 23에서는 음녀 바벨론의 미혹 문제로 다뤄질 것이다. 거기서 음녀와의 음행은 다름 아닌 부당한 상업 거래였다.

　우리 주 예수님은 교회 안에서 잘못된 가르침으로 교회를 미혹하고 교회의 일꾼들을 넘어지게 한 여성 지도자들을 용납했던 사람들에게도 항상 회개하고 돌아설 기회를 주시는 분이시다.

2:21 또 내가 그에게 회개할 기회를 주었으되 자기의 음행을 회개하고자 하지 아니하는도다

　심지어 교회를 넘어뜨리는 여자 거짓 선생에게도 주님은 회개할 기회를 주시지만 항상 그러하듯 죄악의 괴수들은 회개하지 않는다. 하나님은 그런 범죄의 괴수를 심판함에 있어서 무기력하거나 법 지식을 이용해 법망을 교묘히 빠져나가도록 구경만 하는 세상의 사법부와 다르다.

2:22 볼지어다 내가 그를 침상에 던질 터이요 또 그와 더불어 간음하는 자들도 만일 그의 행위를 회개하지 아니하면 큰 환난 가운데에 던지고 23 또 내가 사망으로 그의 자녀를 죽이리니 모든 교회가 나는 사람의 뜻과 마음을 살피는 자인 줄 알지라 내가 너희 각 사람의 행위대로 갚아 주리라

우리 주님은 회개하지 않는 그들을 큰 환난 가운데 던진 후, 사망으로 그들과 그 추종자들을 각자의 행위대로 처벌하실 것이다. 그러므로 공의로우시며 의로우신 하나님의 분노를 죄인들은 두려워 해야 할 것이다.

그 누구도 불꽃같은 눈으로 사람의 뜻과 마음을 살피는 분을 피할 수 없다. 그 누구도 사람에게 가장을 하고 거짓을 행해도 그 동기를 간파하시는 하나님의 감찰하는 눈은 속일 수 없다. 렘 17:10에서 "나 여호와는 심장을 살피며 폐부를 시험하고 각각 그의 행위와 그의 행실대로 보응하나니"라고 하신 것처럼 우리 존재의 근원을 간파하고 그 동기와 행위를 근거로 심판과 상을 주실 그 분 앞에 준비된 삶을 살아야 할 것이다. 그러므로

▲ 기회 주실 때 회개하고 돌이켜 우리의 삶으로 칭찬받는 성도가 되자(20-23).

어떤 일에 대해 책망을 받게 되면 나는 성경공부를 많이 못해서, 교리를 몰라서 그랬다고 변명하는 사람들이 가끔 있다. 그런 사람들에게 주님은 무엇이라고 말씀하시는가?

2:24 두아디라에 남아 있어 이 교훈을 받지 아니하고 소위 사탄의 깊은 것을 알지 못하는 너희에게 말하노니 다른 짐으로 너희에게 지울 것은 없노라 25 다만 너희에게 있는 것을 내가 올 때까지 굳게 잡으라

교회를 다니면서 이미 수없이 들은 하나님의 말씀은 무시하고, 모든 문제의 근원인 사탄의 궤계와 그에 대한 하나님의 처리에 대한 가르침은 무

시하고 특별한 제자훈련이나 교리공부를 많이 못해서 그랬다는 핑계는 마지막 날에 허용되지 않을 것이다. 주님은 어떤 대단한 교육을 받을 것을 요구하는 것이 아니라, 이미 주어진 말씀을 붙잡고 살면 된다. 구원과 하나님께서 기뻐하시는 삶의 길에 대해서는 성경에 이미 주어졌다.

게다가 사탄의 교묘한 궤계에 대한 것도 여러 번에 걸쳐 성경은 가르치고 있고, 설교 시간에도 들었을 것이다. 그런데 그런 것을 무시하고 넘어가서 알지 못하는 것은 우리의 책임이지 심판주 되시는 하나님의 책임이 아니다. 성경에 자명하게 나타나있고, 수많은 설교자들이 반복하여 전하지 않던가?

교회에 다니면서 그런 것을 모른 체하는 사람들은 실상은 하나님의 백성이 아니기에 심판을 받게 될 것이다. 자신이 기독교인임을 자처해도 참 하나님의 자녀가 아님을 알아야 한다. 하나님으로부터 난 자가 사탄의 행각들을 평생 몰랐다고 말할 수 없다. 우리의 영혼은 본능적으로 아는 것이다.

그럼 그리스도인들은 이런 사탄의 깊은 것을 통찰할 수 있단 말인가? 사도 바울은 고전 2:10에서 "오직 하나님이 성령으로 이것을 우리에게 보이셨으니 성령은 모든 것 곧 하나님의 깊은 것까지도 통달하시느니라"고 했다. 성령을 받은 사람은 사탄의 깊은 것과 하나님의 깊은 것을 모를 수가 없다. 그래서 그 성령을 못 받은 사람은 육에 속한 사람이요 그리스도인이 아니라고(롬 8:9) 한 것이다.

이들과 반대로 끝까지 믿음을 지키는 자에게는 어떤 축복이 약속되어 있나?

2:26 이기는 자와 끝까지 내 일을 지키는 그에게 만국을 다스리는 권세를 주리니

그 축복은 만국을 다스리는 권세를 주시는 것이다. 그런데 그 권세는 누구에게 주어지나? 끝까지 주님의 일을 지키고 끝까지 이기는 자에게이다.

그런데 그 이김은 어떻게 얻어지는 것인가? 계 12:11의 "어린 양의 피와 자기들이 증언하는 말씀으로써 그를 이겼으니 그들은 죽기까지 자기들의 생명을 아끼지 아니하였도다"는 말씀처럼 복음 증거와 순교이다. 그것이 바로 그리스도의 십자가의 삶 아닌가?

핍박 앞에서도 그런 이김을 과연 우리가 할 수 있는가? 그것이 가능한가? 롬 8:36은 "기록된 바 우리가 종일 주를 위하여 죽임을 당하게 되며 도살 당할 양 같이 여김을 받았나이다 함과 같으니라 37 그러나 이 모든 일에 우리를 사랑하시는 이로 말미암아 우리가 넉넉히 이기느니라"고 한다. 죽임 당할 환난과 핍박 가운데서도 우리가 이길 수 있는 유일한 비결은 우리의 능력 때문이 아니라 다만 "우리를 사랑하시는 하나님" 때문이라고 성경은 말씀한다.

우리를 향한 주님의 사랑 때문에 우리는 '하나님의 일을 지킬 수' 있고 그것은 다름 아니라, 세상과 타협하지 않고 믿음을 지키고 복음을 증거하는 삶이다. 세상과 타협하도록 이끄는 자칭 선지자 거짓 여교사인 이세벨과 니골라 당원들을 심판하지만, 유혹과 핍박 속에서도 믿음을 지키고 끝까지 이기고 나오는 충성스러운 하나님의 백성들에게는 만국을 다스릴 권세를 주시겠다고 하나님은 약속하셨다. 그것은 니골라 당을 이기는(니카오 nikao) 사람에게 약속된 축복이다.

그 권세와 함께 27절 철장의 권세가 또한 주어졌다.

2:27 그가 철장을 가지고 그들을 다스려 질그릇 깨뜨리는 것과 같이 하리라 나도 내 아버지께 받은 것이 그러하니라

주님은 양을 위험에 빠뜨리는 짐승들을 죽이기 위해 목동에게 주신 겉을 쇠로 도금한 큰 나무 막대기인 철장을 우리에게 주셔서 아무리 강력해 보이는 대적자들이라 할지라도 그들의 권세를 깨뜨리게 하실 것이다. 이것은 시 2:9 "네가 철장으로 그들을 깨뜨림이여 질그릇 같이 부수리라 하시도다"에 주어진 약속의 성취이다. 주 예수님이 아버지 하나님께 받은 것과 같은 권세를 우리에게도 위임하신다는 것이다. 그런데 이 분이 누구인가? 이 예언의 말씀 바로 앞의 시 2:7에서는 "여호와께서 내게 이르시되 너는 내 아들이라 오늘 내가 너를 낳았도다"고 하셨고 계 2:18에서 '하나님의 아들'이라 하신 예수님이시다.

그런데 더 놀랍고도 감사한 것은 계 2:28 "내가 또 그에게 새벽 별을 주리라"는 말씀이다. 새벽 별은 민 24:17에서 "한 별이 야곱에게서 나오며"라고 예언되었으며 이 책 마지막 부분 계 22:16에서 "나는 다윗의 뿌리요 자손이니 곧 광명한 새벽 별이라 하시더라"고 계시된 그리스도 자신 아닌가? 그렇다 주님은 그 모든 권세를 주신 것도 감사한데 자기 자신을 우리에게 주신다. 그 어떤 권세가 그 권세의 근원인 하나님의 아들 새벽별이신 예수님을 받는 것보다 더할 수 있겠는가? 그 분 자신을 우리에게 주신 것보다 더한 사랑이 어디 있겠는가?

모든 참된 그리스도인의 소망은 날이 갈수록 이런 감격으로 인해 믿음이 더 깊어지는 것이고, 이런 깨달음으로 인해 신앙이 성숙해갈수록 더 깊이 회개하는 모습으로 우리 자신을 주님 앞에 드리는 것이다.

그러나 그런 순수한 마음이 있지만, 환란과 핍박이란 힘든 일이 생기면 여전히 중도에 포기해버리고 싶은 것이 연약한 우리의 모습이다. 이런 우리에게 주께서 주시는 권면은, 25절처럼 '내가 올 때까지', 주님께서 오실 때까지 우리가 이미 가지고 있는 믿음을 지키라는 것이다. 어떤 새로운 것을 요구하는 것도 아니다. 주께서 주실 권세(26-27)와 주님 그 분 자신을 우리 가운데 품고(28) 주님께서 다시 오실 때까지 이미 주어진 믿음을 지키라는 것이다.

ᄂ 주님 만나는 마지막 날까지 믿음을 지키는 성도가 되자(24-28).

성경은 그저 우리에게 마음의 평화와 위로를 주는 말씀이 아니다. 위로와 격려의 말씀도 있지만, 중요한 것은 이 험한 세상을 이겨나갈 힘을 주시는 것이고 그것을 위해 돌이켜야 할 곳에서 돌이켜 회개하고 환란과 핍박 앞에서 믿음을 지켜나가야 한다는 주님의 강력한 도전의 메시지인 것이다. 그래서 2장의 마지막은 다시 한 번 이 말씀으로 마무리 하는 것이다.

29 "귀 있는 자는 성령이 교회들에게 하시는 말씀을 들을지어다!"

05
당신은 이름 값을 하고 계십니까?
사데 교회에 주시는 메시지
(요한계시록 3:1-6)

옛날에는 아이들 이름으로 끝순이, 말자 같은 것이 많았지만 국정 교과서 시절에 제일 유명한 것은 철수와 영희였다. 근래에는 남자는 민성, 한솔, 진호, 준수 등의 이름이, 여자에게는 지현, 은정, 민지, 지수, 수진 등이 많이 쓰인다. 근래에는 교회 이름도 지구촌 교회, 온누리 교회처럼 거국적 혹은 세계선교 비전을 담은 교회명을 많이 쓴다. 하지만, 40년 전에는 믿음, 소망, 사랑 같은 성경적 핵심 단어가 교회명으로 많이 쓰였다. 그러나 교회명에 어떤 좋은 말을 붙이든 그리스도 없는 그리스도의 교회, 하나님 안계시고 목사만 나타나는 하나님의 교회, 사랑 없는 사랑의 교회, 소망 없는 소망 교회라면 곤란하지 않을까?

우리 믿는 사람들을 자칭, 타칭 기독교인, 영어로는 크리스천이라고 한다. 그 말은 그리스도를 믿는 사람이란 뜻이지만 원래는 그리스도를 닮은 사람, 작은 그리스도라는 뜻이다. 그런데 우리는 그 이름에 합당하게 살고 있는가?

계 3:1은 그리스도께서 사데 교회에 보내는 편지다. 이렇게 시작된다.

3:1 사데 교회의 사자에게 편지하라 하나님의 일곱 영과 일곱 별을 가지신 이가 이르시되 내가 네 행위를 아노니 네가 살았다 하는 이름은 가졌으

나 죽은 자로다

　사데는 BC 1200년 경에 세워진 리디아 왕국의 수도였고 부요하고 강력한 힘을 가진 도시였다. 샘에서 금가루가 흘러나와 금화가 주조되던 도시였으니 당시 주변 도시들에 비해 얼마나 잘 살았는지 짐작이 갈 것이다. 그런 지역이므로 상술에 밝은 유대인들이 많이 몰려들어 BC 4-5세기부터 유대인 거주지가 있을 정도였다. 지금까지 발굴된 가장 큰 유대인 회당도 AD 2세기에 사데에 세워진 것이다.

　게다가 남산보다 200미터나 높은 460미터 높이의 언덕 꼭대기에 세워진 성채로 인해 난공불락의 성으로 알려져 있었다. 그러나 사데도 주후 17년에 빌라델비아와 함께 겪은 엄청난 지진으로 상당 부분이 황폐화되는 재앙은 피해갈 수 없었다.

　그 사데 교회에 그리스도는 에베소 교회에 했던 것과 거의 비슷한 자기 소개를 하신다. 예수님은 '하나님의 일곱 영과 일곱 별을 가지신 분'이다. 그 일곱 영은 계 1:4에서 보좌 앞의 7영인데 그것은 구약 슥 4:2, 10에서부터 예언되었던 세상을 감찰하는 성령의 온전한 사역을 지칭하며, 일곱 별도 계 1:12, 16에서 교회의 일곱 사자를 그리스도께서 오른 손에 들고 통제하시는 모습으로 그려졌던 바로 그 모습이다.

　사데 교회와 에베소 교회는 두아디라 교회, 버가모 교회와 마찬가지로 두 교회 모두 우상숭배와 이교 문화 속에서 타협을 한 것이 문제였다. 그러다보니 그리스도를 외부 세상에 증언하는 힘을 자연히 상실하게 되었다. 그리스도의 증인으로 사는 것은 세상과 구별되고 세상과 다른 삶과 문화가 있어야만 가능하다.

　사데란 도시가 세상적으로도 과거에 영광스런 도시였다가 지진 피해로 말미암아 그 영광은 사라진 것처럼, 사데 교회도 바로 그런 상황에 처해 있었다. 그것을 묘사한 것이 영적으로 "살았다하는 이름을 가졌으나 죽은" 교회란 것이다. 사데 교회는 이름만 교회이지 내막은 교회가 아니라는 것이다. 기독교회가 무엇인가? 하나님의 영원한 생명, 영생의 담지자 인데 불신앙과 이방 종교의 특징인 죽음을 가지고 있다는 것처럼 충격적 인 선고가 어디 있겠는가?

이미 앞 부분에서 여러 번 언급했듯이 구약에서도 이름이 중요하지만, 계 2:17b "이기는 그에게는 내가 감추었던 만나를 주고 또 흰 돌을 줄 터 인데 그 돌 위에 새 이름을 기록한 것이 있나니 받는 자 밖에는 그 이름을 알 사람이 없느니라"는 말씀에서 보았듯이 요한계시록에서도 새로워진 존재의 정체성을 그 이름으로 표현한다. 그런데 사데 교회는 허물을 벗으 며 나무 줄기에 남겨놓은 껍데기처럼 이름만 남아 있고 영적으로는 죽은 교회라고 주님은 지적하신 것이다.

요즘에 특히 교회의 외형과 형식은 남아 있으나 죽은 교회들이 많은데 그것은 어떤 교회들이고 어떤 사람들의 모임일까? 마 7:22-23을 보면 "그 날에 많은 사람이 나더러 이르되 주여 주여 우리가 주의 이름으로 선지자 노릇 하며 주의 이름으로 귀신을 쫓아 내며 주의 이름으로 많은 권능을 행하지 아니하였나이까 하리니 23 그 때에 내가 그들에게 밝히 말하되 내 가 너희를 도무지 알지 못하니 불법을 행하는 자들아 내게서 떠나가라 하 리라"하셨다. 경건한 것처럼 툭하면 주님을 찾고 귀신을 쫓아내는 등 종 교적 능력도 행했지만, 하나님의 법대로 살지 않는 사람들을 주님은 책망 하셨고 경고하셨다. 우리 한국교회 기독교인들의 대부분이 이 구절을 잘 알고 있지만 아마 대부분 이 말씀을 자신과 연결 짓지 않을 것이다. 자신 들이 방언도 하고 신령한 체험이 있기 때문에 구원받은 하나님의 자녀라 고 생각하고, 예수님의 이름으로 권능을 행하기도 하고 일하기도 하므로 그 삶이 어떠하든 관계없이 자신은 하나님의 자녀로 확신을 가지고 있을 것이다. 그러나 이 구절에 의하면 하나님의 법대로 살지 않는 사람들에게 는 하나님의 생명은 없고 죽음과 멸망만 기다리고 있다는 것이다. 하나님 의 백성으로서 세상과 구별되는 삶이 없는 그들은 살았다 하는 이름만 가지고 있는 소위 명목상의 그리스도인들로서 구원받은 하나님의 참 백성이 아니라는 것이다. 이 가르침은 바울의 모든 서신서는 물론 특히 공동서신과 요한계시록의 메시지 전체에 계속 반복되어 흐르고 있는 사상이다. 그럼에도 불구하고 일부 기독교인들은 마 7:23의 예수님 말씀부터 계 3:1 말씀까지를 온전히 받아들이기 힘들 지도 모르겠다. 그렇다면 이 구절들을 스스로 찾아보고 묵상해 볼 필요가 있다.

지금까지 본 것처럼 주님은 1절 말씀을 통해 우리에게 무엇을 도전하시는 것인가?

↰ 살았다하나 죽은자와 같은 신앙생활을 탈피하자(1).

오늘날 한국교회의 가장 큰 문제는 주일성수와 새벽 기도를 하고 각종 헌금을 하며 교회 중심 종교생활을 하고 있기에 구원받았다고 확신하게 만든 것이다. 그들은 마음으로는 하나님의 법을 즐거워하지만 실제로는 육신을 따라 죄의 법을 섬기는(롬 7:22, 25) 사람들이며, 이름만 남은 껍데기 그리스노인들로 생녕이 없는 사들이다.

기독교는 종교생활을 독려하는 종교가 아니라, 생명이신 예수 그리스도를 믿고 부활의 영인 성령이 우리를 성전으로 삼아 우리 가운데 살며 생명이 흘러넘치는 것을 경험하는 삶이다. 아직도 그런 새로운 삶을 경험해보지 못한 사람들은 심각하게 자신을 돌아보며 고민해야 할 것이다. 왜냐면 그들에게도 소망이 있기 때문이다.

1절에서 주께서 우리에게 소망을 주시고자 하는 것은, 일곱 별의 주인으로서 주께서 성령의 온전한 능력인 일곱 영으로 사데 교회를 찾아와 내가 너희들 즉 교회를 새롭게 하겠다고 하시기 때문이다. 살았다 하나 영적으로 죽은 교회를 살리는 교회의 회복은 이처럼 온전한 성령의 능력과 하나님의 힘에 의해서만 가능하다. 그것은 죽은 자를 일으키신 부활의 하나님이 하시는 일이지만, 그와 동시에 우리에게 맡겨진 부분이 있다. 2절을 보자.

3:2 너는 일깨어 그 남은 바 죽게 된 것을 굳건하게 하라 내 하나님 앞에 네 행위의 온전한 것을 찾지 못하였노니

'너는 일깨어'란 말씀은 '깨어나라(새번역 등)' 혹은 깨어있음을 증명하라는 우리를 향한 도전이다. 이 구절에서 주님의 두 번째 명령은 '남은 바 죽게 된 것을 굳건하게 하라'는 것인데, 남은 바 죽게 된 것은 중성명사로서, 살았다하나 죽은 것과 다름없는 사데 교회의 소수의 남은 자이며 동시에 사데 교인들에게 남아있는 약간의 영적인 부분들이기도 하다. 2:25에서 주님께서 두아디라 교인들에게도 "너희에게 있는 것을 내가 올 때까지 굳게 잡으라"고 하셨던 것처럼, 사데 교회 교인들에게도 이제 소수의 남은 자들과 사라져가는 영성을 회복하고 힘을 주어 굳세게 하라는 명령을 주님이 하시는 것이다.

사데 교회의 문제는 2:9에서 본 서머나 교인들의 문제, 즉 자신들을 유대인이라고 생각했지만 하나님 보시기에 참 유대인이 아닌 것으로 드러난 것과 다르지 같다. '네 행위의 온전한 것'은 2:2에서 그리스도에 대한 충성과 증언 같은 행위와 수고를 다시 반복하는 것으로서, 계 2:5, 19, 22, 23절에서 계속 보았던 그 행위의 온전함에 대한 요구와 같은 것으로서 사데 교회 성도들의 삶에서도 그것이 판단 기준이 된다. 이것은 3:1, 8, 15절에서 계속 '내가 네 행위를 아노니'란 말씀을 마치 후렴구처럼 반복하는 것을 통해서도 행위 즉 우리 삶의 증거가 얼마나 중요한지를 감지할 수 있을 것이다. 사데 교인들의 삶에서 주님은 도무지 그리스도인으로서 그 삶의 온전한 면을 찾아 볼 수 없는지 답답해 하신다.

그것은 이교의 문화가 지배하는 지역의 한 복판에서 사데 교회가 믿음을 잃은 것을 말한다. 그래서 성령의 살리시는 능력, 죽은 자 가운데서 그리스도를 일으키셨던 부활의 권능이 다시 필요한 것이다. 그 꺼져가는 남은 생명의 작은 불꽃을 살리고자 그 일곱 별 일곱 영을 가지신 분이 찾아오신 것이다. 그럼 우리는 어떻게 해야 하는가? 그 답변이 3절에 나타난다.

3:3 그러므로 네가 어떻게 받았으며 어떻게 들었는지 생각하고 지켜 회개하라 만일 일깨지 아니하면 내가 도둑 같이 이르리니 어느 때에 네게 이르는지 네가 알지 못하리라

회개해야 한다. 성령의 역사와 새롭게 하심을 경험하고 싶다면, 우리가 거쳐야 할 첫 단계는 처음에 우리가 받았던 그 은혜를 생각하며 회개하는 것이다.

회개 없는 구원, 회개 없는 새롭게 하심, 회개 없는 부흥은 없다. 회개는 우리 성도들의 첫 자리, 원래의 모습을 회복하는 길인데, 처음 자리로 돌아가지 않으면 주님은 구원자가 아니라 심판자로 부지불식간에 우리에게 이를 것이다.

회개한다는 것은 우리가 복음을 어떻게 받았고, 어떻게 들었는지 그 첫 상태를 회복하는 것이다. 그것이 바로 에베소 교회에 대한 교훈과 같은 모습 아니었던가? 계 2:5 "그러므로 어디서 떨어졌는지를 생각하고 회개하여 처음 행위를 가지라 만일 그리하지 아니하고 회개하지 아니하면 내가 네게 가서 네 촛대를 그 자리에서 옮기리라"던 말씀을 우리는 기억해야 한다. 물론 에베소 교회와 사데 교회의 다른 점이 있다. 에베소 교회의 문제는 복음 전하지 않은 것이지만, 사데 교회는 들은 복음 자체를 잃어버린 것이다. 그러나 두 교회 모두 회개해야 한다는 점에서 똑같다. 지금까지 본 2-3절에서 주님께서 우리에게 원하시는 것은 무엇인가?

📈 우리가 먼저 잘못에서 돌이킨 후 약한 자들을 굳세게 하자(2-3).

제가 매년 가서 돕는 치앙마이 김태민 선교사의 사역의 열매 중에 매해 교회를 담임하는 쏨밧 전도사라는 사람이 있습니다. 그는 치앙마이 외곽 1500미터가 넘는 산악지역에 사는 스카카렌족과 몽족 사람들에게 복음을 전하는 김태민 선교사의 사역이 못마땅해 술 마신 후 훼방 놓기 위해 집회에 참석했다가 말씀을 듣고 변화된 후, 제자훈련을 받고 예수님의 귀한 일꾼이 되었다. 그는 어머님이 물려주신 땅에 교회를 세워 지역 복음화에 힘쓰려고 했는데, 그 지역 주민과 절의 승려들이 반대와 방해를 했다. 이유 중의 하나는 그 지역에 있는 절보다 더 높은 곳에 교회가 지어지기 때문이기도 했다. 그는 그러면 낮은 곳의 땅과 바꿔주면 낮은 지역에 짓겠다고 했다. 쏨밧 전도사와 그가 전도한 사람들은 마을의 궂은일도 하고, 주민들 농사일도 돕고, 홍수 나면 다리 복구도 해주며 호감을 사려 노력했지만 교회가 세워지는 것을 싫어하는 것이 본심이었기 때문에 계속 반대만 일삼았다.

쏨밧 전도사는 마지막 주민회의에서 "여러분이 알다시피 나는 이 곳 토박이이지만 술과 마약과 폭력을 일삼던 깡패였습니다. 그러나 예수님을 만나고 변화되어 이제 나같이 방황하는 젊은이들을 돕겠다는데 왜 계속 반대하십니까? 나는 젊은날의 나처럼 방황하는 우리 청년들을 돕고 바로잡고 싶습니다"라고 발언을 했고 주민들은 숙연해졌고, 지역 유지들과 승려들까지 동의를 해줘서 교회가 지어지게 된 것이라 한다. 쏨밧 전도사는 부모님이 물려주신 땅을 주께 드려 교회를 짓고, 먼 곳에 살아 학교를 다닐 수 없는 소수 부족 아이들이 숙식하며 학교를 다닐 수 있는 자그마한 남녀 학사를 짓고 열심히 사역을 해서 300명 가까운 사람들이 나오는 교회를 세웠고 그 일대가 복음화가 되는 놀라운 일을 이뤄냈다. 언어와 풍습이 전혀 다른 카렌족과 몽족이 한 교회에 모여 한 하나님의 백성이 된 사도행전 교회의 모습을 보며 우리는 감사를 드리게 된다.

술과 마약으로 엉망으로 살던 그가 회개하고 변화된 후, 제대로 된 신학교도 못 나오고 제자훈련 받은 것이 다이지만, 죽어가는 영혼들과 멸망의 길을 걷는 동네 젊은이들을 향한 그의 헌신이 놀라운 열매를 맺게 된 것이다. 이번에 가보니 작년 큰 비로 한쪽이 허물어져 위험하게 된 교회를 부수고 그 일대에서 처음으로 철근콘크리트 구조의 교회당을 새로 짓고 있었다. 같이 간 건축가도 즐거이 자문을 해주고, 작은 액수이지만 헌금도 하고 기도도 해주고 돌아왔다. 변화된 한 사람으로 인해 한 마을이 아니, 두 부족의 두 마을이 복음화되고 그 산간에 놀라운 교회가 세워지는 놀라운 역사가 지금도 일어날 수 있다.

힘든 상황 속에서도 믿음을 지킨 사람들에게는 축복이 약속되어 있다. 이것은 성경의 반복되는 메시지이다. 하나님의 말씀을 지키지 않고, 믿지 않는 자에게는 심판이 있지만 믿음을 지키는 자에게는 축복이 있다는 것이 구약 율법의 구조이고, 신약 복음이 보여주는 공통 구조이다. 본문에서는 어떤 축복이 약속되어 있는지 살펴보자.

3:4 그러나 사데에 그 옷을 더럽히지 아니한 자 몇 명이 네게 있어 흰 옷을 입고 나와 함께 다니리니 그들은 합당한 자인 연고라

사데 교회는 주께서 갑자기 임하실 때 대부분이 살았다고 생각하지만 죽은 명목상 그리스도인들로 판명될 것이지만, 그 가운데에 믿음을 지킨 자가 없는 것은 아니다. 다만 안타까운 것은 사데 교인 가운데는 이교적 우상숭배 관습에의 타협을 거부한 성도가 극히 일부뿐이었다는 점이다. 그들은 4절 표현에 의하면 옷을 더럽히지 않은 사람이며 14:4의 비유로는 여자와 더불어 더럽히지 아니하고 순결한 자이다. 이 구절은 신앙의 타협과 세속화에 무감각해진 우리들의 모습을 그린 것이다.

사데 교인들 중 아주 소수 몇 명만이 흰 옷 입은 자, 흰 옷에 합당한 자이다. 그런 모습이 미래 최후의 심판 자리에서 받을 상급의 기초가 된다. 이것은 계시가 전개되며 계 7:14는 "큰 환난에서 나오고, 어린 양의 피에 옷을 씻어 깨끗게 한 자"라고 묘사될 것이다.

3:5 이기는 자는 이와 같이 흰 옷을 입을 것이요 내가 그 이름을 생명책에서 결코 지우지 아니하고 그 이름을 내 아버지 앞과 그의 천사들 앞에서 시인하리라

그 흰 옷 입은 자는 이기는 자이며, 앞에서 계속 말해 왔던 충성된 증언의 삶을 산 자들이다. 마지막 심판의 자리에서 이것은 무엇과도 바꿀 수 없이 중요한 문제라서 3:18에서 라오디게아 교회 성도들에게는 흰 옷을 사서 입으라고 주께서 권면하실 정도다. 흰 옷을 입는다는 것은 그리스도께서 그들의 이름을 결코 지우지 않을 것이란 보증이다.

또한 생명책에서 주님이 결코 지우지 아니할 사람들을 이름으로 언급한 것은, 구약에서 이름은 그 사람의 성품과 동일시되기 때문이다. 이름은 우리의 정체성과 성품과 본성을 나타낸다. 사데 교회는 1절에서 이미 살았다하는 이름은 가졌으나 실상은 죽은 교회라는 진단이 내려진 교회였다. 우리도 그런 말을 듣지 않으려면, 그리스도의 이름을 안고 사는 크리스천이란 이름에 걸맞는 삶을 살고, 그 이름값을 해야 한다. 개인이나 교회나 그것은 마찬가지다. 그 이름에 합당하게 살 때 주님은 그들을 성부와 그의 종들(천사) 앞에서 우리를 잊지 않을 뿐 아니라, 시인하겠다고 약속하신다. 우리는 그 약속을 붙잡고 믿음을 지켜야 한다.

🔼 끝까지 믿음을 지켜 생명책에 남는 자가 되자(4-5).

마지막 심판대 앞에서 이런 구원 약속의 가장 중요한 근거는 이 땅에서 사람들 앞에서 우리의 증인의 삶이다. 주님은 이 얘기를 이미 눅 12장에서 "8 내가 또한 너희에게 말하노니 누구든지 사람 앞에서 나를 시인하면 인자도 하나님의 사자들 앞에서 그를 시인할 것이요 9 사람 앞에서 나를 부인하는 자는 하나님의 사자들 앞에서 부인을 당하리라"고 하셨던 것이다. 이것은 요한계시록에 와서 처음 하는 말씀이 아니다.

그렇다면 앞에서 말한 '이기는 자'는 순교자만이 아니라, 믿음으로 산 모든 성도들에 해당한다. 성도들의 이름은 순교자든 아니든 모두 생명책에 기록되기 때문이다. 이 생명책 얘기는 앞으로 5번이나 더 등장할(13:8; 17:8; 20:12, 15; 21:27) 것이다. 비신자들은 이 생명책과 아무 관련 없고 다만 심판의 책과 관련 있다. 우리 그리스도인들은 이 생명책에 그 이름이 기록된 자이며, 우리는 그 이름에 합당한 삶을 살도록 요구되는 사람들이다.

3:6 귀 있는 자는 성령이 교회들에게 하시는 말씀을 들을지어다

이 사실을 잊으면 안된다. 그것이 바로 성령께서 우리 교회들에게 하시는 말씀이고, 우리는 그 음성에 귀를 기울여야 한다. 그것만이 우리가 사는 길이고, 하나님의 생명책에 남는 사람들이 되는 길이다.

06
천국 문으로 인도하는 교회, 열린 문을 가로 막는 교회

빌라델비아 교회를 통해 배우는 오늘의 메시지
(요한계시록 3:7-13)

미국 독립운동의 산실인 도시가 있는데, 펜실베니아 주의 수도 필라델비아이다. 퀘이커 교도들이 신앙의 자유를 찾아 정착했던 곳이고 그 주변 랭카스터 등에는 지금도 아미쉬 등이 아름다운 신앙공동체를 이루고 살고 있는데, 미국인들 사이에서는 산업화되면서 영국의 통치에서 벗어나 자유를 갈구하며 독립운동을 시작한 곳인데, 보스턴에서 이주해 온 벤저민 프랭클린이 독립선언문을 작성해 발표한 곳으로 기억되는 곳이다.

그 도시 필라델비아와 같은 이름의 소아시아 도시가 바로 본문의 빌라델비아이다. 그 뜻은 형제사랑 혹은 사랑하는 형제들의 도시라 할 수 있을 것이다. 빌라델비아 교회는 일곱 교회 중 서머나 교회와 함께 특별히 책망받은 점이 없는, 칭찬받는 교회로 알려진 곳이다. 그럼 무엇 때문에 빌라델비아 교회는 칭찬받는 교회가 되었을까 궁금하지 않은가? 함께 알아보자.

3:8b 내가 네 행위를 아노니 네가 작은 능력을 가지고서도 내 말을 지키며 내 이름을 배반하지 아니하였도다 9 보라 사탄의 회당 곧 자칭 유대인이라 하나 그렇지 아니하고 거짓말 하는 자들 중에서 몇을 네게 주어 그들로 와서 네 발 앞에 절하게 하고 내가 너를 사랑하는 줄을 알게 하리라

빌라델비아 교회가 주님의 칭찬받는 교회인 것은 교리문답 공부를 통해 전교인 교리화가 잘 된 교회도 아니고, 헌금을 많이 했거나, 거대한 성전을 잘 지어 봉헌했기 때문이 아니라, 그들의 행위가 뛰어났기 때문이다. 주님은 성도들이 주어진 작은 능력을 가지고도 하나님 말씀을 잘 지키고 그 이름을 배신하지 않는 삶, 그것 때문에 칭찬하신 것이다. 그것이 행위이지, 구원받기 위한 어떤 공덕을 쌓은 것을 의미하지 않는다. 앞에서 계속 확인해본 것처럼 주님의 판단 근거는 우리의 행위요, 그것은 말씀대로 믿음대로 사는 우리의 삶의 열매인 것이다.

주님은 우리 믿음의 참됨을 시험하신다. 9절처럼 자칭 하나님의 백성이요 유대인이라고 하지만 사탄의 무리에 속한 자들을 우리 공동체에 보내주시기도 한다. 그 때 우리의 믿음에 감복해서이기도 하지만, 하나님께서 그들을 돌이키사 참된 믿음의 공동체인 교회 앞에 꿇어 엎드림으로 하나님께서 이 교회를 얼마나 사랑하시는가를 알게 하겠다고 하신다.

그런데 오늘날 얼마나 많은 교회들이 신천지나 이단들의 놀이터가 되고 사람들을 빼앗기고 교회당을 빼앗기는가? 그들이 우리들의 삶을 보고 무릎을 꿇는 것이 아니라, 정통 보수 신앙을 자부하는 교회들이 그들 앞에 무릎을 꿇고 있는가? 참으로 안타까운 일이다. 빌라델비아 교회처럼 우리도 예수의 증인 역할을 제대로 하기만 한다면, 그 어떤 사탄의 모임도 우리를 넘어뜨리려고 들어왔다가도 회개하고 참된 복음 앞에 굴복하지 않겠는가? 그런 일이 일어나는 교회만이 참된 교회요, 형제 사랑으로 뭉친 빌라델비아 교회라 할 수 있을 것이다. 그 때 9절 마지막 부분의 말씀처럼 우리는 '내가 너를 사랑하는 줄을 알게 될 것이다'라는 주님의 말씀이 이루어지는 것이다. 그것이 우리 모두의 소망이 되었으면 좋겠다. 모든 교회들이 그 일 보기를 갈망하면 좋겠다.

빌라델비아 교회가 그런 아름다운 교회인 것은 10절처럼 살았기 때문이다.

3:10 네가 나의 인내의 말씀을 지켰은즉 내가 또한 너를 지켜 시험의 때를 면하게 하리니 이는 장차 온 세상에 임하여 땅에 거하는 자들을 시험할 때라

그들은 주께서 주신 인내의 말씀을 지켜낸 사람들이다. 그들은 인내하라는 주님의 말씀을 살아낸 사람들이다. 쉬운 길은 없다. 믿음은 쉽고 크고 넓은 대로행이 아니다. 그 길은 좁고 협착하여 찾는 이가 적은(마 7:14) 십자가의 길이다. 그런데 빌라델비아 교인들은 그 길을 통과한 사람들이다.

주님은 그런 충성스러운 백성들에게 귀한 것으로 베푸시는 왕이시다. '내가 또한 너를 지켜 시험의 때를 면하게 하리니'라고 약속하신다. 시험의 때를 면한다는 것은 로마제국이나 소아시아 지역에 임할 여러 환난을 면제시켜 주겠다는 것이 아니다. '장차 온 세상에 임할' 것이라는 부분과 연결해서 보면 궁극적으로는 계 20:12 말씀도 그러하듯 온 세상 심판 즉 마지막 시험과 최후의 심판에서 멸망을 면하게 해주신다는 말씀이다.

어떤 사람들은 예수만 믿으면 만사형통이고 이 세상에 살면서 환난이 면제된다는 식으로 말하거나, 남들 다 지상에서 고난당할 때 우리는 휴거될 것이라고 주장하기도 하는데 이 구절을 근거로 그런 주장을 펴면 안된다. 요 16:33b를 보면 주님은 "세상에서는 너희가 환난을 당하나 담대하라 내가 세상을 이기었노라"고 하셨듯이, 이 세상을 살면서 환난은 믿는 자나 믿지 않는 자나 모두 겪는 일이기 때문이다. 불신자들과의 차이는 환난의 면제가 아니라 환난은 모두가 겪는 일이지만 예수님으로 인해 성도는 그 시험을 이기게 되기 때문이다. 그것이 바로 계 7:14에서 '이는 큰 환난에서 나오는 자들'이라고 했던 이유이다.

그러면 이런 환난은 왜 존재하는가? 10절 후반부에 있는 것처럼 "땅에 거하는 자들을 시험"하기 위함이다. 불신자들을 가려내고, 믿는다고 하지만 실은 이세벨과 바빌론 왕국으로 불리는 이 세상 구조의 추종자 즉 거짓 그리스도인들을 걸러내는, 알곡과 가라지를 가려내는 키질의 역할을 하는 것이다.

그렇다면 8-10절을 볼 때 성경이 말하는 참된 교회는 이런 시험 가운데 주님의 말씀을 지키고 살며 예수의 이름을 배신하지 않고 그 시험을 통과하여 나온 사람들의 무리인 것이다.

📌 교회는 예수의 이름을 배반하지 않는 사람들의 무리여야 한다(8b-10).

이 땅에 살면서 그런 시험을 당하면 우리 믿는 자들은 그럼 어떤 자세로 임해야 할까?

3:11 내가 속히 오리니 네가 가진 것을 굳게 잡아 아무도 네 면류관을 빼앗지 못하게 하라

우리에게 주어진 면류관을 아무도 빼앗아가지 못하게 해야 한다.

그것은 우리가 '가진 것을 굳게 잡아' 가능한 것이다. 이 명령은 2:25 "다만 너희에게 있는 것을 내가 올 때까지 굳게 잡으라"는 말씀에서도 이미 주셨던 것이다. 그럼 우리에게 있는 것, 이미 우리가 가지고 있는 것이 무엇인데 그것을 굳게 잡으라고 하는 것일까? 그 답은 2:13에서 주어졌었다. "네가 내 이름을 굳게 잡아서" 우리 면류관을 빼앗기지 않으려면 예수님의 이름만 붙잡고 주님의 이름을 굳게 잡아야 한다. 그렇게 주님의 이름을 붙잡고, 우리가 가진 믿음으로 이기고 나오면 면류관을 빼앗기지 않는데 그 때 받는 축복이 12절이다.

3:12 이기는 자는 내 하나님 성전에 기둥이 되게 하리니 그가 결코 다시 나가지 아니하리라 내가 하나님의 이름과 하나님의 성 곧 하늘에서 내 하나님께로부터 내려오는 새 예루살렘의 이름과 나의 새 이름을 그이 위에 기록하리라

첫 번째 축복은 이기는 자를 하나님 성전에 기둥이 되게 한다는 것이다. 유대 문헌인 미드라쉬에서는 아브라함이 세상의 무게를 든든히 받쳐줄 기둥으로 여긴다. 그러나 신약성경 갈 2:9을 보면 사도 바울은 야고보와 베드로와 요한 사도들을 기둥과 같이 여긴다고 했다. 기둥은 성전은 물론 모든 건물을 안전하게 받쳐줄 가장 중요한 요소이다. 그런 관점에서 딤전 3:15도 교회를 진리의 기둥이라고 했던 것이다.

중요한 것은 믿음으로 환난을 이기고 나오는 자를 기둥으로 하여 만들어진 하나님 성전에서 주님은 결코 다시 나가지 않으시겠다는 결단이다. 이것은 하나님과의 영원한 연합과 결속과 교제의 표현이다.

에스겔서는 모든 예언을 마치고 그 예언서를 닫는 마지막 말씀으로 무엇을 주셨던가? 하나님의 성 이름으로 여호와 삼마(주께서 거기에 계신다)를 주신 것이다. 주님은 우리 믿는 자들을 성으로 삼아 우리 가운데 임하시고 '결코 다시 나가지 아니하리라!'고 약속하신 것이다. 그 때 믿음으로 이기고 나온 사람들로 구성된 하나님의 성전 즉 교회를 통해 세상은 하나님의 이름을 볼 것이고, 그들이 하늘로부터 하나님으로부터 내려오는 성, 즉 새 예루살렘임을 세상은 보게 될 것이다. 그리고 그 사람들을 기둥 삼아 세워진 하나님의 성에는 하나님의 이름과 예수님의 이름이 새겨져 있을 것이다. 그것은 인침과 같은 변치 않는 소유권의 주장 아닌가?

이미 유대인들은 왕상 7:21과 대하 3:15-17에서 솔로몬이 성전에 두 개의 기둥을 세우고 그 기둥에 야긴(그가 세우다)과 보아스(그 안에 힘이 있다)라 이름을 붙였던 것을 기억할 것이다. 그래서 그들에게는 지금 이 심상이 전혀 낯설지 않았을 것이다.

지금 읽은 12절처럼 교회를 아름답게 멋지게 표현한 부분은 없을 것이다. 믿는 성도들의 모임인 교회가 바로 하나님과 예수님의 이름이 새겨진 하나님의 도성이며, 새 예루살렘이며 우리거 하나님의 성전에 기둥이라는 말씀을 잊지 말자. 이 심상은 7:3과 14:1과 22:4에서 성도는 그 이마에 인침을 받는 것으로 발전해서 나타날 것이다. 더욱이 이제 하나님은 교회라는 새 성전을 떠나지 않으실 것이다! 바로 이 말씀을 우리는 듣고 새기고 기억해야 할 것이다.

3:13 귀 있는 자는 성령이 교회들에게 하시는 말씀을 들을지어다
그렇다면 절대로 잊지 말고 기억해야 할 것은 무엇인가?
⬆ 교회는 주님의 이름이 새겨진 하나님 성전의 기둥인 사람들이다(11-13).

그런 교회만이 7-8절에서 말하는 천국 문의 역할, 하늘 문의 역할을 할 수 있을 것이다. 주님은 빌라델비아 교회에게 어떤 축복과 권세를 부여하셨는가?

3:7 빌라델비아 교회의 사자에게 편지하라 거룩하고 진실하사 다윗의 열쇠를 가지신 이 곧 열면 닫을 사람이 없고 닫으면 열 사람이 없는 그가 이르시되
먼저 7절에서 말하는 거룩하고 진실한 분이 누구인가? 막 1:24 눅 4:34을 보면 이스라엘의 거룩하신 이, 하나님의 거룩한 자는 바로 하나님이시다. 그 분은 또한 하나님이신 예수님이시다. 그 분은 거짓 선지자들과 달리 진리를 가지신 분이며, 진리를 행함으로 진리가 삶으로 그대로 나타나 일치하는 분이었다. 그 주님만이 다윗의 열쇠를 가지고 계시며 그 열쇠로 천국 문을 열고 닫을 분이시다. 오직 예수님만이 천국에 들어갈 자를 결정하시기에 계 1:18에서는 사망과 음부의 열쇠를 가지고 계신 분이라 하지 않았던가? 바로 그 분이 말씀하신다.

3:8 볼지어다 내가 네 앞에 열린 문을 두었으되 능히 닫을 사람이 없으리라

예수님이 빌라델비아 교회 앞에 천국으로 들어가는 열린 문을 두셨다는 것이다. 이 말씀은 이사야서에서 따온 말씀이다. 사 22:22 "내가 또 다윗의 집의 열쇠를 그의 어깨에 두리니 그가 열면 닫을 자가 없겠고 닫으면 열 자가 없으리라" 여기서 그는 엘리아김으로 그리스도의 모형인데 그는 유다 집의 아버지가 될 것이고(22:2), 아버지 집에 영광의 보좌가 될(22:3) 것이다. 성경은 엘리아김이 이스라엘을 다스렸듯이, 이제 그리스도께서 참 이스라엘인 교회를 다스리고, 그리스도만이 하나님 나라에 들어가고 못 들어가고를 결정하시는데 그 분이 믿음으로 이기고 나온 우리들을 교회로 삼고 우리 앞에 천국으로 인도하는 열린 문을 두시겠다는 것이다.

지금 이 말씀을 주시는 상황은 어떤 것인가? 자기들만이 참 이스라엘을 대표한다고 주장하는 부유한 유대교 공동체가 있는데 실상은 그들은 사탄의 회당(9a)임이 드러났지만, 그들이 가지고 있는 세상 권력과 부로 인한 박해를 받고 있는 사람들이 빌라델비아 교회 성도들 아닌가? 그런데 천국 문의 열쇠(7 다윗의 열쇠)를 가지신 주님이 그들 앞에 천국 문을 열어두셨다는 것이다.

그런데 천국으로 들어가는 이 문은 아무도 닫을 수 없는 열린 문이다. 일단 우리가 하나님의 참된 교회이기만 하면, 우리 앞에 주께서 두신 이 열린 문은 사탄도 그 누구도 닫을 수 없다. 이 문을 열린 문이라고 하는 이유는 행 14:27b "이방인들에게 믿음의 문을 여신 것을 보고하고"란 말씀처럼 유대인만이 아니라 믿는 모든 족속의 사람들이 다 들어갈 수 있는 문이기 때문이다.

하나님은 우리 앞에 이런 열린 문을 두셨듯이, 우리 교회도 세상 속에서 모든 사람들을 천국으로 인도하는 열린 문이 되어야 한다.

🔼 교회는 세상 속에서 열린 문이 되어야 한다(7-8a).

문제는 오늘날 교회들이 세상 사람들을 천국으로 인도하는 열린 문이 아니라, 오히려 교회가 예수님 믿기를 거부하게 만드는 닫힌 문이 되어간다는 것이다. 기독교를 개독교라 폄하하는 말이 사라질 때 쯤 되면, 뉴스에 나오는 각종 비리에 또 다시 모모 교회 교인이라는 유명인들의 이름이 빠짐없이 등장한다. 사람들은 예수가 싫어서 안 믿는 것이 아니라, 교회 다니는 사람들이 싫어서 안 믿는다고 각종 조사 결과는 말한다. 그럴 때마다 우리는 손가락을 보지 말고 그 손이 가리키는 달을 보라, 사람을 보지 말고 하나님만 바라보라고 애써서 말하지만 그것은 불교의 도에 이르는 길에 대한 멋진 비유일 수는 있어도 성경의 가르침은 아니다.

성경은 우리가 교회라고 말한다. 우리가 하나님 성전의 기둥이고, 우리들에게 예수님의 이름이, 거룩한 하나님의 이름이 새겨진 성전이라고 말한다. 사람들은 우리를 통해 하나님을 보고 진리의 성경 말씀을 보는 것이다. 우리를 보지 말고 하나님을 보라고 주장해도, 그들은 영이신 하나님을 보이지 않는 하나님을 볼 수가 없다. 우리의 삶과 변화된 우리를 통해 그들은 하나님의 살아계심과 진리인 하나님 말씀을 보게 된다. 그래서 영이신 하나님이 성육신해서 예수님으로 오셔서, 보고 듣고 만지게 하셨다. 이제 우리가 그 일을 하도록 세상 속에 교회로 부름을 받았다. 바로 우리가 그 교회다. 예수님은 하나님의 성전, 교회된 우리 앞에 천국으로 들어가는 문을 열어 놓으신 것이다. 믿음으로 이 세상의 유혹 속에서 이기고 나온 우리들, 믿음으로 변화된 우리를 보고 사람들은 우리 앞에 열려 있는 천국 문에 같이 들어가고 싶다고 하는 것이다.

우리는 어떤 교회인가? 다윗의 열쇠를 가지신 분이 열린 문을 우리 앞에 둘 만한 교회인가, 아니면 우리가 그 문을 가로막는 장애물과 성벽인가?

07
우리를 내치지 마옵소서
라오디게아 교회에 주시는 메시지
(요한계시록 3:14-22)

신앙을 가진지 얼마 안되는 사람의 순수한 간증을 듣고나면, 여전히 타성에 젖어 있는 자신의 신앙 모습에 부끄럽거나 마음이 답답해 올 때가 혹시 있지 않은가? 그런 우리 모습을 보며 주님은 뭐라 하실지 궁금하지는 않은가? 오늘 본문은 그런 우리들에게 주시는 하나님의 말씀이다.

그런데 조금 과격하게 들리겠지만 주님은 어떤 사람들을 보시고는 토해 뱉아내고 싶으시단다. 도대체 어떤 사람을 보고 너를 토하여 내치리라고 하시는가? 바로 16절의 라오디게아 교인들이다. 그들은 뜨겁지도 않고 차지도 않고 미지근한 사람들이다.

3:16 네가 이같이 미지근하여 뜨겁지도 아니하고 차지도 아니하니 내 입에서 너를 토하여 버리리라

이 말씀을 볼 때 많은 사람들은 주님의 책망을 받은 이유는 우리 신앙이 뜨겁지 않기 때문이라고 생각하는 경향이 있다. 그것은 19b "**그러므로 네가 열심을 내라 회개하라**"는 부분에 포인트를 두고 보기 때문인 것 같다. 그러니 대안은 신앙생활에서 열심을 내야 한다는 것으로 끝나지 않겠는가?

그런데 이런 방식의 해석이 문제가 되는 것은, 그럼 15절b에서 왜 "**차든**

지 뜨겁든지 하기를 원하노라"고 하시겠나? 차가워도 된다는 것 아니겠나? 그럼 라오디게아 교회에 주신 명령은 무엇을 말하시려고 했던 것일까?

라오디게아 교회는 골 4:13을 보면 바울의 동역자 에바브라에 의해 골로새 교회와 히에라볼리 교회와 함께 개척된 교회인데, 이 도시는 터키의 지중해 연안 에베소 동쪽에서 차로 두 시간, 히에라볼리 아래쪽에 있던 도시로서 당시 세 도로의 교차 지점에 위치했던 부유한 상업중심지이다. 그 지방의 검은 양털로 만든 의류 상품도 유명했고, 순회재판소와 유명한 의술 학교도 있었다. 다 좋았는데 라오디게아 시의 문제는 자체 수원지가 없다는 것이었다. 그래서 물을 끌어다 써야 했다. 그들은 두 군데서 물을 끌어왔다.

라오디게아에서 히에라볼리를 바라보면 오늘날 우리가 터키 파묵칼레에 가면 볼 수 있듯이, "뜨겁고 번쩍거리는 물이 그 도시의 고원지대 웅덩이에서 솟아오른다. 그 절벽은 90미터에 이르고 길이는 거의 1.6km에 이른다. 특히 눈 덮인 카드머스 산 정상을 배경으로 삼아 바라보면 번쩍거리는 빛의 반사와 색깔이 형언할 수 없을 정도로 아름답다"고 Hemer는 묘사한다.

라오디게아 북쪽 10킬로미터에 위치한 이 히에라볼리의 뜨거운 온천수는 철과 유황성분이 많아 치료 효과가 있다고 알려져 있어서 라오디게아 사람들은 돌로 된 수로를 통해 온천수를 끌어다 썼는데, 긴 거리를 끌어오다보니 다 식어버려 온천 효과도 별로 없었다. 오늘날 우리가 보는 파묵칼레의 그 장관을 만든 것은 그 온천수에는 석회성분이 엄청 많기 때문에 목마른 사람들에게 음용수로 쓸 수 없었다. 그래서 음용수를 위해서는 동쪽 16km 지점 골로새 부근 2400m 높이의 카드무스 산의 눈이 녹아내려 흐르는 차갑고 순수한 물을 끌어왔다. 이 차가운 생수를 40리 길을 끌어왔더니 무더위에 갈증을 식혀줄 시원한 생명수가 아니라, 더위로 미지근해져 버린 것이다. 이처럼 뜨겁지도 않고 미지근한 온천수, 시원하지도 않고 미지근해져 버린 물의 문제는 무엇일까?

뜨거운 온천수는 다 식어 미지근해졌으니 치료 효능도 없고, 차고 시원한 걸로 유명한 골로새 생수는 미지근해버려 무더위 속에 갈증을 식혀주지도 못하는, 즉 본래의 제 기능을 하지 못하는 모습을 지적하는 것이지 단지 우리 신앙에 어떤 뜨거움, 열정 없음을 지적하는게 아니다.

이것은 사실 영적인 비유이다. 골 1:7; 4:12ff에서 보듯이 에바브라의 전도로 세워진 세 교회(골 4:13. 라오디게아, 히에라볼리, 골로새 교회) 중 하나가 라오디게아 교회인데, 요한 당시 이미 이 교회는 뜨거운 온천수의 치유 능력도, 시원한 생명수 같은 능력도 잃어버려, 아무런 존재가치 없이 쇠퇴해버린 교회의 영적 상태를 지적하는 것이다.

그 라오디게아 교회의 모습은 100년 전 우리 한국교회가 가졌던 그 능력을 잃고 세상의 조롱거리가 된 현실과 얼마나 유사한지 모른다. 과거 술 담배로 찌든 조선사회를 개혁한 한국교회의 그 뜨거움은 도대체 어디 갔나?

한 때의 부와 향락에 목말라 하던 사람들에게 시원한 생수와 같은 복음을 제공하던 우리 한국교회의 생명력은 어디로 갔는가? "나는 이제 어떻게 하면 좋아요?"라며 자살을 생각하는 사람들에게 건넬 생명의 말씀 하나 없고, 그들의 목을 시원하게 적셔줄 생명의 말씀 한 구절 없는, 펼쳐서 읽어줄 주의 말씀 한 구절 떠오르지 않고 단지 주일성수만 습관적으로 하고 있는 것은 아닌지 이 시간 돌아봤으면 좋겠다.

이처럼 뜨겁지도 차지도 않은 교회는 우리의 단지 식어버린 열심을 말하는 것이 아니라, 교회가 가져야 할 신앙의 본질을 잃은 모습이다. 그것이 라오디게아 교회의 문제였고, 치유와 생명을 베풀어야 할 교회의 본래 기능을 하지 못하는 우리 한국교회의 모습이고 그것이 바로 우리들의 모습인 것이다. 그러니

🔁 신앙의 본질을 상실한 우리의 모습을 회개하자(14-15).

그러나 더 심각한 문제는 주께서 문제를 지적해줘도 알아듣지 못한다는 사실이다. 7교회 얘기에서 반복되는 구절이 있다. 2:2, 5, 19, 22; 3:1, 2, 8, 15; "**네 행위를 아노니**" 이건 행위로 구원받는다는 말이 아니다. 성경적 신앙은 우리의 성경 지식과 교리가 아니라, 우리의 삶으로 판별되는 것임을 강조하는 것이다.

라오디게아 교인들이 혼합주의였다는 기록을 보면 아마도 하나님을 믿지만 아플 때는 동시에 치료의 신인 멘 카루 신에게 나아가고, 기도 응답이 속히 안오면 제우스 신전으로 달려간 것 같다. 하나님을 믿는다며 이런 식으로 사는 것은 주님 앞에 가증한 것이다.

앞의 에베소 교회의 문제는 무엇이었나? 처음 사랑을 버린 것이다. 그 대안은 무엇인가? 처음 사랑을 회복하는 것은 잘 믿어라가 아니라 "**처음 행위를 가지라**(2:5)!"였다. 성경이 말하는 믿음과 사랑은 삶이고 행위이며 교회다운 모습이다. 오늘 보는 라오디게아 교회의 문제도 세상을 치유할 뜨거움도 목마른 영혼의 갈증을 식혀줄 시원한 생수의 능력도 잃은 세상과 뒤섞인 미지근한 회색 지대의 삶이었다. 이처럼 삶으로 증명되는 참된 신앙의 본질을 상실하게 만든 근원적 원인은 무엇인가?

3:17 나는 부자라 부요하여 부족한 것이 없다하니

라오디게아 사람들이 얼마나 부자였냐면 주후 60년에 지진으로 도시가 파괴된 적이 있는데, 역사가 Tacitus는 어떠한 원조도 없이 그들은 자신들의 자원으로 다 복원했다고 기록하였다. 그들은 환난에 처해도 로마나 타인의 원조가 필요 없었다. 그들은 스스로의 힘으로 일어설 수 있었기 때문이다.

사실 KAL 땅콩 회항 사건의 주인공이나 백화점에서 점원과 주차원을 무릎을 꿇리고 갑질하는 부자들은 자신들의 문제를 모른다. 왜 사람들이 자신들을 비난하는지 알지 못한다. 그들도 그들 나름대로 억울하다. 남들 잘 때 열심히 뛰고 열심히 일해서 여기까지 온 거라는 것이다. 그런 갑질하는 사람들 가운데는 기독교인들도 있다. "저요, 밤늦게까지 열심히 일했고 신발이 다 닳도록 현장을 뛰었어요. 그러면서도 교회도 열심히 다니고 헌금도 하고 교회 일에 필요한 것도 대줬어요. 예배도 꼬박꼬박 나갔고요, 찬양할 때도 목소리 높여 손들고 열심히 했고 봉사도 했어요. 제가 뭐가 문제란 말이죠?"

예수님 앞에 나온 부자 청년(마 19:16)도 정말 몰랐다. 게다가 그는 진지한 신앙인이었다. 천국에 가려면 뭘 더 잘 믿어야 하는지 알고 싶은 열심도 있었다. 그런데 예수님은 그 부자 청년이 물러설 수 없는 마지노선을 건드렸다. 금기였던 자신들의 삶의 기반인 재물의 문제를 건드렸다. "가난한 사람에게 다 주고 나를 따르라고요? 그럼 어떻게 살란 말이죠?" 그건 손대면 안되는 부분이었다. "그렇게 하면 당장 내일 미용실은, 스킨케어는 어떻게 해요? 휘트니스 클럽도 못가는데 내 다이어트는 어떻게 합니까? 내일 친구들이랑 근사한데서 밥먹고 기분 한 번 내기로 한 거 뭘로 내냐고요?" "청년실업이고 비정규직 문제니 노동운동이고 간에 시청 앞에 모여 시끄럽게 하니, 우리 가게 매상 떨어지는 것도 다 너희들 때문이라고! 이런 것도 짜증나는데, 주님은 한 술 더 떠서 숫제 다 버리라고 오라니 그게 말이되냐고요." "내가 내 돈 내고 물건 사는 왕같은 고객님이고, 이 회사 우리 집안에서 시작했고 제대로 된 접시에 마카다미아 좀 먹겠다는게 뭐가 문제라고 미국 법정까지 끌고 가서 고발하고 나를 오라 가라 하냐고? 아니 내가 그 정도 대접받을만한 사람 아니냐고? 뭐가 문제냐고? 루저들 같으니라고…" 혹자는 말한다. "주님, 뭘 모르는 소리 하지 마세요. 세상에 그렇게 순진하게 사업하면 한국에서는 다 망해요" 그게 우리가 하고 싶은 말 아닌가?

필자의 제자가 한 자매를 전도해 가까운 어느 유명 교회를 추천해줬더니 순모임에 다녀와서 거길 왜 다녀야 하는지 모르겠다며, "그들은 다 가진 사람들예요. 거기에 예수님까지 가지려고 한다. 그래서 난 그 교회 못 다니겠어요"라고 했단다. 이런 얘기하면 "너희는 너희 수준에 맞는 교회 다니고 나는 내 수준에 맞는 우아한 교회에 다니면 되는거야. 각기 길이 다른거라고 바보들아~"라고 말하고 싶을 것이다. 물론, 그 자매도 잘 산다. 그런데 자신이 만난 성경의 예수님과 그녀가 읽은 성경의 교회와 달라서 불편해서 못 다니겠다는 것이다.

성경은 라오디게아 교회의 부자들의 착각에 대해 18절에서 영적 곤고함과 가련(소망 없음)하다 함을 말한다. 은행이 있어도 자신들의 가난을 보라고 도전한다. 윤기 자르르 흐르는 흑색 양모로 만든 의류 산업이 번창했지만 벌거벗은 것(영적 수치)을 깨달으라 도전한다. 의료 학교로 유명했고 치료의 신인 멘 카루 신전 부설 의료원이 있는 도시요 안약도 유명한 도시인데 너희의 눈먼 것을 알지 못하냐고 도전한다. 그들의 치명적인 자만과 안일, 그로 인한 영적 교만에 주님은 일격을 날려버린다.

부요했던 백년 전 유럽의 교회가 그랬고 50년 전 부유했던 미국교회가 그랬듯이 오늘날 부요해진 우리 한국교회가 그렇다. 성경은 왜 이런 얘기를 계속 하니? 주님이 지금까지 7교회 얘기를 통해 우리에게 하시고 싶으신 것은 무엇인가?

⬆ 부요함만 추구하는 우리의 눈먼 삶을 회개하자(16-17).

주님은 우리의 현실을 직시하라고 도전하신다. 마음이 부요해 자신의 맹인 됨을 모르는 그 부요함의 병에서 치유 받으라 하신다. 서머나 교회(2:9)는 물질적으로 가난했어도 영적으로 부요했다. 반면 라오디게아 교회는 세상의 온갖 부를 다 소유했지만 영적으로는 가난에 찌들었고 소망이 없다.

라오디게아 교회 같은 우리들은 지금까지 살던 방식대로 살려고 한다.

뭐가 문제인지도 모르고 말이다. 그러다가 문득 자신의 문제를 깨달았을 때는 우리 눈은 이미 스스로 시력을 회복할 능력을 상실한 때다. 무너진 교회는 영적 복원력이 없다.

그런 라오디게아 교회에게, 그런 우리에게 부어지는 하나님의 경고는? **16b 내 입에서 너를 토하여 내치리라.**

그런데 여러분, 이 말 들으면 섭섭하세요? 섭섭해 하지 않아도 된다. 왜냐하면 19절 때문이다. "**무릇 내가 사랑하는 자를 책망하여 징계하노니 그러므로 네가 열심을 내라 회개하라**"

그 책망, 그 징계는 사랑하기 때문에 하는 일이다. 히 12:5b "내 아들아 주의 징계하심을 경히 여기지 말며 그에게 꾸지람을 받을 때에 낙심하지 말라 6 주께서 그 사랑하시는 자를 징계하시고 그의 받으시는 아들마다 채찍질하심이니라 하였으니 7 너희가 참음은 징계를 받기 위함이라 하나님이 아들과 같이 너희를 대우하시나니 어찌 아버지가 징계하지 않는 아들이 있으리요 8 징계는 다 받는 것이거늘 너희에게 없으면 사생자요 참 아들이 아니니라"

징계 받을 때는 섭섭하지만 그러지 말라는 이유는 무엇인가? 히 12:11 "무릇 징계가 당시에는 즐거워 보이지 않고 슬퍼 보이나 후에 그로 말미암아 연단 받는 자들은 의의 평강한 열매를 맺느니라" 그러니 주님이 토해 내치겠다고 하실 때, 포기하지 않는 사랑으로 인해 감사할 수 있는 신앙인이 되기 바란다.

그럼 라오디게아 교회와 함께, 요즘 우리 한국교회가 겪는 아프고 슬픈 현실에 대한 해결책은 무엇일까?

3:19 열심 내라 회개하라

아니, 그런데 우리 한국 교회처럼 열심 낸 교회가 어디 있다고 또 열심을 내라는 건가? 직장에서도 자신의 가치를 입증하기 위해 열심히 살았고 교회에서도 새벽 기도부터 철야까지 금식과 헌금도 빠지지 않고 다 했는데 뭘 또 열심을 내라는 것인가?

열심을 내라니, 애초에 뜨겁지도 차지도 않은 사람에게 열심을 내라겠는가? 만일 본질을 잃은 교회, 신앙의 본질을 상실한 사람이 열심내면 더 곤란하고 문제가 된다.

이 구절의 원 의미는 '열심으로 돌이킴 / 회개의 삶을 훈련하라'는 것이다. 그것이 계시록이 계속 말하는 진정한 회개의 의미이다. 3:3을 보라. 들은 말씀을 생각하고 "지켜 회개하라"고 한다. 성경이 말하는 회개는 감정적 눈물이 아닌 삶을 돌이켜 변화된 모습을 지켜내는 습관이다.

그런데 주님은 왜 이렇게 책망을 하시는 것일까? 19 **"내가 사랑하는 자를"**- 내가 너를 친구처럼 사랑(philo)하니까. 그 사랑을 아는가? 잘한 거 하나도 없고 죄 투성이인데도 부어주는 사랑을!

라오디게아 교회는 7교회 중 딱하게도 칭찬 하나 못 받은 교회이다. 문제투성이 교회이다. 그런데도 사랑한다고 돌이키라 하시는 은혜. 그 은혜를 아는가? 잘한 거 없이 잘못 투성이인 나를 그래도 사랑하며 돌아오라고 부르시는 그 은혜를 아는가?

주님은 돌이키는 삶을 위한 구체적 대안 3가지를 제시하신다.

3:18 "내가 너를 권하노니 ① 내게서 불로 연단한 금을 사서 부요하게 하고 ② 흰 옷을 사서 입어 벌거벗은 수치를 보이지 않게 하고 ③ 안약을 사서 눈에 발라 보게 하라"

그 중 ①은 우리의 삶에서 불순물을 제거하여 정결케 하려는 주님의 정련하시는 역사에 자신을 맡기는 것이다. 그래서 심판 날에 불 타 없어지지 않을 불로 연단해도 없어지지 않을 정금같은 삶으로 나아오라(고전 3:12)는 것이다. 그게 진짜 영적 부요함이다. 두 번째 대안으로

② 죄와 허물이 드러나 부활의 새 몸도 못 입고 영벌에 처해져 헐벗은

자신의 모습을 발견하는 수치(고후 5:8)를 겪지 말라는 것이다. 그리스도의 보혈로 씻은 바 되고 세상에서 보지 못할 변화산에서 보여주신 하늘 영광을 머금은 빛나는 부활의 새 몸에 흰 옷을 입는 신앙이 되어야한다. 그것이 진짜 거룩이기 때문이다. 마지막 셋째 대안은

③ 라오디게아의 그 유명한 브리기아 안약도 도움이 되겠지만, 우리의 시력을 근본적으로 회복시키지 못하지 않는가? 본다고 하나 보지 못하는 우리의 영적 맹인 됨을 지적하는 것이다. 이런 세상 것으로 이 모든 문제를 근본적으로 해결해주지 못한다. 그러면 어떤 안약을 발라야 영원한 눈을 뜰 수 있는 것인가? 오직 성령과 말씀만이 하늘의 비밀을 보게 하는 영적 시력을 준다. 이게 진짜 보는 것이다. 바로 그런 안약으로 눈이 떠져야 한다.

이 세 가지 훈련이 사랑받고 회개하여 은혜 받은 자의 삶인 것이다. 이것이 바로 주님께서 우리를 사랑하사 포기하지 않고 우리를 바로 잡으려는 은혜의 손길인 것이다. 그러므로

🔼 포기하지 않는 주의 사랑에 감사하자(19).

그 정금 같은 삶, 흰 옷 입은 삶, 새롭게 눈뜬 삶으로 교회의 본질, 성도의 본질을 회복하라는 도전과 함께 주어지는 아름다운 말씀이 20절이다.

20절 문 밖에 서서 두드리는 주님이 계신다. 그런데 '세상의 빛' 그림과 관련된 오해가 있다. 바로 이 구절이 불신자의 구원을 초청하는 영접기도 내용으로 알려져 있는 것이다.

그런데 본문에서 마음 문을 열어야 할 사람은 불신자/세상 사람이 아닌 바로 우리들이다. 믿는다고는 하지만, 세례교인이라 말하지만 뜨거운 온천수의 치유 능력도 없고, 생명을 주는 시원한 생수도 아닌 도무지 그 존재 가치를 잃은, 그래서 입에서 뱉어내고 싶은 이것도 아니고 저것도 아

닌 미지근한 우리들에게 주시는 말씀이시다. 본문은 바로 빛과 소금의 본질을 잃은 우리 교인들에 대한 회개 촉구이다. 라오디게아 교회여 회개하라, 회개하라, 문밖에서 주님이 너를 기다리신다!

그럼 회개의 결과는 무엇인가?

3:20 그에게로 들어가 그와 더불어 먹고 그는 나와 더불어 먹으리라 - 이는 천천히 즐기는 정식과도 실제적인 교제에 들어가는 것을 의미한다. 그리스도께서 더불어 함께 해주심이 회개의 결과가 되는 것이다. 그리고 **21 이기는 그에게는 내가 내 보좌에 함께 앉게 하여 주기를 내가 이기고 아버지 보좌에 함께 앉은 것과 같이 하리라**

하나님이 함께 해주신다는 것 그 보좌에 자리를 같이 해준다는게 얼마나 놀라운 은혜인가? 이처럼 20~21절의 감동은 문고리 없어 벌컥 문 열고 들어가지 않는 주님의 신사적인 모습이나 노크 하시는 주님의 예의 바름이 감동의 본질이 아니다. 회개하고 문 열면 들어와 우리와 영원히 함께 해주시겠다는 약속하심이 본질이다! 그러니

▲ 돌이키면 함께 해주신다는 약속에 감사하자(20-21).

이 약속은 누가 하신 것인가? 14절을 보면 예수님이신데, 그 분은 **아멘** 곧 진리의 하나님(사 65:16), **충성되고 참된 증인**(1:5)이신 예수님, **하나님의 창조의 근본**(21:6; 22:13)이셔서 장차 새 하늘과 새 땅을 열고 우리를 새 **창조**하시는 하나님이신 예수님이시다. 그 주님께 우리 함께 영광 돌리자.

그리고 뜨거움도 없고 시원한 생수같은 생명력도 없이 미지근해저버린 우리의 부끄러운 모습을 주님 앞에 내려 놓고, 그럼에도 불구하고 문 밖에 서서 기다려 주시는 주님의 은혜에 감사드리고, 우리의 마음 문을 열고 주님께 내 삶에 들어오사 우리와 함께 영원히 동행해 달라고 기도하자.

잘난 것 하나 없고, 칭찬 받을 것 하나도 없는 우리지만 그래도 기다려 주시는 주의 은혜 없으면 설 수 없는 우리를 그 놀라우신 주의 손에 우리 자신을 올려드리자.

08
숨기고 싶은 것, 보여주고 싶은 것
(요한계시록 4:1-11)

　우리에게는 각자의 비밀의 화원. 시크릿 가든이 있다. 그 곳은 숨겨진 나만의 공간으로 아무나 함부로 들어오면 불쾌하고 화가 난다. 그곳은 아무나 들어오지 못하게 막아 놓은 곳이다. 하나님의 시크릿 가든을 우리는 천국이라 부르는데 그 곳은 우리들의 시크릿 가든과 다른 에덴 가든이다. 오늘 본문 계 4장은 그 천국은 어떤 곳인지 우리에게 엿보게 허락해준다.
　본문 앞은 7교회, 특히 라오디게아 교회의 회개를 촉구하며 끝났는데, 누구든지 그 문을 열면 주께서 들어가서 함께 하고 우리를 3:21 보좌에 함께 앉힌다고 약속했다. 그것이 오늘 본문 4장의 하늘 보좌 사건으로 연결되는 것이다.

4:1에서 하나님은 올라와서 보라고 우리를 부르신다.
　우리는 선지자 엘리야처럼 회오리바람 타고 올라가는 것도 우리 영혼이 몸을 빠져나가는 경험을 하는 것은 아니지만, 우리도 올라가 하나님의 존전 깊이 들어갈 수 있다.
　많은 사람들이 죽기 전에 꼭 가봐야 할 101 곳의 리스트를 만들어 열심히 돈을 벌어 여행을 다닌다. 그것도 좋지만, 정말 봐야 할 곳에 가서 꼭 봐야할 곳을 보자. 무엇보다도 주께서 보여주고 싶어 하시는 것을 봐야한다.

본문 계 4장의 놀라운 광경은 한 마디로 천상의 예배 장면인데, 그것은 보좌로 올라오라는 부름에서 시작되었다. 내가 예배하러 나아가지만, 사실 진정한 예배의 시작은 하나님의 예배로의 부름, 하나님께서 손 내밀고, 주님의 시크릿 가든으로의 초대, 곧 보좌로의 부름에서 시작되는 것이다. 그래서 주일 공 예배의 첫 부분이 예배로의 부름이다. Call to Worship. 주께서 올라오라고 부르셨다. 우리는 어떻게 주님앞에 나아갈 것인가?

4:2 성령에 감동함으로!

'in the Spirit!' 1:3은 기록된 예언의 말씀을 강조하고, 11절에서는 두루마리에 기록된 진리요 거룩한 말씀을 강조했다. 이제 4:2에서는 성령 안에서 천국을 보게 됨을 언급한다. 그러니 예배는 사마리아 여인과의 대화에서 주께서 밝히 보여주신 것처럼 영과 진리(요 4:24)의 일이다.

사도는 열린 하늘에 올라가서 무엇을 보았나? 보좌에 앉으신 이. 그 분은 앞 계 3:14 아멘이시며 창조의 근원이신 하나님이시다. 그리고 그 하나님 앞 보좌의 광경은 예배였다.

회개하고 순종한 그리스도인에게 가장 영광스러운 것은 그 시크릿 가든에 들어가 영광의 보좌를 경험하고 예배하는 것이다.

그러나 하늘 보좌의 그 곳은 불신자에게는 참 불편한 곳이다. 죄인은 거룩한 하나님 앞에 서는 것이 너무도 불편하고 힘들다. 몇 주 전, 내 앞 줄의 커플이 있었는데, 한 자매가 담배 냄새 풀풀 나는 남자친구 데려온 듯하다. 그 친구는 내내 휴대폰만 들여다보고 계속 몸을 비틀더니 설교가 끝나고 기도가 시작되자마자 얼른 일어나 도망갔다. 나름 오래 참은 것이다.

그 다음 주 예배가 시작되는데 다 일어나 찬양하자고 하자 내 앞 줄에 있던 또 다른 커플들은, 다 일어나서 남자는 혼자 앉아서 버티더니 대표 기도가 시작되자 여친에게 속닥속닥하더니 데리고 나가버렸다.

자매들은 어떻게든 남자친구를 교회로 인도하려 애쓰는데 참 안됐다. 불쌍하다. 그렇지만 너무 멋진 자매들이다. 그 기도와 노력을 주께서 아실 것이다. 사실 지금이야 사귈 때니까 예의상 따라와 줬겠지만 결혼하면 어떤 일이 벌어질지 자매들 잘 모를거다. 불신자에게 그 한 시간의 예배는 참 길고 지겹고 지루하고 어려운 일이다. 사랑하는 사람과 함께 하면 어디든 다 좋은데, 아무리 연인 사이라도 불편한 곳이 단 한 군데 있다. 그 곳은 하나님의 보좌 앞과 교회다. 그 곳에 흘러넘치는 영광과 보좌의 기운을 느끼면 보통 사람은 다 불편함을 느끼게 마련이다.

그러한 하나님의 거룩한 임재가 있는 참된 교회에 가면 우리는 무엇을 보고 느끼게 되는 것일까?

1) 하늘 보좌, 천국 - 내가 회개하고 마음 문을 열면, 주님은 내 마음으로 들어오는데, 그 때 열린 하늘 문이 보이고 우리는 하늘 보좌 앞으로 이끌려 들어가게 된다.

천국, 하늘이 이 땅에 투영된 에덴동산의 중앙은 우리의 범죄로 닫혔지만, 예수님이 하나님께 순종하고 세례 받을 때 이 땅에 하늘 문이 다시 열렸고 (요 1:51) 누구든지 회개하고 예수를 믿으면 하나님의 자녀가 되면, 열린 하늘 문을 통해 보좌 앞으로 들어가게 된다. 그리고 천국의 영광스런 모습을 보며 감격하게 된다. 동시에

2) 5a 보좌로부터 나오는 것도 있다 - 번개와 천둥소리인데 이는 영광과 거룩 상징한다. 이것은 8:5에서 보듯 하늘 제단의 불을 땅에 쏟을 때 발생하는 일로, 이후 6-16장의 종말론적 심판을 자연스레 예감하게 한다. 그래서 두렵거나 불편해진다.

5b 또 보좌 앞에 있는 것 - 하나님의 7영, 7횃불(심판자 하나님의 임재) 그리고

6 수정과 같은 유리 바다 - 그것은 거룩한 하나님과 피조물 사이의 건널 수 없는 초월적 간격으로서 피조물과 구별되는 심판자 하나님의 초월적 거룩하심과 엄위하신 주권의 기운을 보게 된다. 하나님의 보좌로 나아가

려 할 때 건너야 할 이 바다는 하나님의 백성들은 건널 수 있지만, 애굽 병사들은 빠져 죽게 되는 홍해 바다를 연상하게 한다. 그것은 자신의 죄인 됨을 깨닫고 회개하지 않으면 건널 수 없는 바다이다. 이처럼 하늘 보좌는 믿는 자에게는 수정 같은 유리 바다지만, 불신자에게는 사망의 요단강과 홍해 바다를 건너야 하는 곳이라 불편하고 두려운 곳이다. 이처럼 거룩하고 장엄한 천국은 아무리 황홀하다 하더라도 보통 사람에게는 부담스럽고 불편한 곳이다. 여러분도 그러했듯이 어느 날 성령으로 변하고 나니, 이렇게 좁고 불편해도 매주 나와 즐거이 예배하며 천국의 맛을 보려고 하는 것 아닌가? 이 가운데 혹시 처음 예배 나온 사람들은 이 많은 사람들이 왜 이러고 있는지 생각해 보아야 한다. 여러분도 회개하고 마음 문을 열면 하늘 문이 열리고 천국이 보이기 시작한다. 그리고 그 곳을 들여다보면 천군천사가 드리는 황홀한 예배가 있다.

교회의 가장 큰 사명이 무엇이라 생각하는가? 존 파이퍼는 전도가 아니라 예배라고 했다. 전도를 왜 하는가? 예배 없는 곳에 예배가 있게 하기 위함이다. 예배가 없던 곳에 창조주 하나님을 향한 예배가 열리면 그곳이 교회다.

다시 4:4을 보자. 왕이신 하나님의 보좌 둘레에는 무엇이 있나? **24보좌와 24장로**가 있다. 이들은 누구인가? 오늘날 현대 교회 장로와 다른 건 분명한데 두 가지 해석이 있다.

1) 먼저는 하나님 나라 백성으로 이 땅의 신실한 하나님 백성의 대표이자 지상 교회의 천상의 대응 관계로 나타난다.

2) 더 많은 유력한 학자들은 이 땅 백성의 상징이 아닌 천상의 존재(천사 같은?)로 본다.

왜냐면 흰옷 입은 땅에서 올라갈 성도들은 12의 제곱 x 1000 =144,000 방식으로 묘사되고 14:3에서 보듯 그들은 장로들과 구별되기 때문이다.

그들은 구약의 12 족장(12문, 12 기둥, 12돌)과 신약의 12사도이다.

우리는 우리 같은 사람만 비슷한 사람들끼리 모이는 교회가 좋게 느껴진다. 그러나 성경이 말하는 교회는 유대인과 이방인, 자유인과 노예, 부자와 가난한 자, 나이든 자와 어린 자 모두가 그리스도 안에서 형제가 되고 자매가 되는 곳이다. 그곳은 모든 언어와 모든 민족이 함께 모여 드리는 곳으로, 미국의 모자이크 교회를 한 예로 들 수 있다.

이처럼 24장로는 이 땅의 백성을 대표하는 하늘의 존재인데, 분명한 것은 그들은 천상의 찬양사역자요 보좌 가장 가까이에서 예배 인도자 역할을 하고 있다는 것이다. 그 이상의 정확한 정체는 아무도 알 수가 없다. 때때로 성경이 분명하게 알려주지 않은 것을 이성적 추론으로 우기고 주장하는 것은 위험하다. 성경이 가는 데까지 가고, 성경이 서는데서 서서 알려준 것을 순종하고 살면 된다. 그것이 성경해석의 기본 원칙이다. 성경이 보여주는 데까지 보면 되지 하나님의 영역까지 엿보고 추정하고 싶은 우리의 지적 욕망의 노예가 되면 안된다.

이어지는 4:6-9을 보면 또 **네 생물**이 보인다. 생물이란 번역은 조금 이상한데 더 정확하게는 네 생명(zoa)이다. 그들은 겔 1:10; 10:8, 19-22의 그룹과 방불하나 사 6:2의 스랍들보다 상위의 존재로 여겨진다. 이들은 우리를 지켜보고 있으며(8a), 피조물의 모든 경배를 이끈다(8-9).

이처럼 천국은 모두가 주를 예배하는 곳이다. 그 자리로 우리를 초대할 때, "이리로 올라오라" 할 때 들어가자. 올라간다고 그곳은 구름 위 어딘가의 장소가 아니라, 죄인이 도달할 수 없는 하나님의 존전 앞 깊숙한 영역이다. 주님은 우리가 그 곳까지 올라와 하늘 영광이라 일컬어지는 그 거룩한 것을 보기를 원하신다. 그 곳은 비밀스런 닫힌 곳이 아니라 열린 문이다. 그곳으로 우리가 들어오기를 원하신다. 비밀의 문이지만 그것은 열린 하늘이고 우리가 들어가야 할 문이다. 그러므로

📖 하늘 보좌 깊은 곳까지 나아가는 예배를 드리자(1-9).

문을 열고 이리로 올라오라 하시고, 보이리라 하신 것은 무엇인가 중요한 것을 우리에게 알리기 위함이라 했다. 우리는 계시록을 종종 어떤 비밀스런 밀서처럼 생각하는 경향이 있다. 그러나 계시록은 어떤 신비주의적 종말론자들의 주장과 달리 숨겨놓은 비밀문서나 암호집이 아니라 보여주고자 하는 책으로 특별한 사람만 알 수 있는 가려진 덮인 책이 아니라 열린 계시의 책이다. reveal!

그럼 하나님은 우리에게 무엇을 보여주시기를 원하시나? 6-8a절처럼 신비한 천국의 모습들처럼 이처럼 고이 간직하고 잘 숨겨둔 귀한 것은 사랑하는 사람에게만 보여주고 싶은 것이다.

문제는 열심 있는 그리스도인들은 신비한 상징의 의미만 알고 싶어 한다는 것이다. 계시록의 상징은 더 중요한 어떤 것을 이해시키려고 사용된 도구일 뿐이기에 도구 자체에 관심 갖지 말고 본질을 이해해야한다. 그럼 계 4장의 환상의 핵심은 무엇인가? 앞에서도 언급했듯이 그것은 천상 하나님 보좌에 펼쳐진 예배이다.

그렇게 성령이 충만하여 열린 천국 문에 들어가 보니 무엇이 나타나는가?

3절은 보좌에 앉으신 이의 모양이 벽옥과 홍보석 같고, 그분의 후광 무지개는 녹보석 같다. 하늘의 존전 깊숙한 곳은 이처럼 황홀한 빛의 3보석 _(새 예루살렘의 광채)으로 묘사되었다.

왜 세 보석의 광채인가? 빛이신 하나님이 앉아계시기 때문이다.

겔 1장의 네 생물과 하늘과 보좌의 황홀한 광채. 그 경험을 한 사람이, 주님의 명령에 따라 하늘 보좌의 지상 대응을 만든 곳이 성전의 지성소이다.

창 1장의 에덴이 하나님께서 만드신 하늘 보좌의 지상적 반영이라면, 지상의 교회는 성령 안에서 우리가 만들어가는 하늘 보좌의 지상의 반영이다.

하늘 보좌의 환상을 본 사람들이 요한 이전에 구약에도 있었다.

사 6장에서 주께서 높이 들린 보좌에 앉아 계시고 그의 옷자락이 성전에 가득했음을 이사야 선지자가 경험 했었다. 그 하늘 영광을 보면, 하나님의 영광을 보는 자의 반응은 당연히 예배이다. 그 예배는 어떤 예배인가?

8절 밤낮 쉬지 않고 이르기를 - 그 예배는 끊임없는 예배이며 멈출 수 없는 예배이다. 당신은 그런 예배의 감격을 마지막으로 느껴본게 언제인가? 지난주면 그래도 다행인데 몇 달, 몇 년 전인지 잘 기억이 안나면 나를 돌아보아야 한다.

그 예배의 내용 세 가지는?
1. 하나님의 거룩하심(트리사기온, 3회 반복. 사6:3)
2. 하나님의 전능하심, 판토크라토(pantokrator 1:8 사6:3 만군의 주)
3. 하나님의 영원하심 (전에도, 이제도, 장차 오실 분 is to come)이다

1:8 과거 현재 미래 모든 시간을 통제하시는 분.

9절 세세토록 살아계시는 이 이시며, 스스로 존재하시는 야훼 그 분 안에서는 하나의 시간일 뿐이다. 그리고 피조물의 입에서 터져 나오는 환희의 송가는 무엇인가?

4:11 영광과 존귀와 능력 받으시기에 합당하다.

이처럼 참된 예배가 발생할 때 그 모습은 어떤가? 그 광경이 24장로와 네 생물의 합동 예배이다.

9-10 네 생물들이 영광과 존귀와 감사를 드리면, 장로들이 이어 받아서 엎드려 경배한다.

하나님의 영광을 보면 모든 인간은 앞에 엎어지고 죽은 자 같이 된다. 참 영광을 보면 그 앞에 고꾸라지게 되어 있다. 구약에서는 하나님의 영광을 보면 그 거룩 앞에 죽은 자 같이 쓰러지기에 두려워했다.

뭘 모르는 사람들만이 "주여 당신을 보여주소서 그러면 내가 믿겠나이다" 한다. 하지만 하나님의 영광을 마주하면 모든 인간은 죽게 될 뿐이다. 우리는 거룩과 신성에 대한 두려움이 없다. 베테랑 어부 베드로도 예수님

을 랍비 선생으로 알다가 밤새 수고해도 못 잡던 고기를 예수님의 한 마디로 그물 가득 잡게 되자, 돌연 그의 신성을 하나님의 영광을 깨닫고 한 행동이 있다. 그게 무엇인가? 그 앞에 엎드려 "주여 나를 떠나소서"였다. 그나마 인성에 감싸인 신성을 보았으니 망정이지 하나님의 신성을 직접 보면 죽을 뿐이다. 모세조차 여호와 보기를 두려워하여 얼굴을 가렸다.

천사와 방불한 신비한 존재인 하늘 보좌 주변의 24장로 조차 하나님 앞에 엎드려진 채로 경배한다. 이것이 바로 예배의 본질이다. 예속과 복종을 상징하는 행위다. 어떤 종교든 신성 앞에는 엎드려지게 되어 있다. 무슬림이나 가톨릭의 예배 헌신 조차도 다 그렇다.

우리 개신교는 약식을 좋아한다. 그러다보니 경외심이 적고 하나님 앞에서 쉽게 방자히 행한다. 엎드리지 못하면 무릎이라도 꿇어야 한다. 1988년 필자가 전도사 시절, 미국에서 대학부 수련회 강사로 섬길 때 강사가 Hit the floor! 말하자 우리말도 못하는 대학생들이 무릎을 꿇는 것을 보았다. 그때 제대로 가르치고 도전해야 한다는 것을 깨달았다. (신학교 졸업 후 목회 초기에는 혹시 이 다음에 건축하게 되면 성당처럼 무릎 꿇는 대를 만들고 싶었다. 공간이 협소해서 하기 쉽지 않지만…)

분명한 것은 무릎을 꿇든, 엎드리든, 엎어지든 무엇보다 중요한 것은 그 마음이 엎드려지고 굴복해야 한다는 것이다. 티벳 불교식의 오체투지를 하든, 무릎을 꿇든, 성호를 긋든 관계없이 마음은 곧고 완고할 수 있기 때문이다. 그러나 진정으로 하늘의 영광을 경험했다면, 마음만 얘기할 것이 아니라 진짜로 그 앞에 무릎을 꺾고, 아니 주되신 하나님 앞에 엎드려지는 예배가 일어날 것이다. 그러므로

🔼 하늘 영광 앞에 엎드려지는 예배를 드리자.

보좌에 올라가 앉는 것이 꿈인 사람들이 있지만, 그보다 더 중요한 것

이 있다. 그것을 놓치지 않기 바란다. 그것이 무엇인가? 10절! 24보좌들 가운데있는 왕중의 왕인 전능자 하나님을 예배하는 것이다.

그런데 요즘 우리 한국교회를 보면, 예배의 성공이 인생의 성공이라고 하는데 그것을 혹자는 예배를 많이 드리면 인생이 성공인 것처럼 받아들이기까지 하는 것 같다. 그것은 예배 지상주의가 된다. 그런데 우리 한국교회처럼 예배가 많은 데가 없는데, 왜 사람들이 변하지 않을까? 그것은 예배의 중요한 본질을 놓치고 있기 때문이다. 우리가 그렇게 많은 예배를 드리며 자주 놓치고 있는 것 중 하나는 드림의 정체성이다. 예배를 통해 마음의 평화만 원하고, 하나님으로부터 무엇인가 좋은 것을 받으려고만 하지 예배에서 우리의 드림의 정신은 갈수록 사라져가는 듯하다.

참된 예배의 속성 중 중요한 한 가지는 드림이다. 드림에는 두 가지 의미가 있다.

1. 입술의 예배 - 히 13:15 "이러므로 우리가 예수로 말미암아 항상 찬미의 제사를 하나님께 드리자 이는 그 이름을 증거하는 입술의 열매니라"

9절의 네 생물들의 예배에는 영광과 존귀와 감사를 드린다.

그러나 입술로만 드리는 것이 아니라, 그 앞에 엎어지고 우리 자신을 드려야 한다. 엎드리는게 힘들면 자리에서 일어나기라도 해야 한다. 그래서 예배의 클라이맥스인 설교 후 예배의 정점에 끝날 때 일어서는 것이다. 우리의 삶을 드리고 입술로 하나님께 영광을 돌린다면, 그 다음에 자신의 모든 것을 드림의 표징을 행하는 것이 하나 있다.

2. 물질과 삶의 예배

목사님 혹시 또 돈 얘기, 헌금 얘기 하시는 것인가? 아, 그 지겨운 건축헌금, 약정헌금 빚더미? 참 미안한데 천국 가면 찬송만 하고, 헌금 안할거라 좋아하지 말라! 천국에서 24장로는 주의 보좌 앞에 무엇인가를 드리고 있다. 무엇을 드리는가? 자신의 왕권을 상징하는 금 면류관(4:1, 4)을 벗어 보좌 앞에 내려놓고 있다.

속국의 왕은 정복자 황제 앞에 나올 때 복종의 상징으로 자기 왕관을 벗어놓는 것이 관례이다. 그것은 그의 주권 하에 나를 복종시킨다는 의미로서 예배 봉헌의 순서에 우리는 왕 중의 왕이신 주님 앞에 우리의 왕관을 벗어 보좌에 드리는 복종의 표현으로 자리에서 일어서서 겸허히 드림을 표시하는 것이다. 그리고 우리가 가진 모든 것이 주께 속했음을 인정하며, 모든 것이 주님의 은혜로 왔음을 표현하는 것으로 헌금과 헌물을 드리는 것이다. 그러나 돈 몇 푼 드렸다고 내 예배의 드림이 다 된 것처럼 생각하면 오산이다. 돈은 낼 수 있어도 내놓을 수 없는 나의 가장 귀한 것이 있다. 다른 건 다 드릴 수 있지만, 이것만은 곤란하다하는 것은 무엇인가? 왕의 보좌 앞에 던져야 할 당신의 머리에 쓴 금 면류관은 무엇인가?

우리 인생에서 나의 가장 귀한 것들이 있다. 어떤 이에겐 남편 혹은 아내이다. 시인 김현승에게는 눈물이고, 소설가 박완서에게는 떠나보낸 사랑하는 아들이었다. 어떤 이에겐 돈과 재산 혹은 회사와 사업이다. 그러나 어떤 이에겐 돈도 집도 아닌 명예와 학위 그리고 면류관이다. 분명한 것은 모든 참된 예배자의 공통 경험은 나의 가장 귀한 것을 벗어 던져드린다.

⬆ 나의 가장 귀한 것을 드리는 예배를 드리자.

교회 가자고 갖은 아양과 애교를 다 떨어서 간신히 데리고 나온 담배 냄새 풀풀 나는 그 남자친구가 당신이 보좌 앞에 던져드려야 할 면류관일 수도 있다. 하늘 보좌 깊은 곳까지 들어가 그 영광의 모습을 경험했다면 당신의 예배는 어떠해야 겠는가?

북한 성도들은 날 구원하신 하나님을 찬양하고 싶어서 사람 없는 깊은 산속으로 들어가서 소리 높여 찬양 부르며 몇 시간씩 걸어 다니다가 사람이 나타나면 안 잡혀가려고 미친 사람처럼 헛소리를 하고 침을 흘리기도

했다는 간증을 들은 적 있다.

　당신은 그토록 주님만 찬양하고 싶은 적이 있는가? 여러분에게 하나님은 과연, 당신의 면류관을 기꺼이 보좌 앞에 벗어 던지며 쉬지 않고 예배하고 싶은 그런 주님이신가? 그런 예배의 경험이 있는가? 그 영광의 보좌 체험이 있는가?

09
사역과 예배의 본질
(요한계시록 5:1-14)

사람들은 말한다. 남자가 울어야 할 때는 3번이라고. 세상에 태어났을 때, 부모님 돌아가실 때, 또 나라가 망했을 때라고 한다. 하지만 요즘은 안 그렇다. 부모님이 돌아가셨을 때, 애인과 헤어졌을 때, 휴대폰 게임이 안될 때(사탕 깨기가 안 넘어갈 때)라고 한다. 우리 기독교인들은 예수 믿고 슬픔과 눈물이 사라졌다고들 하지만 사실 진정으로 울어야 할 때가 여전히 남아있다.

5:1 내가 보매 보좌에 앉으신 이의 오른손에 두루마리가 있으니 안팎으로 썼고 일곱 인으로 봉하였더라

보좌에 앉으신 이의 오른 손 위에 놓여 있는 이 책은 세상의 운명에 대한 것으로 일곱 개의 인으로 봉해져있다. 그런데 **4절**을 보면 "**그 두루마리를 펴거나 보거나 하기에 합당한 자가 보이지 아니하기로 내가 크게 울었더니**"- 그 인을 떼서 펴거나 보게 할 자가 없어서 요한은 크게 울었다고 한다. 4:1에서 하나님의 최후의 일들을 보여준다 해서 기대감으로 올라왔는데 일곱 인으로 꽁꽁 매여 볼 수 없는 절망에서 터져 나온 노사도의 큰 슬픔을 느껴지는가? 그 거룩한 갈망! 하나님의 말씀이 밝히 만방에 증거되기를 원하는데 그게 안되어 안타까워 울어봤나?

스승이신 스캇 헤이프만(Scott Hafemann) 신약 교수의 수업 중 울음이 잊혀지지 않는다.

막 10:45을 설명하다가, 자기 제자들은 선교사로 나가서 지금도 목숨을 내놓고 섬기는데 나는 이렇게 편하게 살고 있다고 하시며 학생들 앞에서 펑펑 우시는 것이었다.

항상 스승의 눈물에 부끄럽지 않은 목사로 살아야겠다. 이제 나도 교수로 살지만 이 시간 세계 오지와 국내 곳곳의 작은 교회들에서 힘겹게 섬기고 있는 제자들에게 나도 부끄럽지 않으려고 몸부림치고 살아가고 있다.

그럼 누가 하나님의 봉인된 책을 펼 수 있겠는가? 누가 그 봉인을 뗄 수 있는가?

5:2 또 보매 힘 있는 천사가 큰 음성으로 외치기를 누가 그 두루마리를 펴며 그 인을 떼기에 합당하냐 하나

힘센 천사조차 누가 그 책의 인을 뗄 수 있겠냐고 외친다. 어떤 강한 천사라도 그것을 할 수가 없다. 어떤 신비한 은사를 받았다는 목사라 하더라도 불가능하다. 하늘의 비밀을 자신만 보여준다는 말에 속지 말라. 하늘 위의 어떤 천사도 땅 위의 어떤 인간의 지혜와 능력으로도 하나님께 속한 비밀한 것을 여는 것은 불가능하다. 그 인을 뗄 수 있는 존재는 단 하나, 어린 양 예수 그리스도시다.

5:9 어린 양만이 "두루마리를 가지시고 그 인봉을 떼기에 합당하시도다"

그런데 인을 뗄 힘과 능력이 있는 자가 아니라 봉해진 책을 펴기에 합당한 자라고 하는 것에 주목하라. 이 합당하다는 단어가 2절, 4절, 9절, 12절에서 계속 반복되는 것을 보라.

우리는 사업이 잘 안되면 하나님을 위해 큰일을 하게 사업을 성공시켜 달라고 조르는데 큰일은 이미 주님이 다 하셨다. 우리가 주님을 위해 할 일은 없다. 하나님의 일은 우리의 어떤 능력과 어떤 힘으로 하는 것이 아니다. 주께서 원하시는 것은 우리가 먼저 주님의 일에 합당한 자가 되는 것이다. 사도 바울도 자신의 사역에 대해 고후 3:5에서 "우리가 무슨 일이든지 우리에게서 난 것 같이 스스로 만족(역량)할 것이 아니니 우리의 만족(역량, 자격)은 오직 하나님으로부터 나느니라" - 사도조차 자기 능력으로 한 게 아니라고 한다. 그러므로

⬆ 기독교 사역의 본질은 먼저 그에 합당한 자가 되는 것이다(2, 4, 9, 12).

그런데 예수님이 봉해진 두루마리의 인을 떼기에 합당하신 이유는 무엇 때문일까? **5절 장로 중의 하나**가 가르쳐준다. 그는 이기신 분 때문이다. 그 분은 승리자이시기 때문이다. 그래서 7절에서 보듯이 **보좌에 앉으신 이의 오른 손 위에 있는 두루마리를 취하실 수 있었다.** 그런데 예수님은 어떻게 승리했나? 물론 5절처럼 그리스도께서는 원래 새끼 **사자**인 **유다 지파**의 아비요 **다윗의 뿌리**시니까(계 22:16) 당연한 것이다. 그리스도를 사자로 비유한 이미지는 창 49:9 호 5:14와 사 11:1, 10에서 기원해 C.S. Lewis는 그의 크리스천 환타지 소설 나니아 연대기의 아슬란이란 사자에서 나왔다. 이 책도 하얀 마녀와의 싸움 얘기 즉 계시록을 다룬다.

그러나 사자보다 더 중요한 이미지가 있다. 2회 반복되는데 6절에서 **어린 양**으로서 **일찍이 죽임을 당하**셨다, 9절에서도 **일찍이 죽임을 당하셨다.** 누가 이긴 자라고? 유다의 사자가? 반은 맞고 반은 틀린다. 엄청난 힘과 군사적 능력으로 대표되는 사자 이미지가 묘하게도 어린 양의 이미지와 겹치는데, 사실은 죽임 당하신 어린 양 이미지가 더 강조된다. 그게 말이 되나? 죽임 당한 양이 승리자라니? 세상 개념으로는 죽음은 패배다. 그런데 성경은 죽임 당한 어린 양이 승리했다라고 한다.

기독교 신앙의 본질이 바로 이것이다. 죽음이 승리고, 죽임 당한 어린

양이 승리자이다. 그런 의미에서 어린 양은 **6절**에서 보듯 **7뿔**을 가진 양이다. 뿔을 가진 양은 신적 전사 개념을 가진 것이다. 계 17:14 등이 앞으로 보여줄 것처럼 어린 양은 희생 제물 이미지와 함께, 만왕의 왕으로 싸워 이기는 승리자 형상을 동시에 가지고 있다. 분명한 것은 요한은 환상 가운데 두루마리의 7인을 뗀 승리자를 보았는데, 그는 유다의 사자와 오버랩 되었지만, 일찍이 죽임 당한 어린 양이었던 것이다. 그것은 무엇을 말하고 싶은 것일까?

핍박받는 당시의 그리스도인들에게, 아버지 하나님은 요한의 환상을 통해 참된 승리, 높아짐, 명예는 어디서 온다는 것을 말하고 싶은 것일까? 이와 같은 것들은 모두 십자가의 죽음에서 온다! 이것이 세상적 가치관과 대조되는 하나님 나라의 법칙이다. 세상은 능력자, 강한 자가 지배하고 독식한다. 그룹 Abba의 노래 'The winner takes it all'의 가사를 보자.

> The loser는 승자 옆에 초라하게 서 있을 뿐, 그게 운명이다. "신들은 얼음처럼 차가운 마음으로 주사위를 던지고 누군가는 사랑하는 사람을 잃겠지요. 승자는 모든 걸 얻고 패자는 쓰러지잖아요. 그건 아주 간단하고 아주 단순해요. 제가 불만을 가질 수 있겠어요? 제가 뭐라 할 수 있겠어요? 룰은 지켜져야 하고, 판사는 승복하라 하네요. 구경꾼들은 항상 냉정합니다. 게임은 다시 시작되고, 연인이든 친구든 큰 것이든 작은 것이든 승자가 다 가져가겠지요…"

그게 세상이고 약자들은 발붙일 곳 없지만, 여호와는 고아와 나그네와 가난한 자와 약자의 편에 서신다고 말씀하셨고, 예수님은 십자가로 힘과 권력이 지배하는 세상을 바꾸시고 승자가 다 가지는 세상의 법칙을 바꾸신다. 그래서 마지막 날에는 세상을 사랑해 자기 목숨을 드려 십자가에서 죽임 당한 어린 양이 승리자임이 밝혀진다는 것이다.

사탄은 그리스도를 십자가에서 죽이며 자신의 승리를 확신했겠지만, 그것은 전술적 패배요 큰 과오였다. 하나님 나라는 강한 자가 사랑하는 자를 위해 자신의 능력과 본성을 보류하고 희생하고 죽는 곳이기 때문이다. 승리는 패배로 보이는 십자가의 죽음에서 오고 악은 십자가의 희생적 죽음으로 극복되는 것이기 때문이다. 복음의 정신이 바로 이것이다. 희생과 섬김과 죽음으로 자신의 높아짐과 교만을 꺾음으로 승리하는 것이다.

⬆ 기독교적 승리의 본질은 죽음과 희생에 있다(6, 9).

그렇게 사신 주님을 찬양하는 곳이 바로 천국이다. 그런데 8절처럼 하늘의 천국 보좌 앞에 드려지는 찬양은 누가 부른 것인가? 9절 어린 양이 피 값으로 사서 구원한 각 족속과 방언과 백성과 나라 가운데서 나온 사람들이 부른 것이다. 하나님의 백성은 이처럼 각 족속으로 구성된 사람들이다. 우리는 대개 우리 같은 사람만 비슷한 사람들끼리 모이는 교회를 좋아한다. 교회 성장학파는 그것을 동질성의 원리라 했다. 게다가 우리 취향처럼 우아하고 수준 높은 사람들끼리 모이면 더 좋을 것이다. 그러나 성경이 말하는 교회는 유대인과 이방인, 자유인과 노예, 부자와 가난한 자, 나이가 많은 자와 어린 자 모두가 그리스도 안에서 형제가 되고 자매가 되는 곳이다. 그곳은 모든 언어와 모든 피부색 가진 모든 민족이 함께 모여 드리는 곳이다. 미국의 모자이크 교회가 그런 곳이다.

이처럼 성경이 말하는 구원받은 자는 천당 가는 개개인이라기보다는, 보좌 앞에 모인 모든 족속으로 만들어진 하나님의 백성됨 즉 교회됨으로 묘사된다. 그래서 3개의 송영 중 첫 노래 9절 **"그들이 새 노래를 불러 이르되 두루마리를 가지시고 그 인봉을 떼기에 합당하시도다 일찍이 죽임을 당하사 각 족속과 방언과 백성과 나라 가운데에서 사람들을 피로 사서 하나님께 드리시고"**.

주께서 하신 이 일에 대한 노래를 새 노래라 칭한다. 우리가 새 노래로 찬양한다고 할 때 그것은 이전에 없던 새로 나온 신곡이란 의미에서 새 노래가 아니다. 이전에 세상에서 우리가 칭송하고 높이던 것과 전혀 다른 차원의, 십자가의 죽음으로 힘과 권력을 이기신 승리하신 죽임 당한 어린 양에 대한 찬양(14:3)이기에 새 노래다. 천상에서 울려퍼지는 이 노래를 요한을 통해 듣고 보고 읽는 핍박받던 소아시아 교인들은 어떤 마음이었을까?

시저만이 왕이 아니라 예수가 왕이라 고백하며 신앙을 지키다가 로마의 압제 속에서 순교당한 동료를 봤고, 자신들도 언젠가 원형극장에서 짐승들의 밥이 될 수도 있는데, 예수님께서 십자가의 마지막 제사의 희생 제물로 드려진 죽음이 패배나 희생이 아니라 승리라는 것은 얼마나 큰 위로가 될까? 그 뿐 아니라 예수님의 죽음은 낮아짐이 아니라, 하나님의 높이심으로 말미암아 세상의 메시야가 되고 왕이 되는 기초가 된다니! 행 5:31도 "이스라엘에게 회개함과 죄 사함을 주시려고 그를 오른손으로 높이사 임금과 구주로 삼으셨느니라"고 한다. 주님은 십자가의 죽음으로 하늘과 땅을 통치하는 주가 되셨다. 그리스도의 왕되심 kingship도 유다의 힘센 사자의 강력함으로가 아니라, 어린 양으로 낮아지시고 십자가의 죽으심으로 이루어진 것이다.

5:9c "사람들을 피로 사서 하나님께 드리시고."

이 때 우리에게는 어떤 일이 벌어지나? 우리는 그냥 하나님께 드려진 비참한 제물이 아니다.

5:10 "그들로 우리 하나님 앞에서 나라와 제사장들을 삼으셨으니 그들이 땅에서 왕 노릇 하리로다"

놀라운 일이 벌어지는데 제물로 드려진 우리는 노예 같은 존재가 아니라 왕같은 제사장이 된다. 그리고 우리는 새로워질 땅에서 왕 노릇하며 다스리는 권세를 갖게 된다. 그렇게 되어 출 19:5-6 제사장 나라의 예언이 새 이스라엘 가운데 성취된다. 예수님은 십자가의 죽음으로 왕과 구주가 되셨듯이, 우리도 낮아짐으로 높아지는 것이다. 잘난 척하고 높은 척함으로 힘이 생기는 게 아니다. 우리가 가진 힘을 포기함으로 왕 같은 제사장이 되어 가장 큰 힘과 다스림이란 영향력을 갖는다. 이것은 얼마나 놀라운 일인가? 따라서

🔼 기독교적 권력과 다스림의 본질도 십자가의 죽음에 있다(9, 10).

총선을 앞두고 있는 요즘 정계를 보면 수면 아래 격동이 인다. 1년 후면 또 대권을 향해 사방에서 요동이 칠 것이다. 그런데 노르웨이와 함께 세계행복지수 1-2위를 다투는 덴마크에 가면 현지 가이드들이 자랑하는 것이 있다. 그것은 건물도 자연도 아니라, 바로 국회의원들이다. 그들은 전용차도 개인비서도 없다. 자전거 타고 다니고, 의원실 몇 개 사이에 공용비서 1명이 돕고, 월 950만원 우리 물가 수준으로 600만원 받고 주 80시간 가까이 일한다. 물론 여건이 다르니까 단순 비교하면 곤란하지만, 적어도 그들은 국민을 위해 특권과 특혜 없이 낮아져서 섬기는 자세를 갖고 있다는 점에서 분명히 다르다. 그래서 나라가 행복해진 것 같다. 참된 권력과 힘이 어디서 오는지 알고 그 허망한 야망은 버리면, 나라와 국민을 위해 우리 주님처럼 섬길텐데 그게 안되는 것이 참으로 안타깝다.

이처럼 명예와 높아짐도 힘도 권력도 모두 십자가의 죽음에서 오는 것을 깨달으면, 하나님이면서도 어린 양이 되셔서 자신을 십자가에 내 드리며 우리의 모본이 되어주신 예수님께 감격하며 경배와 찬양을 하며 예배할 수밖에 없다. 그래서 4장은 하나님 예배에 대한 것이었다면, 오늘 5장은 예수 그리스도를 향한 예배를 다룬다.

바로 이 관점에서 천상의 고귀한 네 생명도 24장로도 다 주께 엎드려

예배했던 것이다.

지난 주 설교를 듣고 예배에서 '엎드려짐'에 대해 처음으로 깊이 깨달았다는 간증을 들었다. 지금까지 겸손이란 남에게 양보하고 잘난 척 하지 않는 정도로만 생각했는데, 무릎을 꺾고 머리를 땅에 대는 것이 참 예배자의 모습이란 걸 처음 알았다고 한다. 그분은 그 때 내 무릎을 꺾고 곧은 목을 굽히는 것이 얼마나 고통스럽고 피하고 싶은 일인가를 처음 생각해 보았다고 한다. 여러분은 어떤 생각 들었나? 내 영혼이 주님 앞에 엎드려지지 못하면 무릎이라도 꿇어야 하고, 무릎을 꿇지 못하면 앉은 자리에서 일어나기라도 해야 한다. 그래서 예배를 마치며 하나님께 응답하고 헌신하고 결단할 때 우리는 일어서는 것이다.

이처럼 4장에서는 예배의 본질이 우리의 교만을 꺾고 엎드려짐과 함께 24장로들은 자신들의 면류관을 보좌의 하나님께 드리는 드리심이 4장에 나타난 예배의 절정이었다면, 오늘 5장에서 보여주는 예배의 절정은 무엇인가?

물론 성자 예수님은 십자가의 죽음으로 자신을 성부 하나님께 드렸다. 엡 5:2b도 "그는 우리를 위하여 자신을 버리사 향기로운 제물과 희생 제물로 하나님께 드리셨느니라"고 한다. 이와 함께 본문 **계 5:9**에서는 십자가의 **피흘리심으로 우리를 사서 하나님께 드린다** 한다. 예수님의 십자가 사역의 면류관인 우리를 하나님의 보좌 앞에 벗어 드리는 것이다!

이것을 너무 잘 알았던 사도 바울도 자신의 선교 사역을 그리스도께서 그랬듯이 자신을 제물로 드리는 예배 행위로 보았다. 빌 2:17 "만일 너희 믿음의 제물과 섬김 위에 내가 나를 전제로 드릴지라도 나는 기뻐하고 너희 무리와 함께 기뻐하리니"

그리고 주님과 같은 패턴으로 사도는 이방 선교 사역을 우리를 사서 제물로 드리는 제사이자 예배로 묘사한다. 롬 15:16 "이 은혜는 곧 나로 이방인을 위하여 그리스도 예수의 일꾼이 되어 하나님의 복음의 제사장 직분을 하게 하사 이방인을 제물로 드리는 것이 성령 안에서 거룩하게 되어 받으실 만하게 하려 하심이라"

이처럼 우리는 주의 보좌 앞에 드려진, 예수님께서 벗어 드리신 면류관들이다. 예수님의 십자가의 피로 우리가 사신바 되고 구속되어서 하나님의 영광스런 보좌 앞에 드려질 때 **13절**은 **하늘 위에와 땅 위에와 땅 아래와 바다 위에와 또 그 가운데 모든 피조물이 찬양**한다고 한다.

그런데 뭐라고 찬양하나? 그 내용은 "**찬송과 존귀와 영광과 권능을 영원무궁하도록 받으소서!**"이다.

모든 존재들이 이렇게 찬양하자, **14절**은 피조물 중 가장 존귀한 네 생명체가 '**아멘**'하고 24장로들은 하나님과 어린 양 예수님 앞에 '**엎드려 경배**'하는 것으로 5장을 마친다. 이 천상의 거룩하고 영광스런 예배를 요한은 환상 가운데 경험한 것이다.

그럼 우리는 어떻게 예배할 수 있나? **8절**에서 보듯, 어린 양 앞에 엎드린 천상의 네 생명체와 24장로들이 가지고 있는 **금 대접** 안의 **향**으로 예배한다. 그 향은 무엇인가? 바로 8c 우리들 "**성도의 기도들**"이다.

우리는 왕 중의 왕이신 하나님께 드릴만한 것이 없다. 예수님께서 자기 몸을 단번에 영원한 제물로 드려버리셔서, 우리가 또 다시 드릴 합당한 제물은 더 이상 없다. 돈도 그 어떤 재물도 아니다. 오직 성도들의 기도가 이제 희생 제물을 대체한다. 이 땅에서는 무시당하고 억눌려 원통한 일 많지만, 연약한 우리들이 드린 눈물어린 투박한 기도만이 황금 대접에 담겨 주님 보좌 앞에 올라간다. 시 141:2 다윗이 드렸던 기도 "나의 기도가 주의 앞에 분향함과 같이 되며 나의 손드는 것이 저녁 제사 같이 되게 하소서"가 응답된 것이다. 어제 밤 설교 준비하며 이 구절을 묵상하다가, 이 놀라운 기도를 너무나 하고 싶어져서 설교 준비하던 손을 맞잡고 기도했다. 여러분도 주님 앞에 기도하고 싶지 않은가?

⬆ 기독교 예배의 본질은 기도의 향으로 완성된다(8).

계 4~5장을 통해 우리는 예배로 부르시는 하나님의 초청, 그 앞에 우리의 교만과 완악함을 꺾고 겸손히 엎드려짐과 우리의 면류관을 드림, 그리고 그리스도의 십자가로 펼쳐진 두루마리 말씀, 그에 따른 찬양과 기도라는 예배의 요소들도 보았다.

특히 오늘 본문을 통해 우리는 어린 양 예수님께서 7봉인을 제거하심으로 세상의 모든 비밀을 담은 두루마리가 열리고 펼쳐지고 밝히 드러나게 되었음을 알았다. 그런데 이처럼 하나님의 천국 비밀을, 종말의 비밀을, 구원의 비밀에 관한 책을 읽기 위해 우리가 봉인을 떼는 수고를 할 필요도 없이 모든 성경이 우리에게 다 열려져 있는데도, 읽지를 않는다는 것이 문제다. 인봉이 다 떼어졌고 열어줘도 읽지를 않는다.

많은 기독교인들이 주일 설교 한 번 듣는 것으로 만족한다. 근데 듣는 것만이 다가 아니다. 진리의 말씀인 성경을 읽고 스스로 묵상해야 한다. 그 때 주님의 음성을 들으면 그 감격에 대해 어떻게 응답하게 될까? 날 위해 십자가 지신 예수님의 희생과 죽음을 깨달았다면 우리 속 깊은 곳에서부터 감사의 찬탄으로 기도와 찬양이 나오기 마련이다. 이같이 마음 속 깊은 곳에서 우러나온 감사의 찬양, 감사의 기도의 향을 올려드린 그런 감격스런 예배의 마지막 경험이 언제인가? 지난주면 그래도 다행인데 몇 달, 몇 년 전인지 잘 기억이 안나면 문제다.

북한 지하교회 성도들은 자신을 구원하신 하나님을 마음껏 찬양하고 싶어서 감시하는 사람 없는 깊은 산속으로 들어가서 소리 높여 찬양 부르며 몇 시간씩 걸어 다녔다는 간증을 들은 적 있다. 집에서 큰 소리로 실컷 기도할 수 없어서 산속을 헤매고 다니며 소리쳐 기도했다고 한다. 그러다가 사람과 마주치면 안 잡혀가려고 미친 사람처럼 보이려고 헛소리를 하고 침을 흘리기도 했다는 간증도 들었다.

당신도 그토록 주님만 찬양하고 싶은 적이 있는가? 낮아짐으로 섬기고 주님께 영광과 존귀와 찬송을 드리고 기도의 향을 올린 적이 언제였나? 이 시간 우리의 찬양과 함께 이 시간 다 함께 일어나 목청 높여 주를 찬양하자!

− 설교 작성을 위한 연구 사례 −

본문 석의와 설교 착상의 기초[1]
(요한계시록 5:8-14)

본문이 자리하고 있는 전후 문맥을 보면, 요한계시록 5장은 1절에서 보듯 일곱 인으로 봉한 책에 대한 탄식에서 시작된다. 그 책은 보좌에 앉으신 이의 오른 손 위에 놓여 있는데, 문제는 그 책의 인을 뗄 자가 없다는 사실이다. 2절을 보면 힘센 천사도 도대체 누가 그 책의 인을 뗄 수 있겠냐고 외친다. 그 어떤 강한 천사도 그 어떤 학식 많은 신학자도 지혜롭고 힘있고 지혜로운 목사도 그것은 불가능하다.

그 인을 뗄 수 있는 존재는 단 한 분, 어린 양 예수 그리스도시고 그에 대한 예배가 5장의 핵심이 된다. 그리스도만이 인봉을 떼기에 합당한 이유는 9절에서 보듯 어린 양의 속죄의 죽음 때문이다.

그런데 주님은 힘센 천사보다 더 강하여 인을 뗄 힘과 능력이 있다라고 하지 않고, 봉인된 책을 펴기에 '합당한' 자라고 한다.

봉해진 책을 펴기에 합당한 어린 양이기에 예수님은 우리의 예배를 받으시기에 합당한 분이 된다. 여기서 합당하다(axios, worthy)는 단어는 2, 4, 9, 12절에서 계속 반복되며 중심사상의 한 축을 형성한다.

그런데 예배의 어원에 관해 얘기할 때마다 많은 사람들이 합당하다는

---

[1] 이 부분과 이어지는 10장은 「목회와 신학」 2016년 10월호의 별책부록 「그 말씀」에 실었던 글이다.

영어단어 worthy에서 예배라는 단어가 나왔다[2]는 이상한 주장을 하고 자주 그것을 가르치는 것을 본다. 하지만 아무리 앵글로 색슨어의 worth + ship의 어근 분석까지 언급해도 worthy 혹은 worth에서 worship이라는 단어가 나왔다는 것은 근거 없는 주장이다. 영어로는 유사한 발음 때문에 예배와 합당하다가 같은 어원처럼 온 것처럼 느껴질지 모르지만 worthy에 해당하는 헬라어는 axios이고 BDAG Lexicon[3]를 찾아 용례분석을 해 보면 그런 예배라는 의미가 아니라 여전히 '합당하다'라는 뜻이 주 용례이다.

오히려 예배에 해당하는 어원을 본문에서 찾고 싶다면, 본문에서는 14절에 장로들이 엎드려 경배했다는 구절에서 대부분의 영어성경이 worship으로 번역한 우리말 '경배하다(proskyneo, 계 7:11; 11:16 등)'가 더 예배에 해당하는 원어가 될 것이다.

예배나 기독교적 사역의 본질과 출발점은 이처럼 어떤 힘과 능력을 가진 존재라는 것에 있지 않고, 예배의 대상이나 예배자가 먼저 그 일에 합당한 존재인가이다. 물론 예수님께서 우리의 찬송과 예배 받기에 합당하신 분이신 것은 그의 삶 전체가 세상 죄를 지고 가는 어린 양의 삶 때문이고, 모든 인간을 위해 대신 죽으셨던 대속적 삶 때문[4]이다.

우리가 자주 말하듯 예수님은 승리자이지만, 그런데 예수님은 어떻게 승리하셨나가 중요하다. 물론 5절처럼 그리스도께서 유대 지파의 사자 다윗의 뿌리이시고, 어린 양은 보좌 중앙에 서 계신다(5:6). 그러나 더 중요한 심상은 사자보다 어린 양의 심상이다. 어린 양은 힘없어 죽임당하는 약한 것으로 그려진 것이 아니다. 에녹 1서 90.9-12 등을 보면 요한계시록

---

2) 온라인 검색을 해보면 엄청나게 많은 그런 가르침과 설교를 볼 수 있다. 저명한 예배학자 제임스 F. 화이트는 그의 저서 『기독교 예배학 입문』 정장복, 조기연 역. (서울:예배와 설교 아카데미, 2001), 34쪽에서 영어의 worship이 고대 영어의 weorthscipe에서 왔다는 것은 세속적인 어원 분석임을 지적하며, 오히려 성경에 등장하는 latreia, proskunein, thusia, phosphora 등의 단어를 설명하고 있다(같은 책 34-36).

3) Danker & Bauer, *Greek-English Lexicon of the NT & Other Early Christian Literature* 3rd Ed. (Chicago, Univ of Chicago Press, 2000), 93-94.

4) 레온 모리스, 김근수 역 『틴델 신약주석 시리즈20. 요한계시록』 (서울:기독교문서선교회, 2002), 112.

에 나오는 어린 양인 뿔 있는 어린 양이나 숫양은 하나님 백성을 승리로 이끄는 메시아 정복자, 승리자[5]이다, 그래서 이 개념은 계 6:16; 17:14에서 어린 양의 군대 장군의 기능으로 계속 반복될 것이다.

본문에서 가르치고자 하는 더 중요한 것 한 가지가 있다. 2회 반복되는 강조점은 먼저 본문 6절에서 보듯 어린 양으로서 일찍이 죽임을 당하셨다는 점과, 9절 일찍이 죽임을 당하셨다는 부분이다. 그렇다면 예수님의 승리는 십자가의 죽음의 삶으로 이룬 것이다.

여기서 기독교 신앙의 본질이 시작된다. 강한 자가 사랑하는 자를 위해 자신의 능력과 본성을 보류하고 희생하고 죽는 것, 그것이 복음의 정신이다. 희생과 섬김과 죽음이다. 자신의 높아짐과 교만을 꺾는 것, 그것이 기독교 예배의 본질이다.

본문 8절을 보면 네 생물과 이십사 장로들이 먼저 어린 양 앞에 엎드렸다(fell down before the Lamb). 14절에서도 네 생물은 아멘하고 장로들은 엎드려 경배했다(fell down and worshiped). 예배는 이렇게 주님 앞에 자신의 능력과 지혜를 꺾고 교만을 내려놓고 엎드려질 때 시작되는 것이다.

우리는 왕이신 주님이 자신의 권능과 본성을 보류하고 어린 양으로 자신을 내려놓고 우리 위해 대속적 죽음을 죽으셨기에 예배한다(9, 12). 그래서 보좌에 앉으신 하나님과 어린 양은 동등하게 우리의 찬미의 대상이 되는 것이다(5:13-14).

그러면 어떤 사람들이 하나님을 진정으로 예배하고, 주님을 찬미할 수 있겠는가?

그 분을 본받아 우리도 자신을 십자가에 못박고, 자신의 무릎을 꺾고 그 앞에 엎드릴 때 예배가 시작된다는 사실이 본문 석의 결과 떠오르는 설교의 적용적 중심사상이 될 것이다.

---

[5] 그랜트 오즈번, 김귀탁역 『BECNT 요한계시록』 (서울:부흥과개혁사, 2012), 338.

그 아름다운 새 노래를 부르는(5:9) 진정한 예배자가 되려면 우리 자신이 먼저 금대접에 기도로 드려지는 자여야 하고(5:8), 예수 그리스도에 의해 사신 바 되어서 하나님께 향기로운 제물로 드려지고 하나님의 백성으로 드려져(5:9) 새 신분을 얻게 되어야 한다. 그것은 네 생물과 이십사 장로들처럼 그 어린 양 앞에 무릎을 꿇고 엎드릴 때만(5:8, 14) 가능하다. 본문에 대한 설교는 이런 사실에 기초해 쌓아 올려져야 한다.

그 인식에서 시작된 예배를 본문에서는 3개의 송영으로 그리는데, 그 중 첫 노래인 5:9-10을 성경은 '새 노래'라 칭한다.

여기서 새 노래의 '새(kainos)'는 모두가 동의하듯 neos와 달리 질적으로 새로운 것을 말하는데, 레온 모리스(Leon Morris)는 그 이유를 어린 양이 그의 구속 사역을 통해 상황을 새롭게 조성하셨기 때문[6]이라고 설명한다.

계시록은 새로운 것들에 대해 여러 가지로 여러 번 강조한다. 예를 들면 새 이름(2:17; 3:12)과 새 예루살렘(3:12; 21:2)이 나오고 무엇보다도 새 하늘과 새 땅(21:1), 그리고 만물을 새롭게 하는 것이 나온다(21:5). 어린 양에게 드린 노래가 새 노래인 이유를 마운스(R. Mounce)는 그의 죽음을 통해 새 언약이 세워졌기 때문[7]이라고 하지만, G.K. 비일(Beale)은 새 노래가 그리스도의 구속 사역이 새 창조의 출범과 연관되었기 때문[8]이라고 잘 지적했다. 본문 5:12-13이 앞장인 계 4:11의 하나님의 창조 사역에 대한 찬송과 평행을 이룬다는 점에서 우리는 그것을 확인할 수 있다.

사실 새 노래라는 표현은 시편에서 본격화된 것인데 시편에서는 원수에 대한 하나님의 승리와 심판을 기리는 것(시 33:3; 40:3; 96:1; 98:1)이 주된 의미이나, 이사야 42:10에 이르러서는 땅에서 이루어질 하나님의 예언적 목적과 관련된 것으로[9], 종말론적 개념이고 여호와의 종이 시작하신 속죄의

[6) 모리스, 『틴델 요한계시록』, 111.
[7) Mounce, *The Book of Revelation*, 147.
[8) G. K. Beale, NIGTC, *The Book of Revelation* (Grand Rapids,MI: Eerdmans, 1999), 358, 369.
[9) G. K. Beale의 NIGTC 영문판 헬라어 요한계시록 주석이 방대하여 읽기 힘든 사람들은 간략한 요약본이고

죽음으로 이루어진 새 일(계 5:9)과 연계된 것[10]이다.

본문 계 5:9에서 새 노래를 부르는 존재는 우선 8절을 보면 거문고와 성도의 기도가 가득한 금 대접을 가진 네 생물과 이십사 장로들이다.

11절을 보면 이 새 노래를 부르는 존재가 또 있는데, 보좌와 생물들과 장로들을 둘러 선 그 수가 만만이요 천천인 많은 천사들이다. 그들은 하늘 찬양대의 한 부분을 이룬다. 그들이 부르는 찬양의 주제는 12절 어린 양의 능력과 부와 지혜와 힘과 존귀와 영광과 찬송 받으시기에 합당하시다는 내용이다.

그런데 계 14:13에 가면 새 노래를 부를 또 다른 존재들이 하나 더 등장한다. 그것은 이 땅에서 속량함을 받은 144,000이다. 그들 밖에는 이 새 노래를 배우고 노래할 자가 없다고 성경은 말한다. 그들은 14:4에 의하면 세상 사람들 가운데에서 속량함을 받아 처음 익은 열매로서 어린 양이 어디로 인도하든지 따라가는 순종하는 제자들이고, 하나님과 어린 양에게 속한 무수히 많은 하나님의 백성들이다. 하나님께서 자신의 뜻에 따라 값을 치르고 사서 하나님의 종이 된 구속받은 자들이 '새 신분'에서 부르는 노래이기에 새 노래라 하는 것[11]이다.

새 노래를 부르는 그들은 9절을 보면 각 족속과 방언과 백성과 나라 가운데서 나온 사람들이다. 그들은 그리스도께서 피로 사서 하나님께 드려진 사람들이다.

이 땅에 살고 있는 우리 그리스도인들도 예수님과 복음 전도자들의 복음 전파를 통해 하나님께 드려졌는데, 그 때 무슨 일이 벌어진 것인가? 10절을 보면 하나님의 나라와 왕같은 제사장이 된다. 그렇게 하여 출19:5-6에서 약속했던 제사장 나라의 예언이 성취되는 것이다. 그리고 우리는 마

우리말로 번역된 그레고리 K. 빌, 데이비드 H. 캠벨 공저, 김귀탁 역 『그레고리 빌 요한계시록 주석』 (서울: 복있는 사람, 2015), 203을 참조하라.
10) 오즈번 『BECNT 요한계시록』, 341.
11) 오즈번 『BECNT 요한계시록』, 343.

지막 때에 새로워질 땅에서 왕노릇 즉 다스리는 권세를 갖게 된다.

12-13절은 어린 양 예수께서 왜 우리의 찬송을 받으시기에 합당하신가 하는 이유가 제시된다. 첫째는 그의 능력(dynamin) 때문이다(12절). 중요한 것은 12절에 나오는 능력과 부와 지혜와 힘과 존귀와 영광 등은 그가 하신 어떤 일 때문에 받을 어떤 은택이 아니라, 사실 그가 본래 가지고 있는 본질적 속성이기에 찬양받기에 합당하신 분[12]이란 점이다.

먼저 그 능력은 당연히 어린 양의 속죄의 죽음으로 악의 세력을 정복한 권능[13]을 의미한다. 계 12:10에서도 "우리 하나님의 구원과 능력과 나라와 또 그의 그리스도의 권세가 나타났다"고 한다. 그래서 우리 주님은 찬양과 경배 받으시기에 합당한 것이다. 본문 계 5:12절에서 그 능력과 함께 가는 것은 힘(iskyn)이다. 계 7:12에서도 "아멘 찬송과 영광과 지혜와 감사와 존귀와 권능과 힘이 우리 하나님께 세세에 있을지어다"라는 천사의 찬양에서도 권능(5:12의 능력)과 힘이 함께 등장하는데 그 권능과 힘은 악의 세력을 패배시킬 전능하신 하나님의 주권적 능력[14]을 표현한다.

그런데 예수님의 왕되심은 자신의 능력으로가 아니라 십자가의 대속제물로 죽음으로 얻으신 것임을 앞에서 강조한 바 있다. 그리스도의 왕되심(kingship)도 유다의 힘센 사자의 강력함(5:5)만으로가 아니라 하나님의 절대적 능력(사자)이 십자가(어린 양) 통해 나타났다는 것이 5:6의 가르침이었다. 그것이 바로 12절이 말하는 예수님의 지혜(sofia)고 우리의 존귀와 영광과 찬송을 받으시기 합당하신 본질적 이유이다.

지혜는 고전 1:24, 30에서는 하나님의 것으로 불린다. 그러나 골 2:3에서 지혜와 지식의 모든 보화는 그리스도 안에 감추어진 것이라고 말한다. 계시록에서 지혜는 하나님의 속성인데(계 7:12), 상징들을 해석하도록 하나

---

12) Robert H. Mounce, *The Book of Revelation*, NICNT, (Grand Rapids, MI: Eerdmans, 1977), 149-150.
13) 오즈번 『BECNT 요한계시록』, 345.
14) Ibid., 346.

님이 주신 능력을 가리킨다(계 13:18; 17:9).

그런데 고전 1:24을 보면 부르심을 받은 그리스도인들에게 그리스도 그 분 자신이 바로 하나님의 '능력'이요 동시에 하나님의 '지혜'라고 한다.

예배와 찬양에서 '능력'과 '지혜'가 이렇게 함께 다뤄지는 것은 구약 단 2:20[15]에서 출발한다. 구약 다니엘서 2장과 신약 요한계시록의 해당 부분의 공통점은 모두 신적 왕국과 관련된 종말론적인 관점에서 말하고 있다는 점이다[16]. 그리고 본문에서 지혜는 인류의 죄를 위해 예수님께서 하나님이 정하신 속죄 제물이 되는 선택[17]이다. 세상의 힘과 지혜는 남을 짓밟고 올라서서 쟁취하는 승리지만, 어린 양의 지혜와 능력은 사랑하는 자를 위해 기꺼이 자발적으로 죽음의 자리에 자신을 내놓는 것이란 점이 근본적으로 다른 점이다. 이런 죽음을 통한 역설적 승리의 성격을 강조하며 그것을 우리가 예배할 주님의 지혜와 능력이라고 하는 것은, 고난 가운데 있는 성도들을 이 관점으로 위로하기 위해서이다[18].

이처럼 신앙의 본질도, 명예와 높아짐도, 힘도 권력도 모두 십자가의 죽음에서 오는 것을 깨달으면, 그리고 하나님이면서도 어린 양이 돼서 자신을 십자가에 내 드리시며 우리의 모본이 되어주신 예수님을 만나게 되면, 우리는 주님만 경배하고 찬양하고 예배할 수밖에 없게 된다.

계 4장에서도 예배의 본질이 우리의 교만을 꺾고 엎드려짐과 우리의 관을 주의 보좌 앞에 드림(4:10)이라고 했다. 이처럼 24장로들이 자신들의 면류관을 보좌의 하나님께 드리는 것이 4장 예배의 절정이었다면, 오늘 5장 예배의 절정은 무엇인가?

성자 예수님이 피 값으로 우리를 사서 성부 하나님께 드리는 것(5:9)이다.

---

15) 다니엘이 말하여 이르되 영원부터 영원까지 하나님의 이름을 찬송할 것은 지혜와 능력이 그에게 있음이로다
16) G.K. Beale, *NIGTC, Revelation*. 364.
17) 오즈번 『BECNT 요한계시록』, 346.
18) 그레고리 K. 빌 『그레고리 빌 요한계시록 주석』, 205.

사도 바울이 엡 5:2에서 "그리스도께서 너희를 사랑하신 것 같이 너희도 사랑 가운데서 행하라 그는 우리를 위하여 자신을 버리사 향기로운 제물과 희생 제물로 하나님께 드리셨느니라"고 한 것이 바로 그것이다. 이것을 너무 잘 알았기에 사도 바울은 자신의 이방 선교를 그리스도께서 그랬듯이 자신을 제물로 드리는 예배 행위로 본다. "만일 너희 믿음의 제물과 섬김 위에 내가 나를 전제로 드릴지라도 나는 기뻐하고 너희 무리와 함께 기뻐하리니"(빌 2:17)

그래서 사도는 자신의 이방 선교 사역도 우리를 사서 제물로 드리는 제사장의 제사 혹은 예배로 묘사한 것이다. "이 은혜는 곧 나로 이방인을 위하여 그리스도 예수의 일꾼이 되어 하나님의 복음의 제사장 직분을 하게 하사 이방인을 제물로 드리는 것이 성령 안에서 거룩하게 되어 받으실 만하게 하려 하심이라(롬 15:16)"

이렇게 하여 신학과 선교와 우리의 삶이 하나로 연결되는 것이다. 성경 신학과 선교와 우리의 예배는 분리될 수 없으며, 우리 삶 자체가 예배가 되는 것이다.

10
지혜와 능력의 예수님을 찬송하라!
(요한계시록 5:8-14)

　예수님 믿고 슬픔과 눈물이 사라졌다고 하지만, 진정으로 울어야 할 때가 있다.

　본문 사건이 시작되는 5:1을 보면 하늘 보좌를 보니 보좌에 앉으신 이의 오른 손 위에 놓여 있는 세상의 운명이 기록된 책이 일곱인으로 봉해져있다. 그런데 그 인을 뗄 자가 없어 4절을 보면 노사도는 크게 울었다고 한다. 그런 울음을 울어본 적이 있는가? 하나님의 말씀이 밝히 증거되기를 원하는데 그게 안되어 안타까워 울어보았는가?

　그럼 하나님의 경륜의 비밀을 밝혀내고 읽어낼 자가 어디 있겠는가? 도대체 누가 하나님의 봉인된 책을 펼 수 있단 말인가? 누가 그 봉인을 뗄 수 있는가?

　2절을 보면 힘센 천사조차 누가 그 책의 인을 뗄 수 있겠냐고 외친다. 어떤 강한 천사라도 그 봉인을 떼어내고 그 비밀을 알 수가 없다. 아무리 학식이 높고 지혜롭고 힘 있는 목사도 그것은 불가능하다. 내가 하늘 비밀을 보여주겠다는 사람들의 말에 속지 말라. 하늘 위의 어떤 천사도, 땅 위의 어떤 인간의 지혜와 능력으로도 하나님께 속한 비밀한 것을 여는 것은 불가능하다. 그 인을 뗄 수 있는 존재는 단 한 분, 어린 양 예수 그리스도시다. 그리스도만이 인봉을 떼기에 합당하신 이유는 오늘 본문 9절이 말하는 것처럼 어린 양의 속죄의 죽음 때문이다. 성경은 예수님을 힘센 천사보다 더 강한 인을 뗄 힘과 능력이 있다라고 하지 않고, 봉인된 책을 펴기에 '합당한' 자라고 한다. 봉해진 책을 펴기에 합당한 어린 양이기에 예수님은 우리의 예배를 받으시기에 합당한 분이 되신다.

그런데 예배의 어원에 관해 얘기할 때마다 많은 사람들이 합당하다는 영어 worthy에서 worship 예배라는 단어가 나왔다는 이상한 주장을 하는 것을 많이 들었을 것이다. 하지만 이것은 근거 없는 주장이다. worthy에 해당하는 헬라어는 악시오스이고 예배라는 의미로 사용된 사례는 거의 없고 합당하다라는 의미가 주 용법이다. 오히려 예배에 해당하는 어원을 찾으려면 본문에서는 14절에 장로들이 엎드려 경배했다는 구절에서 대부분의 영어성경이 예배(worship)로 번역한 '경배하다(프로스퀴네오)'가 될 것이다.

본문이 가르치는 것은 예수님만이 우리의 예배 받기에 합당한 분이라는 것인데, 그렇다면 그 분을 찬양하는 우리도 그 찬양과 예배하기에 합당한 자가 되어야 하지 않을까?

여기에 오늘 본문이 말하는 중요한 것이 있다. 먼저 본문 6절을 보면 어린 양으로서 일찍이 죽임을 당하셨다는 점과, 9절 일찍이 죽임을 당하셨다는 반복적인 내용이다. 그렇다면 예수님의 승리는 십자가의 죽음의 삶으로 이룬 것이다. 그것은 우리가 예수님처럼 대속적 죽음의 일을 해서 주님께 합당해 져야 한다는 말이 아니다.

다만 여기서 강조하고자 하는 것은 강한 자가 사랑하는 자를 위해 자신의 능력과 본성을 보류하고 희생하고 죽는 복음의 정신이다. 예배나 기독교적 사역의 본질과 출발점은 이처럼 우리의 어떤 힘과 능력이나 어떤 대단한 일을 하는데에 있는 것이 아니라, 우리가 그 일에 먼저 합당한 존재가 되느냐 아니냐이다. 진정한 예배자가 되려면 우리는 금 대접에 기도로 드려지는 자여야 하고(5:8), 예수 그리스도에 의해 사신 바 되어서 하나님께 향기로운 제물로 드려지고 또한 하나님의 백성으로 드려져(5:9)야 한다. 그것은 네 생물과 이십사 장로들처럼 그 어린 양 앞에 무릎을 꺾고 엎드릴 때만(5:8, 14) 가능하다. 예배는 이렇게 주님 앞에 자신의 능력과 지혜를 꺾고 자신의 교만을 내려놓을 때 시작되는 것이다. 그러므로 본문의 첫 교훈은,
⬆ 참된 예배의 본질은 먼저 복음에 합당한 존재가 됨에 있다(9, 12).

본문에는 3개의 송영이 나오는데, 그 중 첫 노래 5:9-10를 성경은 '새 노래'라 칭한다.
여기서 새 노래의 '새(kainos)'는 질적으로 새로운 것을 말하는데. 계시록은 새 이름(2:17; 3:12), 새 예루살렘(3:12; 21:2), 그리고 새 하늘과 새 땅(21:1)을 그런 관점에서 계속 말할 것이다. 그것이 새 노래인 이유는 이전에 듣지 못했던 신곡이라서가 아니라, 그리스도의 구원이 요한계시록 마지막에 언급할 새 창조와 관련시킬 것이기 때문이다.
그런데 누가 이 새 노래를 부르나? 계 5:8-9을 보면 첫째 거문고와 성도의 기도가 가득한 금대접을 가진 네 생물과 이십사 장로들이다. 두 번째 그룹은 11절에 나오는 것처럼 보좌와 생물들과 장로들을 둘러 선 그 수가 만만이요 천천인 많은 천사들이다. 그들이 바로 하늘 찬양대의 한 부분이다. 그들이 부르는 찬양의 주제는 12절 어린 양의 능력과 부와 지혜와 힘과 존귀와 영광과, 찬송 받으시기에 합당하심이다. 사실 계 14:13에 가면 새 노래를 부를 또 다른 그룹이 하나 더 등장한다. 그것은 이 땅에서 속량함을 받은 144,000이다. 그들 밖에는 이 새 노래를 배워 노래할 자가 없다고 한다. 그들은 14:4에 의하면 세상 사람 가운데에서 속량함을 받아 처음 익은 열매로서 어린 양이 어디로 인도하든지 따라가고, 하나님과 어린 양에게 속한 자들이지, 신천지가 말하는 144,000이 아니다. 예수님께서 자기 몸으로 값을 치르고 사서 구원받은 모든 자들이 새로 갖게 된 '새 신분'에서 부르는 노래라서 새 노래라 하는 것이다.

⬆ 참된 예배는 이전과 다른 새사람 되어 부르는 새 노래에서 시작된다(9-11).

어린 양이신 예수님께서 우리의 찬송을 받으시기에 합당하신 이유는 12절을 보면 무엇보다 그 능력 때문이다. 그 능력은 어린 양께서 속죄의 죽음으로 악의 세력을 정복한 권능이다. 그런데 중요한 것은 그리스도의 왕되심(kingship)도 유다의 힘센 사자로서 강력해서가 아니라 십자가(어린 양)를 통해 나타났다는 점이다. 예수님의 왕되심은 자신의 강력한 힘으로가 아니라, 십자가의 대속 제물로 죽으심으로써 얻은 것이다. 그것이 바로 12절이 말하는 예수님의 지혜이고 우리의 존귀와 영광과 찬송을 받으시기 합당하신 이유다. 그래서 골 2:3에서 지혜와 지식의 모든 보화는 그리스도 안에 감추어져 있다고 한 것이다. 이처럼 예수님의 지혜는 인류의 죄를 위해 하나님이 정하신 속죄 제물이 되신 선택이다. 그것이 바로 어린 양의 승리한 능력이다. 세상의 지혜는 짓밟고 올라서는 것이지만, 어린 양의 지혜와 능력은 사랑하는 자를 위해 기꺼이 자발적으로 죽음의 자리에 자신을 내놓는 것이다. 이런 죽음을 통한 역설적 승리가 성경이 말하는 지혜와 능력이다. 그렇다면 우리는 어떤 사람이 되어야 진정한 예배자라 할 수 있을까?

⬆ 참된 예배자는 내 권력과 힘을 보류하고 섬기는 삶을 선택하는 지혜로운 사람이다(12-14).

오늘 본문이 요한계시록 당시 고난 가운데 있던 성도들에게 위로가 되었듯, 오늘날도 여전히 고통 가운데 있는 우리 성도들에게 이 사실이 우리의 힘이 되고 위로가 되기를 간절히 기도한다.

11
심판 가운데의 안식
(요한계시록 6장)

 연말이나, 사업이 잘 안 풀리면 운세를 보기 위해 용하다는 점집을 찾는 사람들이 있다. 동네 사거리 현수막에 점집광고 가끔 붙는데 장군신, 무슨 선녀, 무슨 신… 그 중 제 눈을 사로잡은 것은 '새로 내린 동자신', 그 무슨 신이 오래되면 약발이 떨어지는 건지, 그것도 새로 내린 신, 그것도 싱싱한 신상이 좋은가 보다. 그러나 점집은 나이든 사람만 가는게 아니다.
 옛날에 신문의 오늘의 운세 보듯, 요즘 젊은이들은 편리하게 도심 카페에서 타로 섬이니 카드 점을 보는 모양이다. 뭐하러 그런거 하냐고 하면 다 대답은 재미로 하는 거라 한다. 말이 그렇지 좋은 얘기해주면 그렇게 좋아라 하며 희희락락하다가, 액이 꼈다든지 뭐라하면 또 그렇게 걱정하고 복채를 두둑히 낼테니까 액땜을 할 수 있는 길을 알려달라고도 한다. 인간들은 스모그 낀 뿌연 거리같은 자신의 앞날 운세를 알고 싶어하는 불안이 항상 존재한다.

 그래서 저도 오늘 여러분들에게 앞날의 운세를 알려드리고자 한다. 이건 34년간의 수행 중 이번에 새로 받은 말씀이고, 원체 비밀스러운 거라서 복채를 좀 두둑히 받고 싶은 데 그저 드리고자 한다. 제 주인되신 큰 신께서 그냥 가르쳐주셨기 때문에 주인이 알려준 거 가지고 종이 받아먹으면 안된다. 대신 액운을 피할 수 있는 길 알려드리면 꼭 시키는대로 해야 한다.

장래 운세 알려드리기 전에, 먼저 5장에서 우리는 '**인을 떼기에 합당하신 분**'이 누구인지 확인했고, 인을 하나씩 떼 가며 (화투 떼기 아님) 세상 역사를 종결시키며 종말로 이끌 사건들이 시작되는데 그게 계 6장이다.

예수님은 일곱 인을 떼어 앞으로 세상에서 벌어질 일을 기록한 두루마리는 펼쳐서 요한계시록이란 책을 통해 드러냈지만, 각 인을 뗄 때 무슨 일이 생길까? 그때에는 하나님이 행하실 심판이 진행되며 그것은 여러 재앙들로 나타나는데 이 장래의 운세를 잘 알아두시고 대비해야 한다.

일곱 인의 심판 중 앞 부분을 구성하는 네 인의 심판은 흰말, 붉은 말, 검은 말, 청황색 말의 네 말과 각 말 탄자 기수가 등장한다. 이 네 말은 구약을 좀 아는 사람이라면 스가랴서의 이미지가 떠오르게 된다. 슥 1:8은 붉은 말, 붉은 말, 자줏빛 말, 흰말이 슥 6:1-8에서는 붉은 말, 검은 말, 흰말, 어룽지고 건장한 말이 수레를 끌게 된다.

이 때 "어, 계시록의 말 색깔과 조금 다르네?"하면 성경을 주의 깊게 본 사람인데, 그래도 말 색깔이 도대체 무엇을 뜻하는가에 빠지면 안된다. 여기서 말 색깔보다 더 중요한 것은, 스가랴서에서 네 종류의 말 탄 자들은 이 땅에 평화와 안식이 있나 보려고 보내신 천사고, 계시록 6장에서는 사방으로 나가 하나님의 통치가 임하게 두루다니는 하나님의 바람 곧 영이었지만, 계시록 6장의 네 말과 네 기수는 하나님의 심판 즉 전쟁과 재앙과 사망과 파멸을 가져온다는 점에서 다르다는 사실이다.

그 중 먼저 3절, 둘째 인 떼기를 보자. 처음 네 인 심판이 꼭 그 순서대로 일어나는 것은 아니니까 그냥 대표적인 것부터 봐도 된다.

그리스도께서 둘째 인을 떼자, 네 생물 중 하나가 **오라**(가라!)고 명령한다. 그러자 붉은 말 탄 자가 땅으로 내려간다. 무슨 일을 하려는 것인가?

1. 땅에서 화평을 제거하고 2. 서로 죽이게 하고 3. 로마의 군사력, 처형 권한을 상징하는 큰 칼을 사용한다. 그 결과 칼로 끔찍한 유혈사태가 발생한다. 부시의 이라크 침공도 그런 것이었다.

두 번의 세계 대전과 일본의 침략은 물론 1975년 4월 폴포트의 크메르 루즈 정권은 캄보디아를 지배한 3년 8개월간 1백만명 이상을 대학살 했다. 동유럽 발칸 반도 코소보 사태의 세르비아계의 죽음, 아프리카 내전, 시리아 내전으로 수많은 부족들이 서로 학살을 이어갔다.

시아파의 수니파 학살, 과격 이슬람 테러조직 IS는 지금도 계속 테러를 자행한다. 이것은 막 13:7-8에서 마지막 때에 난리와 난리 소문을 말하는데 민족이 민족을, 나라가 나라를 대적할 거라는 예언이 이미 시작되었음을 보여준다.

모든 정치인은 평화를 주장한다. 2천 년 전 로마도 팍스 로마나를 외쳤지만 평화를 찾을 수 없었고, 식민지를 군사적으로 통제하고 로마 황제는 스스로 하나님 자리에 앉았다.

가치관이 변하지 않으면 예수 믿어도 똑같은 문제에 빠진다. 지위, 승진에 대한 욕심으로 동료를 쳐내고 모여서 승리를 자축하는 기독교인들, 목사들, 신학 교수들도 있다고 들었다. 그런데 평화를 위한다며 전쟁하는 자에게 심판이 예비되어 있다는 것을 기억해야 할 것이다.

셋째 인의 심판은 앞의 둘째 인 심판에 따른 전쟁과 내전의 결과에 대한 것이다.

5절의 **검은 말 탄 자**는 흉년과 고통으로 일어난 슬픔(6:12)과 근심을 상징한다. 그런데 검은 말을 탄 자는 무엇을 가지고 왔나? **손에 저울**을 가졌다.

6절 보면 이런 말이 나온다. "**한 데나리온에 밀 한되요, 한 데나리온이면 보리는 석 되로다**" 한 데나리온은 노동자 하루 품삯이었다. 밀은 부유한 자의 주식이지만 보리는 값싸고 영양가 적어 가난한 자의 양식이었다.

왜 그런 소리를 하나? 흉년과 식량부족으로 인해 야기되는 부당한 판매 경고다. 그런데 이 음성은 누구의 소리인가? 재앙의 천사 말탄 자의 음성이 아닌 보좌에서 나온 음성이다.

보통 양곡은 6절처럼 무게를 재는게 아니라 양으로 재는 법이다. 한 가마 두 가마, 한 되 두 되처럼 말이다. 그런데 셋째 흑마 기수는 저울을 가지고 나왔다. 무엇을 암시하는가? 전쟁이 야기한 심한 기근을 상징한다. 흉년에는 음식의 무게를 달아서 주는 법이다.

레 26:26 내가 너희 의뢰하는 양식을 끊을 때 … 너희 떡(빵)을 구워 저울에 달아주리니; 겔 4:16도 먹을 음식을 저울에 달아주는 것을 끔찍한 흉년 상황으로 묘사한다. 즉 이 부분은 전쟁 후 기근과 양식 부족으로 인한 소요를 예언한 것이다.

보좌에서 나오는 또 다른 소리가 있다.

6c 감람유와 포도주는 해치지(손상시키지) 말라.

이것은 주후 92년에 소아시아 지역의 식량난에 따라 도미티아누스 황제가 곡물 생산을 증가시키기 위해 지역의 포도나무 절반을 베어버리라고 명령한 상황에서 나온 것이다. 그로 인해 여유롭게 사는 부자들의 대소동이 일어나 황제는 그 명령을 취소하지 않을 수가 없었다는 기록이 있다. 보좌에서 나온 이 음성은 죄인들에게 흉년의 재앙은 내리되, 이런 일이 벌어질 정도로 흉년이 너무 심해서 서민들이 너무 심한 어려움 겪지 않도록 어느 선에서 막아주시는, 환난 속에서도 임하는 하나님 은혜의 처분으로 보인다. 사실 이런 전쟁과 기근은 먼나라 이스라엘과 소아시아 터키 만의 문제가 아니었다.

이 땅에서도 그런 일이 있었다. 조선시대 후기의 삼정(전정, 군정, 환곡) 문란 사건 기억나는가? 특히 재난 당한 이를 위한 관아의 곡식 대출 후 추수 때 거둬들이는 환정 제도가 있었지만 분석/돌반지기(환곡에 돌이나 쭉정이를 섞어서 횡령한 것이다)가 혼한 일이었다. 그 결과, 홍경래의 난이 일어나고 동학민란이 터진 것이다. 지금도 유사한 일이 많다.

이 모든 것들이 다 인간의 탐욕으로 인해 야기된 이 땅의 재앙, 종말의 시작들이었다. 흉년과 가난은 또 다른 크고 작은 전쟁을 야기하는 것이다. 지금도 알바생들을 저임금을 주고 부려먹다가 마음에 안들면 잘라버리고, 비정규직으로 뽑아서 2년 써먹고 잘라버리는 일이 계속되고 있다. 귀족노조도 문제지만, 부자들이 자신의 부를 위해 약자들을 착취하니 서민들의 투쟁이 그치지 않는 것이다. 자기 힘을 의지해 약자들을 착취해 자신의 이득을 취하고 그들을 궁핍하게 하는 사람들에게 요한계시록은 말한다.

자신의 부를 위해 남을 궁핍하게 하는 자에겐 심판이 예비되어 있다고!

지금 우리가 보고 있는 네 심판은 모두 인간의 탐욕으로 인해 발생한 것들이다.

아까 선너 번 첫째 인 떼기에 따른 심판도 보라. 주께서 첫째 인을 떼자

2절 "내가 보니 흰말이 있는데" - 내 눈 앞에 흰말이 나타났는데(NEB)로 번역될 수 있다.

이 때 네 생물 중 하나가 **우렛소리**(하나님의 폭풍 신현, 심판 상징)**같이** 말한다.

오라(가라!)

여기서 백마가 참 멋있다 하면 안된다. 흰 말은 정복의 승리 상징이다. 정복자의 원정이 시작된 것이다.

중요한 것은 흰 말이 아니라 흰 말 탄 기수이다! 그런데 그 백마 탄 자가 가진 것은 무엇인가?

2절 그 탄 자가 활을 가졌다.

이는 당시 로마제국의 동쪽, 유프라테스 동쪽에 있던 파르티아인으로

추정하는 사람도 있다. 그들은 주전 62년과 55년에 로마를 패배시킨 적이 있는 지파 연합국이다. 특히 말 타고 활을 잘 쏘는 기병대가 유명했다. 요한 당시 사람들은 30여 년 전의 그 사건을 떠올리며 공포와 두려움 게이지가 치솟았을 것이다. 이 환상은 제국을 건설하려는 정복욕을 가진 사람들의 야욕을 지적한다. 지금도 독도는 물론, 다오위다오를 둘러싼 일본과 중국, 중국과 필리핀 베트남의 영토 분쟁 등이 있다. 그래서 활과 말로 상징하는데 현대에서는 총과 탱크와 전투기와 항공모함일 수도 있다.

흰 말 탄자는 활과 함께 가진 것 하나 더 있다. **면류관**이다. 이 면류관은 stephanos 19:12의 diadema 와 다른, 개선 용사의 면류관이다. 그들은 가는 곳마다 이기고 승리의 면류관을 쓰는 자들이다. 그런데 어떻게 무엇으로 이기나? 말 타고 활을 쏘며 정복해서 이긴다. 그들은 "면류관을 받고 나아가서 이기고 또 이기려고 하더라 ⑵" 그 정복자들은 멈추질 않는다. 이겨도 또 나가서 더 정복하고 더 이기려고 한다. 가진게 많은데도 계속 싸워 이겨 더 가지려 하는 인간의 속성이다.

앞에서 언급한 것처럼 이들의 세상 삶의 방식은 The winner takes it all. 승자독식이다.

오래 전 목회자들 모임에서 볼링을 했다. 뭐든 서로 다 이기려한다. 져줘야 끝난다. 그러면 평화가 온다. 다른거야 다 져줘도 상관없다. 그러나 그러지 못하는 것들이 있다. 사역, 복음, 교회에 관한 것들이다. 그러면 항상 갈등이 생긴다. 긴장이 온다.

예수 믿어도 목사라도 그렇게 다 이기려 드는게 있는 법이다. 그러나 오늘 계시록의 메시지를 기억하라. 남들의 아픔에 무감각했고, 다른 이들을 힘들게 하며, 공동체의 평화를 깨며, 남들을 짓밟고 이겨왔던, 다 이기려 했던 자들에게는 패배가 올 것이다.

▙ 항상 이기려 했던 자들은 패배를 대비하라.

계시록은 우리에게 세상에서 승리하기를 요구한다. 이기는 자에게 축복을 약속한다. 알아야 할 것은, 세상도 이기고 또 이기려한다 그런데 승리의 방법이 다르다. 주님은 십자가의 죽음으로 승리하셨지만, 세상은 싸워 이기려고 한다. 빼앗아 지배하려한다.

그러나 언젠가 그들이 크게 지는 날이 올 것이다. 그리고 깨닫게 될 것이다. "살고자 하는 자는 죽을 것이요, 죽고자 하는 자는 살 것"이란 하나님의 말씀을! 지는 자가 이길 것이고, 패자가 승자되고, 힘과 크기로 승리만 추구하던 사람들이 심판받고 진정한 패자가 되는 날이 올 것이다!

세상의 마지막에 벌어질 하나님의 심판을 가르치는 일곱 인 재앙의 첫 세트 4재앙의 마지막인 넷째 인 떼기가 7절 이하 내용이다. 넷째 재앙은 청황색 말 탄자에 의해 수행된다.

청황색 말 혹은 창백한 말 탄 자의 이름이 특이하게 공개된다. **그의 이름**은 thanatos **사망**인데, 이것은 히브리어로 역병인데 흑사병의 헬라어 버전이다. 그리고 그를 따르는 것이 있는데 하데스/**음부**였다. 한마디로 밀해서 저승사자가 뜬 것이다.

놀라운 것은 그에게는 **땅 1/4**을 검과 흉년과 역병과 짐승들로 죽일 권세가 주어졌다는 사실이다. 인류의 1/4이라면 15억 이상이 죽어나간다는 것이다! 지난 2백 년간 전쟁도 이렇게 많이 죽지 않았다. 어떤 가뭄도 에이즈나 메르스로도 한 번에 그렇게 죽은 적은 없다.

그렇다면 넷째 인 심판으로 인해 이전에 들도 보도 못한 앞으로 엄청난 사람들이 죽는 상황이 닥칠 것이란 말이다. 엄청난 재앙이요 심판이란 것이다.

지금까지 본 네 인을 뗄 때 벌어지는 심판에서, 우리는 네 말이 무엇을 상징하느냐 하는 것을 푸는 데에 빠지지 말고, 무모하게 날뛰는 살육과 유혈사태, 전쟁, 죽음과 같은 공포스러운 일에 대한 하나님 심판의 두려움을 가지는게 중요하다.

나머지 세 심판 즉 다섯 번째, 여섯 번째 그리고 일곱 번째 인을 떼는 것은 하늘과 우주적 재앙에 관한 것이다.

우선 6번째인 해제에 관련된 6:12부터 보자. 그렇게 하는 이유는 마지막 일곱 번째 인은 일곱 나팔 심판의 시작을 통해 심판을 더 강화해 설명할 거니까 빼고 생각하면 되고, 최종 심판 즉 종말의 바로 직전의 모습을 처음으로 우리에게 보여준 것이 이 여섯 번째 인을 뗄 때 벌어지는 재앙 환상이기 때문이다.

먼저 12절을 보면 **큰 지진이** 일어나고, **해는 검어**지고 **달은 핏빛**으로 물들어간다. 별들이 떨어짐 유성의 소낙비가 내린다. 이것 한 여름 밤 대청마루에 누워서 보는 하늘의 장관, 별들의 쇼가 아니다. 14절 하늘이 말려 올라가고 산과 섬의 위치 변동-이것은 죄인들에 대한 어떤 심판이 아니라, 이 세상 마지막 날의 전조로서 인간의 죄로 말미암아 부패한 전 우주 즉 온누리에 대한 심판을 지금 말하고 있는 것이다.

일부 잘못된 종말론자들은 몇년 몇월 몇일에 종말이 온다고 모이라고 하는데, 그런 것에 속지 말아야 한다. 그날은 도둑같이 오지만, 일단 시작되면 모두가 알게 된다. 어떻게 이런 우주적 대격변을 모를 수가 있나? 특별 계시 받은 몇 명만 안다는 것은 잘못된 주장이다. 그 날이 언젠가 올 것임을 알았으니, 평상시에 대비하는 삶을 사는게 낫다는게 성경의 가르침이다.

이 때 중요한 것은 15절이다. 세상 권세자들의 두려움이다. **보좌에 앉으신 이**와 **어린 양의 진노**에서 피하기를 소원하는 날이 올 것이다.

하나님의 진노는 알겠지만, 어린 양마저 진노하는 날이 온다. 하나님이 진노하시면 우리는 어린 양되신 예수님께 나아가면 된다. 어린 양은 우리 위해 자기 몸을 버리신 사랑의 하나님의 모습으로 우리가 알지 않나? 그런데 그 어린 양마저 진노한다면, 더 이상 피할 데가 없다는 것이다.

그 진노가 얼마나 크고 두려우면, 15절처럼 굴속으로 산의 바위틈에 숨다 못해, 16절처럼 차라리 **산들과 바위**가 우리 위에 쏟아져 산들과 바위에 깔릴지라도 하나님의 진노하신 **얼굴과 어린 양의 진노**를 피하고 싶다고 하겠는가?

엉터리 신앙, 사이비 구원이 어디서 오는가? 기독교를 사랑만 있는 영성한 위로의 종교로 전락시켜서 그렇다. 참된 구원은 참된 회개에서 온다.

참된 회개는 어디서 오는가? 우리 죄에 대한 하나님의 진노를 깊이 깨달을 때 온다. 감당할 수 없고 피할 수 없는 진노를 깨달아야 회개한다. 17절 **진노의 큰 날**. 모든 행악자들이 징벌 받을 그날은 우주적이다. 우주적 심판이다. "**누가 능히 서리요?**" 전우주적 파멸의 심판은 그 누구도 피할 수 없다. 하나님의 그 진노가 얼마나 두려운지 깨닫기 바란다. 그리고 ⬆ 항상 다 가시려 했던 사람들은 하나님의 진노를 대비하라.

6번째 인을 떼는 12절에도 그랬지만, 5번째 인 해제부터는 하늘에서 벌어진 일이라 세상으로 '오라/가라' 할 곳이 없다. 9절 보면 동시에 심판을 가지고 땅으로 보내지는 말과 기수도 있을 수 없다.

그런데 지난 5장에서 우리는 죽임 당한 하나님의 백성은 나라와 제사장이 되고, 왕 노릇할 권세를 받는다는 것을 보았다. 그럼에도 불구하고 죽임 당한 영혼들은 10절 그 원통함을 풀어달라고 큰 소리로 부르짖고 탄원한다. 그들 죽은 이유는 무엇인가?

9절 "**말씀과 그들이 가진 증거**" 때문이다. 말씀에 대한 간증의 삶 때문에 순교한 사람들이 있다. 온 인류의 대속 제물로 드려진 피흘린 어린 양처럼, 번제물의 피를 제단 아래 쏟아 붓듯이 그 생명이 부어진 순교자들은 제단 아래서 큰 소리로 탄원의 기도를 한다. **"땅에 거하는 자들을 심판하여 우리 피를 갚아 주지 아니하시기를 어느 때까지 하시려 하나이까?"** 하나님의 공의로운 심판의 촉구를 부르짖는다. "어느 때 까지니이까?" 이것은 우리만의 질문이 아니었다.

시편 기자도 시 35:17 "주여 어느 때까지 관망하시려 하나이까 내 영혼을 저 멸망자에게서 구원하시며 내 유일한 것을 사자들에게서 건지소서" 한다.

하박국 선지자도 합 1:2에서 "여호와여 내가 부르짖어도 주께서 듣지 아니하시니 어느 때까지리이까 내가 강포로 말미암아 외쳐도 주께서 구원하지 아니하시나이다"고 부르짖었었다.

믿음으로 순교했다지만 원통한 것은 사실이다. 그 때 이런 탄원의 기도는 잘못된 것이 아니며 신앙 없는 기도가 아니다. 본문의 순교자들의 탄원 기도는 죄인들에 대한 하나님의 심판이 정당하고 공의임을 보여주는 근거이다.

롬 12:19는 '하나님의 진노하심에 맡기라'며 신 32:35을 인용해 '원수 갚는 것이 내게 있으니 내가 갚으리라고 주께서 말씀하시니라' 한다. 하나님은 성도의 탄원 기도에 응답 하신다고 약속하셨다. 그런데 순교자를 향한 본문의 응답은 무엇인가?

1. 11절 **흰 두루마기를 주심**이다. 이 긴 흰 옷은 보혈로 죄 사함 받은 성결이나 칭의로 볼 수도 있지만, 그보다는 2절의 흰말처럼 승리의 영광을 상징한다. 당시 로마제국이 전쟁에서 승리하면 개선 장군이 이런 긴 흰옷을 입은 문화에서 나온 비유이다.

그럼 순교자에게 주신 흰 옷은 무슨 뜻인가? 5장에서 확인해보았듯이 죽임 당한 어린 양 예수의 십자가가 승리인 것처럼, 너희가 죽임 당한 것 즉 순교도 패배가 아니라 승리라는 하나님의 신원해 주심이다.

2. 탄원에 즉시 응답해주지 않으시지만 그렇다고 마냥 기다려라도 아니라 "**잠시 쉬라**" anapaumai -축복 가운데 편히 쉬라는 뜻이다. 언제까지인가? 11c 하나님이 정하신 **그 수가 차기까지**이다.

우리 억울한 자들은 죄인들의 성공과 득세와 강포를 참기 어렵지만, 주님도 자기 자녀가 핍박받고 죽임당하는 것 참기 어려운 데 참고 계신 것이다. 주님이 참고 계시는 이유는 단 하나 성도들의 충성된 증거와 죽음이 세상 만국을 회심시키는 수단이 될 것이기 때문이다.

사실 지금까지 우리가 본 일곱 인 심판들이 다 공의와 복수를 간청하는 성도들의 기도에 대한 하나님의 응답이었다. 우리는 그 심판자를 믿어야 한다. 그 분은 10절 **거룩하고 참되신 대주재** despotes 즉 절대주권을 가지신 분이기 때문이나.

거룩과 공의와 진리이신 그 분을 믿어야 한다. 그리고 기다려야 한다. 주께서 정하신 그 심판 날을, 그리고 우리는 주님을 믿는 믿음 안에서 쉬어야 한다. 그러므로

📖 항상 원통했어도 하나님의 심판을 기다리며 쉬는 믿음을 가져라.

우리 한민족은 한이 많아 한민족으로 불리지 않기를 바란다. 예수 안에서 한 민족이 되면 좋겠다.

우리 한국인들은 너무도 한도 많고 억울한게 많은 사람들이다. 그러다 보니 분노가 많다. 그렇다고 이것이 살풀이 한다고 될 일 아니다. 망년회

로 술 퍼마신다고 잊을 수도 없다. 그 한과 원통함을 주님 안에서 풀기 바란다. 믿음으로 이기고, 다가 올 하나님의 공의와 심판을 믿고, 기다리며 안식할 수 있기를 축복한다.

죄인에게는 공의의 심판이 회개한 자에게는 은혜와 참된 평강과 쉼이 있는 삶이 되기를 기원한다.

12
심판 가운데 베푸시는 은혜
(요한계시록 7장)

　매년 새해 첫 주일이면 많은 교회들이 신년축복성회를 개최한다. 축복은 누구나 좋아하는 것이다. 그래서 많은 교인들이 전도할 때 예수 믿으면 만사형통이라 부추긴다. 그런데 신자는 과연 고난에서 면제받는가? 그렇게 배운 사람들은 신앙생활하면서 때로 혼란을 겪고 회의를 경험하게 될 것이다.
　저는 아침 예배가 시작하기도 전에, 첫 찬양이 시작되기도 전에 흐느끼며 울며 기도하는 성도들을 종종 본다. 예수 믿는데도 왜 어떤 사람들은 하루하루의 삶이 더 이상 버텨내기에 너무 힘든 고통의 현실에서 벗어나지 못하는가? 신자에게도 고난이 있다는 현실을 부정하지 말자.
　엄밀히 말해 계 6장의 일곱 인과 8장 이후에 볼 일곱 나팔과 일곱 대접 심판의 주 대상은 구원받지 못한 자들이지만, 성도들도 인간의 죄로 인해 벌어지는 이 땅 위의 재앙과 우주적 재앙이란 태풍의 영향권 안에 있다. 그래서 적지않은 고난과 환난을 겪게 될 것을 부인하면 안된다. 그럼 이런 환난을 우리는 어떻게 이겨낼 수 있겠는가?
　앞 장은 6:17 **누가 능히 서리요?** 로 마쳤다. 정말 이겨낼 가능성은 없을까? 1절을 보자.

1 네 천사는- 땅 네 모퉁이(온 세상)에 서서
　　　땅의 사방(온 세상)의 바람을 붙잡고 있다.
　　　　　(계시록의 땅의 4방 바람은 슥 6:5의 네 하늘 바람/ruach spirits의 대응이다)

네 천사는 2b 땅과 바다를 해롭게 하는것이 본분이지만 하나님은 그 분이 정하신 때가 이를 때까지 완전한 파괴를 막으신다. 이것은 다음 구절에 분명해진다.
바람이 **땅과 바다**(해상교역 주요 장소)와 **각종 나무에 불지 못하게 하더라.**
지금 이 시대는 극심한 이기심과 욕망이 춤추는 시대이다. 경제 위기, 사회 분열, 정치적 혼돈이란 풍파가 사방에서 몰아치는 시기이다. 이 때 우리는 누군가 이 풍파를 막아주기를 원한다. 이제 2절 이하의 구문을 분석해보자.

2 또 다른 천사(등장)　- 큰 소리로 외쳐 (뭐라 외치나? 3절 해하지 말라!)
　　(큰 권세가진)　　 \\ 땅과 바다를 해롭게 할 권세를 받은 네 천사를 향하여
　　　　　　　　6:2, 4, 8 네 기수가 땅에서 화평을 제할 권세도 '받은 것'
　　/해 돋는 데로부터 올라와서 (동쪽. 하나님과 빛이 나오는 곳, 에덴이 있던 곳)
　　　　　　/ 하나님의 인을 가지고
　　　　3 해하지 말라 (v.1 '붙잡아, 못하게' 를 분명하게 표현한 것)
　　　　　　　\\ 땅이나 바다나 나무들을
　　　　　　/우리가 하나님의 종들의 이마에 인치기까지

인침을 받는 것은 신천지가 주장하듯이, 추수 때에 신천지만이 갖고 있는 증거의 말씀을 믿는 것이라는 근거구절 요 3:33얘기 아니다. 요 3:33은 예수님이 증언해도 아무도 안믿을 때 믿는 자는 하나님이 참되시다는 것을 확증한다는 의미이다. 이 구절처럼 성도가 하나님을 인치는 것이 아니

고(인침의 능동형), 본문 계 7:3은 하나님에 의해 종들이 인침을 받는 것이다. 이 인침은 약속의 성령 주심으로 확인된 하나님의 소유권과 보호를 상징한다. 엡 1:13; 4:30 하나님의 성령을 근심하게 하지 말라 그 안에서 너희가 구원의 날까지 인치심을 받았느니라. 그리고 계 14:1에서 보듯 그 인은 어린 양의 이름과 그 아버지의 이름이다.

주의 할 점은 계 7:2절의 포인트는 인침이 아니라 환난 가운데도 파멸을 막아주시는 하나님의 은혜의 섭리다! 그럼 6장 마지막 구절 6:17 "누가 능히 서리요?"에 대한 답이 나온 것이다.

죄인들은 결코 하나님의 심판을 이겨낼 수 없고 감당할 수 없다. 그러나 하나님의 백성은 심판과 환란 가운데에도 임하시는 하나님 은혜 때문에 능히 이겨낼 수 있다.

사실 이것은 이미 계 3:10 필라델비아 교회에 주신 약속에 기초한 것이다! - "네가 나의 인내의 말씀을 지켰은즉 내가 또한 너를 지켜 시험의 때를 면하게 하리니" …(오역임 시험 면제 아님!) - 인내하라는 내 말을 지켰으니, 온 세상에 닥쳐올 시험을 받을 때에, 나도 너를 *지켜주겠다*. (새번역 NIV NRSV): 보호! 사탄의 박해로부터의 면제가 아니라 보호다.

하나님은 두루마리의 인을 떼심으로 죄인들에게 심판을 내리지만, 성도에게는 인을 치심으로 짐승으로부터 보호하신다. 즉 하나님의 진노의 멸망의 심판에서는 면제를 받지만, 앞으로 볼 짐승의 진노에서는 면제받지 못한다.

심판은 아니지만 박해는 받는다. 게다가 6:9-11에서 보듯 그 수가 차기까지 어떤 사람은 순교마저 당하게 될 것이다. 그러나 우리를 보호해 주신다는 것이다. 그러니 이기고 나오라는 것이다. 따라서 수많은 대적들이 우리를 넘어뜨리려 할 때 우리는 시 37:24 말씀처럼, "넘어지나 아주 엎드러지지 않는 것은 여호와의 손으로 붙드심" 때문에 살 수 있다. 그것이 주의 은혜다!

고난 속의 은혜, 얼마나 감사한가? 기억하라. 지금까지 살아왔던 것보다 앞으로 더 큰 환란이 올 수도 있다. 그 때 주께서 강한 천사를 보내 이 환란 가운데서도 우리가 멸망치 않게 막아주실 것이다!

그러므로 아무리 박해가 심해도 하나님의 붙잡아 주시는 보호의 은혜가 있기에 우리는 이겨낼 수 있음에 감사해야한다.

🔼 심판 가운데 베푸시는 자비와 은혜를 찬양하자(1-3).

이런 귀한 교훈을 담고 있는 계 7장은 6장의 일곱인 심판 중 계속되는 6 재앙과 8장 초반에 나올 7째 인 재앙 사이에 위치해서 고난 받고 있는 그리스도인들을 위한 위로의 말씀이다.

그러면 인을 떼고 세상에 심판이 시작되고 환난이 와도 하나님의 자비와 은혜로, 믿음으로 그 환란을 이겨낸 사람들, 주께서 해하지 못하게 인 침을 받은 사람들에 대해 더 알아보자.

4절의 **인침을 받은 자의 수**는 **144,000명**(문자적 or 상징적? 순교자 or 모든 성도?)이다.

정통교회 안에도 간혹 있지만 십사만사천을 문자적인 제한된 숫자로 보는 대표적인 곳은 여호와의 증인이나 신천지이다. 그러나 이것은 앞의 24장로처럼 12x12x1,000로 완전수의 상징이다. 이 때 천은 민 31:4 "이스라엘 모든 지파에게 각 지파에서 천 명씩을 전쟁에 보낼지니라" 군대 이미지이다. 그럼 144,000의 본질은 무엇인가? 하나님이 세상으로부터 부르신 메시아의 군대이다! 그러므로 격랑과 바람 속에서 보호해 주심과 주를 위한 우리의 싸움은 병행돼야 한다.

이 숫자는 신천지가 가져다 붙이듯 계 22:2의 생명나무 12가지가 달마다 열매 맺어 생긴 수도 아니고, 신천지 교적부에 등재된 사람도 복음방 교사들도 아니다.

그들은	이스라엘(육적or영적?다 포함한 교회!) 자손의 각 지파 중에서
5~8	유다(의 사자 메시아 지파), 르우벤, 갓, 아셀, 납달리, 므낫세,
	시므온, 레위, 잇사갈, 스블론, 요셉, 베냐민 지파 출신

이 12지파 명단은 구약 대부분의 순서나 내용과 다른, 메시아 군대의 관점이라 했다.

당시 이미 10지파 가까이 파괴되었는데도 12지파 언급하는 이유는 무엇인가? 바로 새 이스라엘의 조성이다. 그러므로 육적 이스라엘의 남은 자들과, 비 유대 세상 모든 족속 가운데 박해 속에서도 그리스도에게 충성하고 이겨낸 사람들 모두가 이 144,000이란 하나님의 군대에 속한다!

특히 단 지파(삿 18 우상숭배)가 빠진 것은, 실수일수도 있지만 아니라면, 뺄 수도 있다는 것이다! 이 경고에 주목하라!

그러므로 믿음으로 이기고 나올 144,000, 즉 성도 여러분은, 흔들리거나 뒤로 물러나지 않는 메시아의 군대가 되어 우리에게 닥칠 싸움을 싸울 준비가 되었는가?

본문 1-8은 땅에서의 성도의 인침과 약속(1-8), 후에(9) 하늘의 구원(과 성취, 9-17)을 다룬다.

9 이 일 후에 내가 보니 (4절에서 듣고, 이제 9절에서 하늘의 환상을 본다)
아무도 능히 셀 수 없는 큰 무리가 나와

천국 갈 사람, 즉 하나님 백성은 앞의 144,000 만이 다가 아니다! 큰 무리는 육적+영적(교회) 12지파에서 나온 땅의 상징적 완전수 144,000의 하늘에 대응하는 상징적 완전수이다. 이 큰 무리는 창 15:5에서 하나님께서 아브라함에게 한 뭇별의 성취이고 이것은 셀 수 없는 큰 무리이다. 큰 무리는 순교자만이 아닌, 큰 환난에서 승리하고 나온 군사들, 하나님의 신실한 남은자임을 주목하라!

　　　　　/각 나라와 족속과 백성과 방언에서 (범세계성)
　　　　　/흰 옷(예복 stolas)을 입고 (애굽에서의 구원)

　다시 강조하지만 144,000은 여호와의 증인이나 신천지 같은 이단에 들어가야 낄 수 있는 제한된 숫자도 아니고, 일부 극단적 휴거론자들이 주장하는 것처럼 재림할 때 구원받고 휴거될 숫자도 아니다.
　여호와 증인이나 신천지 주장처럼 먼저 인침으로 확보되는 5:9의 나라와 제사장 숫자 + 큰 흰무리가 신천지의 예수교 증거장막성전(계 15:5)을 이루는 것도 아니다!
　분명한 것은 하나님은 온 세상의 모든 민족과 족속으로부터 구원받은 하늘의 별처럼 땅의 모래처럼 많은 사람들을 구원해 하나님의 백성 삼기를 원하신다는 것이다!
　사람들은 1등만 알아주는 더러운 세상, 등수 안에 못 들면 망해 죽도록 뛰어야 하는 세상이라고 불평한다.
　그럼 그렇게 제한되지 않은 수로, 넘치는 큰 은혜로 구원받은 하나님의 백성들은 어떻게 행동할까?

10 큰 무리의 찬양: 큰 소리로 외쳐 이르되
　　　　　9 /손에 종려가지를 들고 (추수와 초막절 축제)
　　　　　/보좌 앞과 어린 양 앞에 서서
　　　10 구원하심이 보좌에 앉으신 우리 하나님과 (시 3:8)
　　　　　어린 양(예수! 이만희 아닌)에게 있도다

지금까지 본 것처럼 환난을 극복하고 믿음으로 승리한 하나님의 자녀는 이처럼, 144,000이란 제한된 수가 아니다. 누구든 회개하고 흰옷을 받고 어린 양 예수를 믿으면 죄 사함 받고 구원을 받은, 큰 무리된다. 그 때 그들은 소리로 감사 찬양을 부르게 된다. 그러니
⬆ 제한 없이 넘치는 구원의 은혜를 찬양하자(4-10).

우리가 하나님을 찬양할 때, 거대한 하늘의 찬양대가 함께 찬양하기 시작한다!

> 11 모든 천사가(5:11의 많은 천사보다 더 많이!) 하나님께 경배하여
>   /보좌와 장로들과 네 생물의 주위에 서 있다가
>   /보좌 앞에 엎드려 얼굴을 대고
> 12 모든 천사의 찬양 내용:
>   아멘 (앞에 나옴: 아마도 10절 큰 무리 찬송에 아멘하며 잇는 윤창?)
>   찬송과 영광과 지혜와 감사와 존귀와 권능과 힘이
>   우리 하나님께 (찬송이) 세세토록 있기를!
>   → 세세토록 계시는 우리 하나님께 있기를!
>   아멘

144,000과 셀 수 없는 흰 옷 입은 무리와, 하늘의 모든 천사가 찬양할 때, 질문이 등장한다.

> 13 장로 중 하나의 질문(응답 아님): 이 흰 옷 입은 자들은 누구며? (14)
>   어디서 왔느냐? (몰라서 아닌 확인!)
>   14 (사도 요한의 대답) 내 주여 당신이 아시나이다. (아시잖아요?)

(장로의 대답) 이는 큰 환난에서 나오는(현재형!) 자들
(지금도 계속되는 엄청난 역경 이겨낸 남은 자들. 순교자와, 믿음으로
고난 이겨낸 하나님의 남은 자들)

그럼 믿음으로 이기고 나온 하나님의 백성 무리에 대한 하나님의 응답 혹은 축복 7가지는 무엇일까?

① 어린 양의 피에 그 옷을 씻어 희게 하였다.
(죄 사함, 구원. 6장 승리의 흰 긴 옷과 다름)

② 15에서 그들이 하나님의 보좌 앞에 있고 (10절 보좌 앞에)
하나님의 성전에서 밤낮 하나님을 섬긴다
(장막성전 아닌, 하나님 성전에서. 교회의 승리!)

③ 보좌에 앉으신 이가 - 그들 위에 장막을 치신다(미래)
(skenow cf 창 1:2; 요 1:14; 계 21:3의 성령 운행)- 보호!

장막 치기에 대한 구약적 배경은 창 1:2 하나님의 신이 수면 위를 운행 (라하프- 구약 2회) 하는 것이다.

신 32:10 "여호와께서 그를 황무지에서, 짐승이 부르짖는 광야(토후)에서 만나시고 호위하시며 보호하시며 자기의 눈동자 같이 지키셨도다 11 마치 독수리가 자기의 보금자리를 어지럽게 하며 자기의 새끼 위에 너풀거리며(라하프) 그의 날개를 펴서 새끼를 받으며"도 참조하라.

같은 이미지가 출 19:2 "시내 광야(토후)에 장막을 치되 4 내가 어떻게 독수리 날개로 너희를 업어 내게로 인도하였음을"(신약에서는 예수님 세례 때 수면 위에 성령이 임하심)이란 구절에서 볼 수 있다.

신약에서는 요 1:14a "말씀이 육신이 되어 우리 가운데 거하시매 우리

가 그의 영광을 보니" 그리고 계 21:3 "내가 들으니 보좌에서 큰 음성이 나서 이르되 보라 하나님의 장막이 사람들과 함께 있으매 하나님이 그들과 함께 계시리니 그들은 하나님의 백성이 되고 하나님은 친히 그들과 함께 계셔서"에서 동일한 개념을 볼 수 있다.

구약에서 장막의 보호 기능은 사 4:5-6에서 회중 위를 덮고 있는 구름과 불 덮개로 함께 하심으로 보호하는 것에서 알 수 있다.

④ 17a 어린 양이   그들의 목자가 되신다
(양이 사람의 목자가 된다! 역전)

/보좌 가운데 계신
⑤ 생명수 샘으로 인도하시고
16절 다시 주리지 않고 목마르지 않고
⑥ 해나 어떤 뜨거운 기운에 상하지도 아니하리니
(작열하는 태양, 뜨겁게 내리 쬐는 열기와 지옥불의 고통에서의 해방. 종말론적 상태)

⑦ 17b 하나님께서   모든 눈물을 씻어 주실 것이다
/그들의 눈에서 (사 25:8)
(계 21:4에서 완성될 위로의 예고편)

이처럼 광야같은 삶에서 우리 위에 장막 쳐 주심과 목자되어 인도하고 베풀어 주심이, 큰 환난을 이기고 나온 하나님의 백성, 메시아의 군대를 향한 하나님의 은혜와 상급이다!

⬆ 보호해 주시는 주님의 은혜를 찬양하자(11-17).

이제 신천지나 이단들처럼 144,000이란 커트라인 제한에 들기 위해 몸부림치게 하지 않고, 흰 옷 입은 큰 무리를 이루기까지 한량없이 베푸시

는 구원의 은혜에 감사 찬양하자!

  하나님의 나라, 메시아의 군대여, 뒤로 물러나지 말고 흔들리지 말고 나가 싸우자. 그리고 우리를 보호해주시고 이김을 주시는 하나님을 찬양하자!

13
아직 기회가 있을 때에
(요한계시록 8장)

직원들의 팀웍이 좋은지 아닌지 알 수 있는 법이 있는데, 점심 먹으러 나가서 메뉴를 정하는데 얼마나 걸리는지 보면 안다는 우스개 소리가 있다. 사실 그런 걸로 판단하면 안된다.

그러나 어떤 사람과 정말 가까워졌는지 아닌지 알 수 있는 방법은 있다. 무엇인가? 처다만 봐도 좋고 말없이 그저 한 자리에 같이 있는 것만으로도 좋으면 참 가까워진거다. 부부나, 오랜 친구가 그런 사이 아닌가? "무슨 말 좀 해봐, 좀 웃겨 봐…" 이건 아직 진정으로 편한 사이가 아니라는 뜻이다. 말이 많고 시끄러운 이 시대에는 적막과 고요를 가장 불편해 하고 견디지 못한다. 파티의 왁자지껄함과 금관 악기들의 팡파르를 더 좋아한다.

그런데 여러분은 계시록과 좀 가까워지고 좀 친해지셨는가?

우리는 계시록을 통해 두루마리에 붙었던 일곱 인 중 6개를 떼며 지상에 벌어질 무서운 심판의 징조들을 봤다. 흰말 타고 활을 가진 자는 이기려고 달려들고, 붉은 말 탄 자는 세상의 평화를 제하고 서로 죽이게 하고, 검은 말 탄자로 인한 기근과 청황색 말 탄 자가 와서 세상 1/4을 죽음에 몰아넣는다. 그리고 여섯째 인을 떼자 우주적 격변과 천재지변이 일어나는 소용돌이가 쳤다. 그 후 7장에서는 하나님께서 자기 백성을 보호하시며 144,000의 메시야의 군대를 소집 후 일곱 인 재앙의 클라이맥스로 치달아 가며, 마지막 7번째 인이 떼어질 차례가 왔음을 보여줬다. 일곱인 재앙의 마지막 인이 떼질 때 어떤 재앙? 두려운가? 그런데 1절을 보자.

 (1) 일곱째 인을 떼실 때에 하늘이 고요하더니
       ＼반 시간쯤

 하늘이 고요한 이유는 무엇일까? 아직은 잘 모른다.
 혹시 어렸을 때 분명히 잘못해서 부모에게 혼날것 예상했는데 부모님이 아무 말 안하고 조용할 때의 긴장과 두려움 기억나는가?
 우리는 대화 중 3-4초만 적막이 흘러도 어색해한다. 무언가 말을 해야 할 것 같은데 아무 말 없을 때 건디기 힘들어 한다. 그런데 하늘의 고요는 반시간 가량 이어진다. 계시록의 숫자와 심볼은 상징적 언어이므로 정확히는 알 수 없지만 반시간도 우리의 30분은 아니고 더 길 수 있다.
 분명한 것은 자연계의 폭풍 전에도 잠시 고요가 밀려온다는 사실이다. 그것은 잠시고 머지않아 엄청난 폭풍우가 몰아칠 수 있다는 의미이다. 그 폭풍전야의 적막이 올 때 조심해야 한다. 이 때

 (2) 내가 보매 - 일곱 천사가 서 있어 일곱 나팔을 받았더라
     ＼하나님 앞에

 일곱 천사는 (에녹1서 20:1이하) 우리엘, 라파엘, 라구엘, 미가엘, 사라구엘, 가브리엘, 레미엘이다.
 '서 있어'는 - 하나님을 섬기는 것이다.
 나팔은 두 가지가 있는데 축제에도 불지만, 전쟁 시작할 때 부는 뿔 나팔, 양각 소리가 있다.

그런데 앞의 7장에서 144,000명은 무엇을 상징한다고 했나? 마지막 때 사탄과의 전쟁을 앞둔 메시아의 군대 소집을 상징하는 것이라고 했다. 그렇다면 이런 전쟁 이미지에서 나팔 소리는 팡파르가 아니라, 죄로 물든 세상에 대한 하나님의 심판 시행을 의미하는 것으로 이해해야 한다. 즉 재림으로 인한 세상의 종말 때 벌어질 심판의 신호다. 수 6장에서 여리고 성을 함락시킬 때 제사장들이 양각 나팔을 불었다. 또한 출 19:16-19에는 시내산에 하나님이 나타나실 때 나팔소리가 나고 이스라엘 백성이 떠는 것으로 표현된다. 이처럼 성경에서 나팔소리는 여호와가 나타나시고 심판의 전쟁 시작을 알리는 것이다.

즉 지금까지 봤던 일곱 인 심판보다 더 무서운 일곱 나팔 심판이 이제 다가오고 있는 것이다. 그러므로 하늘이 조용하고 고요하다고 안심하지 말아야 한다. 세상이 잠잠해 보인다고, 안심하지 말고 이 재앙의 심판에 대비해야 한다. 그러므로 여러분

⬆ 아직 기회가 있을 때 심판에 대비하자(1-2).

드디어 마지막 일곱 번째 인이 떼어졌으면 가장 큰 재앙이 있어야 하는데, 왜 잠시 하늘에 고요가 있었는지, 그 이유를 드디어 3절이 알려준다.

(3) 또 다른 천사가 와서 서서
　　　＼금 향로를 가지고
　　　＼제단 곁에　　　　많은 향을 받았으니
　　　　　　　　　이는 모든 성도의 기도와 합하여(함께!)
　　　　　　　　　보좌 앞 금 제단에 드리고자 함이라 (드림의 예배)

이것은 일곱 나팔 심판이 임하기 전에 잠시 벌어지는 일: 금향로에 담

긴 기도의 예배 장면이다.

5:8에서 보았던 금 대접에 담긴 성도들의 기도 보다 많은 금 향로의 향은 모든 성도의 기도가 천사들의 예배 가운데 하나님의 보좌 앞 금 제단에 드려진다.

이것은 대재앙이 시작되기 전 하나님께 성도의 기도가 올려지도록 하늘에 잠시 정적이 흐르는 장면이다. 성도들이 하나님의 인치심을 받기까지 파멸이 연기되었던 것처럼 말이다. 세상에서 우리 그리스도인들은 무시당해도 우리는 하나님께 존귀한 존재이며, 하나님은 모든 일을 멈추시고 우리들의 기도를 받으신다!

(4) 향연이   올라가는지라
 \성도의 기도와 함께   \하나님 앞으로
           \천사의 손으로부터

하나님 앞에 올라가는 향 혹은 연기는 구약 제사의 관점에서 보면 사실 두 가지가 있다. 하나는 계 14:11 하나님의 진노로 인해 불과 유황으로 고난을 받을 때 나는 고난의 연기다. 다른 하나가 본문처럼 성도의 헌신과 기도의 연기가 향처럼 올라가는 것이다. 이 구절을 읽을 때마다 여러분 기억하십시오! 우리의 탄원과 우리의 기도가 금 대접에 담겨, 그리고 금 향로에 담겨 보좌 앞으로 올라가고 있음을!

때로 매일 아침 드리는 우리의 기도가 주님의 보좌 앞에 상달되는지 궁금해질 때가 있다. 그럴 때 이 구절을 읽어라. 기도하는 우리 입장에서는 당장 무슨 일이 벌어져야 기도를 들으시는 것처럼 생각된다. 그러나 주께서 정하신 때까지, 주님은 사방에서 우리에게 불어닥칠 바람을 잡고 계시고, 주께서 인치고 보호하실 자신의 백성들의 수가 차기까지 최종 심판을 보류하시는 것처럼, 일곱 째 인의 심판이 벌어지기 전에 하늘의 고요 속에서 주님은 우리의 기도를 듣고 계신다. 6장에서 본 일곱 인을 떼는 심판 때도, 이제 시작될 일곱 나팔 심판을 앞두고도 우리의 기도는 올라가고 주님은 듣고 계시다는 것이다. 그것을 기억하라. 그러므로
⬆ 아직 응답되지 않았다고 우리의 기도를 중단하지 말자(3-4).

이제 장면은 빠르게 바뀌어 천사가 우리 기도의 향연을 담아 주의 보좌 앞에 드렸던 향로에 이제 제단의 불을 담아 땅에 쏟아내는 것을 보게 된다.

(5) 천사가 향로를(성도들의 기도가 담겼던) 가지고
제단의 불을 담아다가 땅에 쏟으매 - 우레와 음성과 번개와 지진이 나더라

우레와 번개와 지진은 심판자 하나님의 나타나심의 상징이다.
또 다른 심판이 시작된다.
두루마리의 일곱 번째 즉 마지막 인이 떼어 질 때의 이 심판은 계 6:10에서 본 성도들의 탄원 기도와 관련 있다. "큰 소리로 불러 이르되 거룩하고 참되신 대주재여 땅에 거하는 자들을 심판하여 우리 피를 갚아 주지 아니하시기를 어느 때까지 하시려 하나이까" 그 기도에 대한 응답이다.
아침마다 눈물로 기도할 때 마다 왜 속히 신원해 주지 않느냐며 억울하고 원통하는가? 그러면 본문 5절을 보라. 우리 성도들의 기도가 이 세상 어떤 세력보다 강해, 세상을 향한 하나님의 공의로 심판을 이끌어낸다! 불의에 대한 공의의 심판이 없다면 그곳이 바로 지옥이다! 하나님은 우리의 기도를 듣고 계셨다. 그리고 하나님은 악을 간과하지 않으시며 불같은 심판으로 자기 백성들의 탄원에 응답하신다. 그러므로 억울하고 원통한 자들은 주님의 보좌 앞에 나아와 토설하고 쏟아내고 부르짖으라! 주님이 들으시고 응답하시고 공의로 심판하신다. 우리 성도들의 기도는 헛되지 않

음을 믿으시기 바란다!

흥미로운 것은 지금 본 일곱 인 심판의 마지막 일곱 번째 인이 떼어지는 것은, 일곱 나팔 재앙의 시작과 연결된다는 점이다. 심판과 재앙은 꼬리에 꼬리를 물고 더 강한 것을 끌어들인다. 물론 이런 심판들은 성도와 교회를 향한 것이 아니라 어둠의 세력들과 죄악된 세상을 향한 것이다. 그런데 일곱 인 심판처럼 일곱 나팔 심판도 4+3(2+1)이 한 세트를 이룬다. 우리 오늘 본문 계 8장은 이 중에 앞의 네(나팔) 재앙만 다룬다. 하나씩 보자.

(6) 일곱 나팔을 가진 일곱 천사가 나팔 불기를 준비하더라

고요와 나팔 불기의 준비 등은 그 이후 심판이 극심할 것을 우리로 예견케 하며 대비할 기회를 주는 것이다. 드디어

(7) 첫째 천사가 나팔을 부니
  피 섞인(핏빛?) 우박과 불(폭풍 신현)이 나와서 땅에 쏟아지매
  땅의 삼분의 일이 타 버리고 수목의 삼분의 일도 타 버리고 각종 푸른 풀도 타 버렸더라

첫 나팔 심판은 출 9:13 모세에 의해 애굽 땅에 내렸던 7째 재앙 - 우박을 기억나게 한다. 그러나 첫 나팔에 따른 실제 재앙은 우박이 아니라 불에 의한 것이었다. 세상의 1/3이 타버린다.
이것은 AD 79년 이태리 반도 남부 폼페이의 베수비오스 화산 폭발 사건을 연상케 한다. 요한은 1세기 에게 해 섬들의 화산 폭발로 하늘이 빨갛게 변했던 사실을 떠올렸을 것이다.
이런 7절을 통해 우리는 무엇을 깨닫나?
첫 번째 나팔이 불기 전에, 아직 반시간 고요할 때 회개하라.

고요에 잠잠함에 안심하지 말고 회개해서 이런 심판을 받지 않게 기도하라! 이제 둘째 나팔 심판이 기다린다.

⑻ 둘째 천사가   나팔을 부니
    불 붙는 큰 산과 같은 것이   바다에 던져지매
    바다의 삼분의 일이   피가 되고

큰 산 같은 것이 바다에 던져진다는 것은 대지진일지도 모른다.

출 7:17의 과거 애굽의 첫 재앙은 강물이 피같이 된 것이었지만, 종말이 다가올 때 발생하는 둘째 나팔의 재앙은 강이 아니라 바다의 1/3이 피가 된다. 심판과 재앙이 점점 강해진다.

이것은 계 16:18 "하나님의 진노인 번개와 음성들과 우렛소리, 큰 지진으로 계 16:20 각 섬도 없어지고 산악도 간 데 없더라"의 전초전으로 불붙는 큰 산이 바다에 던져지는 환상이다.

또한 이것은 시 46:2-3 "(환난 날에) 그러므로 땅이 변하든지 산이 흔들려 바다 가운데에 빠지든지 3 바닷물이 솟아나고 뛰놀든지 그것이 넘침으로 산이 흔들릴지라도 우리는 두려워하지 아니하리로다 (셀라)"의 성취이기도 하다. 이 사건은 9절로 연결되는데,

⑼ 바다 가운데 생명 가진 피조물들의 삼분의 일이   죽고
    배들의 삼분의 일이   깨지더라

언급했듯이 애굽 첫 재앙은 강물 피 재앙이었는데 그것을 넘어서는 일이 벌어진 것이다.

바다의 삼분의 일이 파괴되고 해상 배의 1/3이 파손된다. 해상 무역 강국 로마 뿐 아니라, 현대의 해상무역국들에게도 이것은 엄청난 재앙이 될

것이다. 이처럼 엄청난 심판으로 세상의 1/3이 해함을 입게 된다. 그러니 죄인들은 그 심판이 임하기 전, 하늘이 고요할 때 회개하고 주님 앞으로 돌아가지 않으면 이런 엄청난 재앙을 피할 수 없을 것이다. 그러므로
두 번째 나팔이 불기 전에 아직 반 시간 고요할 때 회개하자.
고요와 잠잠함에 안심하지 말고 회개하고 그 심판을 받지 않게 기도하라~! 이제 셋째 나팔 심판이 시작된다.

(10) 셋째 천사가   나팔을 부니
     횃불 같이 타는 큰 별이   하늘에서 떨어져
                               강들의 삼분의 일과 여러 물 샘에 떨어지니
(11) 이 별 이름은   쓴 쑥이라
물의 삼분의 일이 쓴쑥이 되매-그 물이 쓴 물이 되므로 많은 사람이 죽더라

횃불같이 타는 별들이 하늘에서 쏟아지는 것은 단순 유성우가 아니라 운석 충돌로 보인다.
애굽 재앙 중에 물 재앙이 있었는데, 모세는 (출 15:23) 마라의 쓴 물에 나무 던져 넣어 마실 수 있게 바꾼 기적을 행한 바 있다. 그런데 이와 반대인 불타는 운석이 강물과 수원지 등에 쏟아져 들어가 대규모 식수 재앙이 벌어지는 것으로 보인다.
이것은 출 7:21 애굽 첫 재앙처럼 물에서 악취가 나고 못 먹게 되는 재앙의 범세계적 확장이다.
성경은 믿는 자에게 하나님은 생명 샘이 되시며 생수의 근원이고, 계 7:17에서 어린 양은 우리를 생명수 샘으로 인도하심으로 그려져 있다. 그러므로 마지막 때 죄인들이 겪을 재앙은 그와 반대되는 모습으로 드러나게 될 것이다. 따라서
셋째 나팔이 불기 전에 아직 반시간 고요할 때 회개하라!

고요에 잠잠함에 안심하지 말고 회개하고 그 심판 받지 않게 기도하자. 하나님께서는 세상의 죄를 벌하시나, 아직은 최후의 심판의 때가 아니다. 삼분의 일만 피해를 입는다. 하나님은 이 재앙을 통해 세상이 회개하고 돌아오기를 기다리신다. 기다리시는 그 아버지 앞에 돌아가자! 이제 7 나팔 재앙의 네 번째 심판을 보자.

(12) 넷째 천사가 나팔을 부니
해 삼분의 일과 달 삼분의 일과 별들의 삼분의 일이 타격을 받아 그 삼분의 일이 어두워지니
- 낮 삼분의 일은 비추임이 없고 밤도 그러하더라

애굽에 임했던 9째 재앙은 출 10:21 흑암의 재앙이었다. 그런데 본문의 재앙은 일식 월식 정도가 아니다. 욜 2:2에서는 어둡고 캄캄한 여호와의 날, 욜 2:10은 해와 달이 캄캄하며 별들이 빛을 거둔다 했다. 불침번들은 달빛과 별빛으로 편지를 보던 기억이 있을텐데, 아무 것도 보이지 않는 전혀 빛이 없는 흑암의 밤은 어떤 것일까? 해와 달과 별들의 타격으로 낮과 밤의 삼분의 일이 흑암이 된다는 것은 어떤 것일까? 세상에 빛이 사라지면 도대체 어떤 일이 벌어질까?

21세기 직전 밀레니엄 시대의 공포. 숫자 표기 하나 못해서 발전소와 전력 공급이 끊어질 것을 두려워했다. 그런데 전력이 아니라, 해와 달과 별빛이 사라진다면 무슨 일이 벌어질까? 이 재앙은 소위 이 세상을 지배한다는 인간의 능력으로도 해결 못하고, 이 땅의 어떤 신도 무력함이 증명되는 순간으로 다가온다. 오직 하나님만이 통제할 수 있는 유일한 분임을 그 날에 주님은 증명하실 것이다. 그러므로 세상만 바라보고, 세상 사람만 바라보고 살다가는 망하게 될 것을 알아야 한다.

그러므로 네 번째 나팔이 불기 전에 아직 반 시간 고요할 때 회개하고

기도하자. 고요에 잠잠함에 안심하지 말고 회개하고 그 심판 받지 않게 기도하자. 오늘 본문 계 8장은 요구한다.

ㄴ 아직 기회가 있을 때 회개하자(5-12).

마치기 전에 계시록을 볼 때 중요한 것 한 가지를 지적하고 싶다. 일곱 인의 심판과 이어지는 일곱 나팔의 재앙을 볼 때 우리는 심판의 징조와 증상에만 초점을 맞추는 경향이 있다. 그러나 그의 오래 참으심, 그의 기다리심을 보자!

왜 사방의 바람을 잡으시고, 왜 반 시각의 고요를 허락하시고 왜 성도들의 기도를 기다리시는 주님의 마음을 놓치는가? 주님은 우리 죄인들이 회개하고 돌아오기를 기다리신다.

지금은 제가 하나도 못 보지만 오래 전 안식년 기간에 ㅂ는 저도 드라마 좀 봤다. 목사니까 이 시대 밑바닥 사람들의 삶을 알아야 한다고 꼭 한번 보라해서 본 것이 김운경 작가의 '유나의 거리'였다.

소매치기를 포기하지 못한 아빠를 버린 엄마에 대한 증오와 소매치기로 자기를 기른 아버지에 대한 원망으로 살다가 결국 자기도 타고난 손기술로 소매치기 인생으로 하루하루 먹고 살던 유나란 여자가, 가난하지만 경찰 공무원이 되기 위해, 밑바닥 생활이지만 희망을 갖고 살며 유나를 그 수렁에서 건져내려는 창만이란 순수한 남자의 사랑 얘기이다. 결국 그 남자의 조건 없는 끈질긴 사랑으로 자기를 소매치기로 살게 만들었다고 원망하던 부모를 용서하고 동료들도 그 바닥 생활에서 건져내려 애쓰는 모습이 드라마 후반 부분을 이룬다. 유나의 거리 29회를 보면,

장을 보러 나갔다가 아들 수술비를 소매치기 당한 할머니를 보고 가슴 아파하다가 후배 윤지를 통해 그 소매치기가 찬미란 것을 알게 되고 돌려주라 한다. 그리고 경우에 어긋난다며 유나에게 맞이 갔다한다. 자신이

살아왔던 삶에 회의를 느낀 유나와 후배 윤지의 대화가 나온다. "찬미 걔 돈만 들어오면 하나님 감사합니다예요" 유나가 묻는다. "걔 아직 교회 다니니?" "지금은 안 다닐 걸요?" 다시 유나가 말한다. "남의 껍지 털면 하나님 죄송합니다 해야지 어떻게 하나님 감사합니다 하니?" 윤지는 "걔가 하나님을 잘못 믿는거죠"라 대답한다. 교회 안 다니는 두 사람의 대화를 통해 작가는 이 시대 우리 그리스도인들에게 일침을 가하는 것이다. 그 소매치기 찬미는 결국 체포됐는데 유나가 병원으로 가서 익명으로 소매치기 당한 할머니의 아들 수술비를 내줘서 고소는 취하되고 풀려난다. 그러자 풀려난 찬미란 소매치기는 "하나님이 도우셨다 날 사랑해 천사를 보내줬다"한다. 윤지가 "그 천사, 내가 병원에 태우고 갔다"고 하자 그제서야 이 모든 게 유나의 도움이었음을 알고 눈물로 회개하며 "이제 소매치기 안할께요. 근데 제가 죄가 너무 많아요"한다. 그러자 소매치기 찬미는 "하나님이 나와 함께하심을 느낀다"며 방언하고 감사 기도하면서 앞으로 쓰리 안한다고 약속한다. 그러자 윤지가 "그럼 270만원 돌려주라"하자 "팀원들이 나눠가져 난 70만 받았다" 하는데 "그거라도 줘야하지 않냐?"는 말에 "원피스 봐둔거 있어서 안된다"한다.

　이런 것이 회개인가? 이런게 세상이 보는 오늘날 기독교인들의 적나라한 모습이다. 예수 믿는다는 건 무엇일까? 진정한 회개는 무엇일까? 이런 우리들의 모습을 보며 주님은 교회 다닌다는 우리들에게도 심판이 다가오니 속히 회개하라고 명하신다.

　그래도 회개하기 싫은가? "지금 아무 문제없는데 왜 난리냐? 믿으려면 당신이나 곱게 믿으라"고 외치고 싶은가? 네가지 재앙은 끝났지만 오늘 계 8장은 이렇게 마친다.

　(13) 내가 또 보고 들으니 공중에 날아가는 독수리가 큰 소리로 이르되 땅에 사는 자들에게 화, 화, 화가 있으리니 이는 세 천사들이 불어야 할 나

팔 소리가 남아 있음이로다 하더라

지금까지 보았던 재앙이 다가 아니다. 더 큰 재앙이 남았다! 세 나팔 재앙이 더 남아 있기 때문이다. 회개하고 주님 앞에 돌아오지 않으면 심판과 재앙은 그치지 않고 몰아쳐 온다. 공중에 날아가는 독수리는 그 징조를 아는데, 우리 미련한 인간들만 그것을 모른다.

그 심판의 날을 피하라! 하나님께서 계시록을 통해 세상의 징조를 보여줄 때 회개하라!

일곱 인의 재앙에서 하나님은 세상의 1/4만 상하도록 막아주셨지만, 그래도 회개하지 않자 주님은 일곱 나팔의 재앙으로 세상의 1/3이 상하는 것까지 허용하신다. 그래도 회개하지 않는 것은 미련한 것이다. 더 큰 재앙이 닥치기 전에 회개하는 것이 지혜로운 것이다.

세례 요한이 외쳤다. "회개하라 천국이 가까웠느니라". 예수님이 외치셨다. "회개하라 천국이 가까웠느니라". 그리고 이제 요한계시록 본문도 외친다. 일곱 인이 다 떼어지기 전에, 그리고 일곱 나팔이 다 불기 전에, 최후의 심판이 오기 전에 회개하고 주님 앞에 돌아오라! 회개 없는 평강이란 자기 기만일 뿐이다.

14
우리가 피해야 할 것들
(요한계시록 9장)

지금까지 우리는 계시록을 보면서 우리 믿는 사람들이 마지막 때에 겪게 될 일에 대한 궁금증으로 접근했을지도 모른다. 그러나 우리가 겪을 일과 될 일 뿐 아니라, 우리와 가까운 관계에 있는 회개하지 않고 믿지 않는 자들의 운명이 어떻게 될지도 궁금하다. 오늘은 그 관점에서 접근해보자.

오늘 본문은 7인 심판 후 7나팔 심판이 계속되는 장면이다. 다섯째 나팔이 불자, 드디어 심판의 재앙이 시작된다.

9:1 다섯째 천사가 나팔을 불매 내가 보니 하늘에서 땅에 떨어진 별 하나가 있는데 그가 무저갱의 열쇠를 받았더라 2 그가 무저갱을 여니 그 구멍에서 큰 화덕의 연기 같은 연기가 올라오매 해와 공기가 그 구멍의 연기로 말미암아 어두워지며

여기서 무저갱이란 말은 창 1:2 "땅이 혼돈하고 공허하며 흑암이 깊음 위에 있고 하나님의 영은 수면 위에 운행하시니라"에서 깊음에 대한 헬라어 번역 *abyssu*의 우리말 번역이다. 끝을 알 수 없는 심연의 바다란 뜻으로 어비스란 영화 제목도 여기서 왔다. 행 2:27에서는 음부 혹은 하데스라 하기도 한다. 2절에서 보듯 이 무저갱이 열리면 지옥불의 타는 연기가 올라올 것인데, 나중에 11:7; 17:8에서 보겠지만 짐승이 올라올 곳이다. 그 전초전이 오늘 본문의 5번째 나팔 재앙인데, 나팔이 불자 그 무저갱에서 무엇이 쏟아져 나오나?

9:3 또 황충이 연기 가운데로부터 땅 위에 나오매 그들이 땅에 있는 전갈의 권세와 같은 권세를 받았더라

이 황충은 영어성경에서는 그냥 메뚜기다. 이 황충 재앙은 그래서 우리에게 애굽에 임했던 메뚜기 재앙을 떠오르게 한다. 근래에도 세계 도처에서 메뚜기 재앙으로 한 지역이 다 초토화되고 20만 명이 죽은 일도 있었다. 그런데 마지막 때에 벌어질 이 황충 재앙은 얼마나 끔찍한지 모른다. 왜냐면 황충은 강화된 메뚜기 비유의 심상으로만 사용되었을 뿐, 황충의 모습을 묘사한 7-10절을 보면 그건 그냥 메뚜기과가 아니다. 그림 한 장으로 그 모습을 보여주면 좋겠지만, 각각이 무엇을 의미하는지 설명하는 데 제한된 시간을 쓰고 싶지 않다. 분명한 것은 세상에 이런 공격용 괴물은 없다. 이건 가슴에 철 호심경 방탄복까지 차고 나온 완전 무적함대다. 우리가 물리칠 수 없다는 말이다.

그런데 이 황충의 본질은 무엇일까? 그것들은 마귀의 수하들이다. 특이한 것은 잠 30:27은 메뚜기는 임금이 없다고 했는데, 이 황충들에겐 왕이 있다.

9:11 그들에게 왕이 있으니 무저갱의 사자라 히브리어로는 그 이름이 아바돈이요 헬라어로는 그 이름이 아볼루온이더라.

왕이 없는 메뚜기 재앙도 엄청났는데, 이 괴물의 습격은 우두머리의 지휘 하에 일사분란하고 강력하게 진행되는 것 같다. 그 지휘관을 무저갱의 사자라 부르는 것을 보면 유대 문화에서 하나님이 지하 세계를 다스리도록 지정된 것으로 알려진 죽음의 사자일 확률이 높은데, 사탄의 수석 무관쯤으로 보인다. 그 황충들의 왕을 히브리어로는 아바돈이라 했는데 이는 파괴자 terminator란 뜻이고, 헬라어로는 아불루온이라 한다. 이것은 그리스 로마 신화에서 태양신이지만 동시에 역병과 재앙의 신인 아폴로 신인데, 실제로 쥐와 함께 parnopius 메뚜기가 그 상징들 중의 하나이다.

그런데 도대체 누가 그들을 무저갱에서 꺼낸 것인가? 1절에서 보듯 하늘에서 땅에 떨어진 별 하나로 묘사된다.

1:20에서 보듯 별은 천사를 상징한다. 그렇다면 사 14장의 계명성보다는 하늘에서 내려온 천사가 무저갱의 열쇠를 임시로 '받아' 황충을 풀어놓은 것이다. 이 말은 하나님이 심판 수행을 위해 허락하신 일이란 말이다. 이 무저갱은 나중에 계 20:1-2을 보면 하나님께서 한 위대한 천사에게 큰 쇠사슬과 무저갱 열쇠를 가지고 내려가게 해서 옛 뱀이요 용이요 마귀와 사탄을 잡아 천년 동안 결박해 놓을 곳이다.

이런 거 다 설명하면 사람들은 설교가 어렵다고 한다. 그렇다고 그냥 넘어가며 대충 감동적인 얘기나, 재밌는 얘기만 하면 설교자도 쉽고 듣는 사람도 편하다. 그런데 그런 식으로 신앙 생활하다가 우리 한국교인들 상당수가 이단의 밥이 되었다. 144,000이 어쩌고 인침이 어쩌고 666이 어쩌고 하면 다 넘어간다. 난 안그럴거라구요? 아직 그런 사람들한테 안걸려봐서 그런 소리 하는거다. 정말로 안그러려면 계시록이 원래 조금 어려운 책이기는 하지만 등장하는 상징과 내용 하나 하나가 정말 무엇을 의미하는지, 그리고 계시록 전체를 통해 주께서 하시고 싶은 얘기가 무엇인지를 제대로 알아야 한다. 그래서 설교자도 대충할 수가 없고 여러분도 대충 들을 수가 없기에 힘든 것이다.

다시 본문으로 돌아가서 5번째 나팔이 불고 잠시 지옥의 문이 열리자 황충들이 뛰쳐나와서 세상을 휘젓고 다니며 죽이는데 그 와중에도 감사한 일이 있다.

9:4 그들에게 이르시되 땅의 풀이나 푸른 것이나 각종 수목은 해하지 말고 오직 이마에 하나님의 인침을 받지 아니한 사람들만 해하라 하시더라

다섯 번째 나팔 재앙의 큰 화가 일어날 때도 하나님은 자신의 자녀들을 챙기신다. 7:3에서처럼 인침 받은 사람들을 다시 보호 하신다. 하나님의 자비와 긍휼이다.

그러나 불신자들, 인받지 못한 사람들의 고통은 극심하다. 왜냐하면 지옥 불구덩이에서 올라온 황충들은 싱싱한 풀과 나무가 널렸는데 먹지 못하게 했으니 얼마나 악이 받혀서 사람들을 사자 이빨 같은 것으로 물고 전갈 같은 꼬리로 쏘고 난리를 치겠는가?

그런데 세상에서 가장 절망스러운 것은 아마 이런 고통이 언제 끝날지 모르는 것일 것이다. 그러나 하나님은 불신자들에게도 5달 동안만 한시적으로 괴롭게 하도록 하셨다.

9:5 그러나 그들을 죽이지는 못하게 하시고 다섯 달 동안 괴롭게만 하게 하시는데 그 괴롭게 함은 전갈이 사람을 쏠 때에 괴롭게 함과 같더라 -

하나님의 은혜는 인받은 자녀들 뿐 아니라, 회개치 않은 죄인들에게도 자비로 주어진다. 죽음은 당하지 않고 5개월만 고통받게 한 것 역시 다시 한 번 죄에서 돌아설 기회를 갖게 해 주시는 것 아니겠는가?

그럼에도 불구하고 황충의 습격은 전갈에 쏘여 고통 속에서 죽어갈 때처럼 큰 아픔이다.

9:6 그 날에는 사람들이 죽기를 구하여도 죽지 못하고 죽고 싶으나 죽음이 그들을 피하리로다.

난 전갈에 안 쏘여봐서 모르지만, 결석의 고통은 조금 안다. 신장결석, 요로 결석과 대상포진의 고통은 여자가 아이 낳는 출산의 고통보다 더하다고 알려져있다. 이건 일반 진통제로는 별 소용이 없어 마약성분의 아주 강한 약을 쓴다. 그러나 이보다 더한 고통을 겪을 때는 어떨까?

이시이 시로는 교토제국대학 의학부를 수석 졸업한 영재였지만, 큐슈대 의대에 근무할 때부터 미군 병사들을 산채로 해부하며 간을 먹는 등 기행으로 기소당한 적 있다. 2차대전 중 그는 하얼빈의 731부대 사령관이 되어 한중러시아 사람 만 여명을 대상으로 산채로 장기를 꺼내거나 커다란 원심분리기에 사람을 매달아 놓고 돌려서 눈코귀 등 모든 구멍으로 피가 나오는 실험이나 잔혹한 각종 세균 생체실험을 했다. 가끔 영화 보면 심한 고문 장면의 극사실적 묘사와 함께 차라리 죽여 달라고 소리치는 모습이 나오는데 731부대에서 힘없는 우리 국민들이 그런 일을 당했던 것 같다. 황충의 공습 재앙은 아마 그런 고통이었던 것 같다. 차라리 죽기를 구한다고 했으니 말이다.

바울이 고전 15:55에서 부활의 축복을 논하며 "사망아 네가 쏘는 것이 무엇이냐?"고 했을 때 아마 전갈보다 더 심한 황충 꼬리에 쏘여 6절에서 죽여 달라고 몸부림쳐도 죽지 못하는 고통과 같은 이런 죽음의 심상에서 나온 말 아닐까 생각한다.

사실 불신사의 심판의 고통은 이미 계 6:15-16에서 본적이 있다. 하나님의 진노가 얼마나 고통스러운지, 차라리 산사태가 나서 바위나 산에 깔려 죽는게 낫다고 할 것이라 묘사되었다. 회개하고 구원받지 못한 영혼이 겪을 재앙은 이런 고통이다.

그러니 황충의 재앙이 올지라도 그들을 죽이지는 못하게 하시고 다섯 달 동안만 괴롭게만 하시면서 다시 한 번 회개하고 주님 믿고 돌아설 기회를 주실 때 돌아서자. 그래서

⬆ 회개치 않는 자들에게 닥칠 죽음보다 강한 죄의 고통을 피하자!

문제는 그런 종말이 오기 전, 이 땅에 거할 때 회개하지 않고 죽을 경우

14 우리가 피해야 할 것들

그들은 심판 아래 서게 되는데 그 때는 5달의 유예기간이고 뭐고 없이 영벌에 처해 지옥불 속에서 더 이상 죽지도 않고 그 고통 속에 영원히 있게 된다. 이것은 얼마나 심각한 문제인가? 그러니 우리는 복음 전해 모두 구원받게 도와야 한다.

그런데 그 극심한 고통 속에서도 돌이키지 않고 살아남은 자들의 결국은 무엇인가?

9:12 첫째 화는 지나갔으나 보라 아직도 이 후에 화 둘이 이르리로다

- 이것을 왜 갑자기 첫째 화라 했을까?- 앞에서 독수리가 화 화 화 세 화 중 첫째라서. 둘째 화는 여섯째 나팔이 불자 결박된 네 천사가 (앞에서 네 바람이 사람들을 해하지 못하게 잡아 놓고 있었다!) 풀려남으로 시작된다.

9:13 여섯째 천사가 나팔을 불매 내가 들으니 하나님 앞 금 제단 네 뿔(분향제단 출 30:1-10; 37:25)**에서 한 음성이 나서**

- 모든 재앙도 보좌의 허가없이 이루어지지 않는다. 16b를 보면 사도는 그 침략군의 숫자까지 들었다.

9:14 나팔 가진 여섯째 천사에게 말하기를 큰 강 유브라데에 결박한 네 천사를 놓아 주라 하매 15 네(죽음) **천사가 놓였으니 그들은 그 년 월 일 시에 이르러 사람 삼분의 일을 죽이기로 '준비된' 자들이더라**

- 이 재앙은 누가 준비했겠나? 여기서 우리는 다시 한 번 이 모든 재앙 역시 하나님의 통제 하에 있음을 확인하게 된다. 세상이 종말을 향해 치달아가는 것은 사탄이 끌고 가는 것이 아니라 새로운 세상을 시작하기 위한 하나님의 큰 그림 중 한 부분이다. 즉 **종말은 세상 죄를 처벌하고 회복 위한 새로운 출발의 시작이다.** 마치 졸업식의 영어 commencement가 시작이란 뜻인 것처럼 말이다.

이처럼 엄청난 황충 떼의 5개월 간의 공격에 살아남은 사람들은 안도의 한숨이 끝나기도 전에 강력한 마병대의 공격을 다시 받게 될 것이다. 앞의 5번째 나팔 재앙에서 사람들을 공격했던 황충 군대가 휩쓸고 가자, 2째 화 즉 6번째 나팔 재앙에서는 16절에서 보듯 모년모월모시 정해진 때에 마병대가 나타난다. 그러나 시간은 안 가르쳐준다. 그것은 하나님 영역이기 때문이다. 죽음의 마병대의 수만 가르쳐준다. 그 심판의 규모가 얼마나 큰 지가 초점이기 때문이다.

9:16 마병대의 수는 이만 만이니 내가 그들의 수를 들었노라.
이만 만 즉 2억이란 상상초월의 숫자이다! 1세기 로마제국의 군대는 24군단으로 125,000명이었으니 2억의 군대는 비교가 안되는 숫자다. 게다가 그 마병대의 모습 묘사는 황충에 비해 간결하나 훨씬 직접적이다.

9:17 이같은 환상 가운데 그 말들과 그 위에 탄 자들을 보니 불빛과 자줏빛과 유황빛 호심경이 있고 또 말들의 머리는 사자 머리 같고 그 입에서는 불과 연기와 유황이 나오더라
이 말과 말탄 자들도 호심경을 하고 나왔다. 말들의 머리는 사자 머리 같은데 입에서는 불과 연기와 유황이 나온다고, 싱가폴의 상징 멀라이언의 레이저와 연기 쇼를 떠올리면 안된다. 그렇게 멋진 게 아니다. 이 마병대의 불빛, 자줏빛, 유황빛은 뒤 17b, 18의 지옥의 유황불과 연기의 색깔이다. 그런데 이 마병대의 재앙의 결과는 무엇인가?

9:18 이 세 재앙 곧 자기들의 입에서 나오는 불과 연기와 유황(지옥에서 나온 것들이니 지옥의 유황불로 죽인다)**으로 말미암아 사람 '삼분의 일'이 죽임을 당하니라**
인 심판에서 1/4이 죽었지만 이제는 1/3이 죽을 정도로 심판은 점점 강화되는 것을 성경은 보여준다. 그럼 (100 - 100x1/4) x 2/3 = 50이다. 그럼

이 두 재앙으로 세상 불신자의 50% 이상이 죽고 반만 남게 된다는 것이다! 그런데

9:19 이 말들의 힘은 입과 꼬리에 있으니 꼬리는 뱀 같고 또 꼬리에 머리가 있어 이것으로 해하더라
　이 흉악한 죽음의 마병대의 말들은 입으로만이 아니라 황충처럼 꼬리로 사람들을 해침. 마병대의 꼬리는 뱀같다(19b)고 한다. 뱀은 이집트와 페르샤 종교 상징을 연상시키며, 이 일이 마귀의 일임을 보여준다.

　계 9장을 읽으며 이 시점에서 알아둬야 할 것이 한 가지 있다. 그 회개하지 않는 어둠의 사람들을 괴롭히고 죽이는 존재는 다름 아닌 무저갱에서 풀려난 황충들이다. 그런데 황충들은 11절에서 보듯 무저갱의 사자 아바돈, 아볼루온의 졸개였다. 그 말은 무엇인가? 사탄과 마귀는 자기를 따르는 추종자들을 힘들 때 구해주는 좋은 친구가 아니라 자기네 편마저도 괴롭히고 죽이는 존재라는 사실이다. 그게 마귀와 악을 따르는 자들의 결말이다.
　막 5:5에 나오는 거라사의 귀신들린 사람의 인생은 어떠했나? 고랑과 쇠사슬로 묶어놓아도 그것을 끊고 밤낮 무덤 사이를 돌아다니며 소리 지를 뿐 아니라 돌로 자기의 몸을 해치고 있었다. 귀신은 자신을 따르는 자와 자신이 기생하는 숙주까지 해친다.
　계 6장에서는 악한 인간들이 서로 전쟁을 벌여 서로 죽고 죽이는 모습을 보았지만, 오늘 본 계 9장은 마귀의 세력들이 자신들의 추종자인 악한 인간들을 죽여 버린다는 점을 보여준다. 마귀는 마지막에 가보면 자기 추종자들 편에 서지 않고 결국 죽인다. 그게 악을 따른 죄의 결말이다. 그러므로 I. 죽음보다 강한 죄의 고통을 피할 뿐 아니라,
　⬆ 자신의 추종자들을 결국 파멸시키는 마귀를 피하라!

우리 죄인과 죄성에 대해 한 가지 더 알아야 할 부분이 있다. 5번째 나팔 심판의 상상을 초월하는 고통과 세상 역사상 가장 큰 사망을 일으키는 사악한 마병대의 공격을 겪은 사람들은 어떻게 반응할까? 이런 재앙을 겪고 살아남은 자들은 결국 회개할까?

일곱 인의 마지막 부분에서도, 앞의 네 나팔 재앙에서도 회개할 사람은 회개한다. 그러나 재앙이 더 심해져도 악으로 깡으로 버티는 사람들이 있다. 황충의 재앙, 그 극심한 화에서 죽음을 모면케 함을 받은 남은 죄인 2/3에게는 사실 돌아설 기회가 주어진 것이다. 그러나 20-21절 보라. 그들은 회개하고 주님께 돌아오지 않는다.

9:20 이 재앙에 죽지 않고 남은 사람들은 손으로 행한 일을 회개하지 아니하고 오히려 여러 귀신과 또는 보거나 듣거나 다니거나 하지 못하는 금, 은, 동과 목석의 우상(시 115:4-7)**에게 절하고 21 또 그 살인과 복술과 음행과 도둑질을 회개하지 아니하더라**

그들은 또 다시 살인을 하고. 오히려 귀신을 찾고, 우상숭배와 갖은 악행을 더히며 회개하지 않는다. 회개하지 아니하더라고 번역된 말은 회개조차 하지 않더라 혹은 회개를 거부하더라는 아주 강력한 표현이다. 구원받지 않은 인간의 죄성과 그 악함은 상상 이상이다. 그게 우리가 겪고 있는 세상이다.

갈수록 인간이 같은 인간을 얼마나 더 잔인하게 고통을 주고 살해하는지… 우리 인간이 얼마나 악할 수 있는지 역사를 통해 돌아보라. 멀리는 중세 유럽과 근세 미국의 마녀사냥의 내막을 보라. 그리고 아직도 아물지 않은 일본의 731부대 마루타 생체실험과 위안부 사건을 들여다보라. 유럽, 미국, 일본인만 그런게 아니다.

가까이는 2008년 12월 11일에 학교 가던 8세 나영이를 성폭력 전과14범 조두순이 유인해 인근 교회 화장실로 납치해 잔인하게 성폭행해 평생 장애를 안고 살게한 일이 있다. 그러고도 뉘우침이 없어 무기징역을 받자 상고해 12년형을 받아냈다. 윤일병에게 가래침을 핥게하고 집단폭행을 해 사망에 이르게 해서, 군 교도소에 수감되었으나 거기서도 동료 수감생 3명을 꿇어 앉힌 후 몸에 소변을 보고 목을 조르고 성희롱을 한 이모 병장도 있다. 컴퓨터게임에 빠져 자기는 피자를 시켜먹고 자식은 굶기고 때려서 늑골이 부러진 채 화장실에 가두는 등 학대를 당하다가 한 겨울에 얇은 옷에 맨발로 탈출해 수퍼에 가서 과자 먹다가 발견된 11세 아이는 16kg으로 깡말랐다. 그것은 친아버지가 한 일이다. 더욱이 계모는 체포되서도 기르던 개는 밥을 먹었는지 걱정했다는 보도에 국민들은 기가 막혔다. 이게 어떤 인간들 속에 숨겨진 악한 어둠의 모습이다.

어떤 사람들은 하나님이 진노의 막대기(사 10:5)로 때리면 악인들도 진노와 심판에 대한 두려움으로 하나님께 거역하기를 멈추고 무릎을 꿇을거라 생각한다. 정말 그럴까? 그럴 사람은 아마 6번째 나팔 재앙까지 이르기 전에 거의 회개했을지도 모른다. 놀라운 것은 심판을 보류하고 또 보류하고 몇 번의 기회를 줘도 회개하지 않는 사람들이 있다는 점이다. 하나님은 끝없는 자비와 긍휼로 계속해서 돌아오라고 기회를 주고 또 주신다. 그럼에도 불구하고 쉴새 없이 몰아치는 죄에 대한 심판과 재앙에도 불구하고 돌아오지 않는 완악한 존재들이 있다. 그들은 고지서를 못 받아서, 뭘 잘 몰라서 회개 못했다가 고생하게 된 불쌍한 이웃들이 아니다. 6번째 나팔 재앙까지 겪고도 또 죄를 향해 달려가는 그들은 어떤 면에서 하나님의 자비와 용서와 은혜를 악한 심정으로 거부하는 사악한 어둠의 영들이 아닌가 하는 생각이 든다. 그들의 왕인 마귀의 세력에 속해 있는 어둠의 영들에게 사로잡힌 어둠의 자식들인지도 모르겠다.

그 어둠의 세력들은 거라사의 광인에게 들어갔던 것처럼 지금도 어둠과 죄를 즐기는 사람들에게 들어가 그들의 삶을 장악하는 존재들이다. 그들은 하나님의 형상을 따라 지음 받은 사람들을 파괴하고 괴롭히기 위해 죄와 함께 들어간다. 그래서 예수님은 막 5:13 거라사 무덤가의 귀신들린 광인에게서 군대 귀신을 나오게 해 돼지 떼에게로 몰아넣고 그들이 나온 심연 깊은 곳을 상징하는 바다 속으로 뛰어들게 하여 몰살시켜 버린 상징적 사건을 통해 보여준 것처럼, 정하신 그 마지막 때가 오면 주님은 그들을 완전히 멸하실 것이다.

그러나 빛을 따라가고, 우리 주 예수님을 따라가면 용서와 구원과 변치 않는 하나님의 사랑 헤세드가 기다리고 있다. 반면 세상과 죄를 따라가면 결국 배신과 멸망이 기다리고 있는 것이다. 그러므로 I. 회개치 않는 자들에게 몰려올 죽음보다 강한 고통에서 벗어나야 하고, II 자신의 추종자들을 결국 파멸시키는 마귀를 피해야 할 뿐 아니라,

⬑ 파멸만 피하면 또 죄를 향해 달려가고야 마는 이 악함에서 벗어나라!

하나님은 때로 진노하시고 때로 징계를 하시지만, 그 크신 사랑과 연민으로 회개를 촉구하며 여전히 문밖에서 기다리시고 심지어 죽음의 문턱에서 죄인들을 살려주신다. 그러나 일단 죽음만 보면하면 죄인들은 어떤 행동을 하나? 다시 죄를 향해 줄달음쳐 간다. 마치 마약중독자, 도박 중독자들이 돈만 생기면 다시 마약과 도박을 향해 달려가는 것과 같이 철저히 죄에 중독된 자들이다. 이쯤 되면 그것은 더 이상 그냥 잘못하는 수준이 아니라, 뼛속까지 악함 그 자체임을 스스로 증명하는 셈이다. 그들은 스스로 지옥을 불러들이는 자들이다.

그런데 창조자이며 심판자인 하나님의 말씀인 성경은 마지막까지 회개치 않는 자는 결국 최후의 심판을 거쳐 모두 지옥불에서 영원히 타며 고통 받을 것이라고 분명히 말하고 있다.

그러니 어서 거기서 나오라고 하신다. 그 안에 머물러 있지 말라. "회개하라! 천국이 가까이 왔다" 하시는 것이다.

그리고 먼저 사함 받은 우리는 그들이 영벌에 처하기 전에 빛으로 인도해야 할 것이다.

15
힘들지만 중요한 선택
(요한계시록 10장)

인생은 수많은 선택을 우리에게 요구한다. 아침에 교회 갈 때도 3부 예배냐 4부냐를 선택해야 하고, 패널티킥 키커는 골대 중앙에 서 있는 골키퍼의 왼쪽이냐 오른 쪽으로 찰 것이냐를, 옷을 살 때도 우리는 매 순간 지혜로운 선택을 해야한다. 심지어 중국집에 가도 짜장면이냐 짬뽕이냐를 매일 고민 하는데 그건 짬짜면이 가능하지만 결혼을 앞두고 이 여자냐 저 여자냐 하는 선택에는 짬짜면이 없다. 환불이 안되는 거나 내일 새로 살 수 없는 것은 특히 잘 선택해야 한다. 성경도 넓고 큰 길과 좁고 협착한 길 앞에서 우리 그리스도인들에게 매 순간 선택을 요구한다. 오늘은 여러분이 살면서 인생에서 해야 할 중요한 선택 몇 가지에 대해 생각해 볼 것이다.

앞에서 본 일곱 인 심판의 와중에서도 계 7장을 통해 우리 그리스도인들은 인침을 입어 영적으로 해를 입지 않도록 하시는 하나님의 배려를 알게 되었고 감사했다. 8-9장의 일곱 심판 시리즈의 두 번째 세트인 일곱 나팔 재앙 중 여섯 나팔 심판에서는 악인들에게 임하는 극심한 심판의 신학적 기초에 대해서도 알게 되었다. 예를 들자면 그 심판은 오랜 세월 박해를 당하고 심지어 순교당한 성도들의 억울함을 신원해 달라는 기도에 대한 하나님의 응답하심 이기도 하다는 사실(6:9-11; 8:3-5; 9:13-21)이다. 그리고 고난받은 신자들의 예정된 수가 채워지고(6:10; 11:7a) 회개하지 않는 자들의 악함이 하나님 보시기에 더 이상 방치할 수 없는 수준에 이를 때(9:21; 11:7-10) 그 분은 이 세대의 역사를 끝내고(11:11-13, 18; 11:14) 세상을 어떻게 새롭게 할 것인지를 다루는 게 앞으로 볼 계시록의 후반부 내용이다. 그런 전체적 관점을 여는 전환점이 오늘 본문 10장인데, 그것은 어떻게 시작되는지 1절을 보자.

10:1 내가 또 보니 힘 센 다른 천사가 구름을 입고 하늘에서 내려오는데 그 머리 위에 무지개가 있고 그 얼굴은 해 같고 그 발은 불기둥 같으며

1절의 힘 센 천사는 앞 9:1에서 무저갱의 열쇠를 임시로 받아와 황충을 꺼내 6째 나팔 심판을 수행한 천사와는 다른 존재이다. 그런데 보통 천사와 다른, 힘센 천사 얘기는 전에 본 적이 있다. 기억나는가? 계 5:2 "또 보매 '힘 있는 천사'가 큰 음성으로 누가 그 두루마리를 펴며 그 인을 떼기에 합당하냐?"고 외치셨다. 언제 외치신 것인가? 보좌에 앉으신 이의 오른손에 일곱 인으로 봉해진 두루마리가 있을 때다. 이 사실들은 오늘 본문 10장이 앞의 계 5장과 연계성이 있음을 알려 준다.

아무튼 이 천사는 앞으로도 또 등장하겠지만 예사 천사가 아니다. 예를 들어 1절에서 그는 '구름을 입고 하늘에서 내려오신다' 그런데 계 1:7에서 구름타고 오시는 분은 그리스도셨다. 게다가 '그 머리 위에 무지개'가 있다. 겔 1:28 말씀처럼 이것은 여호와의 영광의 형상이며, 계 4:3에서도 무지개는 하나님의 보좌에 둘려 있는 것으로 그려진다. '얼굴은 해 같고'란 묘사도 계 1:16 그리스도를 묘사하며 '그 얼굴은 해가 힘있게 비치는 것 같더라'한 것과 같다. '발은 불기둥 같으며'란 묘사는 출 13:20-22에서 광야의 불기둥이며 계 1:15에서 그리스도의 발을 '풀무불에 단련한 빛난 주석 같다'고 한 것에서 이 힘 센 다른 천사는 나중에 계 18:21에 나올 그저 힘만 센 천사와는 다른 어떤 존재임을 짐작하게 된다. 이 뿐 아니다.

10:2 그 오른 발은 바다를 밟고 왼 발은 땅을 밟고 서 있다.

5절과 8절에서도 '바다와 땅을 밟고 서 있다'라 했다. 이처럼 하늘과 땅의 지배권을 가지고 있는 이는 누구인가? 마 28:18에서 "하늘과 땅의 모든 권세를 내게 주셨으니 그러므로 너희는 가서 모든 민족을 제자로 삼으라"고 하셨던 바로 그분 아닌가? 그는 그리스도이거나 적어도 신적 여호와의 사자 혹은 그리스도의 천사적 표현임을 확신하게 된다.

그 힘센 다른 천사 곧 그리스도적 천사는 그 손에 무엇을 가지고 계신가?

2절 "펴 놓인 작은 두루마리'이다. 그런데 하늘에서 전에 듣던 음성이 요한에게 말씀하셨다. 뭐라고 하시나? 8절 "하늘에서 나서 내게 들리던 음성이 또 내게 말하여 이르되 네가 가서 바다와 땅을 밟고 서 있는 천사의 손에 펴 놓인 두루마리를 '가지라' 하기로" 이제 늙고 쇠약해져가는 요한은 명령을 받았다. 감히 하늘과 땅의 모든 권세를 가진 이의 손에 놓인 이 두루마리를 가지라고!

그 두루마리는 2절에 보면 '작은 두루마리' *biblaridion*, 작은 책이다.

세상에는 크고 위대한 책들이 많다. 우리나라의 법을 수록해 놓은 2015년 법전 한 권이 6천 쪽이다. 근데 그거 하나 읽으면 세상 법체계를 다 알 수 있을까? 국내 저자의 미시경제학 교과서 하나가 785쪽인데 그거 한 권 읽고 경제를 다 알 수 있을까? 국내 내과학 교과서 하나가 970쪽인데 그거 하나 읽으면 의술을 다 알 수 있을까? 브리태니커 백과사전 27권, 18,786쪽을 다 읽으면 세상의 모든 이치를 통달할 수 있을까? 그 백과사전을 10번 쯤 통독해도 경제학, 의학, 법학, 바로크 음악, 현대미술 어느 하나 다 안다 말할 수 없다.

그런데 주님은 세상 경제를 다 알라 하지 않고, 세상 정치판을, 세상의 모든 음악이론을, 인체의 신비와 모든 의술을 다 알아야 산다고 하지 않고, 논어 맹자 중용 대학 시경 서경 주역을 떼서 세상 이치를 알라하지 않고, 이 작은 책 한 권을 가지라고 명하신다.

브리태니커 백과 27권을 다 읽어도 알 수 없는 세상의 시작과 끝의 모든 것을 계시한 이 작은 책 한권을 택하라고 명하신다. 그것은 단지 요한에게만 주어진 명령인가? 아니다. 저와 여러분 모두에게 주신 말씀이다. 오늘 본문은 주께서 사랑하는 그의 백성 모두에게 주신 권면이다.

▙ 작지만 이 위대한 책을 택하자(8).

세상 조류에 휩쓸려가며 살다보면 세상의 지혜와, 세상의 과학과 학문 지식이 때로 더 커보는 때가 있다. 그런데 온갖 책을 다 읽어도 알 수 없는 것이 있다. 우리가 어디서 와서 어디로 가고 있고, 왜 살아야 하나, 무엇이 삶의 참 의미인지, 세상의 시작과 마지막, 그리고 그 이후를 가르쳐 주는 책이 있다면 그것이 작아보여도 그것을 택하는 여러분 되기 바란다!

그런데 그 책이 어떤 책이기에, 좀 더 구체적으로 무슨 내용이기에 우리에게 취하라, 가지라고 하나? 그리고 무엇을 위해 그 책을 가지라고 하나? 하나씩 알아보자. 그것을 모르면 계 10장을 헛 읽은 것이다.

먼저 이 두루마리에 대해 알려면, 계 5장에서 나왔던 두루마리와 연계해서 이해해야지 따로 논할 수 없음을 이미 지적한 바 있다. 계 5장에서 두루마리는 그리스도의 죽음과 부활로 시작된 하나님의 구속과 심판 계획, 즉 세상의 마지막 때 일을 계시하고 일곱 개의 인으로 봉해놓았던 책이다. 그리스도께서 보좌에 계신 하나님으로부터 그 책 곧 두루마리를 받아 인봉을 하나씩 떼신 것은 아버지의 계획에 대한 권세를 받아 하나님의 계획 집행을 시작하신 것이었음을 계 6, 7, 8장을 통해서 우리는 알게 되었다.

10:3 사자가 부르짖는 것 같이 큰 소리로 외치니 그가 외칠 때에 일곱 우레가 그 소리를 내어 말하더라

그리스도적 천사 곧 그리스도의 메신저가 큰 소리로 외치는 것은 계시록에서 매우 중대한 사실을 선포하는 것이다. (이 때 '일곱 우렛소리'는 앞 계 6:1에서는 네 생물, 그리고 뒤에 볼 계 19:6에서 허다한 무리의 음성이다. 분명한 것은 이 소리는 하나님이나 그리스도의 음성은 아니라는 점이다. 왜냐면 뒤 4절에서 하늘에서 기록하지 말고 인봉하라는 또 다른 더 큰 권세 가진 분의 소리가 나기 때문이다.)

그 때 난 우렛소리는 출 9:23-34에서 심판을 암시하는 것이고, 시 29편에서도 하나님의 처벌의 우레가 7회에 걸쳐 반복되는 것을 통해 우리는 우레가 무엇을 상징하는지 알게 된다.

신약에서도 마찬가지다. 요 12:28을 보면 예수님이 "아버지여, 아버지의 이름을 영광스럽게 하옵소서 하시니 이에 하늘에서 소리가 나서 이르되 내가 이미 영광스럽게 하였고 또다시 영광스럽게 하리라"고 했다. 그것을 곁에 서 들은 사람들은 29절에서 그 소리를 뭐라 했나? "천둥이 울었다고 하며 또 어떤 이들은 천사가 그에게 말하였다"고도 했다. 여기 천둥소리에 해당하는게 계시록의 우렛소리다. 그 뒤 요 12:31 "이제 이 세상에 대한 심판이 이르렀으니 이 세상의 임금이 쫓겨나리라." 따라서 3절의 우렛소리도 계시록의 번개, 지진과 함께 하나님의 심판을 상징한다.

그런데 본문 4절에서 보듯 일곱 우레가 하는 말을 사도 요한이 기록하려고 하니까, 하늘에서 다시 소리가 나서 "일곱 우레가 말한 것을 인봉하고 기록하지 말라"고 하신다.

여기서 궁금한 것 하나 있다. 계시록은 비밀의 책이 아니라, 하나님의 계획을 우리에게 계시(reveal)하는, 드러내는 책이라고 했는데 아니 이건 또 무슨 일인가? 기록하지 말고 봉인하라니?

계 9장에서 사람들은 마지막 때의 년 월 일 시를 알고 싶어 하지만, 그것은 하나님의 주권에 속한 것이라 안 가르쳐주고, 묻지도 않은 마병대의 엄청난 규모는 알려주신다. 그것은 하나님의 영역인 시간을 알려고 하지 말고, 다만 깨어 대비하라는 뜻이다. 우리는 믿음으로 따르고 깨어 재난을 대비하면 되지, 모든 세부 사항을 다 알 필요는 없다. 본문 4절도 똑같은 원리다. 우리에게 필요한 것은 알려주시지만 어떤 사항은 기록하지 말고 봉인하라신다. 이처럼 3-4절을 통해 우리가 알게 된 것은 이 작은 책은 세상의 마지막 때에 벌어질 심판에 대한 어떤 세부사항에 관한 것이란 점 뿐이다. 이제 5-6절도 보자.

10:5 내가 본 바 바다와 땅을 밟고 서 있는 천사가 하늘을 향하여 오른손을 들고 6 세세토록 살아 계신 이 곧 하늘과 그 가운데에 있는 물건이며 땅과 그 가운데에 있는 물건이며 바다와 그 가운데에 있는 물건을 창조하신 이를 가리켜 맹세하여 이르되 지체하지 아니하리니

이 5-6절의 묘사는 단 12:7 "내가 들은즉 그 세마포 옷을 입고 강물 위쪽에 있는 자가 자기의 좌우 손을 들어 하늘을 향하여 영원히 살아 계시는 이를 가리켜 맹세하여 이르되"에서의 심판을 선언하는 것이 배경이다. 그러니까 이 펼쳐진 작은 책은 세상 심판에 관한 세부사항이 분명하다. 하지만 그 세부사항은 5 "바다와 땅을 밟고 서 있는 천사"만의 고유 영역이다. 그것은 우리의 알 바가 아니다. 우리에겐 큰 계획만 알려주신다. 그것도 잘 몰라서 버벅대는게 우리 아닌가? 알려주는 거나 잘 알자.

그런데 그 그리스도적 천사가 5b "하늘을 향하여 오른손을 들고 6 세세토록 살아 계신 … 이를 가리켜 맹세"를 한다. 무엇을 맹세하나? 6c 구속사를 절정으로 이끄는 방법에 관한 계시를 '지체하지 않겠다'고 하나님께 맹세하는 것이다. 그 말을 오해하면 안된다. 즉 즉시 재림하겠다는 것이 아니라, 재림 전에 있어야 할 심판을 즉시 시행하겠다는 말이다.

그 맹세를 하며 6절에서 "하늘과 그 가운데 있는 물건, 땅과 그 가운데 있는 물건, 바다와 그 가운데 있는 물건"을 언급한 것은 그의 피조물 모두에 대한 창조자로서의 절대주권을 강조하는 것이다.

이 말씀의 배경이 조금 전에 언급한 단 12:5ff인데 흥미로운 것은 단 12:6에서 다니엘도 어느 때까지냐고 묻고, 8절 이 모든 일의 결국이 어떠하겠느냐고 묻는데, 9절에서 마지막 때까지 가르쳐주지 않을 것이라며 봉함하게 하며 그냥 "다니엘아 갈지어다"라고 대답하는 것이다. 본문과 같은 패턴이다. 그러니 여러분 이 말씀을 절대 잊지 말라. 행 1:7 "이르시되 때와 시기는 아버지께서 자기의 권한에 두셨으니 너희가 알 바 아니요" 그렇지만 분별력 없어 마지막 때 분별 못하는 어리석은 백성들 되지 말고, 항상 심판을 대비하며 살면 된다. (신 32:28 그들은 모략이 없는 민족이라 그들 중에 분별력이 없도다 29 만일 그들이 지혜가 있어 이것을 깨달았으면 자기들의 종말을 분별하였으리라)

그럼에도 불구하고 우리는 "그래도 그렇지, 지체하지 않고 속히 행하시겠다면 분별력을 가지고 살려면 적어도 언제쯤 이루어질 것인지 정도는 힌트를 주셔야지요"라고 말하고 싶지 않나? 그래서 7절은 말한다.

10:7 일곱째 천사가 소리 내는 날 그의 나팔을 불려고 할 때에 하나님이 그의 종 선지자들에게 전하신 복음과 같이 하나님의 그 비밀이 이루어지리라 하더라

그 때는 앞으로 볼 일곱 째 나팔소리가 날 때이다. 앞의 계 6:10에서 성도들이 박해한 자들을 어느 때에 심판하실 것이냐며 하나님께 탄원기도를 올릴 때 하나님은 그 수가 차기까지 '아직 잠시 동안' 쉬고 있으라고 했었다. 그런데 그 '아직 잠시 동안'이 끝나서 탄원기도가 응답받는 때가 오는데 언제인가? 일곱째 나팔이 불 때이다. 그 상황은 11장 이후에서 볼 것이다.

그럼 지금까지 우리가 파악한 바에 의하면, 오늘 우리의 본문 계 10장의 작은 두루마리는 어떤 책인가?

하나님의 영역에 속한 일부 세부사항을 제외하고, 악한 현재 세상을 어떻게 심판하고 마무리하며, 새 하늘과 새 땅을 어떻게 시작할 것인지에 대한 하나님의 계획과 그 가운데서 우리 그리스도인들 즉 교회의 위치에 대해 다루는 게 이 작은 두루마리 책이다. 그 부분은 예수님의 역사에 대한 주권, 성도들로 만들어진 교회 시대 전체 과정, 새 우주 안에서의 다스림, 환난을 겪는 자기 백성에 대한 그리스도의 보호, 박해하는 세상에 대한 그리스도의 현세적이며 최종적 심판, 그리고 최후의 심판에 대한 하나님의 플랜이다.

그런데 문제는 이것이다.

10:8 천사의 손에 펴 놓인 두루마리를 가지라 하기로 9a 내가 천사에게 나아가 작은 두루마리를 달라 한즉 천사가 이르되 갖다 먹어 버리라

갖고만 있으면 안된다. 먹어버리라는 것이다. 요한은 그 명령에 순종하여 그 작은 책을 가져다가 먹어 버린다. 그렇게 함으로 그리스도의 계시는 이제 요한의 사명이 된다! 우리도 이 계시록을 보며 들으며 하늘로 나아가 그 계시를 듣고 받고 먹어야 한다. 그래서 세상을 향한 하나님의 총체적 플랜을 알아야 한다. 아는 것에서 멈춰서도 안된다. 듣고 알고 즐길 것이 아니라, 세상에 수많은 플랜들이 많지만 사도 요한이 그랬던 것처럼 이것을 먹고 소화해 우리 인생의 플랜을 위한 나의 사명으로 삼아야 한다. 그러므로

🔼 하나님의 큰 그림을 이해하고 여러분의 사명으로 택하자(9).

그런데 세상의 시작과 끝까지에 대한 하나님의 전체 플랜을 우리 작은 머리로 다 이해하는 것은 쉽지 않다. 게다가 그것을 살아내는 것은 더욱 쉽지 않다. 왜 그럴까?

먼저 6절의 지체하지 않고 시행한다는 것이 어떤 방법을 통해서인지 7

절이 알려주는데, **"복음처럼 하나님의**(께서 계시하신) **비밀이 이루어지리라"** 고 한다. 도대체 하나님의 비밀인 복음은 어떻게 전해지고 이루어져왔 나? 십자가의 길과 고난과 박해를 통해 성도의 피흘림을 통해서다.

하나님은 그 사명자의 삶이 얼마나 힘든 것인지 잘 알고 계신다. 그래 서 이 작은 책을 먹으면 어떤 일이 벌어질 것인가를 말씀해주신다.

10:9b 천사가 이르되 갖다 먹어 버리라 네 배에는 쓰나 네 입에는 꿀 같 이 달리라 하거늘

이 사실을 알려줘도 요한은 순종하고 먹었다. 그랬더니 역시나

10:10 내가 천사의 손에서 작은 두루마리를 갖다 먹어 버리니 내 입에는 꿀 같이 다나 먹은 후에 내 배에서는 쓰게 되더라.

참 아름다운 순종이다.

우리는 교회에서 말씀 잔치에 참여하고 달콤하게 조리된 말씀을 들으 면 즐겁다. 시 119:103절 말씀처럼 주의 말씀은 입에 꿀보다 더 달지만, 앉아서 듣고 즐기는 것이 아니라 그것을 적용해 험한 세상 속에서 삶으로 살아내는 것은 힘들고 때로 고통스럽다. 왜냐면 어둠의 사람들에게 미움 과 박해와 심지어 순교까지 당할 수 있기 때문이다.

렘 15:16는 '내가 주의 말씀을 얻어먹었사오니 주의 말씀은 내게 기쁨과 내 마음의 즐거움이오나'라고 한다. 그러나 그게 다가 아니다. 주께 붙들 려 심판을 선언해야 했던 눈물의 선지자 예레미야의 고백 17-18절을 새번 역으로 보자.

"저는 웃으며 떠들어대는 사람들과 함께 어울려 즐거워하지도 않습니 다. 주님께서 채우신 분노를 가득 안은 채로, 주님의 손에 붙들려 외롭 게 앉아 있습니다. 18 어찌하여 저의 고통은 그치지 않습니까? 어찌하

여 저의 상처는 낫지 않습니까?"

그게 쓴 맛이다. 말씀 듣는 기쁨과 즐거움은 잠깐이고, 자신의 말이 거부당할 때 겪는 마음(배)의 쓰림, 그리고 멸망 받을 백성을 보며 아픔과 슬픔과 고통과 상처로 인한 예레미야의 눈물, 그것이 복음 전파자의 삶이다. 그후 19절에 사명이 주어진다.

혹시 이 가운데 목회자의 길, 주의 종의 길을 걷고자 하는 사람들이 있는가? 미리 알아둬야 할 것이 하나 있다. 말씀 먹기는 즐겁지만, 하나님 말씀 증거를 우리의 전적인 사명으로 삼게 되면 모든 얘기가 달라진다는 사실이다. 복음 선포 그 자체는 달게 보이지만, 거역하는 백성에게 회개를 촉구하고 거부하는 이들에게 심판을 선언하는 것은 쓴 맛이다. 들으나 반응하지 않고 불평하며 거부하는 백성들의 운명을 알기에 겪게 될 아픔과 쓰림이 크다. 에스겔의 삶도 그랬다.

겔 3:3 "사람아, 내가 너에게 주는 이 두루마리를 먹고, 너의 배를 불리며, 너의 속을 그것으로 가득히 채워라. 그래서 내가 그것을 먹었더니, 그것이 나의 입에 꿀같이 달았다."

그후 사명이 주어진다. 4 "그가 또 나에게 말씀하셨다. 사람아, 어서 이스라엘 족속에게 가서, 내가 하는 바로 이 말을 그들에게 전하여라" 그러나 이스라엘은 선지자의 말을 듣지 않을 것도 알려주신다. 그래서 14 "주님의 영이 나를 들어 올려서 데리고 가실 때에, 나는 괴롭고 분통이 터지는 심정에 잠겨 있었는데, 주님의 손이 나를 무겁게 짓눌렀다"

게다가 하나님은 에스겔에게 겔 9:4-6에서 하나님의 성소에서 시작해서 교회 안의 인 받지 못한 자들을 나이든 자부터 시작해 아이와 여자까지 다 심판해 죽이라는 명령을 받고 수행해야만 했다.

이처럼 사명에 따라 산다는 것은 잃었던 영혼이 생명을 얻고 세례 받는 것을 보는 즐거움만 있는 것이 아니라, 거부당하고 가난과 박해는 물론,

인침을 받지 못한 거짓 그리스도인들에게 심판을 선언해야 하기에 고통과 아픔의 삶이다. 물론 넓고 큰 길을 택해 좋은 소리만 하며 거짓 선생으로 살면 되겠지만, 참된 말씀의 종은 그럴 수 없다. 좁고 협착한 길이라도 말이다. 이제 9절에서 작은 두루마리를 먹어버리라고 한 이유와 목적이 밝혀진다.

10:11 "그가 내게 말하기를 네가 많은 백성과 나라와 방언과 임금에게 다시 예언하여야 하리라 하더라"

이것은 '하늘과 땅의 모든 권세를 내게 주셨으니 너희 가서 모든 민족을 제자 삼으라'는 명령의 반복이다. 하나님의 백성된 성도 여러분, 우리 모두 그 작은 책을 먹자 그리고 이 마지막에 벌어질 하나님의 일들을 많은 백성과 나라와 방언과 임금에게 선포하는 사명을 수행하자. 선교사가 아니더라도, 우리 부르심 받은 하나님의 백성은 모두 말씀을 증거하다가, 쓴 맛을 볼 것도 알지만 그래도 모두 그 일을 하라고 부르심을 받고 그 삶을 선택해야 할 것이다. 그런 삶을 살다가 핍박받고 좌절하고 절망하고 포기했을지라도 '다시' 일어나 복음을 신포해야 한다.

📖 힘든 일 있을지라도 사명자의 삶을 택하자(11).

임금님 귀는 당나귀 귀라는 것을 알았을 때 그 이발사는 그 왕의 비밀을 말하고 싶어 얼마나 입이 근질근질했을까? 갈대밭에 가서 땅파고 그 구덩이에라도 말해야 속이 풀렸다. 인터넷에서 연예인 스캔들 알게 되거나 세상의 비밀 알게 되면 신속하게 그 따끈따끈한 정보를 SNS에 올리고 몇 명이 좋아요를 눌러 주나 누가 댓글을 달아주나 그것만 쳐다보고 있지는 않는가?

그런데 크리스천으로서 복음의 깊이와 넓이의 그 어떠함을 알게 되고,

계시록 말씀을 통해 마지막에 벌어질 일들의 본질을 알게 되면 어떤가? 주변 사람들에게 이 사실을 알리고 싶어 입이, 손가락이 근질근질 하지는 않는가?

많고 많은 교회 중에 우리 교회에 나와 그것도 작은 두루마리를 먹게 된 여러분은 그 비밀을 말하고 싶어서 입이 근질근질하지 않은가?

하나님의 목적은 최후의 심판의 날이 이르기 전에 세상이 다 회개하는 것이다.

그러나 사람들은 여전히 세상을 원한다. 특히 귀에 즐거운 소리 멋진 소리를 원한다. 그러면 문화센터나 가라. 그리고 자칭 아트스피치의 예술적 승화나 말하는 토크 콘서트나 가라.

그 토크 콘서트에 참석한 기독교인으로 알려진 어떤 연예인도 환호하며 은혜가 되었다 하니 기가 막히다. "부흥회인 줄 착각했잖아요? 속 확 풀고 가요…"라고 한다. 그 강사는 어렸을 때 교회 다닐 때 주위들은 얘기를 세속적 가치관으로 포장해 한참 너스레를 떨며 웃고 울리다가 사람들의 힘들고 가려운데를 긁어주니 이게 부흥회로 보였는지 은혜 받았다는 거다. 그 감사는 지치고 깨지고 쓰러진 사람들의 상처를 터치한 후, 부부 가족 성공 자기 성취 긍정적 사고를 얘기한다. 스펙을 쌓고 버티라고 인내하라고… 내가 만든 가치(하나님 나라의 가치가 아닌!)는 타인에 의해 흔들리지 않는다. 당신의 가치는 절대로 타인에 의해 바뀌거나 만들어질 수 없다. 여러분의 인생은 여러분이 만들어나가는 거라며…하지만 이런 내용은 성경과 아주 다른 가치관이다.

그런 류는 데일 카네기가 원조다. 서점가서 카네기 인생론/명언집을 들춰보고 인터넷을 검색해봐라.

"우리는 1년 후면 다 잊어버릴 슬픔을 간직하느라고 무엇과도 바꿀 수 없는 소중한 시간을 버리고 있다. 소심하게 굴기엔 인생은 너무 짧다

/ 바람이 불지 않을 때 바람개비를 돌리는 방법은 앞으로 달려 나가는 것이다 / 나는 신발 없음을 한탄했는데 거리에서 발이 없는 사람을 만났다 / 물고기를 잡고 싶다면 물고기가 무엇을 먹고 싶어 하는지 물어 봐라 / 세상의 중요한 업적 중 대부분은 희망이 보이지 않는 상황에서도 끊임없이 도전한 사람들이 이룬 것이다 / 행운은 매달 찾아온다. 그러나 그것을 맞이할 준비가 되어 있지 않으면 거의 다 놓치고 만다. 이번 달에는 부디 이 행운을 놓치지 말라"

등등 좋은 말이 많이 나온다. 여러분도 이런 것을 원하는가? 그래도 난 안해줄거다. 그런 류의 자기 계발서 성공적 인생 비결은 홍수같이 넘친다. 다시 성경을 봐라. 세상 명언들은 어떤 면에서는 맞다. 그러나 하나님 나라의 가치와 다르다. 그 깊이와 넓이의 차이와 진리와 인생명언의 진정한 차이를 깨달아라. 그 스피치 명강사들의 톡앤쇼는 물론 현대적 무대와 음악 그리고 사람을 울고 웃기는 화려한 화술과 너스레가 있다. 그것을 성경의 진리와 헷갈리지 말라. 몇 만원씩 내고 그런데 가서 실컷 웃고 울고 가슴 찡 하고 외서도 지옥 갈 수 있다. 하나님 말씀과 성령 아니면 여전히 우리의 죄성은 변하지 않는다. 그 화려한 자칭 아트스피치의 대통령이라는 강사도 마찬가지다. 그 사람은 예배와 설교와 목사 알기를 우습게 알고 목사를 가르치고 싶어한다. 사실 그 두 시간을 위해 최선을 다해 엄청나게 준비하는 그런 강사들 입장에서 보면, 어떤 목사들은 자신은 절대 그렇게 못하니까 그런 생각이 들 수도 있을 것이다.

그래서 나는 괴롭다. 교회는 비어 가는데 엄청난 팬클럽을 몰고 다니는 그런 톡앤쇼의 매진 사태를 보며 마음이 아프다. 게다가 예수 믿는다는 사람들이 왜 그런 멋진 말쟁이들의 말과 하나님 말씀의 깊이와 차이를 구별하지 못하는지 슬프고 안타깝다. 그리스도인의 담화 모임 같은게 속히 그 수요를 대치해 주길 바란다.

그러나 교회 와서 쉽고 재밌는 거, 이런 감동적인 말 수준 원하면 안된다. 목사가 다 김제동 같아야 하나? 목사가 다 희망적이고 긍정적인 인생역전 얘기와 재밌고 감동적인 드라마만 써야 하나? 나도 그런거 하라면 할 수 있다. 그런데 난 그런거 하라고 부름 받은 적 없어서 안한다. 그런거 원하면 그런거 잘 하는데를 선택하라. 그러나 오직 진리만이 우리를 참으로 자유케 한다.

그래도 쉽고 재밌는 것을 원하나? 예수님은 들을 귀 있는 자는 들을지어다 도전하신다.

나는 입에 달지만 먹으면 쓴 말을, 있는 그대로 전하는 좁고 협착한 길을 선택한다.

매일 재밌고 매일 드라마처럼 재밌고 감동적인 거 원하면 TV켜서 개그콘서트 보고 응팔이나 봐라. 차라리 극장에 가라.

대신, 교회가면 하나님 말씀을 들어라. 입에는 달지만 배에는 쓴 그 책을 먹은 후 우리는 그 책 내용을 증언하라고 명령을 받는다.

10:11 네가 많은 백성과 나라와 방언과 임금에게 다시 예언하여야 하리라.
하나님의 이 명령에는 선택의 여지가 없다.

16
잠시 환난을 당해도 우리는 결국 이길 것이다
(요한계시록 11장)

얼마 전 제자들과 식사하는데, 그 목사님은 한 교인의 하소연을 듣고 너무 화가 나서 한참을 씩씩 댄 적이 있다는 얘기를 들었다. 남편이 암에 걸려서 매일 간절히 기도하며 병수발을 하는데, 많이 악화된 지난 두세 달은 남편 얼굴도 못봤다며 울더라는 것이었다. 이유인 즉 시어머니가 "재수 없는 네가 들어와서 내 귀한 아들 잡아먹었다"며 남편 옆에 가지도 못하게 한다는 것이다. 그런데 그 아들도 교회 다니지만, 시어머니는 교회 권사라는 것이다. 그 분이 권사면 뭐하냐고, 그게 예수 믿는 사람의 모습이냐고 하자 옆에 있던 다른 목사님들은 권사라고 다 권사고, 교인이라고 다 교인이냐며 요즘 교회는 다녀도 정말 거듭난 사람인지 체크해봐야 한다고 했다. 듣던 나도 숟가락을 내려놓고, 못돼도 참 못된 시어머니라는 생각이 들며 목회자들이 설교 제대로 하고 목회 제대로 해야지 그렇지 않으면 그런 사람들 때문에 교회와 하나님의 이름이 세상에서 조롱을 받게 된다는 생각이 들었다. 여러분도 주변에서 그런 성도 같지 않은 교인들 본적 있는가? 하나님도 오늘날 교회를 보며 참 가지가지 많이도 한다고 하실 것 같다. 하나님은 그런 사람들을 어떻게 하실까 궁금하지 않나? 오늘 본문은 하나님께서도 교회 안에 그런 사람들이 많다는 것을 인지하고 계심을 보여준다.

1절을 보자.

11:1 또 내게 지팡이 같은 갈대를 주며 말하기를 일어나서 하나님의 성전과 제단과 그 안에서 경배하는 자들을 측량하되

본문은 하나님의 성전과 제단과 그 안에서 경배하는 자들을 측량하라는 명령과 함께 시작된다. 솔로몬의 성전에는 원래 안마당, 바깥마당 두 개가 있었다. 그런데 헤롯은 유대인들의 환심을 사기 위해 크게 증축을 하며 안마당을 제사장, 이스라엘, 여자들의 마당 3개로 분리시켰다. 그리고 그 안마당으로 들어가는 이방인은 죽게 된다는 경고를 붙여 놓았다. 바깥마당은 이방인의 뜰인데 그것은 행 8:28의 에디오피아 내시처럼 타민족 중에서 하나님을 경외하여 예배하러 온 순례자들을 위한 것이다.

분명한 것은 성소나 안마당은 물론, 바깥마당도 성전의 한 부분이므로 거룩한 영역이고 하나님께 속해 있다는 점이다. 그럴지라도 바깥마당은 여호와를 경배하지만 유대인은 아닌 외인들의 공간이며, 현대 기독교의 입장에서 보면 예수님의 십자가 때문에 이제 유대인이나 헬라인이나 구분은 없어졌지만 교회란 테두리 안에 들어와 공존하기는 하나 아직 거듭나지 않은 사람들, 온전히 드려진 하나님의 백성이 아닌 아까 얘기한 이상한 권사같은 사람들의 상징이라고 볼 수도 있을 것이다.

마지막 때 일곱 번째 나팔이 불기 전에 하나님은 그런 교회에서 추수를 시작하며 측량이란 신적 행위를 시행한다. 그런데 1절을 보면 하나님은 단지 성전과 제단만 측량하는 것이 아니라, 그 안에서 경배하는 사람들을 측량하라고 하신다. 측량줄과 자로 측량하는 것은 겔 40장에서 가져온 심상인데 심판이 아니라 하나님의 보호를 상징한다. 오늘날로 말하자면 현장 보존을 위해 폴리스라인을 세워놓는 것과 같다. 그 노란 선은 관계자 외에는 누구도 넘어가 훼손하면 안된다는 보호용 경계선인 것과 유사하다.

그런데 2절을 보자.

11:2 성전 바깥마당은 측량하지 말고 그냥 두라 이것은 이방인에게 주었은즉 그들이 거룩한 성을 마흔두 달 동안 짓밟으리라

여기에서 보듯 성전이지만 바깥마당을 측량하지 말라는 것은 교회란 영역 안에 들어와 있지만 온전한 하나님의 백성이 아닌 사람들, 아직 그리스도의 피로 깨끗해진 흰 옷을 입지 않고 세상에 오염된 사람들은 보호하지 않고, 일정 기간 이방인들의 재앙과 박해에 넘겨준다는 말이다. 이방으로 묘사된 세상은 42개월 동안 성전의 바깥마당에 있는 사람들을 짓밟을 것이다. 그것은 구약 단 8:11-14에서 작은 뿔이 하늘 군대를 짓밟는 예언에서 가져온 것인데, 주님의 뜻을 거역하는 옛 이스라엘을 재앙에 넘기시는 것과 같은 사건이다. 이것이 바로 계 10장 후반에서 작은 책을 먹어보니 입에는 달지만 뱃속이 쓰다고 한 것이고, 그것이 11:1-2로 이어진 것이다.

그 짓밟히는 기간을 2절은 42달이라고 하는데, 42란 숫자는 이스라엘 백성들이 광야에서 방황할 때 진을 쳤던(민 33:5-49) 횟수로 그리 유쾌한 기간이 아니다. 그 기간은 계 12:14; 단 7:25; 9:27에서 한 때와 두 때와 반 때; 어떤 곳에서는 3년 반, 계 11:13에서 1260일이라고 한 것과 같다. 그리고 계 11:6에 의하면 엘리야 시대에 심판을 받아 이스라엘에 가뭄이 들었던 시기(왕상 17:1)인데, 약 5:17에서는 그 기간을 3년 반이라 칭한다. 따라서 3년 반이든 42달이든 1260일이든 같은 기간으로 이것은 환란 기간의 상징이다.

이처럼 1-2절을 통해 우리가 발견하게 되는 것은 성전 바깥마당만 밟는 신앙생활을 하는 교인들은 3년 반이란 기간 동안 짓밟힘을 겪지만, 성전과 제단 깊숙한 곳에서 온전히 예배하는 하나님의 백성들에게 그 기간은 하나님의 보호를 경험하는 은혜의 시간이 된다는 점이다. 그렇다면 당신은 하늘 성전과 제단에서 경배하는 자들인가, 아니면 성전 뜰만 밟고 왔다갔다 하며 예배는 드리지만 온전히 드려지지 않은 사람들인가? 저는 여러분 모두 마지막 때 3년 반 동안 휘몰아칠 극심한 환난과 재앙 속에서도 하나님의 보호를 받는 인치심을 받은 자, 하나님의 성전과 제단에서 경배하는 자들에 속하기를 바란다. 하나님 은혜의 존전 깊은 곳에 들어가지 않고 바깥마당에서 빙빙 도는 자들 되지 않기를 바란다. 그러므로
🔼 성전의 바깥마당에서 성소 깊이 들어가는 성도가 되자(1-2).

이처럼 교인이라고는 하나 분명히 거듭나 주의 제단 위에 온전히 드려지지 않은 사람들은 짓밟힘을 받게 허용되는 시기에, 하나님은 그들이 회개하고 주께 돌아오도록 두 명의 종을 보내 하나님의 말씀을 증거하고 악한 세상에 심판을 선언하게 하신다.

11:3 내가 나의 두 증인에게 권세를 주리니 그들이 굵은 베옷을 입고 1260일을 예언하리라
그런데 이 두 증인은 누구일까? 어떤 사람은 세상 앞에 증언하는 교회를 대표하는 것이라 보기도 한다. 그러나 세상 끝 날에 심판을 선언하며 또한 택함을 받았으나 아직 회심하지 않은 사람들에게 회개의 복음을 외치기 위해 나타날 모세와 굵은 베옷을 입고 세례 요한의 심령과 능력으로 올 엘리야를 상징하는 두 명의 하나님이 보내신 영적 지도자일 것이다.

11:4 절에서는 **"그들은 이 땅의 주 앞에 서 있는 두 감람나무와 두 촛대니"** 로 묘사된다.
이것은 슥 4:2 "내가 보니 순금 등잔대가 있는데 그 위에는 기름 그릇이 있고 또 그 기름 그릇 위에 일곱 등잔이 있으며 그 기름 그릇 위에 있는 등잔을 위해서 일곱 관이 있고"란 말씀에서 나온 것인데, 어두워져 가는 교회와 세상 가운데 빛을 밝혀줄 존재이며 슥 4:3 "그 등잔대 곁에 두 감람

나무가 있는데"와 슥 4:14에서 기름부음 받아 온 세상의 왕 앞에 서 있는 두 사람에 대한 예언에서 가져온 것이다.

이 두 증인은 계 1:5와 3:14에 나오는 충성된 증인인 예수님처럼 고난 속에서 세상을 향해 인내로(6:9) 증언하는 역할을 하라고 주께서 세운 영적 지도자들이다. 그들은 3절에서 보듯이 하나님 말씀을 선포하는 예언의 권세를 받아 계 1:16이 묘사한 것처럼 예수의 입에서 나오는 좌우에 날선 검처럼 말하고 요 16:8-11이 말하는 성령의 사역처럼 세상의 죄책을 날카롭게 증언하며 심판의 메시지를 전할 것이다.

그러나 증인이 이런 사명을 수행하려고 하면 항상 반대자와 대적들이 있게 마련이다. 하나님은 두 증인이 그 회개 촉구의 사명을 다하도록, 또한 예언과 심판의 사명을 다하도록 보호해 주신다. 그것이 바로

11:5 만일 누구든지 그들을 해하고자 하면 그들의 입에서 불이 나와서 그들의 원수를 삼켜 버릴 것이요 누구든지 그들을 해하고자 하면 '반드시' 그와 같이 죽임을 당하리라

는 말씀의 뜻인데, 여기서 '반드시'라는 분명한 보호에 대한 의지에 주목하라!

하나님은 당신의 증인들에게 예언의 능력을 주시고 대적으로부터 보호해 주실 뿐 아니라 그 사명을 잘 감당할 수 있도록 권능도 더해 주신다. 왜냐면 2절에서 보듯 42달 동안 성전 바깥마당에 있는 교인들 혹은 구도자들을 악한 것들이 짓밟으며 시련을 줄텐데, 그러기 위해서는 바로 왕에게 맞섰던 모세처럼, 바알신의 제사장들과 맞섰던 엘리야와 같이 기적과 능력으로 증거해야 하기 때문이다.

11:6 그들이 권능을 가지고 하늘을 닫아 그 예언을 하는 날 동안 비가 오지 못하게 하고 또 권능을 가지고 물을 피로 변하게 하고 아무 때든지 원

하는 대로 여러 가지 재앙으로 땅을 치리로다

이런 하늘, 바다, 땅에 3중적 재앙 심판은 하나님께서 세상 모든 신들을 무력화시키고 이기실 것을 보여주는 것이다. 오직 여호와만이 온 세상 모든 것을 통제하실 수 있다.

그런데 두 증인이 삼 년 반 기간 동안 증언을 성공적으로 마치자, 하나님은 얼마 동안 악의 세력이 이기는 것을 허용하신다. 이것은 계 6:9에서 이미 본 것처럼 증인은 항상 그들이 전한 증거로 인해 순교 당하는 것과 같은 '증언 - 수난'의 패턴이다. 7-10을 보자.

11:7 그들이 그 증언을 마칠 때에 무저갱으로부터 올라오는 짐승이 그들과 더불어 전쟁을 일으켜 그들을 이기고 그들을 죽일 터인즉 8 그들의 시체가 큰 성 길에 있으리니 그 성은 영적으로 하면 소돔이라고도 하고 애굽이라고도 하니 곧 그들의 주께서 십자가에 못 박히신 곳이라 9 백성들과 족속과 방언과 나라 중에서 사람들이 그 시체를 사흘 반 동안을 보며 무덤에 장사하지 못하게 하리로다 10 이 두 선지자가 땅에 사는 자들을 괴롭게 한 고로 땅에 사는 자들이 그들의 죽음을 즐거워하고 기뻐하여 서로 예물을 보내리라 하더라

마지막 날이 오기 전 무저갱에서 올라오는 짐승이 그리스도의 증인들을 해할 것이다. 42달 동안 두 증인은 엘리야의 영으로 왔던 세례 요한과 같은 사역을 수행하지만, 그 사명을 다하자 그들의 운명은 세례 요한의 일생과 같이 마감된다. 그것은 또한 십자가에 못박힌 예수님의 생애이기도 했다(8). 이 42달의 다른 표현인 1260일이란 두 증인이 예언하는 기간도 초림과 재림 사이의 일반적인 교회의 시대가 아니라, 적 그리스도가 교회를 정복하고(13:7) 교회가 다시 정복할 때 사이에 있을 이 세상 역사의 마지막 시기이다.

따라서 증인으로 산다는 것은 여전히 박해와 죽음을 감당하는 것이며,

그런 고난 속에서도 약속된 완전한 승리의 날까지 인내로 끝까지 이겨내야 하는 것이다. 주님도 겟세마네 동산에서 마셔야 할 잔의 고통 앞에서 기도했지만 아버지의 뜻이라면 기꺼이 감당해 냈던 것처럼 말이다. 박해 속에서 믿음으로 기꺼이 순교했던 신앙의 선배들은 이처럼 주님의 길을 걸었던 참된 제자들이라고 나는 믿는다. 예수 믿는다는 것은 그런 의미에서 참 대단한 일이다.

무저갱에서 올라온 짐승은 결국 사명을 다 마친 두 증인을 죽여 8절에 보듯 그 시체를 큰 패역한 성의 길가에 방치한다. 죽은 자를 장사조차 지내지 못하게 하는 것은 최악의 모독(창 40:19)이다. 2천 년 전 사탄은 이미 예루살렘 성에서 예수님을 십자가에서 죽이고 그 나무에 매달아 놓고 지나가는 사람들이 조롱하게 하지 않았던가?

이 사건은 본격적인 전쟁의 서곡이다. 다음에 볼 12장에서는 용이 미가엘과 싸우고 그 다음에 여자와 여자의 남은 자손과 싸운다. 16:14와 19:19에서는 오늘 본 짐승이 아마겟돈 전쟁을 위해 세상의 군대를 모으고, 20:8에서는 다시 용이 하나님과 마지막 싸움을 위해 땅의 사방에서 곡과 마곡을 모아 싸울 것이다.

이제 두 증인을 죽인 무저갱에서 나온 짐승의 일당들은 10절처럼 잠시 승리한 것에 환호하고 기뻐서 광란의 축제를 열고 서로 기념을 할 것이다. 그러나 그것은 큰 착각이다. 11절에서 보듯 예수님을 죽음에서 살리신 하나님은 그들을 다시 일으켜 세울 것이기 때문이다.

11:11 삼 일 반 후에 하나님께로부터 생기가 그들 속에 들어가매 그들이 발로 일어서니 구경하는 자들이 크게 두려워하더라

엘리야 시대에 3년간의 가뭄을 성경은 종말론적 의미로 3년 반으로 표현하듯이, 예수님이 장사된지 사흘 만에 부활하셨지만 두 증인의 부활은 종말론적으로 삼일 반만에 일어나야 한다. 삼일 반 후에 하나님의 생기가 들어가서 일어서는 것은 또한 겔 37장에서 나온 표현이다. 겔 37:11에서 말하듯 그러므로 우리도 다 끝났다, 소망이 없다, 우리는 다 마른 뼈라고 하지 말고 사람을 만드실 때 그 코에 생기를 불어넣듯이 이미 죽어 마른 뼈가 된 우리들에게 생기를 불어넣으시고 무덤을 열고 나오게 하시는 여호와를 믿어야 한다. 그것이 12절에서는 "하늘로부터 큰 음성이 있어 이리로 올라오라 함을 그들이 듣고 구름을 타고 하늘로 올라가니 그들의 원수들도 구경하더라"로 그려진다.

부활한 두 증인은 하나님의 큰 음성을 따라 원수들 앞에서 하늘로 올라갈 것이다. 이것을 보고 세대주의 종말론자들은 환난을 통과한 교회가 휴거되는 것이라고 해석하고 싶어 한다. 그러나 이 구절은 휴거에 대한 구절이 아니다. 왜냐면 막 13:24-27절이나 살전 4:16-17을 보면 교회/성도의 부활은 그리스도가 재림하실 때 일어날 일이고, 계 19:11-12를 보면 예수님의 강림 곧 파루시아는 아마겟돈 전쟁이 일어나 역사가 끝날 마지막 순간에 일어날 일이기 때문이다.

이 구절이 말하는 것은 하나님은 광야에서 원수들의 목전에서 멋진 잔치상을 베풀 듯이 원수들 앞에서 믿음으로 순교한 증인들에게 모두에게 약속된 부활의 참된 승리를 보여주시는 장면이다. 하나님의 백성에게 이런 큰 상이 베풀어진다는 것은, 땅에 있는 어둠의 사람들에게는 13절처럼 재앙이고 심판이다. "그 때에 큰 지진이 나서 성 십분의 일이 무너지고 지진에 죽은 사람이 칠천이라 그 남은 자들이 두려워하여 영광을 하늘의 하나님께 돌리더라"

자기네들이 죽였던 증인이 살아나 두 발로 일어선 것은 가히 충격적인 일이고, 사탄의 승리라고 환호하고 즐거워하던 자들에게는 엄청난 공포가 될 것이다. 그것은 첫 이스라엘 백성들을 출애굽 시킬 때, 홍해가 갈라지고 그 백성들이 통과하자 추적하는 애굽 군대를 거센 물로 다 삼켜 버리게 하고 주의 거룩한 처소로 들어가게 하자, 출 15:16에서 에돔 두령들

과 모압의 영웅들과 가나안 주민들에게 '놀람과 두려움'이 임했다는 것과 같은 맥락이다. 그러므로

⬆ 증인으로 살다가 고난을 당할지라도 주께서 살려주실 것을 믿는 성도가 되자(11-13).

그런데 13절 해석에서 어려운 부분은 그들이 큰 두려움으로 '하늘의 하나님께 영광을 돌린 것'이 지금까지 회개하지 않고 끝까지 완악함을 보이던 자들이 드디어 회개한 것이냐, 아니면 하나님의 일에 큰 감동을 받지만 여전히 참된 회개는 하지 않고 그냥 엄지만 치켜 든 것이냐 하는 부분이다.

둘 다 가능성이 있는 해석이고 물론 두 증인의 사역을 통해 일부는 주님께 돌아오지만, 13절이 말하는 바는 후자 즉 놀라서 "오~ 대단한데"라는 찬사를 날리는 것 정도이다. 왜냐면 빌 2:10-11 "하늘에 있는 자들과 땅에 있는 자들과 땅 아래에 있는 자들로 모든 무릎을 예수의 이름에 꿇게 하시고 11 모든 입으로 예수 그리스도를 주라 시인하여 하나님 아버지께 영광을 돌리게 하셨느니라"는 말씀이 온 세상의 모든 사람이 다 회개하고 구원받았다는 말이 아니고, 그들을 십자가 앞에 굴복시키고 하나님의 승리를 인정하게 했다는 말이기 때문이다.

출 8:19에서도 애굽의 요술사가 바로 왕에게 "이것은 하나님의 권능이니이다"라고 주께 영광을 돌리나 바로의 마음은 완악해 듣지 않았고, 단 4:34도 보면 느부갓네살이 하나님을 찬양하고 경배했으나 곧이어 전처럼 자신의 우상으로 돌아갔고 유대인들에게 숭배하게 강요하기 때문이다. 그리고 계시록이 전에 9:20에서 보여주었고, 앞으로도 반복적으로 묘사하는 것은 아무리 사랑으로 부르고, 엄청난 재앙으로 징계를 해도 완악하고 악한 영을 따르는 악한 자들은 끝까지 돌아서지 않고 우상에게 절하고

살인을 멈추지 않으며 멸망의 길로 치달아 가기 때문이다. 그들은 성도들의 순교를 보고 감동을 받을지라도 회개하지 않는다. 10절에서 보듯 오히려 즐거워하며 서로 예물을 보내는, 사이코패스와 소시오패스 이상의 악한 어둠의 사람들이다. 그들은 계 18장에서 바벨론이 완전히 패망하고 20장의 최후의 심판을 받을 때까지 여전히 남아있을 존재들이다.

게다가 본문 18절을 보면 이후에 "**이방들이 분노하매 주의 진노가 내려 죽은 자를 심판하시며 종 선지자들과 성도들과 또 작은 자든지 큰 자든지 주의 이름을 경외하는 자들에게 상 주시며 또 땅을 망하게 하는 자들을 멸망시키실 때로소이다 하더라**"고 하듯이, 13절에서 땅을 망하는 자들은 결국 최후의 심판과 멸망까지 갈 때까지 갈 것이기 때문이다.

지금까지 본 것처럼 하나님 나라는 단지 반역하는 세상으로부터 하나님의 통치를 인정하는 선민들만 구원해 내고, 단순히 반역자들을 없애버림으로 도래하는 것이 아니다. 하나님 나라는 그 백성들의 희생적 증거를 통해 반역하는 열방들까지 그 분의 통치를 인정하도록 할 때에 도래한다.

그럼 이 모든 일의 완성, 앞으로 될 일의 최종적인 결론은 무엇인가? 기나긴 계시록의 여정, 갈 길 먼 마지막 때에 벌어질 일들의 결론을 먼저 잠시 애청자 여러분께 살짝 보여드림으로써 슬슬 지겨워하는 사람들에게 포기하지 않고 이 이야기를 끝까지 따라가게 만들어준다.

그것은 어둠의 영들과 사탄이 잠시 장악하고 행패를 부리던 이 땅 이 세상 나라가 결국 우리 주 예수 그리스도의 나라가 될 것이고, 우리 주님이 왕으로 다스리게 될 것이란 희망적인 뉴스이다.

11:14 둘째 화는 지나갔으나 보라 셋째 화가 속히 이르는도다 15 일곱째 천사가 나팔을 불매 하늘에 큰 음성들이 나서 이르되 세상 나라가 우리 주와 그의 그리스도의 나라가 되어 그가 세세토록 왕 노릇 하시리로다 하니

15절에서 "**세상 나라**(he basilea tu kosmu)**가 우리 주와 그의 그리스도의 나라**

가 되어!"

나는 이 구절이 너무 좋다. 하나님은 이런 소돔같이 영적으로 죽은 예루살렘을 새 예루살렘 성으로 바꾸어 주실 것이다. 할렐루야!

그러나 8절에서 보았듯 사탄은 그 순간이 올 때까지 끊임없이 이스라엘의 큰 성 예루살렘을 정복하고 지배하려 한다. 지금도 마찬가지다. 그들의 영토로서 죽음의 땅이 된 예루살렘은 더 이상 거룩한 성이 아니다. 뉴욕 서울 같은 대도시들은 하나님의 통치 대신 어둠의 통치가 지배하고, 낮아지고 겸허해지기 보다는 자신들의 성취와 능력에 우쭐대고, 사랑보다는 남을 멸시하고 짓밟는 곳이며, 생명을 주기보다는 죽음을 주는 곳이 되어가고 있다.

그래서 우리는 얼마나 오랫동안 "하늘의 문을 여소서 이곳을 주목하소서 이곳에 임재하소서"라고 외쳤던가? 얼마나 오랫동안 우리는 주여 "이곳에 오셔서 이곳에 앉으셔서 우리의 예배를 받아 달라"고 간구했던가? 드디어 주께서 말씀하신다. 내가 가서 세세토록 왕으로 다스리겠노라 말씀하신다! 이 일 볼 때 우리들은 어떤 반응을 하게 될까? 먼저 하늘 장면을 보자.

11:16 하나님 앞에서 자기 보좌에 앉아 있던 이십사 장로가 엎드려 얼굴을 땅에 대고 하나님께 경배하여 17 이르되 감사하옵나니 옛적에도 계셨고 지금도 계신 주 하나님 곧 전능하신 이여 친히 큰 권능을 잡으시고 왕노릇 하시도다

초반에 등장했던 하나님의 큰 보좌 주변의 작은 보좌에 앉아 있던 24장로들이 모두 엎드려 경배하는 모습으로 다시 등장하며 계시록 전반부가 마무리 된다. 그 예배의 핵심은 17절 '감사'다. 드디어 고난 많던 이 악한 세상을 종결시키고, 세상 왕들로 인해 힘들어하던 백성들에게 사랑의 왕 평강의 왕으로 등극하셔서 영원히 다스려주신다니 얼마나 감사한가?

그러나 우리의 기쁨은 어둠의 세력들에게는 참을 수 없는 분노가 된다. **18절a**에서 보듯 "**이방들이 분노한다.**" 그럼 우리 주님은 어떻게 하실까?

11:18 이방들이 분노하매 주의 진노가 내려 죽은 자를 심판하시며 종 선지자들과 성도들과 또 작은 자든지 큰 자든지 주의 이름을 경외하는 자들에게 상 주시며 또 땅을 망하게 하는 자들을 멸망시키실 때로소이다 하더라

24장로들의 입을 통해 이 세상 마지막에 벌어질 결론에 대한 조금 더 상세한 부연 설명이 나온다. 이방들이 분노한다고? 그러면 하나님이 진노하신다! 이것은 시 2:1-6의 성취이다. 이 땅을 망하게 하는 자들을 멸망시켜 버릴 것이다. 그리고 주의 이름을 경외하는 자들은 선지자든 성도든, 작은 자든 큰 자든 모두에게 상을 주셔서 그들을 놀라고 부끄럽게 할 것이다.

> 시 2:1-6 "어찌하여 이방 나라들이 분노하며 민족들이 헛된 일을 꾸미는가 2 세상의 군왕들이 나서며 관원들이 서로 꾀하여 여호와와 그의 기름 부음 받은 자를 대적하며 3 우리가 그들의 맨 것을 끊고 그의 결박을 벗어 버리자 하는도다 4 하늘에 계신 이가 웃으심이여 주께서 그들을 비웃으시리로다 5 그 때에 분을 발하며 진노하사 그들을 놀라게 하여 이르시기를 6 내가 나의 왕을 내 거룩한 산 시온에 세웠다 하시리로다"

세상 왕들은 잘난 자, 높은 자만 편애하고 낮은 자 작은 자 종들을 차별하지만, 하나님은 높은 자든 낮은 자든(시 115:13), 큰 자든 작은 자든 여호와를 경외하는 자들이라면 모두에게 차별 없이 복주시는 분이시다. 얼마나 감사한가? 그러면서 시 2:4처럼 하늘에 계신 이가 웃으실 것이다! 이 얼마나 신나는 일인가?

아무리 세상이 분을 내도 하나님의 진노를 이길 수 없으며 심판을 피할 수 없을 것이다. 그리고 작은 자나 큰 자나 성도나 주의 종들이나 예수님의 이름을 경외하는 자들에게는 12절에서 보듯이 원수의 목전에서 상을 베푸실 것이고, 이 세상을 망친 자들은 완전히 멸망시켜 버릴 것이다. 그러므로

↰ 잠시 환난을 겪을지라도 궁극적 승리를 주실 것을 믿는 성도가 되자!
(15-18)

이런 최후의 심판에 대한 선언은 24장로가 그냥 한 말이 아니다. 11장 마지막 절 19절이 보여주듯이 이것은, 우리의 오랜 찬양이었던 '하늘의 문을 여소서'란 기도와 찬송에 대한 응답으로 드디어 하늘 문이 열리며 나온 말씀이기 때문이다.

11:19 이에 하늘에 있는 하나님의 성전이 열리니 성전 안에 하나님의 언약궤가 보이며 또 번개와 음성들과 우레와 지진과 큰 우박이 있더라
　원래 이 땅의 성전조차 아무나 함부로 들어갈 수 없는 거룩한 곳이었다. 특히 하나님의 언약궤는 극히 신성하여 아무나 접촉할 수 없도록 휘장으로 가려진 지성소에 보관하고 오직 대제사장만 일 년에 한 번 대속죄일에 들어가 볼 수 있었다.
　그런데 마지막 심판날에 이 땅의 성전의 원형인 하늘에 있는 성전이 열리고, 이 땅의 언약궤의 대응인 하늘에 있는 언약궤가 우리에게 계시되어 보이기 시작한다. 이것은 번개와 우레와 지진과 큰 우박으로 상징된 거룩한 하나님의 나타나심과 함께 일어난 사건이다.

　계속되는 심판의 재앙 시리즈 중간에서 혹시 조금 지쳐가는가? 힘을 내

라고 주님은 영광스런 하늘 성전을 여시고 솔로몬 성전 시대에 잃어버려 스룹바벨과 헤롯의 성전에서는 볼 수 없었던 극히 신성한 언약궤를 우리에게 보여주시며 마지막 때에 벌어질 일의 결말을 계시로 보여주셨다. 지치지 말고 끝까지 함께 가자고 말이다. 복음의 증인으로 살다가 죽을지언정 다시 살리실 주님을 믿고 나가자. 잠시 환난을 겪을지라도 결국 세상 나라를 하나님 나라로 바꾸고 승리를 주실 주님께 감사하며 나아가자!

열방이 분노하고 마귀가 까불지만 만왕의 왕 주님은 승리하실 것이다! 이런 마지막 날의 모든 계시를 알고 믿음으로 사는 주의 백성들 되기를 축원한다.

17
박해를 이기고 나오는 승리할 교회
(요한계시록 12장)

　세상 곳곳에서 지진과 전쟁의 소문을 들으면 마지막 때가 가까이 왔음을 알고 조심해야 함을 우리 그리스도인들은 잘 안다. 그런데 이 땅의 전쟁의 소문에 대한 경고는 알지만, 사실 어떤 면에서 이 땅의 것은 하늘의 일에 대한 그림자요 반향이기도 함은 잘 모르는 것 같다. 성경은 이 땅의 전쟁 뿐 아니라, 하늘에도 전쟁이 있음을 가르쳐주고 있다.

12:7 하늘에 전쟁이 있으니 미가엘과 그의 사자들이 용과 더불어 싸울새 용과 그의 사자들도 싸우나

　계 11:7 "그들이 그 증언을 마칠 때에 무저갱으로부터 올라오는 짐승이 그들과 더불어 전쟁을 일으켜 그들을 이기고 그들을 죽일 터인즉"이란 말씀이 가르쳐주듯이 전쟁은 이미 시작되었다. 그래서 오늘 본문 12:7은 '하늘에 전쟁이 있으니…'라고 하는 것이다.

　성경은 이런 신비를 우리가 알기를 원한다. 이스라엘의 완악해진 이유를 설명하면서도 성경은 롬 11:25 "형제들아 너희가 스스로 지혜 있다 하면서 이 신비를 너희가 모르기를 내가 원하지 아니하노니"라고 하듯이 말이다. 오늘 여러분은 하늘에서 벌어진 영적 전쟁과 우리가 겪는 이 땅의 전쟁과의 관계를 계시록을 통해 제대로 알 수 있기를 바란다.

그런데 요한계시록을 통해 이런 영적 전쟁에 대해 알기 전에 먼저 한 가지 짚고 넘어가야 할 것이 있다. 필자가 요한복음의 맥잡기 편에서 잠시 설명한 것처럼 요 2:11에서 갈릴리 가나의 혼인잔치에서 물을 포도주로 바꾼 사건은 그저 하나의 기적, 이적 혹은 기사가 아니라 첫 '표적'이라고 성경은 말하는데 왜냐면 그 사건을 통해 그의 영광을 보고 제자들이 그를 믿게 돼서이다.

반면 불신자들과 대적들은 요 4:48처럼 계속 표적과 기사를 보여달라고 한다. 똑같은 기적 같은 사건을 요한은 표적이라고 부를 때가 있고 단지 기사 혹은 이적, 기적이라고 말할 때가 있다. 표적도 예수님이 말씀하시는 표적이 있고, 서기관과 바리새인들이 표적이라고 하는 것이 있는데 후자는 기적, 이적 혹은 기사란 말과 동의어이다.

이처럼 요한은 기적 혹은 이적과 표적을 구분하려 하는데 요한복음의 전반부는 그래서 표적의 책이라 불린다고 했다. 이것을 구분 못하면 요한복음의 사건들을 제대로 이해하기 어렵다.

그런데 같은 요한의 기록을 다루며 가나의 혼인잔치가 예수님께서 행하신 첫 표적이란 단어를, 본문 계 12:1에서는 한 여자로 상징된 무엇인가를 설명하며 이적이라는 다른 용어로 번역해 놓아 약간의 혼란을 초래했다.

본문 이해를 위해 결론만 말하자면 1절에서 여자로 상징된 무엇인가를 언급하기위해 **'이적'**이라고 한 것은 요한복음에서 예수님이 사용하신 표적에 해당한다. 하나님께서 의도하신 무엇인가를 설명하기 위한 특별한 사건이란 말이다. 하늘에 큰 이적 혹은 표적이 보이는데, 그것은 해를 옷 입고 머리에 열두 별의 왕관을 쓰고 발 아래 달이 있는 여자였다.

고대 유대교에서는 남녀의 차별이 분명했다. 그러나 예수님의 십자가 사건 이후 종말론적으로 여자는 유대교와 달리 더 이상 남자와 차별되지 않는다. 암탉이 울면 재수가 없다는 식의 유교적 관념도 더 이상 없다. 여자는 더 이상 부정적이지 않다. 그러므로 계 12장 보며 여자가 나오면 무조건 음녀 방향으로 보면 안된다.

1절의 여자가 쓴 왕관은 12별 왕관인데, 유대 문헌에서 12별은 이스라엘의 12족장 혹은 12지파를 말하므로 여자는 하나님 백성을 대표하는 존재다. 따라서 하늘의 큰 표적으로 이 여자는 새 이스라엘인 교회 공동체를 상징하는 것이다.

하나님께서 하늘에 이런 큰 표적을 보이자, 이것을 보고 사탄도 무엇인가를 우리에게 보여주려고 애쓴다. 3절을 보자.

12:3 하늘에 또 다른 이적이 보이니 보라 한 큰 붉은 용이 있어 머리가 일곱이요 뿔이 열이라 그 여러 머리에 일곱 왕관이 있는데

사탄은 항상 예수님의 표적을 흉내낸다. 마치 유대인들이 표적과 기사를 추구했던 것처럼 3절을 보면 하나님의 표적을 흉내낸다. 그것을 1절의 큰 이적과 다른 또 다른 이적이라고 한 것이다.

한중 문화에서 용은 천상적이고 신비한 존재지만 고대 근동지역 문화, 특히 수메르에서 큰 용 *drakon*은 악의 세력과 연계된 뱀 바다 괴물이고, 기니안의 신인 마일의 원수도 뱀과 용으로 표현될 정도로 악한 존재이다. 어렸을 때 좋아했던 Puff the Magic Dragon (베드로 바울 마리아 Peter, Paul & Mary가 부른)이란 팝송이나, 수 년전에 나온 드래곤 길들이기 같은 애니메이션 통해 용도 이미지 쇄신에 많이 성공하기는 했지만 기독교 문화에서 용은 항상 사탄의 상징이다.

히브리 문화에서는 출애굽 때 아론의 지팡이가 변한 뱀이 바로 이 드라콘이란 용이고, 시편 74:14 사 27:1에서 바다 깊은 곳에 사는 짐승은 리워야단으로 묘사된다. 유대인에게 용은 리워야단과 라합이란 바다괴물이며, 요한은 뱀 리워야단 용 셋을 사탄의 삼위로 본다.

오직 이스라엘의 원수 애굽만 모든 것을 다 삼키는 뱀을 신으로 삼는다. 그렇게 하여 뱀은 이스라엘과 대척점에 서게 된다. 게다가 고대 근동

중 지중해 연안국에서 바다는 한없이 깊은 곳 죽음과 혼돈의 무저갱인데, 거기서 나오는 바다괴물은 죽음의 영이다.

이 용이 붉은 것은 우리 기독교인들이 좋아하는 보혈의 색이 아니라 계 6:4의 붉은 말에서처럼 죽음과 음부를 상징한다. 이 붉은 용은 어떤 존재인가 하면 9절 큰 용은 옛 뱀 곧 마귀라고도 하고 사탄이라고도 하는데 옛 뱀이라 함은 창 3장에서 하와를 속인 뱀을 연상시키기 위함이다. 이 사탄은 어떤 일을 하나? 9절에 보면 온 천하를 꾀는 자이다.

그런데 참된 영성이 없는 것들이 사람들을 꾀려면 장식을 멋지게 해야 한다. 얘도 왕관을 쓰고 싶은데 1절의 여자는 12별의 관을 썼는데, 그건 없고 일곱 왕관을 어디서 주워다 썼다. 짝퉁 왕관으로는 부족했는지 어린 양의 뿔을 흉내낸다. 더 많은 뿔을 달면 사람들이 더 좋아하는지를 알았는지, 뿔을 10개나 달았다. 이것은 단 7:3 바다에서 나오는 네 큰 짐승 환상을 떠오르게 한다. 단 7:7을 보면 이 짐승은 10뿔이 있는데, 뿔은 항상 구약에서 군사적 용맹성 상징. 이것은 넷째 나라에서 올 10명의 왕을 상징이다. 이런 식으로 용은 7머리와 7왕관 그리고 10뿔로 땅에 대한 통치권을 휘두른다.

이처럼 사탄이 하는 것은 모두 오리지널 명품, 예수님의 표적을 카피한 짝퉁이다. 사탄은 양의 탈을 쓴 이리다. 그런데 용은 짝퉁으로 몸을 휘감고 머리에 왕관을 써도, 여자 즉 교회가 가진 것 중 갖지 못한게 있는데, 무엇인가? 해로 옷 입고 발 아래 달을 두는 것은 못한다. 해로 옷입는 것은 시 104:2에서 옷을 입음같이 빛을 입으시는 여호와의 모습이고, 달은 영광을 상징(사 24:23, 30:26)하므로 달을 발 아래 두고 있는 것은 교회에게 주어진 통치권과 지배권의 상징이다. 이 두 가지는 아무리 정교하게 카피해도 절대로 사탄이 가질 수없는 오리지널 명품 교회만의 영광이다.

성형을 하고 왕관을 쓰며 명품 카피를 걸치며 겉모양을 꾸며도, 여자만이 가지는 교회의 본성과 그녀에게만 주어진 가치와 영광이 없다면 그것은 붉은 용이고 세상을 꾀고 속이는 사탄의 일일 뿐이다.

교회도 장엄한 성전을 짓고 스스로 멋지지 않느냐는 만족에 빠지며 이적과 기사를 추구하냐 아니면 복음 구원을 위한 표적을 지니고 있느냐가 사탄의 일과 하나님의 일을 가른다. 그러므로 겉만 멀쩡하고 경건한 척하지만 사실 말만 번지르하고 거짓말을 일삼는 짝퉁 목사들에게 속지말자. 예전적이고 장엄한 종교성으로 가득한 무늬만 기독교 신앙에서 벗어나자. 화려한 행사만 집회만 종교활동만 무성한 교회같지 않은 교회, 짝퉁 교회에 속지 말자. 선교를 빙자하고 선교관을 빙자해 돈거래 하는 얘기들에 신물난다. 여자의 영광을 흉내내고 머리에 관을 쓴 붉은 용의 모습은 세상을 통치하는 권세를 갈망하는 마귀와 그 추종자들의 상징이다.

그러므로 자신은 사라지고 오직 그리스도의 영광만 나타나고, 구원받는 복음의 영광만 나타나고 하나님 나라의 가치관으로 세상을 통치하는 참 교회가 아니라, 자기의 왕국을 세워 군림하는 목사들에게서 벗어나라.

📌 참된 교회를 흉내내는 사탄의 미혹에서 벗어나자(1-3).

그런데 참된 교회가 되면 만사형통인가? 아니다. 2절을 보자.

12:2 이 여자가 아이를 배어 해산하게 되매 아파서 애를 쓰며 부르짖더라"
여자의 산고는 고난받는 공동체, 메시아 삶의 교회를 낳는 고통과 수난을 상징한 것이다.

사 26:17 "여호와여 잉태한 여인이 산기가 임박하여 산고를 겪으며 부르짖음 같이 우리가 주 앞에서 그와 같으니이다" 교회를 하나 낳는 것이 얼마나 힘든 일인지 아는가?

태국 치앙마이 북부지역 단기 선교 중 후웨이엔(시원한계곡)교회 헌당식에 참석했다. 치앙마이 시내를 벗어나 차로 두 시간 거리의 산을 대관령 옛길 같은 좁은 길을 꼬불꼬불 올라가서, 봉고차도 들어갈 수 없는 비포장도로를 트럭을 타고 다시 7킬로 더 들어간 1400미터 고지에 산을 깎아 터를 닦고 거기에 교회를 지었다.

성도들이 산에 가서 삼나무를 잘라내고 비와 바람과 햇빛으로 3년을 말려 변형이 생기지 않게 단단해지면 끌고 내려와서 교회를 떠받칠 기둥들로 세우고, 농사짓고 일해서 1500만원을 마련하고 한국에 있는 한 교회가 2천만 원을 후원해서 아름다운 교회를 지어 봉헌하게 된 것이다. 함께 갔던 사람들은 도로 포장도 되지 않았던 시절 거기를 어떻게 다니며 전도를 했는지 그 노고를 생각하며 감동했고, 후원했던 교회는 2백명 성도들이 3달에 한 번씩 교회 밖을 향해 드리기로 한 무기명 헌금 주간에 한 헌금을 1년간 모아서 보내고 목사님과 일꾼들이 중간에 방문해 진행 상황과 필요한 것을 살피고 돌아가 보고를 하고 교인 가운데 헌금을 해서 지은 것이었다.

우리는 덜컹거리는 산길을 트럭타고 한 번 다녀오고도 몸살이 날 정도인데, 그 선교사님과 제자들이 전도하기 위해 수도 없이 그 산길을 드나들었을 산고의 고통을 생각하면 고개가 절로 숙여진다.

목요일에 가서 인근 소수 부족 교회들에서 모인 지도자들과 김 선교사님이 운영하는 글로벌 통합성경대학 학생들을 위한 집회를 열었던 후웨이환 교회는 그 교회를 짓기 위해 개척한 전도사님이 1년간 사례비를 다 바쳐 시작했다는 말을 들었다. 복음을 전해 교회의 본질인 사람을 세우는 것도 힘들고 그들의 예배처소를 마련하기 위해 산을 깎고 나무를 자르고 일일이 목공일을 해가며 하나의 교회당을 세우는 것이 얼마나 힘든 일인가를 우리는 조금이나마 경험하고 왔다.

이처럼 세상에 교회는 많을지라도, 복음으로 세워진 하나의 참된 교회를 낳기 위해 여자는 임신하고 10달을 품고 아파하며 애를 쓰며 해산의 고통을 감내하는 것이다.

그런데 아이를 배어 해산하게 된 여자를 사탄은 그냥 두고 보지 않는다. 4절 보라. 사탄은

12:4 그 꼬리가 하늘의 별 삼분의 일을 끌어다가 땅에 던지더라 용이 해산하려는 여자 앞에서 그가 해산하면 그 아이를 삼키고자 하더니

이것은 전쟁이다. 소리없는 전쟁, 총성없는 전쟁이다. 천사들 1/3을 미혹해 땅에 떨어뜨려버렸다. 용의 초반 승리로 보인다.

그러나 13절에서 보듯 "**용이 자기가 땅으로 내쫓긴 것을 보고 남자를 낳은 여자를 박해하는지라**"는 말씀처럼 결국 용은 이기지 못한다. 그렇다고 마귀는 쉽게 물러나는 법이 없다.

15-16절 "**여자의 뒤에서 뱀이 그 입으로 물을 강 같이 토하여 여자를 물에 떠내려 가게 하려 하되 16 땅이 여자를 도와 그 입을 벌려 용의 입에서 토한 강물을 삼키니**" 세상까지 여자를 도와 용이 죽이려는 시도는 계속 실패로 돌아간다. 그러자 17절a "**용이 여자에게 분노하여 돌아가서 그 여자의 남은 자손**"을 죽이려고 한다. 하늘의 초반 전쟁에서 이미 패한 용이 쫓겨나자 사탄은 전략을 바꾼 적이 있었다.

4b에서 보듯 "**용이 해산하려는 여자 앞에서 그가 해산하면 그 아이를 삼키고자 하더니**" 여자가 낳는 아이, 세상에 구원을 전할 복음의 일꾼들을 죽이려고 했었다. 그리고 이제 17b에서 보듯 지금도 "**그 여자의 남은 자손 곧 하나님의 계명을 지키며 예수의 증거를 가진 자들과 더불어**(자들을 대적하여) **싸우려고 바다 모래 위에 서 있더라.**" 이런 영적 상황으로 인해 땅에서 전쟁이 계속되는데, 많은 일들이 그 붉은 용이 여자와 그가 낳을 아들과 싸우는 것에서 발생한다.

그런데 사탄은 왜 그렇게 그 여자의 아들을 죽이려고 하는 것일까? 교회인 여자가 낳은 그 아들은 무엇인가? 당연히 구원의 복음을 전할 구원

자, 복음의 일꾼이며, 교회다. 이 시대에 맞는 더 성경적인 신약교회의 이상적 모습을 갖춘 교회를 세울 구원의 복음을 전할 일꾼이다.

그 뿐 아니다.

12:5 여자가 아들을 낳으니 이는 장차 철장으로 만국을 다스릴 남자라 그 아이를 하나님 앞과 그 보좌 앞으로 올려가더라

여자가 나을 아들은 장차 복음으로 온 세상을 다스릴 것이고 하늘에서 벌어질 영적 전쟁을 종결하기 위해 올려질 구원자이기 때문에 막아야 했던 것이다.

그래서 멀리 2천 년 전에는 예수 탄생 당시 헤롯이 베들레헴 부근의 어린 무죄한 아이를 죽이려고 했던 것이다. 그 일에 실패하자 메시아인 예수님이 등장해 하나님 나라를 세우고 하나님의 새로운 백성인 교회를 세워가자 그분을 죽이려는 음모들은 계속되었다.

아까 말한 후웨이엔 교회는 산속에 사는 카렌족 사람들의 교회다. 그들은 원래 살던 1마을 그리고 더 커지자 만든 2마을이 있었는데 김태민 선교사와 제자들이 들어가 복음을 전하자 예수 믿는다는 이유로 두 마을에서 핍박받던 사람들이 본토 친척 아비집을 떠나 세운 제3마을을 형성해 살며, 26가구 그리스도인 주민들이 마을에서 제일 좋은 땅을 내놓아 세우게 된 교회였다.

우리는 예수 믿는다고 살던 곳을 떠나야 할만큼 핍박을 받지 않지만, 지금도 곳곳에서 사탄은 교회라는 여자가 낳는 아들을 삼키려고 그 앞에 그리고 **17c 바다 모래** 위에 다시 **서 있다**. 그리고 지금도 영적 전쟁을 벌인다. 붉은 용은 계속해서 참다운 교회들을 무너뜨리고 교회의 별들, 복음의 일꾼을 떨어뜨리려고 발악을 한다.

당시 단기선교 기간중에도 우리 한국교회에 큰 일이 일어났다는 소식을 들었다. 독일에서 신학박사를 하고 모 신학교 겸임교수를 하며 개척교회를 하는 목사님이 자식을 죽이고 방에 오랜 세월 방치해 두었다는 이야기는 가뜩이나 힘든 우리 한국교회에 더욱 부정적 영향을 주고 사람들로부터 멸시를 더해 주었다.

이럴 때 교회는 어떻게 해야 하나? 해산을 앞둔 여자 앞에서 기다리며 아이가 태어나면 삼키려고 했지만 실패하고 아들을 낳자, 13절처럼 용은 남자를 낳은 여자를 더욱 박해한다. 이럴 때

12:6 여자가 광야로 도망친다

장성하고 힘이 있다면 죽기까지 대적하는 것이 맞지만 연약하고 어릴 때 사탄이 죽이려고 덤빌 때는 박해를 피해 거친 들로 피난하는 것이 맞다. 주변 사람들의 증언에 의하면 그도 처음에는 순수하고 훌륭한 목사였다고 한다. 사탄은 지금도 목사를 넘어뜨리고 교회를 깨기 위해 영적 전쟁을 벌이고 있다. 여러분은 오늘날 목사와 교회들을 욕만 할 것이 아니라 이 영적 전쟁에서 끝까지 싸워 이기고 나오도록 기도해야 한다.

그리고 사탄의 끝없는 공격으로 깨지고 멍들고 피흘리고 있다면 일단 교회는 광야로 나가야한다. 세상 속에서 세상보다 더 멋지고 더 세상다워지려고 애쓰지 말고, 낮고 거친 광야의 삶으로 나가야 한다. 광야는 하나님을 만나는 곳의 상징이다.

호 2:14-15a "그러므로 보라 내가 그를 타일러 거친 들로 데리고 가서 말로 위로하고 15 거기서 비로소 그의 포도원을 그에게 주고 아골 골짜기로 소망의 문을 삼아 주리니…". 왕상 19:3-4a을 보면 이세벨이 죽이기로 작정하고 덤벼들자 엘리야도 "그가 이 형편을 보고 일어나 자기의 생명을 위해 도망하여 유다에 속한 브엘세바에 이르러 자기의 사환을 그 곳에 머물게 하고 4) 자기 자신은 광야로 들어가 하룻길쯤 가서 한 로뎀 나무 아래에 앉아서…" 로마의 박해 속에서 쿰란 공동체도 그래서 사해 광야로

갔던 것이다.

거기서 도피만 하고 나오지 않은게 문제지만 어쨌든 그렇게 한 이유는 광야는 최후의 나라의 도래가 시작되는 곳으로 유대인들은 보았기 때문이다. 이처럼 광야는 하나님을 만나는 곳이고, 신적 위로와 보호를 받는 곳(출 16:32; 신 1:31, 8:3; 시 78:52; 요 6:31; 행 7:36)이기도 하다.

이 장면은 인간 역사의 마지막 때에(11:13-13:18) 사탄과 일당이 교회에 박해를 퍼붓는 장면이다. 그 때 교회/여자는 하나님이 예비하신 양육과 보호의 장소인 광야로 가야 한다.

이렇게 해서 미 4:10 "딸 시온이여 해산하는 여인처럼 애써 구로하여 낳을지어다 이제 네가 성읍에서 나가서 들에 거하며 또 바벨론까지 이르러 거기 구원을 얻으리니 여호와께서 거기서 너를 너의 원수들의 손에서 속량하여 내시리라"는 말씀은 성취된다.

사탄이 교회를 죽이려고 삼키려고 달려들고 너무 멍들고 깨지고 지친 오늘날, 교회는 더 이상 세상이 비난하고 욕하는 그런 장엄한 건물 짓기에 자랑스러워하며 세상의 짝퉁이 되지 말아야한다. 이 돌 위에 돌 하나도 남지 않고 다 허물고 내가 손으로 짓지 아니한 교회를 짓겠다하신 주님의 말씀을 기억하며 광야로 나가 사람을 세우고, 단돈 2천만 원도 없어 예배처소 모임 장소조차 없는 그런 험한 광야로 나아가야 한다. 즉 참된 교회를 흉내내는 사탄의 미혹에서 벗어날 뿐 아니라

⬆ 교회를 삼키려는 사탄의 공격을 피하자(4-6, 9-10).

교회는 거친 들로 광야로 가야한다. 우리 한국 교회는 옛 이스라엘이 그래야 했듯이 "사 26:18 우리가 잉태하고 산고를 당하였을지라도 바람을 낳은 것 같아서 땅에 구원을 베풀지 못하였고 세계의 거민을 출산하지 못하였나이다"란 말씀처럼 자신을 돌아보고 무력함을 인정하고 새로워져

야 한다.

이스라엘은 땅에 구원을 가져오는 산고를 하지만 실패했음을 이제 인정해야한다. 그러나 이스라엘이 실패한 것을 그리스도를 통해 새 이스라엘인 교회는 이루어낼 것이다.

세상 교회가 다 쓰러지고 망하고 한국기독교가 엄청난 쇠퇴를 겪고 있을 때, 하나님은 큰 교회 유명 목사도 아닌 김태민 선교사 같은 작은 종을 통해 27년간 치앙마이 북쪽 태국인들도 돌보지 않고 무시하는 카렌족 몽족 바나나족 같은 소수 부족들이 사는 산 속에 72교회를 세우며 그리스도의 승리를 이 땅에 표현해 내고 있다.

김태민·이민영 선교사도 태국 선교 27년 동안 내내 승리만 한 것이 아니다. 처음 방콕에서 언어훈련을 하고 대학가를 다니며 전도를 하고 제자를 삼았지만 조금 세워놓으면 무너지고 세상으로 돌아가는 것을 보며 좌절했다. 그도 실패하고 절망하고 포기하고 떠나고 싶었을 때 하나님은 기도하는 중에 나는 너를 구원하기 위해 사람의 옷을 입고 이 땅으로 말구유로 내려갔는데 너는 그들을 사랑한다고 하지만 과연 말이 아니라 삶으로 진짜 사랑할 수 있느냐고 물으시더라는 것이었다. 그래서 태국인을 위한 외국인 선교사가 아니라, 태국인이 되겠노라고 결심하고 태국 옷을 입고 태국 말만 하고 태국 사람처럼 생각하며 살았다는 것이다. 그 이후부터 지역 1호 한국인이 된 치앙마이 사역에서 그는 놀라운 열매를 맺기 시작했다.

돌아보면 13절처럼 여자/하나님의 백성을 향한 용의 추적과 박해를 피해 큰 독수리의 두 날개를 타고 예비된 곳 치앙마이로 가서 그는 **14절**처럼 **한 때 두 때와 반 때를** 그곳에서 주님으로부터 **양육 받은 것**이다. 구약에서 독수리는 하나님의 구원자를 상징한다.

출 19:4 "내가 어떻게 독수리 날개로 너희를 업어 내게로 인도하였음을 너희가 보았느니라." 신 32:10-11 "여호와께서 그를 광야에서 만나시고…

마치 독수리가 자기의 보금자리를 어지럽게 하여 자기의 새끼 위에 너풀거리며 그의 날개를 펴서 새끼를 받으며 그의 날개 위에 그것을 업는 것 같이 인도하셨고." 김태민·이민영 선교사 부부는 더 이상 자기의 교회가 아니라, 그들을 위한 교회를 세우는 일에 오직 전도와 사역자 훈련이란 두 날개로 날았던 것이다. 그 결과 목회가 안된다는 이 시기에 그들은 놀라운 사역의 열매로 교회의 승리를 사탄 앞에 선포하게 된 것이다.

이처럼 힘든 일과 박해 속에서 교회는 하나님의 은혜로 보호받고 광야에서 교회는 성숙을 경험하게 된다. 광야는 피난처일 뿐 아니라 하나님이 예비하신 곳이다. **6절**에서는 **여자가 1260일 동안 양육**을 받는다고 한다. 그리고 **7-8절**에서 보듯 미가엘과 하늘 군대가 용과 그의 사자들과 싸워 **"이기지 못하여 다시 하늘에서 그들이 있을 곳을 얻지 못한지라 9절 큰 용이 내쫓기니 옛 뱀 곧 마귀라고도 하고 사탄이라고도 하며 온 천하를 꾀는 자라 그가 땅으로 내쫓기니 그의 사자들도 그와 함께 내쫓기니라"**

용/사탄은 하늘 전쟁에서 이기지 못한다. 결국 하나님이 최종 승리를 한다! 전쟁에서는 초반 승리가 승리가 아니다. 좌절하지 말라. 결국 교회가 이길 것이다. 하나님이 이길 것이다. 그래서 10절의 찬송이 울려퍼지는 것이 사탄의 운명이다.

사탄은 이 사실이 계시되는 것을 싫어한다. 계시록을 읽어도 어렵다며 투덜대며 눈을 감게 만들 것이다. 그러므로 속이는 자 거짓말쟁이 사탄에게 속지 말라! 그리고 하나님께서 이 땅에 온전히 임해 통치를 시작할 때까지 13절처럼 사탄은 땅으로 쫓겨나서도 끊임없이 여자 곧 교회를 공격할 것이다. 그러면 하나님은 독수리의 날개로 업어 교회를 다시 광야로 피신시킨다. 그리고 14절에서 보듯 교회는 **한 때와 두 때와 반 때** 즉 3년 반동안 뱀의 낯을 피하여 보호를 받게 되고 양육을 받게 된다.

박해는 교회가 하나님의 보호와 양육 즉 영적 성숙을 경험하게 되는 시기이다. 그러므로 광야로 나가 주님의 양육을 받자. **14절 광야**는 교회가

있어야할 곳, 자기 것이라 한다. 그러면 승리하게 된다. 그러므로
🔼 교회를 밟으려는 영적 전쟁에서 승리를 확신하라.

우리는 가끔 이런 생각이 든다. 마귀는 왜 그렇게 화가 나서 아이를 죽이려고 할까? 왜 그렇게 교회를 공격하고 죽이려고 할까?

그것은
1. 하늘에서 자신의 입지를 상실(12:7-9)했고,
2. 자기의 때가 얼마 남지 않았음을 알았기 때문이다(12:12). 그리고
3. 여자의 남은 자손 곧 하나님의 계명을 지키며 예수의 증거를 가진 자들에 의해 종말이 당겨질 것(17b)을 알기 때문이다.

가만 보면 사람도 그렇다. 사람이 모인 조직에서 자신의 입지가 좁아질 거 같으면 더 잘하려 하기보다 남을 공격하고 비방하고 1인자 앞에 가서 그를 꺾아내려 죽임으로 자기가 살려고 하는 사람들이 있다. 자신의 잘못이 드러나 조금 힘들어지면, 예수 믿는다면서 두고 보자 내가 너를 꼭 밟아버리겠다 하는 사람들이 있다. 그러면 안된다. 그건 어둠의 자식들이 마귀가 하는 짓이다. 그러므로 참 그리스도인을 흉내 내고
I. 참 교회를 흉내내는 사탄의 미혹에서 벗어나고
II. 교회를 삼키려는 사탄의 공격을 피하자 (4-6, 9-10)
그리고 그런 상황 속에서 핍박받고 힘들게 지내야 하는 교회와 형제자매들이여, 하나님 말씀을 보라! 9절을 보라. 사탄은 이미 하늘에서 미가엘과 그의 사자들과의 전쟁에서 져서 쫓겨난 패자이다. 10절을 보라 하나님 앞에서 우리 형제들을 밤낮 참소하는 자는 쫓겨났다! 12절 보라 그들의 때는 얼마 남지 않았다! 그리고 하나님의 계명을 지키며 사는 복음의 증

인들을 가장 두려워한다. 이 사실을 잊지 말라. 이 계시된 비밀을 취하라. 그리하여

Ⅲ. 교회를 밟으려는 영적 전쟁에서 승리를 확신하고 오늘 우리가 처한 영적 전쟁을 싸우자! 그래도 힘들면 이미 이긴 전쟁임을 주장함으로 승리하라.

17c를 보라. 사탄은 졌는데도 끝까지 싸우려 분연히 일어서는데 이미 이긴 교회는 왜 마귀와 싸우려고하지 않는가? 마귀에게 전쟁을 선포하고 나가 싸우자!

18
더 이상 미혹당하지 마세요
(요한계시록 13장)

어느 날 아침 출근하며 차에서 라디오를 들어보니 보험 사기에 연루되지 않게 조심하라고 했다. 일부러 차에 뛰어들고 백미러에 부딪혔다며 쓰러지고, 가짜 입원해놓고 놀러 다니는 거야 뉴스에서 많이 봤지만, 그게 아니라 자동차 접촉사고 때 자차부담금 5-50만원 안내주게 해줄 수 있고, 세차장에서 공짜로 유리막 코팅 해준다 길래 위임장 써줬더니 사고 위장 부당 청구 등으로 검찰 송치된 건수가 그렇게 많다는 것이다.

공짜는 없다. 조심해야 한다. 그런데 그 해설을 들으며 생각해보니 옛날에는 그렇게 혼인빙자 사기범 뉴스가 많았는데 요즘은 별로 못 들은 것 같다. 초기에는 서울의 명문대 학생을 사칭이더니, 대학생이 흔해지자 그 다음에는 판검사 등 권력자 사칭이 많았던 거 같다. 그 후에는 기획부동산 사기가 참 많았고, 그 다음에는 다단계와 금융 투자 사기가 많더니, 근래에는 노인들 대상 건강식품, 금융 사기와 인터넷 피싱, 스미싱에 전직 대통령 통치자금 사기 등 각종 사기가 끊이지 않는다.

전에는 왜 바보같이 그런 데에 속을까 했는데, 가만보니 그 사기꾼들도 참 머리가 좋고 어쩌면 그렇게 치밀하게 기획을 잘했는지 감탄스럽다. 구미 각국에도 있겠지만, 그런 사기 치는 기술은 야바위꾼부터 시작해서 옛날부터 중국과 우리나라가 특히 잘하는 것 같다. 그런데 사기의 신이 있다. 이건 안 당하기가 힘들다. 오늘은 그런 것에 대한 얘기를 좀 하려고 한다.

12장 마지막 부분 17b을 보면 "(용은) 바다 모래 위(바닷가, 해변)에 서 있더라"고 한다. 용은 자기가 나온 바다 속 무저갱에서 조력자를 불러내기 위해 바닷가에 섰다. 그 광경을 요한이 주목해 보니,

13:1 내가 보니 바다에서 한 짐승이 나오는데 뿔이 열이요 머리가 일곱이라 그 뿔에는 열 왕관이 있고 그 머리들에는 신성 모독 하는 이름들이 있더라

이것은 모두 계 5:6 승리한 전사인 죽임 당한 어린 양의 일곱 뿔, 일곱 눈(영)을 흉내 내고 과장한 것이다.

앞의 계 12:3에서 큰 붉은 용은 머리가 7개, 머리마다 왕관을 썼으니 7왕관, 뿔이 10개였는데, 그 용이 불러낸 바다 괴물은 머리가 7개인데 머리에 신성모독하는 구호들을 새겼고, 뿔이 10개인데 뿔마다 왕관을 써서 용보다 3개 많은 10개의 관을 썼다.

바다 짐승은 거짓된 권세를 주장하기 위해 자신이 엄청난 왕권을 가진 것처럼 가장한다. 왜 그럴까? 12:9에서 본 것처럼 온 천하를 꾀기 위해서이다. 이게 사기의 신, 미혹의 신이다.

12장에 이어 13장에서 계속 이 이야기를 반복하는 것은 이런 사기 미혹에 넘어가지 말라는 강한 강조이다. 그런데 여기서 흥미로운 것은 아랫것, 약한 것일수록 더 왕관을 많이 쓰고 나타난다는 것이다. 자기를 치장하고 폼 잡고 자기가 얼마나 잘났는가를 과시하려 드는 사람도 보면 대개 힘이 없어서 그런 거니까, 항상 주의하라. 목사도 그런 사람이 있다면 주의를 요망한다!

반대로 어린 양은 7뿔과 7눈은 있어도 왕관을 그렇게 주렁주렁 달고 다

닐 필요가 없다. 물론 14:14에서 상징적으로 금 면류관을 쓴 모습으로 그려지지만, 24장로도 모두 어린 양께 왕관을 벗어드리는 판에 무슨 왕관을 몇 개씩 주렁주렁 달고 다니며 과시를 하겠나? 그 분이 바로 만왕의 왕이고 만주의 주이신데 말이다.

바다 심연 무저갱에서 용이 조수로 짐승을 불러냈는데 2절에 그 모습을 계속 묘사한다.

13:2 내가 본 짐승은 표범과 비슷하고 그 발은 곰의 발 같고 그 입은 사자의 입 같은데 용이 자기의 능력과 보좌와 큰 권세를 그에게 주었더라

이 바다 괴물의 몽타주는 표범, 곰(발), 사자(입)를 결합한 모습이었다. 이것은 단 7:3-7의 네 짐승과 같다. 표범, 곰, 사자와 함께 넷째는 10뿔을 가진 괴물이었다. 그 구절을 보자.

단 7:3 "큰 짐승 넷이 바다에서 나왔는데 그 모양이 각각 다르더라 4 첫째는 사자와 같은데 …5 다른 짐승 곧 둘째는 곰과 같은데 그… 6 그 후에 내가 또 본즉 다른 짐승 곧 표범과 같은 것이 있는데 … 7 내가 밤 환상 가운데에 그 다음에 본 넷째 짐승은 무섭고 놀라우며 또 매우 강하며 또 쇠로 된 큰 이가 있어서 먹고 부서뜨리고 그 나머지를 발로 밟았으며 이 짐승은 전의 모든 짐승과 다르고 또 열 뿔이 있더라"

큰 붉은 용은 바다에서 올라온 이 짐승을 통해 세상을 미혹하고 사기치는 정도가 아니라 아주 망쳐놓기 위해 한 가지 더 한다. 그에게 2b 능력과 보좌와 큰 권세를 부여했다.

이런 권능의 부여 역시 성부 하나님께서 세상을 복음화 하기 위해 성자 예수님께 하늘과 땅의 모든 권세를 주신 것을 흉내 낸 것이다. 따라서 여기서 우리가 알게 되는 어둠의 세계에 대한 사실 중 하나는, 마귀의 일을 하는 사람들은 사기쳐 미혹하는 잔머리만 좋은게 아니라 강력한 세상의 능력과 권좌와 권세가 부여된 존재이며 끊임없이 신처럼 행세한다는 것이다.

그러므로 우리는 권력, 권좌와 능력에 대한 갈증에 목마를 때 이게 과연 영적인 것인지, 사탄이 우리를 미혹하기 위해 들고 주는 것인지를 분별하는 영적 안목이 있어야 한다!

권력과 권좌에 대한 추구는 정치인만 갖는 유혹이 아니다. 재계 인물도, 학자도 교육자도, 기독교인도, 심지어 목사도 그 유혹에 넘어가 세상 권력 언저리에서 기웃거리는 것을 많이 본다. 성경적 리더십인 섬김의 도가 삶이 되지 않은 사람이 그 힘을 가지고 그런 자리에 올라가면 다른 사람들을 장악하고 짓누르는 마귀 짓을 하고 만다는 것을 기억해야 한다. 그런 권력 추구성이 강한 사람에겐 권력을 갖지 못하게 해야 하는데, 영적인 사람은 권력을 멀리하려 하고 가지면 안될 사람들은 권력을 추구하고 사탄은 그들이 그 힘을 갖게 만든다는 것이 이 세상의 비극이다. 그러므로 우리는 자꾸 위로 위로 올라가고 싶어할 때,

⬆ 우리는 왜 힘과 권력을 추구하는지 자신을 돌아봐야 한다(1-2).

그런데 바다 짐승은 어린 양 메시야를 외적 요소로만 흉내 내는 것이 아니다.

13:3 그의 머리 하나가 상하여 죽게 된 것 같더니 그 죽게 되었던 상처가 나으매 온 땅이 놀랍게 여겨 짐승을 따르고

마귀 용이 꺼내 놓은 바다 짐승은 7개 머리 중 하나에 치명적 상처를 입어 죽은 듯 했는데 예수님이 죽음에서 부활했듯이 이 짐승도 죽게 된 상처가 낫고 다시 일어선다. 이렇게 마귀는 예수님의 부활까지 흉내낸다.

뱀의 머리가 상처난 것은 원시복음인 창 3:15에서 '여자의 후손은 네 머

리를 상하게 할 것이요'란 말씀에 예언되었던 것이다. 그런데 이 짐승은 죽음의 상처에서 낫고 일어나는 기적도 행한 것이다. 물론 짐승이 살아난 것은 최종적인 것은 아니다. 예수님 빼고 그 어떤 존재도 죽음에서 완전하고 최종적으로 일으켜 세워지지 못한다. 죽음에서 살아난 나사로도 그 누구도 다시 죽는다. 당연히 짐승이 죽음의 상처에서 일어난 것도 한시적이다.

13:5 또 짐승이 과장되고 신성 모독을 말하는 입을 받고 또 마흔두 달 동안 일할 권세를 받으니라

짐승은 주님의 재림까지 42달 동안만 한시적으로 마귀의 대행자 역할을 할 수 있게 허용되었을 뿐이다.

그렇지만 예수님의 부활이 그의 하나님 되심을 증명하고 많은 사람들이 따르게 만든 것처럼, 사탄은 이처럼 자신을 따르면 힘과 능력을 주고 승리를 보장해줄 것처럼 위장하고, 바다 짐승의 이 놀라운 기적으로 많은 사람들이 따르게 만든다.

게다가 이 첫 번째 짐승인 무저갱 바다에서 올라온 괴물만 물리친다고 마귀의 일이 해결되는 것이 아니다. 한 놈 가지고 안되니까 크고 붉은 용으로 묘사된 사탄은 한 놈 더 불러온다.

13:11 내가 보매 또 다른 짐승이 땅에서 올라오니 어린 양 같이 두 뿔이 있고 용처럼 말을 하더라

용이 두 번째 불러낸 짐승은 땅에서 올라온 세상의 권세로, 바다괴물과 달리 뿔도 두 개만 있어 조금 겸손히 보일지 모르지만 용처럼, 이번에는 마귀의 대언자로 일한다. 마귀는 거짓 선생들 속에 영으로 일한다. 그들은 아주 그럴듯하게 예언을 하고, 달변으로 사람들을 매혹시킨다. 그런데 그 안에 십자가 어린 양의 복음은 없다!

12장에서 보았듯 하늘의 전쟁 공중전에서 패하자 사탄은 이처럼 바다와 땅에서 모두 마귀들을 불러내 해상전과 지상전에 총력을 기울인다. 그런데 땅에서 불러낸 세상 괴물이 하는 가장 심각한 일은 세상 정부조직 같은 방식으로 역사하는 것이다.

13:12 그가 먼저 나온 짐승의 모든 권세를 그 앞에서 행하고 땅과 땅에 사는 자들을 처음 짐승에게 경배하게 하니 곧 죽게 되었던 상처가 나은 자니라

어떤 사람은 짐승을 로마 황제 네로같은 한 인물이라고 주장하는데 그것은 곤란한 것이 그는 부활하지도 않았고, 여기서 말하는 짐승은 한 시대의 인물이 아니라 지금도 계속되는 어떤 영적 영향력이기 때문이다. 그들은 북한 당국처럼 세상의 어떤 정권이나 국가로 자신들이 엄청난 능력으로 사람들을 행복하게 해줄 것처럼 계속 미혹할 것이다. 게다가

13:13 큰 이적을 행하되 심지어 사람들 앞에서 불이 하늘로부터 땅에 내려오게 하고 14 짐승 앞에서 받은 바 이적을 행함으로 땅에 거하는 자들을 미혹하며

심지어 그들은 엘리야 선지자를 흉내 내서 불을 하늘로부터 내려오게도 할 수 있을 것이다. 그런 이적으로 사탄은 하나님을 흉내 내며 사람들을 미혹한다. 예수님은 이에 대해 이미 경고하신 바 있다. 마 24:24 "거짓 그리스도들과 거짓 선지자들이 일어나 큰 표적과 기사를 보여 할 수만 있으면 택하신 자들도 미혹하리라." 고후 11장에서도 광명의 천사와 의의 일꾼으로 가장한 사탄에 대한 경계도 잊지 말아야 할 것이다.

많은 순진한 기독교인들이 방언과 예언과 치유는 다 성령의 일, 기독교적인 증거로 여기는 것 같다. 그러나 13절이 보여주듯이 사탄이 하는 것도 많다. 아프리카, 라오스, 중국 내륙, 티벳 같은데 가면 불교나 지역 토

속신앙에서도 강한 방언, 예언, 치유의 기적들을 볼 수 있다. 그래서 이적을 추구하는 사람들을 주님은 거부하셨던 것이다. 짐승은 심지어 죽음에서 일어났는데 그런 기적도 하나님의 일임을 증명하는 것은 아니다. 요한이 복음서에서 말하듯 이적이 한 사람에게 성령의 표적으로 작용할 때는 하나님의 영광이 나타나고 믿음을 갖게 된다. 반면 예수님의 오병이어의 기적과 치유 이적을 보고 따른 사람들이 많았지만, 그들은 결국 예수님을 십자가에 못 박으라고 소리치고 만다.

이처럼 세상은 능력자들을 신이라 추켜세우며 추종하고, 심지어 교회 안의 가라지 쭉정이들도 스타 행세하는 거짓 선지자들에게 열광하고 추종한다. 그래도 추종하지 않으면 사탄은 강압하고 무력으로 숭배하게 할 것이다.

13:14b 칼에 상하였다가 살아난 짐승을 위하여 우상을 만들라 하더라

이렇게 말하면 어떤 성도들은 코웃음을 친다. "목사님, 뭘 그리 걱정하세요? 우리가 어린애들입니까? 우상숭배 안하고 안 따르면 되잖아요?" 맞다. 그런데 그게 그리 간단치 않다.

13:7 또 권세를 받아 성도들과 싸워 이기게 되고 각 족속과 백성과 방언과 나라를 다스리는 권세를 받으니 8 죽임을 당한 어린 양의 생명책에 창세 이후로 이름이 기록되지 못하고 이 땅에 사는 자들은 다 그 짐승에게 경배하리라

주기철 목사님같은 순교자도 적지 않았지만, 왜 한경직 목사같이 훌륭한 분들도 신사참배를 하게 되었을까? 당시 일본제국주의는 신사참배 안 하는 교회의 2/3를 문 닫게 하고 목사들을 낙향시키거나 잡아가 모진 고문을 당하고 정상적 생활을 할 수 없게 만들었기 때문이다. 북한도 마찬가지다. 정부 차원의 조직적 우상숭배 작업은 매우 강력하여 쉽게 저항하기 어렵다.

하나님은 이처럼 마지막 때에 알곡과 가라지를 구별하기 위해 키질을 하기도 하고, 불 시험을 내리시는 것 같다. 그래서 다음 말씀은

13:9 "누구든지 귀가 있거든 들을지어다 10 사로잡힐 자는 사로잡혀 갈 것이요 칼에 죽을 자는 마땅히 칼에 죽을 것이니 성도들의 인내와 믿음이 여기 있느니라" 로 이어지는 것이다.

이 때 참된 하나님의 자녀들은 인내와 믿음을 보이며 이겨낸 사람들이다. 이미 여러 번 계시록에서 보았듯이 그리스도인이라도 환란 시기에는 함께 재앙을 겪을 것이기에 인내와 믿음을 요구하시는 것이다.

당시 로마시대의 그리스도인들 가운데 상당수는 로마의 통치권력을 피하고 황제숭배 압박과 핍박을 피해 땅굴을 파고 지하로 내려가 카타콤이란 지하묘지 같은 곳에서 생활을 하기도 했다. 이탈리아의 카타콤이나 터키의 데린구유에 가보면 그 어두운 지하 동굴 같은 곳에서 태어나서 살다가 죽은 아이의 뼈와 머리카락을 아직도 볼 수 있다. 처음에는 그 아이들이 불쌍했다. 그런데 나중에 자식을 키워보니 그 속에서 자식을 길러야 하는 부모의 심정도 얼마나 아팠을까 하는 생각이 든다. 세상과 타협하지 않고 짐승에게 절하지 않고 믿음을 지키고 산다는 것은 그런 희생을 치루는 것이다.

13:15 그가 권세를 받아 그 짐승의 우상에게 생기를 주어 그 짐승의 우상으로 말하게 하고 또 짐승의 우상에게 경배하지 아니하는 자는 몇이든지 다 죽이게 하더라

마귀는 이처럼 권세를 행사하고 우상을 만들어라, 숭배하라 안하면 죽인다며 억압을 한다 그러므로 우리의 권력으로 사람들을 누르고 싶을 때, 🔼 우리는 왜 사람들을 통제하려고 하는지 자신을 돌아봐야 한다(3-15).

이런 박해 때 거부하면 다 죽이는데, 순교는 패배가 아니라는 것은 12:11 '우리 형제들이 어린 양의 피와 자기들이 증언하는 말씀으로써 그를 이겼으니' 때문에 우리는 잘 알고 있다. 순교는 승리요, 이김이다. 그들은 죽기까지 자기들의 생명을 아끼지 아니한 자들이고, 마귀는 12:9에서 보듯 패배자고 땅으로 쫓겨났다는 사실을 이제 우리는 안다! 이런 12장의 계시를 모르면 이전과 이후의 모든 환란과 핍박의 상황을 이해할 수 없고, 순교도 승리도 할 수 없는 것이다. 그러나 알아도 그게 그렇게 쉬운 일은 아니다.

분명한 것은 마지막 때에 겪을 이러한 광야의 시험은 누가 참으로 8절의 어린 양의 생명책에 기록된 사람인가를 구별해준다는 점이다. 이 생명책은 단 12:1-2에 나오는 구원의 책이고 악인의 심판을 위한 책은 단 7:10에 나오는 두 책과 구별되는 책이다. 마지막 때에 겪을 이 불 시험과 시련은 우리 믿음의 진정성을 증명하고 하나님을 영화롭게 하는 마지막 테스트이다.

지금까지 본 것을 정리하면 마귀의 사주를 받은 짐승이 하는 일은 크게 5가지인데
 1. 하나님처럼 자기를 높이는 과장과 교만(3-4),
 2. 마귀에게 힘을 위임받아 자신이 하나님처럼 크고 능력 있다고 속이는 미혹(2, 4, 12-14),
 3. 하나님의 이름에 대한 신성모독과 성도들을 향한 비방(5, 6),
 4. 한시적이지만 신자들에 대한 조직적 강압적 탄압과 우상숭배(7, 15) 강요를 한다는 것을 살펴보았다.

그 결과 용의 권세를 받은 짐승은 세상 사람들로부터 경배를 받으며 '누가 이 짐승과 같으냐'라는 하나님의 영광을 가로채는 말을 듣는다. 이것

은 출 15:11 "여호와여 신 중에 주와 같은 자가 누구니이까 주와 같이 거룩함으로 영광스러우며 찬송할 만한 위엄이 있으며 기이한 일을 행하는 자가 누구니이까" 시 86:8 "주여 신들 중에 주와 같은 자 없사오며 주의 행하심과 같은 일도 없나이다"는 말씀처럼 주님이 받을 경배와 찬송을 가로챈 것이다. 마귀는 그만큼 강력하여 '누가 능히 이와 더불어 싸우리요'란 경외를 받을 정도이다.

그러나 짐승은 여기에 만족하지 않고 더 많은 우상숭배를 받기 위해 두 가지 일을 더 할 것이다. 우선 15a에서 보듯 짐승이 우상에게 생기를 주어 말하게 하는 기적을 행할 것이다. 원래 생기 혹은 생령을 부어넣는 것은 하나님의 일인데, 숨, 호흡, 생기이며 우리의 생명으로 묘사된 영을 불어넣는 창세기 기사를 사탄이 흉내 내는 것이다.

사탄인 용은 짐승에게 능력을 위임하고, 짐승은 우상에게 생기를 불어넣어 예언이나 점을 치게 해서 사람들을 미혹하는 일을 지금도 계속한다. 그러니 교회 다닌다며 새로 동자신 내린 용하다는 무당이나 점쟁이를 찾아다니는 사람들은 지금 자신들이 무슨 일을 하는 건지 분명히 알아야 한다. 당신은 재미로 하는 일이라고 말할지 모르지만 그건 마귀 사탄 용이 짐승을 통해 우상과 무당과 점술가를 통해 말하게 하여 미혹하는 영에 빠지게 하는 일임을 분명히 알기 바란다.

이런 영적 미혹 다음에 하는 두 번째가, 사탄이 하는 5가지 일 중 마지막 5번째에 해당한다. 이것은 앞의 4가지와는 완전히 다른 차원에서 멋지게 우아하게 삶으로 스며들어가게 미혹하는 조직적, 사회문화적, 경제적 전략이다. 현대 사회에서는 이게 더 거부하기 힘든 것이다.

13:16 그가 모든 자 곧 작은 자나 큰 자나 부자나 가난한 자나 자유인이나 종들에게 그 오른손에나 이마에 표를 받게 하고 17 누구든지 이 표를

가진 자 외에는 매매를 못하게 하니 이 표는 곧 짐승의 이름이나 그 이름의 수라 18 지혜가 여기 있으니 총명한 자는 그 짐승의 수를 세어 보라 그것은 사람의 수니 그의 수는 육백육십육이니라

666이 나오는 이 부분 때문에 계시록에 관심을 갖는 사람들이 많을 정도로 이 구절은 계시록의 대표 구절이다.

먼저 16절, 사탄이 오른 손이나 이마에 표를 받게 한다는 얘기부터 살펴보자. 원래 신에게 예배할 때는 그 앞에 복종한다는 상징으로 원래 이마를 땅에 대고 절해야 한다. 이마는 헌신과 충성의 상징. 그래서 출 13:9 토라를 네 손의 기호와 네 미간의 표로 삼으라 했던 것이다.

손은 이런 헌신의 실천과 성과의 상징이다. 그런데 1절을 보면 바다 짐승은 그 머리에 신성모독하는 이름들을 달고 나왔다. 그리고 **6절**에 보듯 **"짐승이 입을 벌려 하나님을 향하여 비방하되 그의 이름과 그의 장막 곧 하늘에 사는 자들을 비방하더라"** 이게 마귀가 하는 짓이다.

어떻게 하든지 하나님과 교회와 기독교를 비방하고 욕하고 끌어내린다. 정상적으로 할 수 없는 말들을 막는 사람들 많이 봤을 것이다. 제정신으로는 할 수 없는 말들을 쉽게 한다. 그리고 마귀는 추종자들의 헌신을 요구한다. 마귀에의 헌신을 상징하는 표현이 그 이마에 마귀의 표를 받게 한다는 것이다.

어떤 이들은 현대 정통 유대인이 이마에 다는 쉐마 성구함 같은 걸로 보는데 그것보다는 문신이나 낙인같은 것으로 추정된다.

그런데 17절을 보면 이 표는 짐승의 이름이나 그 이름의 수인데 그것이 18절에 의하면 666이다.

사람들은 항상 그 666인 그 짐승이 누구인가를 밝히고 싶어 했다. 그래서 gematria 해석법을 사용해왔다. 그것은 고대 세계에서 쓰던 방식으로, 알파벳 글자 하나하나에 1부터 숫자를 배당해 총합 숫자를 셈하는 것이다. 한 예로 네로 카이사르란 이름을 히브리어로 음역하면 666이 되니까 네로 황제가 짐승이고 적그리스도라고 규정하는 방식이다. 문제는 시저 즉 카이사르란 이름을 정확히 히브리어로 옮길 수 없어 혼란이 발생한다는 점이다.

더군다나 요한의 독자들은 그리스어를 사용하는 사람들인데 그리스 로마식의 이름을 히브리어로 음역해 다시 게마트리아 방식으로 계산하는 방식으로 요한계시록을 썼을거라고 생각하는 것이 넌센스이다. 요한은 계시록을 기록하며 독자들이 히브리어로 알 필요가 있을 때에는 9:11처럼 "그들에게 왕이 있으니 무저갱의 사자라 히브리어로는 그 이름이 아바돈이요 헬라어로는 그 이름이 아볼루온이더라"고 친절하게 알려준다. 그러므로 계시록을 앞으로 읽을 전 세계 그리스도인들에게 알지도 못하는 그리스어 이름을 히브리어로 변환한 후 게마트리아 방식으로 해석시킬 리가 없다.

지금까지 이런 게마트리아 방식으로 나온 적그리스도의 이름 중에 카이저와 히틀러 등이 있다. 그런데 종말이 안 오니 계속 당대의 유명인사 이름 중 마지막 시대의 짐승은 누구일까에 사람들은 관심을 갖고 그 인물을 알아맞히기 위해 퀴즈를 푸느라 애쓰는데 그것은 다 부질없는 짓이다. 왜냐면 계시록의 최고 주석을 쓴 계시록 전문가요 고든콘웰 신학교 때 은사였던 G.K. Beale교수가 잘 지적했듯이, 계시록은 어떤 말과 숫자를 상징적 개념으로 사용하기 때문에 그렇게 문자적 게마트리아 방식으로 해석하면 안된다는 것이다.

사실 나도 오래 전에 새 차를 등록하러 가면 번호판 받을 때마다 666이 안나오게 해달라고 기도한 적이 있다. 목사 차가 666이면 좀 웃기지 않는가? 666은 종말 때 짐승이니 적그리스도의 표라고들 하는데 4666번처럼 666이 들어가는 번호판 받으면 아주 꺼림찍할 것이다. 그런데 만일 666을 이렇게 문자적으로 해석하려면 계시록에서 사용된 모든 숫자들, 예를 들자면 24장로, 42달, 1260일, 3년 반 등도 다 문자적으로 해석해야 하는데 그건 아니라는 것을 계시록을 제대로 배운 사람이라면 다 알지 않나? 제일 큰 문제는 천국 들어갈 사람도 이단들이 주장하듯 딱 144,000명이어야 하는 것이다.

이미 우리는 144,000은 문자적 숫자가 아니며 왜 그렇게 표현을 했는지 알았고, 그것은 무엇을 뜻하는 상징적 숫자인지도 알면서 666만 문자적으로 풀면 곤란하다.

16절을 보면 오른 손이나 이마에 표를 받게 되는데, 17절 짐승의 이름이나 그 이름의 수라고 하며 18절에서 666이라 했다. 그런데 그와 대응하는 것이 바로 뒤에 14:1에 이어나오는 144,000의 이마에 새겨진 어린 양의 이름과 아버지의 이름이다. 그러면 어린 양이나 하나님 이름도 숫자놀음을 해야 하는데 그건 아니지 않나? 그러니까 666은 어린 양이나 하나님과 대조되는 마귀를 상징하는 것이지, 어떤 이름을 히브리어로 음역해서 게마트리아 방식으로 산술 계산하도록 만들어진 것이 아니란 말이다. 그러니까 히틀러인가, 김정일인가 그런거 계산하지 말라. 나쁜 놈은 나쁜 놈이고, 666은 그렇게 쓰는게 아니다. 반기문씨가 사무총장이었을 때는 잠시 수그러들었지만, 전에는 또 UN 사무총장이나 EU 지도자를 적그리스도라며 666에 짜 맞춰 보려고 산수 놀이 하시느라 수고들이 참 많았다.

그럼 왜 666인가? 7은 3과 함께 신적이고 완전한 수이다. 12도 그런 수인데, 거기에 하나 더한 13은 별로 안 좋은 수이고, 7에서 하나 뺀 6도 불완전한 미생이요 좋지 않은 것이다. 하나님의 7인 심판, 7나팔, 7대접 심판은 모두 하나님의 심판이다.

그런데 그 중 6번째 인, 6번째 나팔, 6번째 대접 심판은 모두 짐승을 따르는 자들에 대한 하나님의 심판이고, 7번째 나팔 심판은 그리스도의 영원한 나라를 묘사하고, 7번째 인과 7번째 대접 심판은 심판이기는 하지만 그 문맥 속에서 볼 때 그로 인해 하나님 나라를 세우는 것과 관련된다고 보는 방식이 다 그런 관점에서 나온 것이다.

분명한 것은 계시록에서 우리가 이미 보았듯이 하나님은 성부 성자 성령의 3위 1체를 이루자, 사탄은 그것을 흉내 내 13장에서는 용, 뱀(사 27:1 리워야단), 짐승으로, 16:13에서는 용, 짐승, 거짓 선지자로 삼위를 이루려고 한다. 마찬가지로 하나님의 완전수 7에서 하나 모자란 6을 삼중으로 결합한 666은 짐승이 갖고 있는 불완전 죄의 삼중적 완전결합성을 상징한다.

그것을 18절은 신적 숫자가 아니고 불완전한 사람의 수, 세상의 수라고 가르쳐 준다. 그 것은 하나님의 완전한 창조목적을 이루지 못하고 우리를 영원한 미생으로 남게 할 것이기 때문이다.

그래서 18절은 성도들에게 복잡한 수학적 계산이란 지성으로 이 문제를 풀려 하지 말고, 주께서 11-17절에 계시해 주신 것을 통해 영적 지혜와 총명을 가지고 이러한 짐승의 불완전하고 속이는 본성을 통찰력을 가지고 분별하라는 것이 13장의 핵심 메시지이다. 그게 9절에서 누구든지 귀가 있거든 들으라는 권면의 반복이다. 이 구절도 문자적으로 귀 없는 사람도 있나 하는 식으로 해석하면 안되고 영적 상징적으로 해석하는 것이 옳은 것은 다 알지 않나? 그런데 18절만 문자적으로 풀면 안되는 것이다. 그러므로

⬆ 우리는 왜 주어진 지혜로 분별력 없이 사는지 자신을 돌아봐야한다.

(16-18)

일부 극단적 종말론자들이 주장하는 것처럼, 우리는 짐승의 표를 받으면 안되는데 그 표가 베리칩이고 바코드이기 때문이라는 것은 말도 안되는 슬픈 코메디이다. 왜냐면 바코드파들이 주장하는 것은 바코드의 시작

과 중간과 마지막 선이 각각 6 6 6이기 때문이라는데, 그것은 바코드 원리를 아는 사람들이 볼 때는 말도 안되는 소리다. 그건 수십가지 바코드 방식 중 UPC방식이란 한 가지에 해당되는 방식이고 현재 우리가 많이 쓰는 바코드 방식은 이미 더 발전된 다른 방식이다.

UPC방식 바코드에서도 그것은 연속되는 숫자들을 어디서부터 시작하고 어디까지 스캐너가 읽어내고 계산을 끝내야 하는지 구분하기 위해 시작점과 끝나는 지점에 세운 막대 bar이고 중간에는 분류코드 숫자들의 합산오류 점검 장치로 세운 checksum용 구분 막대일 뿐이다. 그걸 누가 6이라고 하나? 이마나 손목에 적그리스도의 표인 바코드 광풍이 좀 시들해지니 이제는 RF사용하는 베리칩 받지 말라, 칩 내장 전자여권, 전자주민증을 반대하자고 참 열심히 홍보들 하는데, 그런 것에 애쓰지 말라. 그냥 놔둬도 사탄이 하려면 요즘 세상엔 그런 촌스런 거 안쓸지도 모른다. 더 좋은게 많기 때문이다. 이미 휴대폰 NFC로 거래하고, 666마크라 우기는 wifi를 꺼놔도 다 위치 추적되고, 다양한 pay/fintech sw로 전자상거래가 가능하고, 하나님께서 여러분이 태어날 때 각 사람에게 주신 창조의 생체 패턴인 여러분의 지문, 눈동자 홍채나 망막, 손등의 혈관 구조, 음성, 귀 모양, 체취 등으로도 전자상거래는 충분히 할 수 있지 않은가?

게다가 대한민국 같은 성형 왕국에서 촌스럽게 이마에 바코드 새겨 놓으면 누가 가만있겠나? 점 하나만 생겨도 지우는 시대에, 여자들은 아마 성형외과 가서 다 지워버릴 것이다. 그러니 애완견 유기 방지 위해서 애완견에게나 인식칩 넣어주기 바란다. 걔네들은 사람과 달리 스스로 못 빼니까. 그러니 제발 유치하게 바코드니 베리칩에 매달리지 말라. 온갖 상표, 심볼, 이름, 그림에서 666 찾아내고 우기는 열심이 있거들랑, 차라리 성경을 더 읽고 복음에 대해 더 알고 깨달은 말씀 한 구절이라도 붙잡고 그렇게 살도록 하라. 그것이 주님이 기뻐하시는 뜻이다.

주님은 지혜와 총명을 가지고, 갈수록 교묘해지는 사탄의 미혹의 본질을 이해하고, 그것을 분별하여 세상과 다른 하나님 백성의 삶을 믿음으로 인내로 살라 하신다. 그리고 666이 누구냐 베리칩이 뭐냐 가지고 씨름하는 어리석음에서 벗어나기를 바라심을 잊지 말기 바란다.

19
소속을 밝히세요!
(요한계시록 14장)

애들이 싸우면 대부분의 엄마는 동생한테는 왜 형에게 대드냐고 때려 주고 형에게는 동생 간수 하나 못하냐고 때리는 양비론적 자녀교육에 시달리며 자라왔기에 우리는 양시론을 더 좋아한다. 황희 정승 얘기처럼 두 종이 싸우데 한 종의 얘기를 듣고 "그래 들어 보니 네 말이 옳구나"라고 하고 다른 종이 또 자기 입장에서 변명하자 "그래 네 말도 옳구나"라고 했더니 이를 지켜보던 황희 정승의 부인이 그게 뭐냐 옳고 그름을 분명히 해줘야하지 않냐했다. 그러자 "그래 그대 말도 옳구려"라고 했다는 것 말이다. 절대 진리를 거부하는 요즘 같은 포스트모던 사회에서는 흑백논리는 옳지 않다며, 황희 정승처럼 살아야 한다는 말이 그 어느 때보다 그럴 듯하게 들린다. 그러나 급하면 짐승 편에 서고, 또 다급해지면 날개를 펴고 새 편에 속한 박쥐 이야기로 넘어가면 "맞아 박쥐처럼 살면 안되지~"한다. 그게 세상의 수준이다.

하지만 하나님의 수준, 성경의 수준은 그렇지 않다. 선이 분명하다. 상황에 따라 바뀌는 것이 아니라, 가장 위험한 마지막 때에 "당신은 어디에 서 있는가?"를 묻는다. 그 중간은 없다. 다음 중 어디에 서 있는가를 묻는다.

12:17과 13:1을 보면 용은 바닷가에 서있고, 짐승을 불러낸다.

그러나 14:1을 보면 **어린 양**은 **시온 산에 서 있다**. 그리고 어린 양은

144,000과 함께 서 있다.

　우리는 누구와 함께, 어디에 서 있는가? 세상에서는 황희 정승이 처세술이 좋은 사람으로 비춰지고, 세상 사람은 기독교가 말하는 절대 진리가 불편하겠지만, 성경은 여전히 당신이 어디에 누구와 함께 서있는지를 분명히 하도록 만든다.

　서 있는 어린 양은 전쟁에서 적군을 진멸할 태세가 되어 있는 신적 전사이고, 그와 함께 서 있는 성도들은 그 승리에 참여할 군사들이다. 그 어린 양의 군대 144,000은 이미 계 7:1-8에서 본 것처럼 환란 중에도 그리스도께 충성을 다한 사람들과, 지난 모든 세대에서 나온 믿음의 성도이다.

　그리고 어린 양이 서있는 시온은 과거 이스라엘의 수도였던 예루살렘을 대치해 메시아가 새롭게 건설할 하나님 나라의 수도(욜 2:23; 사 2:2; 24:23; 미 4:1-8 등)를 상징한다.

　이 장면에서 무저갱과 죽음 사망의 지옥을 상징하는 바닷가에 서 있는 용과 짐승들과 그 추종자들 무리, 그리고 마지막 일전을 앞두고 시온산에 선 어린 양과 144,000 어린 양 군대의 대치 장면은 참으로 장엄하며 비장미가 흐른다. 그 환상은 끊임없이 당신은 어느 진영에 서 있는가를 우리에게 묻는다.

　그런데 우리는 지금 누구와 함께 서 있는가는, 나는 지금 누구에게 속한 사람인가를 묻는 것이기도 하다. 나는 누구에게 속한 사람인가? (1, 4)

　용은 짐승을 불러냈고, 용과 함께 서있는 짐승이나, 그들을 따르는 사람들은 모두 무저갱의 어둠에 속한 자들이다. 앞 장에서 설명했듯이 바코드를 이마에 받았느냐 아니냐의 문제가 아니라, 짐승과 함께 용의 옆에 서 있는 사람들은 8절에서 보듯 이미 큰 성 바벨론을 좋아하여 그곳에 거주하며 음행을 일삼는 사람들은 짐승의 666을 받은 자들이다.

　그들은 더 큰 성 바벨론을 찾아 더 많은 부를 얻고, 자신들의 편에 속하지 않으면 더 이상 자신들과 거래하지 못하게 하고 더 이상 돈을 벌지 못하게 만든다. 그들은 더 큰 힘을 추구하고, 그 권력이 생기면 더 사람들과 세상을 장악하고 더 높이 올라가 하나님같이 되고자 함을 계 13장에서 보았다. 그들에게 끌려다니는 자들은 14:9에서 보듯 이미 짐승의 권력과 우상에게 절하게 되며 그들의 부를 탐하며 음행을 하기에 10절이 말하듯 진노의 포도주를 마시게 될 것이고, 불과 유황으로 고난을 받을 존재들이다. 그렇다면 그들은 누구에게 속한 자들인가? 그들은 짐승과 용, 마귀에게 속한 자들이다. 이것은 일찍이 예수님이 지적하신 바와 같다. "너희는 너희 아비 마귀에게서 났으니 너희 아비의 욕심대로 너희도 행하고자 하느니라 그는 처음부터 살인한 자요 진리가 그 속에 없으므로 진리에 서지 못하고 거짓을 말할 때마다 제 것으로 말하나니 이는 그가 거짓말쟁이요 거짓의 아비가 되었음이라(요 8:44)"

그러므로 우리는 누구 편에 서고, 누구에게 속했으며, 누가 우리의 아비인가는 죽기 전에 해결하고 가야 할 중요한 문제다. 누가 우리의 형제이고 누가 우리의 자매인가 뿐 아니라, 누가 우리의 아비이고 누가 우리의 어미인가를 확인하고 넘어가야 한다.

아마 대부분의 교회에서 젊은이들은 나이드신 분들과 함께 모이는 것보다 젊은이들끼리 모이고 싶어 할 것이다. 그것은 세상 청년들과 다르지 않다. 그 이유가 무엇때문일까? 불편함과 문화 차이 그리고 어울리기 힘들어함 등 여러 가지가 있겠지만, 세상 청년들은 '어른다운 어른이 없어서'라고 대답했다. 어떤 일간지에서는 이 시대의 문제를 다루며 '진정한 어른 왜 사라지나?'란 제목의 특집기사를 실었다. 문화예술계 인사 72인을 대상으로 설문조사를 했는데 그 이유는 부와 권력 추종 사회의 천민자본주의와 함께 자기성찰 능력 부족과 차이를 인정하지 못하는 꼰대 담론을 들기도 했지만, 정직하지만 가난한 부모보다 부도덕해도 부유한 부모를 원하는 비뚤어진 가치관을 정상처럼 여기는 청년들의 자세에는 문제가 없는가라는 생각도 든다.

나이든 사람들만이 문제가 아니라, 그런 가치관으로 살아온 사람들이 지금 30대 후반과 40대 부모들 아닌가? 자식이라면 끔찍히 여겼지만 때로는 사람 되라고 회초리를 들던 7~80대 부모 세대와 달리, 그들은 자기 자식은 공공장소에서 뛰어도 내버려두고 누가 뭐라면 기죽인다고 오히려 대들고, 아이들이 자기 하고 싶은대로 안되면 아무데나 누워 악을 써도 이쁘다며 허허 웃는 소위 '맘충'들이 되었다. 그런데 그들은 동시에 지난주 뉴스에서 보았듯 7살 큰 딸을 죽이고 암매장한 엄마와 친지들처럼 말 안들으면 자식을 때려죽이기도 한다.

이런 문제에는 신앙이 없는 사람이나 신앙이 있는 사람이나 상관이 없다는게 심각하다. 자식을 신주 모시듯 황태자로 키우는 것과 자식을 때려죽이기도 하는 이 세대의 부모들은 자식을 한 존귀한 인격으로 보지 못하고, 자신의 소유로 여기고 내가 살리든 죽이든, 한 인격을 내 힘과 권력의 통제 아래 두려는 이 세상의 정신, 어두운 마귀의 영에 사로잡혀 있는 것이다. 그런데 거기에 아무런 문제를 못느끼고 당연하게 여긴다.

마귀에게 속한 자들은 마귀의 일을 할 수 밖에 없는데 8절에서 보듯 그들이 하는 일은 모든 민족에게 자신의 음행의(진노 아닌) 포도주를 마시게 하는 것이다. 그것은 사도 바울을 통해 롬 1:32에서 "그들이 이같은 일을 행하는 자는 사형에 해당한다고 하나님께서 정하심을 알고도 자기들만 행할 뿐 아니라 또한 그런 일을 행하는 자들을 옳다 하느니라"라고 말씀하셨듯이, 자신들만 아니라 그런 일에 사람들을 끌어들이고 그것이 무엇이 잘못됐냐며 부추기는 것이기도 하다.

이처럼 큰 용과 짐승에게 속한 사람들과 달리, 하나님께 속한 사람들이 있다. 2절처럼 그 144,000의 이마에는 어린 양의 이름과 하나님 이름이 새겨져 있다. 이미 설명했듯이 이마는 헌신과 소속 그리고 소유권을 상징한다. 그들은 하나님의 것이고 하나님께 속해 있고, 어린 양 예수님이 주인인 삶을 사는 사람이다.

그것을 어떻게 알 수 있나? 이마에 적외선을 쏴 보면 새겨진 글씨가 보이나? 아니다. 4절에 보듯 세상 즉 음녀 바벨론과 구별된 삶을 사는 순결성이 있다. 여자와 더불어 더럽히지 아니하고 순결하다는 이 구절을 왜곡하여 로마 가톨릭 신부처럼 결혼하지 않고 독신의 삶에 대한 헌신이라 주장하기도 한다. 그러나 성경은 성과 결혼을 하나님의 창조의 선물로 보고 부정적으로 취급하지 않으므로 그것은 지나친 해석이다. 또한 수도사처럼 세속 욕심을 추구하지 않는 삶으로 해석하고 싶은 사람도 있겠지만, 하나님은 불교처럼 출가해 세상과 분리된 삶이 아니라 세상 속으로 들어가는 교회를 말하기 때문에 그것도 아니다.

음녀에 속하지 않고, 5절처럼 마귀와 교통해도 그 **입에 거짓말이 없고** (2:20) **흠이 없다**는 것은 144,000의 삶이 도덕적으로 절대적 완전에 도달한 사람임을 말하는 것도 아니다. 성경 전체는 거듭난 자들도 죄없다 하지 못할 것임을 분명히 가르치고 있기 때문(요일 1:10)이다. 사실 이 부분은 습 3:13 "이스라엘의 남은 자는 악을 행하지 아니하며 거짓을 말하지 아니하며 입에 거짓된 혀가 없으며"의 성취며, 19:7-8과 21:2이 말하는 모든 성도가 가져야 할 어린 양의 신부 비유가 보여주는 삶의 자세이지 처녀총각 독신 장려 구절도 도덕적 완전함을 의미하는 것도 아니다. 4-5절은 이 시대의 이교적이고 세상과 타협한 세속주의 기독교의 현상을 지적하며, 하나님을 믿는다지만 여전히 돈, 성공과 명예, 섹스, 권력이란 우상을 추구하는 현대 기독교인들의 실체를 드러내는 것이다. 성경은 마지막 때를 사는 우리들에게 이런 사람들과 차별되는 삶을 살고, 용이나 짐승과의 결탁을 거부한 순결한 신앙의 자세를 요구하는 것이다. 그래서 1-5절의 가르침은

⬆ 소속을 분명히 하는 삶을 살라!

이어지는 6-13절에는 세 천사의 메시지가 나온다. 그 중 두 번째 천사의

메시지부터 살펴보자. 둘째 천사는 8절에서 큰 성 바벨론의 임박한 멸망을 선언한다.

14:8 또 다른 천사 곧 둘째가 그 뒤를 따라 말하되 무너졌도다 무너졌도다 큰 성 바벨론이여 모든 나라에게 그의 음행으로 말미암아 진노의 포도주를 먹이던 자로다 하더라

우리가 그토록 의지하던 큰 성, 절대로 무너질 것 같지 않아 보이는 거대한 제국 바벨론이 무너진다는 것은 이 시대에 의지해 사는 세상 사람들에게 충격일 것이다. 그런데 거기서 멈추지 않는다.

세 번째 천사는 9-11절에서 큰 성 바벨론의 멸망 뿐 아니라, 그 짐승을 따르는 자들을 기다리고 있는 영원한 고통을 선언한다.

14:9 또 다른 천사 곧 셋째가 그 뒤를 따라 큰 음성으로 이르되 만일 누구든지 짐승과 그의 우상에게 경배하고 이마에나 손에 표를 받으면 10 그도 하나님의 진노의 포도주를 마시리니 그 진노의 잔에 섞인 것이 없이 부은 포도주라 거룩한 천사들 앞과 어린 양 앞에서 불과 유황으로 고난을 받으리니 11 그 고난의 연기가 세세토록 올라가리로다 짐승과 그의 우상에게 경배하고 그의 이름 표를 받는 자는 누구든지 밤낮 쉼을 얻지 못하리라 하더라

9절은 이렇게 그들이 심판받는 이유를 지적하고, 10-11절은 심판의 내용과 방법을 설명해준다.

10절에는 진노의 포도주 이야기가 나온다. 당시에는 일상 음료로 쓴 1:2 or 1:3 희석시킨 포도주가 아니라 취하려고 먹는 원액 포도주 두 종류가 있었는데, 진노의 잔에 부어진 진노의 포도주는 섞인 것이 없는 진한 것이다. 심판의 강렬함을 상징한다.

고난의 연기는 앞 절의 지옥불과 유황의 고통을 말한다. 게다가 그 고난은 거룩한 천사와 어린 양 앞에서 벌어지는 짐승 추종자들에게 주어지는 모욕적 심판이다.

이 때 중요한 것은 장래 받을 이 고통이 11절 '세세토록 올라간다'는 영원성에 있다. 그것은 또한 '밤낮 쉼이 없는' 것으로 묘사된다. 이 땅에 살며 겪는 고통이 힘들다힘들다 해도 그나마 한시적이지만, 마지막 심판에 따른 영벌은 끝이 없이 계속된다는 게 가장 무서운 일임을 깨닫기 바란다.

성경공부 시간에 종종 구원이 뭐냐고 물으면, 대부분의 교인들은 영생을 얻는 것이라고 대답한다. 그 때 영생은 예수 안믿어도 받는다고 하면, 사람들이 의아해 한다. 예수 안믿고 회개 않고 죄 사함 받지 않은 사람들, 세상과 바벨론 의지하고 어둠의 영들에 속한 사람들도 영생은 하는 것이다. 원래 몸은 죽어도 인간의 영혼은 안 죽는 것인데, 지옥에서 유황불에서 고난의 연기 속에서 영원히 산다. 밤낮 쉬지 않고 고통 받는다. 지옥에서 영생하는 것이다. 그게 가장 무서운 것이다.

반면 성도에게 주어지는 구원과 영생이란 영원히 죽지 않는 우리 영혼이 하나님의 영, 성령과 연합되어 영원하신 하나님 품에서 안식하고 기쁨을 누리는 것이다. 따라서 성경이 말하는 구원이란 영원하신 하나님과 연합하여 그 안에서 영원한 기쁨 속에 영원한 안식을 누리는 것이지, 그저 안 죽는 것이 영생이 아니다. 지옥불에서 영원히 사는게 진짜 무서운 것이다. 죽지도 않고, 너무 지루한 것, 고통이 끝나지 않는 것, 그게 제일 무섭다. 그래서 예수 믿고 구원받으라고 하는 것이다.

이처럼 성경이 가르쳐 주는 가장 큰 비밀은 모든 사람은 구원과 영벌로 나뉘게 되며, 마지막 때에 추수 혹은 심판이 있다는 것이다.

먼저 14-16절은 구름 위에 앉으신 인자 같은 이가 낫을 들어 다 익어 거둘 때가 이른 땅의 곡식 추수이고, 두 번째 추수는 18절에 보듯 제단 불 다스리는 천사가 예리한 낫을 가진 천사에게 다 익은 포도를 거두라는 요청에 의한 추수다.

Osborne이나 Baucham같은 학자는 14-16의 곡식 추수는 알곡 즉 하나님의 백성 혹은 의인을 거두는 것으로, 17-20은 불신자 불의한 자들에 대한 심판의 두 가지 심판으로 본다. 또한, Hendriksen, Aune, Beale 등은 둘 다 최후의 심판 메시지로 점진적으로 20절의 심판의 심각성을 향해 강화시켜 나간 것으로 본다. 그 이유는 이 본문이 욜 3:13인데 " 너희는 낫을 쓰라 곡식이 익었도다 와서 밟을지어다 포도주 틀이 가득히 차고 포도주 독이 넘치니 그들의 악이 큼이로다"라고 하는데 곡식 추수와 포도주 틀 밟기(사 63:3) 둘 다 문맥상 심판을 의미한다고 보기 때문이다.

　평생 계시록만 연구한 학자들도 서로 상대편 의견도 일리가 있음을 인정하면서도 두 파로 나뉘는데 제가 한 가지는 틀렸다고 말할 수 없다. 필자도 처음에는 알곡인 의인 수확과 악인의 심판 두 가지 추수로 봤었는데, 이 부분의 배경인 욜 3:13의 심판 배경을 보며 은사인 Beale교수의 의견 쪽, 즉 둘 다 심판에 대한 묘사 방향으로 기운다. 다만 의견이 갈리는 14-16절의 곡식 추수 심판을 의인에 대한 것으로 봐도 그것은 어떤 심판이냐고 보느냐에 달린 문제다. 즉 의인의 심판은 천국과 지옥을 나누기 위한 심판이 아니라 그의 삶에 대한 하나님의 판단과 상급에 관한 것이다. 악인의 심판도 천국과 심판을 나누는 심판이 아니다. 왜냐면 이 땅에서 구원받고 하나님 자녀가 되지 못하면, 멸망은 이 땅에서 이미 정해진 것이기 때문이다.

　의인의 심판이 납득되지 않는 사람은 앞으로 볼 계 20:11-12을 보라. 거기 의인이 받는 소위 백 보좌 심판 역시 생명책에 기록된 자기 행위대로 받는 심판으로 묘사하고 있기 때문이다. 결국 의인은 불신자와 달리 지옥가는 심판이 아니라, 구원을 받아도 행위에 따라 상급을 받는 심판을 받으므로 본문 14-16절의 심판도 바로 그 앞 13절 마지막 부분에서 보듯 순교자의 안식에도 그들의 행한 일이 따른다는 것에서 이어지니, 14-16을 욜 3장 배경에 따라 심판으로 봐도 그것은 하나님 백성에 대한 상급을 다루는 것으로 이해하면 두 파벌의 해석 차이가 무의미하게 될 것이다.

분명한 것은 앞으로 20장에서 자세히 보겠지만 의인도 천국과 지옥을 가르는 심판은 아니고 상급 심판을 받게 될 것이지만, 이런 하나님의 백성들과 달리 용과 짐승을 따르는 악인들에게 임할 심판은 말로 형용할 수 없는 엄청난 것임을 알아야 한다.

이것은 포도주 문화에 살던 사람들에게는 아주 익숙한 장면인데, 수확한 포도를 포도주 술틀에 넣고 밟으면 붉은 즙이 쏟아져 나오는 것을 19-20절에서는 악인이 흘릴 심판의 형벌의 피로 비유한다. 그 배경은 사 63:3 "내가 홀로 포도즙틀을 밟았는데 내가 노함으로 말미암아 무리를 밟았고 분함으로 말미암아 짓밟았으므로 그들의 선혈이 내 옷에 튀어 내 의복을 다 더럽혔음이니" 그 피가 얼마나 많이 흘러 나오냐면 말 굴레(고삐) 높이로 1600 스타디온(온 세상 땅의 네 모퉁이 4의 제곱에 10의 제곱을 곱한 숫자. 문자적으로는 300Km 서울 대구보다 먼거리, 팔레스타인에서 애굽까지의 거리)을 채우는데, 사실 1600은 세상천지 사방을 나타내는 $4^2 \times 10^2$으로 만들어진 숫자로 온 세상의 심판을 상징한다. 이것은 큰 처벌. 처형, 사형. 심판으로 성경은 이런 범세계적인 최후의 심판이 있을 것과 그 엄청난 처벌의 규모를 강조한다. 여러분은 어떤 추수, 어떤 심판을 받게 될까? 그러므로 여러분은 어떤 삶을 살아야겠는가?

⬆ **심판에 분명히 대비하는 삶을 살라!**

세 천사의 메시지 중 첫 천사의 메시지는 이와 같은 둘째 셋째 천사가 가져온 최후의 심판 메시지와 성격이 약간 다르다. 그는 복음을 가진 천사로서 최후의 심판 전에, 마지막 회개의 기회를 제공한다.

14:6 또 보니 다른 천사가 공중에 날아가는데 땅에 거주하는 자들 곧 모

든 민족과 종족과 방언과 백성에게 전할 영원한 복음을 가졌더라

그런데 여기서 말하는 영원한 복음은 4복음서에서 반복해온 복음의 성격과 조금 달라 보인다. 회개의 촉구와 하나님께만 영광 돌릴 것을 주문하기 때문이다. 7절 보자.

14:7 그가 큰 음성으로 이르되 하나님을 두려워하며 그에게 영광을 돌리라 이는 그의 심판의 시간이 이르렀음이니 하늘과 땅과 바다와 물들의 근원을 만드신 이를 경배하라 하더라

그런데 이게 다른게 아니다. 사실 진정한 복음을 제대로 들으면, 하나님을 두려워하는 일이 생긴다. 이 시대는 하나님을 향한 경외가 사라진 것이 문제다. 밤새 고기도 못 잡고 허탕만 치다가 이쪽에 그물을 내리라는 예수님의 말씀대로 해서 많은 물고기를 잡게 된 베드로가 한 행동은 눅 5:8 그 앞에 엎드려 "주여 나를 떠나소서, 나는 죄인입니다"였다. 하나님의 영광을 보면 상대적으로 자신의 죄인 됨을 발견하게 되고 두려움에 떨게 되어 있는데, 하나님을 그렇게 제대로 못 만난 사람들이 교회 안에 많다보니 까불고 방자하게 행동하는 시대가 된 것이다. 요즘 뉴스에 대형교회 목사 얘기가 하도 많이 나오니까, 사람들이 말한다. 하나님이 살아계신 것을 제일 안 믿는 사람이 목사라고… 매일 연구해보고 설교하고 가르치고 기도해봤는데, 하나님이 없다는 것을 알았기에 그런다는 것이다. 그렇지 않다면 그럴 수가 없다는 것이다. 참 슬픈 조크다. 그렇게 하나님도 사람도 안 무서워하는 그들이 무서워하는 것은 그럼 무엇일까? 오직 돈과 권력과 명예 잃는 것만 무서워한다.

그렇다면 본문은 우리에게 또한 묻는 것이다. "당신은 누구를 두려워하고 있는가?"

7절의 메시지는 우리에게 두려워할 자를 두려워하라고 한다. 그것은 예수님께서 눅 12:5 "마땅히 두려워할 자를 내가 너희에게 보이리니 곧 죽

인 후에 또한 지옥에 던져 넣는 권세 있는 그를 두려워하라 내가 참으로 너희에게 이르노니 그를 두려워하라"는 말씀과 같다.

인생은 끊임없는 선택의 연속으로 구성되어 있다. 순간의 선택이 10년을 좌우한다는 것이 가전제품 살 때 염두에 두어야 할 교훈이라면, 누구를 두려워할지 이 땅에서 매 순간 우리가 내릴 순간의 선택이 영원을 좌우한다는 것이 성경의 지혜이다.

7절은 하늘의 천사가 큰 음성으로 하나님을 두려워하라고 할 뿐 아니라, 이어서 '그에게 영광을 돌리라'고 명령한다. 그렇다면 본문은 또한 우리에게 "당신은 지금 누구에게 영광 돌리며 살고 있나?"고 묻고 있는 것이다. 다른 말로 마땅히 영광 돌릴 분께 영광 돌리라는 것이다. "하늘과 땅과 바다와 물들의 근원을 만드신 이를 경배하라"고 7절은 명령한다.

우리를 짓고 온 세상을 만드신 창조주를 찬미해야지, 힘과 권력과 돈과 재물을 가진 짐승에게 달라붙어 찬미하고, 심지어 자기가 높은 자리에 올라가 하나님이 받으실 영광을 자신이 취하는 사람들이 있는데 그들에게는 화가 있을 것이다.

이것을 분별하고 사는 것, 그것이 믿음에 합당한 삶이고, 그것이 말씀대로 사는 삶이다. 그것이 성도의 습관이 되고 일상이 되어야 한다. 박쥐처럼 주일에는 하나님께 붙었다가, 6일 동안에는 돈과 권력을 가진 세상에 붙어살지 말고, 수 24:15 "만일 여호와를 섬기는 것이 너희에게 좋지 않게 보이거든 너희 조상들이 강 저쪽에서 섬기던 신들이든지 또는 너희가 거주하는 땅에 있는 아모리 족속의 신들이든지 너희가 섬길 자를 오늘 택하라 오직 나와 내 집은 여호와를 섬기겠노라"는 말씀처럼 우리가 섬길 자를 오늘 선택해야 한다.

그럴 때에 **12절** 말씀의 요구처럼, 우리는 **하나님 계명과 예수에 대한 믿**

음 지키기가 가능해진다. 13:10에서도 순교자들을 언급하며 "성도들의 인내와 믿음이 여기 있느니라"고 했던 구절이 본문 14:12에서 반복된 것이다. 그런 삶을 성도의 견인이라 부른다.

이처럼 계명을 지키고 말씀대로 그리고 믿음으로 살기는 참 힘들다. 그래서 하나님은 돌판이 아니라 우리 마음에 그 언약의 말씀을 새겨 주시겠다고 했다. 신 10:16 "그러므로 너희는 마음에 할례를 행하고 다시는 목을 곧게 하지 말라" 렘 4:4 "유다인과 예루살렘 주민들아 너희는 스스로 할례를 행하여 너희 마음 가죽을 베고 나 여호와께 속하라" 마음 판에 할례를 받고 하나님께 속해야한다. 그것이 어렵기에 그것을 가능하도록 우리에게 성령을 주신다.

그렇게 해서 믿음으로 살아내는 삶을 성도의 견인이라 부른다. 그런 삶을 사는 것을 **14:13절은 "지금 이후 주 안에서 죽는 자"**라고 표현했는데, 그것은 우선 순교자를 지칭하지만 순교자만이 아니라, 믿음으로 살고 믿음으로 죽는 삶의 복됨도 포함된 것이다.

이 땅에서 우리가 처한 곳에서도 주님을 배신 않고 한평생 믿음으로 살다가 믿음으로 죽는 것도 얼마나 어려운지 모른다. 저는 여러분 모두가 믿음으로 살다가 믿음으로 일생을 마칠 수 있기를 축원한다.

세상보다 믿음의 길을 선택하고 믿음으로 죽는다는 것이 얼마나 힘든 일인지 하나님은 잘 아시기에, 14:13절은 그런 사람들에 대한 축복과 약속을 주셨다. 그 축복은 무엇인가? 하늘에 금은보화와 복층 맨션을 주리라가 아니라, **14:13b "그들이 수고를 그치고 쉬리니 이는 그들의 행한 일이 따름이라"** 하셨다.

악인에게는 겔 11:21에서 "그러나 미운 것과 가증한 것을 마음으로 따르는 자는 내가 그 행위대로 그 머리에 갚으리라"고 하셨지만, 의인에게는 수고를 그치고 참된 쉼과 안식을 주시는 것이 약속된 축복이다. 여러분은 밤낮 수고해도 안식이 없고 쉼이 없는 인생이 얼마나 고달프고 고통인지 아는가? 그래서 히 4:9 "그런즉 안식할 때가 하나님의 백성에게 남아 있도다 10 이미 그의 안식에 들어간 자는 하나님이 자기의 일을 쉬심과 같이 그도 자기의 일을 쉬느니라 11 그러므로 우리가 저 안식에 들어가기를 힘쓸지니 이는 누구든지 저 순종하지 아니하는 본에 빠지지 않게 하려 함이라" 참된 안식에 들어가 하나님께서 쉬심같이 평안히 쉬는게 얼마나 복된 일인가!

이런 삶은 누구에게 주어진 축복인가? 오직 하나님께서 그 이마에 어린 양과 하나님의 이름으로 인쳐주신 하나님의 백성에게 주어지는 것이다.

1절의 144,000이고 4절에서 음녀 바벨론으로 더럽히지 아니한 순결한 사람인데 그들은 어떤 특징으로 구별되나?

14:4 이 사람들은 여자와 더불어 더럽히지 아니하고 순결한 자라 어린 양이 어디로 인도하든지 따라가는 자며 사람 가운데에서 속량함을 받아 처음 익은 열매로 하나님과 어린 양에게 속한 자들이니

우선 그들은 누구를 따라가나? 어린 양이다. 그리고 누구의 인도를 받나? 어린 양이다. 어린 양은 십자가로 승리하고 부활하신 분이니 그가 인도하는 곳이 십자가의 길이라고 이상히 여기지 말고 부활을 소망하고 따라가야 한다. 그것이 진정한 제자의 길, 순종의 삶이요 제자도이다.

그런 삶을 통해 그들은 자신들이 속량함 받은 첫 열매임을 증명하는 것이다.

첫 열매는 여호와께 혹은 제사장이나 레위인들에게 드려질 구별된 것의 상징(민 18:12; 신 18:4; 신 12:11; 출 25:2-3)이다.

그리고 속량함이 무엇인가? 어린 양이 대신 값을 주고 샀다는 것이다. 그럼 당신은 누구 것인가? 어린 양의 것이다. 그러니 우리는 어떤 삶을 살아야 마땅한가? 어린 양의 소유로서, 우리의 주인되신 어린 양의 인도함을 받고 어린 양을 따라가며, 거대한 바벨론 제국에 신앙의 양심을 팔아

먹는 음행을 거부하고 흠 없는 순결한 믿음의 삶을 살아야 하는 것이다. 그러므로

📌 믿음을 분명히 보이는 삶을 살라!

당신은 그런 삶을 살 수 있겠는가?

큰 성 바벨론의 유혹 앞에서 믿음의 정절을 지킬 수 있겠는가?

당신을 값 주고 산 우리의 주인된 어린 양 예수님만 따르고 그가 인도하는 곳으로 갈 수 있겠는가?

20
오직 어린 양만 노래하자
(요한계시록 15장)

북한의 핵미사일 발사 실험에 따라 미국과 중국이 합의를 본 이후, UN 안보리에서 역대 가장 강력한 수준의 북한 제재가 시작될 것 같자 북한이 날이 갈수록 도발 위협 수위를 높이고 있다. 북한은 특히 2016년 2월 23일 사상 처음으로 '인민군 최고사령부 중대성명'을 발표했다. 〈조선중앙TV〉 "1차 타격 대상은 동족 대결의 모략 소굴인 청와대와 반동 통치기관들이다. 우리 삶의 터전을 없애버리려고 한 악행은 가장 참혹하고 가장 처절한 대가를 반드시 치러야 한다."

그런데 26일자 보도는 이런 북한의 위협적 언사가 실제 군사적 도발로 직결되지는 않는다고 미국의 월스트리트저널이 '북한위협지수'를 활용해 분석하고 우리를 안심시키려 한다. 이 지수는 조선중앙통신이 기사에서 '불바다'나 '타격', '응징'과 같이 공격적 표현을 매일 얼마나 사용했는지 집계하고 이를 발행된 기사 수로 나누는 방식으로 북한 매체 감시 사이트가 산출한 것이다. 북한이 미국 본토와 한국을 미사일로 겨냥하겠다고 주장한 2013년 봄 이 지수가 정점을 찍었으나 그 해에는 실제 충돌이 없었다. 반면 2010년 천안함 도발이나 지난해 비무장지대 지뢰 도발과 같은 주요 무력도발 직전 이 지수는 특별히 높지 않았다는 것이다.

북한의 불바다 심판 협박은 실제 도발과 정비례하지 않는다는 것을 수

십 년간 몸소 체험하고 살아온 우리 대한민국 사람들이라, 성경의 불바다 심판 얘기까지 코웃음치고 넘어갈까 목사로서 염려스럽다. 그러다가는 높지도 않은 큰 코 다칠 것이다. 왜냐면 하나님은 본질상 거짓말을 할 수 없는 분이고, 성경 말씀과 예언들이 결국 다 실현되어 온 것을 역사가 증명하고 있기 때문이다.

지금 살펴볼 계 15장은 5-8절에서 일곱 천사들은 하늘의 성전을 떠나 땅에 최후의 재앙을 내리기 위한 준비를 다루는데, 샌드위치처럼 그 가운데 부분인 2-4절에 승리한 순교자들의 기쁨과 하나님의 구원에 대한 찬송이 자리 잡고 있다. 이것은 또한 14장의 성도들의 정당화, 죄인들의 심판을 마무리하며, 16장의 7대접 심판 세트를 준비하는 연결고리이기도 하다.

먼저 15장 첫 부분은 어떻게 시작되는가 살펴보자.

15:1 또 하늘에 크고 이상한 다른 이적을 보매 일곱 천사가 일곱 재앙을 가졌으니 곧 마지막 재앙이라 하나님의 진노가 이것으로 마치리로다

1절 후반부에서 "진노가 … 이것으로 마치리로다"는 것은 아직 계 16-18장까지 이르는 7대접 심판이 남아있지만, 이제 3세트의 재앙이 거의 마쳐져 감을 예고한다. 이제 하나님이 세상 역사의 마지막 사건을 종결지을, 완성시킬 것을 예고한다. 여러분도 그렇겠지만 전하는 나도 심판 얘기를 몇 주를 하다 보니 빨리 마치고, 20장-22장의 소망의 메시지 전하고 싶다.

그러나 이렇게 지겨울 정도로 죄인들이 받을 심판에 대한 경고를 계속하고, 마지막 심판의 재앙 예언 중간에도 수차 계속해서 죄인들에게 회개의 기회를 주고 14:6처럼 복음을 전했지만 회개하지 않는, 어둠의 영에 사로잡힌 사람들의 돌아서지 않는 그 완악함은 끔찍하다. 앞으로 몇 주 동안 계시록을 통해 최후의 심판을 설교할 텐데, 그 안에 회개하고 돌아서지 않으면 혹시 난 짐승에게 팔린 영혼은 아닌가 심각하게 자신을 돌아봐야 할 것이다.

성령께서 마음을 찌르실 때 겸허히 회개하고 하나님께 돌아선다면, 계 14:7을 반복하는 말씀처럼 살게 된다.

15:4 주여 누가 주의 이름을 두려워하지 아니하며 영화롭게 하지 아니하오리이까 오직 주만 거룩하시니이다 주의 의로우신 일이 나타났으매 만국이 와서 주께 경배하리이다

회심의 첫째 증상은 주의 이름을 두려워하는 것이다. 세상 어떤 권력도, 어떤 힘 있는 사람도 아니라 오직 주만 두려워하고 오직 주만 경배하게 된다! 이유는 오직 주만 거룩하시기 때문이다. 그리고 오직 주님만 영화롭게 하는 삶을 살지 자신이 한번 유명해지고 떠 보려고 몸부림치지 않는다. 이런 사람들을 여기 서울 뿐 아니라, 북경에서 태국에서 아프리카에서 남미에서 하나님은 부르실 것이다. 그렇게 해서 온 세상 모든 족속 가운데서 회개하고 거듭나는 사람들로, 4b **"만국이 와서 주께 경배하리이다"** 는 말씀이 성취되고 있다. 그것은 시 86:9 "주여 주께서 지으신 모든 민족이 와서 주의 앞에 경배하며 주의 이름에 영광을 돌리리이다"의 성취다. 이처럼 계시록은 계속 반복해서 심판 중에서 구원을 베풀고, 복음을 전하고(14장), 결국 만국이 주님을 경배하러 나올거라는 예언을 성취해 낼 것이다. 그러므로 여러분도,

🔺 심판의 경고가 끝나기 전에 오직 주님만 경배하는 성도가 되자(1, 4).

4절처럼 만국 모든 족속에서 나온 사람들이 예배를 드리는 사건은 자연스럽게 5절 '하늘 장막 성전' 주제로 연결된다.

15:5 "또 이 일 후에 내가 보니 하늘에 증거 장막의 성전이 열리며"

그런데 신천지는 본문의 '하늘 증거장막 성전' 용어를 차용하여 자기네

본부가 있는 과천이 14:1의 시온산이고 신천지 본부가 하늘 증거장막 성전이라고 주장한다. 계시록 강해를 시작하기 전까지 사실 나는 신천지에 관심이 없었다. 그런데 기성교회를 파고들어 넘어뜨리며 세력을 키우자 교단마다 심각하게 주의를 줬어도, 난 그간 신학 교수 일만 하고 있었기에 별 관심이 없었다. 그런데 각 지역별 유명 교회에는 다 와 있을 것이란 말을 듣고 관심을 갖게 되었다. 게다가 지난 번에는 제가 가르치는 신대원 교수실 문마다 '너희들이 잘못 가르치고 있다'는 내용의 전단을 끼워 놓고 갔다. 그래서 이왕 알아볼 거 기독교 쪽의 비판만 볼게 아니라, 직접 그들의 주장을 들어보자는 생각으로 신천지 공식 홈페이지에 들어가서 그들의 주장과 교리를 살펴봤다. 다 말할 수는 없고, 증거장막 관련 부분만 오늘 짚어보겠다. 신천지는 이렇게 말한다.

"계시록 15장의 장막은 계시록 13장의 장막이 멸망 받은 후 창조된 장막이다. 계시록의 사건을 증거 받을 곳은 약속한 증거장막 성전(신천지)뿐이며, 이 외에 계시록의 사건을 증거하는 곳은 모두 가짜다. 계시록 전장 사건은 마태복음 24장과 같이 거룩한 성전 곧 길 예비 일곱 사자가 있는 장막에서 일어난 사건이다. 이를 보고 나왔으니 그 일을 증거할 수가 있다. 그래서 이들이 모인 장막을 '증거장막(證據帳幕)'이라 하고, 이곳이 하나님의 보좌가 있는 곳이므로 '성전(聖殿)'이라고 한다. 이곳이 곧 새 하늘 새 땅(신천지)의 증거하는 장막이며, 이곳에 하나님이 함께하시므로 이를 '신천지예수교 증거장막성전'이라 한다… 이곳에 인 맞은 12지파 14만 4천 명이 함께 있으며, 이곳에서 새 노래 곧 신약이 이루어진 계시 말씀이 나오고, 성경에 약속한(계 14장) 참 하늘나라 신학교 곧 시온기독교선교센터가 이곳에 있다. 하나님의 보좌 앞에 있는 신학교는 온 세계 중 오직 이 곳 하나뿐이다. (신천지에게) 추수되어 인 맞고, 신천지 12지파에 소속된 성도가 이곳에서 가감 없이 계시 공부를 하였고, 인 맞았으며, 수료시험에 90점 이상으로 합격하였다… 반면, 일반 교회, 교단, 신학교 등은 사람 곧 자기들이 만든 명칭으로서, 하나님과는 아무 상관없는 것이다. …(이상 신천지 주장)."

살펴보았듯이 신천지는 13:6의 하늘장막을 구시대의 폐하여질 장막이고 15:5의 하늘 장막은 그와 달리 새로 만들어진 신천지 장막이라 하는데, 아주 간단하게 그냥 성경 구절만 들여다봐도 엉터리 해석임을 알 수 있다. 13:6 보자. "짐승이 입을 벌려 하나님을 향하여 비방하되 그의 이름과 그의 장막 곧 하늘에 사는 자들을 비방하더라" 이 장막은 망할 장막이 아니고, 짐승이 비방 공격하는 대상이다. 게다가 그 장막은 하늘에 거하는 성도들을 지칭한다(cf 21:3). 광야 시대에는 하나님이 가죽으로 만든 임시 성전인 장막에 거하셨지만, 이제는 그의 인을 받은 144,000, 하나님의 백성인 성도들 가운데 거하며, 하나님의 증인인 그들이 하나님의 증거 장막이다(혹은 계 11:1; 고전 3:16; 6:19; 엡 2:21처럼 성도가 성전이다). 따라서 13:6의 장막은 멸망 받은 것이고 계 **15:5의 하늘 증거장막 성전**은 과천에 세워진 것이란 것은 전혀 문맥에 안 맞는 아주 엉디리 해석이다.

그리고 15:5절 하늘의 증거 장막이 있는 성전은 또한 6절처럼 거룩한 네 생물과 일곱 천사들이 있는 하나님의 존전 앞이다. 게다가 종말이 이미 시작되긴 하였지만 종말의 끝 마지막 날에 임할 복된 새 하늘과 새 땅이 아직 이 땅에 임한 것이 아니기에 과천의 신천지 본부가 증거 장막일 수가 없는 건, 애들도 다 알 수 있는 뻔한 논리인데 세뇌를 당하면 그게 안 보인다. 그들은 이만희가 이 모든 걸 다 보고 와서 증거하기 때문에, 과천 신천지 예배당이 증거장막이라는데, 증거라는 말은 그런 뜻으로 쓰인 게 아님도 앞에서 잠시 언급했다.

증거에 대해 자세히 설명하기 전에 먼저 '장막'에 대해서부터 알아보자. 지상의 장막은 이스라엘의 죄의 속죄를 위한 대리적 동물 제사를 드림으로 하나님의 백성이 주님과 화목을 갖게 해준 하나님의 긍휼하심의 표상이었다. 그런데 계 15장의 하늘 장막 성전은 그것과 조금 다른 것을 의미하기 위해 사용된 용어이다. (21:22 어기면 성전도 사라진다.)

사실 지상의 성전은 막 15:38에서 보듯 그리스도가 십자가에서 돌아가실 때 휘장이 찢어지며 성소가 열려버렸다. 그것은 2가지 의미를 갖고 있는데, 하나는 히 10:19-20이 설명하듯 제사장 혹은 중재자를 통하지 않고 그리스도를 통해 누구나 하나님을 향해 직접 나아갈 수 있도록 문이 열렸다는 것이고, 또 하나는 우리가 종종 잊고 있는 부분인데 십자가로 인한 성전 종교 시스템에 대한 하나님의 심판을 상징한다. 그 원형인 하늘 성전이 열리는 것을 묘사한 11:9도 보면 "이에 하늘에 있는 하나님의 성전이 열리니 성전 안에 하나님의 언약궤가 보이며 또 번개와 음성들과 우레와 지진과 큰 우박이 있더라"며, 성전 지성소가 열린 것은 우레와 지진과 우박을 통해 거룩한 하나님의 임재와 심판을 상징하고, 이어지는 12, 13장을 통해 용과 두 마리 짐승이 미혹, 그리고 그들에 대한 심판과 하나님의 승리 얘기가 따라 나옴을 이미 우리가 확인한 바 있다.

오늘 본문 계 15장에서도 5절에서 하늘의 증거장막 성전이 열렸다는 얘기를 꺼낸 후에, 이어지는 6-8절도 심판 얘기, 그 다음 장인 계 16-18장에서 마지막 재앙인 7대접 심판 얘기와 큰 음녀에 대한 심판 얘기를 이어간다. 하늘의 장막 성전이 열려야 하는 이유는, 그 심판 재앙을 행할 7천사들에게 하늘 장막 성전인 하나님의 지성소에 있는 네 생물 중 하나가 나와 하나님의 진노의 심판이 담긴 금 대접을 주며 세상에 마지막 재앙을 행하라는 명령을 해야 하기 때문이다. 이처럼 15:5의 하늘 증거장막성전이 열리는 심상은 복된 신천지 얘기가 아니다. 16:1을 보라. "또 내가 들으니 성전에서 큰 음성이 나서 일곱 천사에게 말하되 너희는 가서 하나님의 진노의 일곱 대접을 땅에 쏟으라 하더라." 세 세트의 일곱 심판 즉 일곱 인, 일곱 나팔 재앙에 이은 마지막 세트 일곱 대접 재앙은 우상숭배하는 패역한 백성들을 향해 레 26:21 "너희가 나를 거슬러 내게 청종하지 아니할진대 내가 너희의 죄대로 너희에게 일곱 배나 더 재앙을 내릴 것이라"의 성취로, 철저한 심판을 의미한다. 이처럼 증거장막 열린 성전은 이어지는 16장 이후에 나올 대접 심판 재앙의 근원인 하나님의 보좌와 성소를 이끌어내는 것이기 때문에 15:5에서 신천지 이단이 말하는 과천의 신천지 증거장막성전 개념을 끌어낸 것은 완전히 잘못된 것을 알 수 있다.

그럼 15:5에서 성전을 '**증거**' 장막이라 부르는 이유는 무엇인가?
구약에서는 하늘에 있는 성전을 원형 삼아 광야에 지은 것이 장막 즉 성막인데, 거기에 '증거의'라는 말을 덧붙여 증거장막이라 한 것은 장막에 보관한 십계명 돌판이 이스라엘 토라의 중심임을 보이기 위해서다. 그래서 출 25:16을 보면 "내가 네게 줄 증거판을 궤 속에 둘지며"(21절도)라 한다. 그 결과 증거판이 있는 언약궤 자체를 '증거궤'로 부르기도 하고(출 16:34 증거판, 27:21 회막 안 증거궤 앞 휘장 밖에서…; 레 16:13 여호와 앞에서 분향하여 향연으로 증거궤 위 속죄소를 가리게 할지니 그리하면 그가 죽지 아니할 것이며), 심지어 민 1:50에서는 증거궤가 있는 지성소를 증거의 성막이라고 부르기도 한다.

신약에서는 행 7:44에서 모세를 통해 광야에 임시로 만든 이동형 성전인 장막의 원형이 하늘에 있는 영광스런 증거장막 성전임을 나타내기 위해 한 번 사용한 것이 다이고, 그 이후 여기 계시록 본문에만 나온다. 계시록 내에서 증거란 말은 예수가 하나님의 충성되고 참된 증인(3:14)이란 말과 관련해, 복음을 증거하다 순교한 성도들을 지칭하고(6:9), 복음의 증인(11:3)이란 뜻이며, 또한 예수를 증거(12:17, 17:6)하던 영혼들과 인침 받은 하나님의 백성이 주와 함께 있는 곳을 지칭한다. 이처럼 증거는 이만희가 비밀을 보고 증언했다는 의미가 아니라, 율법의 원형인 돌판과 언약궤를 포함해 그것을 자기 속에서 성취시키신 예수님의 증거도 포함한 사도

적 증언과 그 증인을 상징한 표현이다. 그래서 11:19에서 하늘 성전이 열릴 때 보였던 언약궤는 원래 자비를 위한 것이지만, 심판으로 이어갔듯이, 본문 15:5에서도 동일하게 일곱 대접 심판을 이끌어내는 심판의 표지로 쓰인 것이다. 이제 계 15장이 말하는 하늘 증거 장막의 의미를 제대로 알았다면,

⬆ 미혹하는 이단들 가운데 오직 주의 교회를 바로 세우는 성도가 되자.

다음으로 계 15:6을 보자.

15:6 일곱 재앙을 가진 일곱 천사가 성전으로부터 나와 맑고 빛난 세마포 옷을 입고 가슴에 금 띠를 띠고

이 때 일곱 재앙을 수행할 천사들이 입고 있는 옷을 맑고 빛난 세마포라 한 것은, 레 16:3, 23에서 제사장들이 입는 세마포 예복이고, 천사들이 입는 옷(겔 9:2-3, 11; 단 10:5, 12:6-7)이며, 계 19:8에서는 어린 양의 신부의 옷이고, 19:14에서는 하나님의 군대들에게 주어질 옷이 그러하기 때문이다. 그런데 일곱 천사는 이 빛나는 세마포 옷 뿐 아니라 가슴에 금띠를 하고 있다. 1:13b에 의하면 이것은 인자 같은 이 즉 예수님과 관련되어 있다. 즉 그 천사들은 예수님을 대리한 심부름꾼 즉 사자, 종임을 가리킨다.

그래서 이어지는 15:7-8절은 세상에 마지막 심판 명령을 수행할 일곱 천사들의 위임식 장면이다. 앞으로 나올 7대접 심판은 심판의 천사들이 마음대로 하는 일이 아니고 네 생물이 주관하고 위임한 것이란 말이다.

15:7 네 생물 중의 하나가 영원토록 살아 계신 하나님의 진노를 가득히 담은 금 대접 일곱을 그 일곱 천사들에게 주니 8 하나님의 영광과 능력으로 말미암아 성전에 연기가 가득 차매 일곱 천사의 일곱 재앙이 마치기까

지는 성전에 능히 들어갈 자가 없더라

여기서 네 생물은 겔 1장의 그룹, 사 6장의 스랍 기능을 결합한 보좌 가장 가까이 있는(외곽에 24장로와 천군천사) 궁정의 리더그룹이다. 그들은 19:4에서는 아멘 할렐루야를 외치는 것으로 마지막 등장할 것이다. 6:1-2에서 본 비신자들에 대한 하나님의 사법적 형벌 전달도 그들이 맡은 일이었다.

이 때 심판의 천사들이 사용한 금 그릇/대접은 구약에서 성막 혹은 성전에서 제사장이 행하는 사역과 관련된 것이다. 다만 계 5:8에서 일곱 금 대접은 성도들의 기도로 가득찬 것이었지만, 본문 15:7에서는 **하나님의 진노**(심판)을 쏟아 붓는 것이란 점에서 다르다. 즉 여기서는 성도들의 기도의 향이 아니라 그들의 기도의 응답으로 주어지는 하나님의 진노를 가득 담은 것이다.

6:11에서는 순교한 성도들이 신원해 달라는 통곡의 기도에 대한 응답으로 '기다리라'는 말씀을 들었었는데, 언제까지 기다려야 하는가가 우리의 질문이었다. 그것은 본문 계 15장에서 시작해 이어지는 16장-19장까지이다. 이제 더 이상 기다릴 필요가 없다. 14장에서 억울한 하나님의 백성들의 신원해 달라는 기도에, 하나님은 '믿음으로 인내하라'고 응답하셨다. 그럼 언제까지 인내해야 하냐는 우리의 질문에 성경은 15:2-3까지라는 것이다.

이처럼 금 대접은 하나님의 진노가 가득 담겨 있을 뿐 아니라, 성전은 **8a 연기로 가득 차 있다.** 시내 산의 연기구름, 출애굽시 하나님의 세키나 임재 구름(출 13:21; 14:19, 24)에서 보듯, 성전에 가득한 연기는 하나님의 영광과 권능, 위엄 그리고 장엄한 임재를 상징한다. 그런데 오늘날 교회는 무엇으로 가득찼나? 하나님의 영광 대신 조명과 화려함으로, 하나님의 거룩 대신 인간의 우아함으로 가득하지 않나?

사 6:4에서 성전 문지방의 터가 요동하며 성전에 연기가 충만한 다음에, 겔 10:4에서 하나님의 영광의 구름이 성전에 가득한 다음에 벌어진 일이 무엇이었나? 이사야에게 에스겔에게 심판 메시지 선포 명령이었다. 그것이 본문 5절에서 하늘 증거장막 성전이 열리고 심판을 언급하는 6-7절이 나오고 연기로 성전이 가득한 환상이 나오고 이어지는 16-18장에서 심판 얘기가 나오는 이유다. 하나님의 거룩한 임재가 있게 되면 영광 전에 심판이 선행된다.

또한 신적 영광의 임재가 가득하게 되면 **8b** 말씀처럼 어떤 피조물도 **성전에 능히 들어갈 자가 없다.** 출 40:35에 의하면 그 때는 모세도 회막에 들어갈 수 없었고, 왕상 8:11에 의하면 어떤 제사장도 능히 서서 섬기지 못하는 법이다. 하나님의 영광이 임하면 어떤 피조물도 그의 존전 앞에 가까이 들어갈 수 없기도 하지만, 하나님의 심판을 마치시기까지 누구도 들어가 방해할 수 없다. 일곱 천사가 일곱 대접 심판을 수행하지만, 이 모든 심판의 근원지는 하늘의 지성소요 하나님임을 가르치며, 그 분께서 행하시는 심판은 막을 수가 없음을 계 15장은 보여준 것이다.

우리는 성도의 애끓는 기도의 향, 연기를 하늘 보좌로 올릴 때, 하나님은 거룩한 임재와 심판의 연기로 화답하심을 보았다! 그것이 계 15장의 가르침이다. 그 결과 하나님의 임재와 심판은 애매히 핍박받고 순교한 성도들에게는 신원의 기쁨이 된다. 의와 진리에 대한 인정, 그리고 불의와 악의 세력에 대한 심판이 없다면 어찌 하나님이 살아계시다고 말할 수 있겠는가? 그것이 위로가 되고 기쁨. 그래서 2-4절의 찬양, 새 노래가 나오게 되는 것이다.

15:2 또 내가 보니 불이 섞인 유리 바다 같은 것이 있고 짐승과 그의 우상과 그의 이름의 수를 이기고 벗어난 자들이 유리 바다 가에 서서 하나님의 거문고를 가지고

여기서 '불이 섞인'이란 표현은 심판과 재앙을 상징한다. 어린 양이 짐승을 심판한 것이다. 바다는 원래 무저갱이 있는 곳이고 혼돈과 지옥의 상징이었다. 그러나 유리 바다는 다르다. 4:6의 수정 바다처럼, 그리스도 자신의 죽음과 부활을 통해 이기심으로 악을 세력을 패배시켜, 마귀의 처소인 소란한 물속을 진정시켜 수정 바다, 유리 바다로 만든 것이다. 성도들도 충성된 증언으로 싸워 이겼다. 그래서 바다는 잔잔해지고 불타는 무저갱에 빠져 들어감이 극복되어 죽음의 위협이 정복된 안전한 상태다. 그래서 "짐승과 그의 우상과 그의 이름의 수(666)를 이기고 벗어난 자들이 있는 곳"이라 묘사된다. 큰 물결 일던 출애굽의 홍해는 이제 유리 바다가 되었고, 성도들은 2b "유리 바다위에 서서 하나님의 거문고를 가지고" 있다. 이렇게 하여 어린 양의 승리는 성도의 승리와 연계된다. 5:8의 24장로, 14:2의 144,000과 같이 성도들은 성전 예배의 도구인 거문고를 타며 새 노래를 부른다. 이 때 성도들은 어떤 노래를 부르나?

본문 15:2-4절은 지난주에 본 14:3에서 본 새 노래다.

15:3 하나님의 종 모세의 노래, 어린 양의 노래를 불러 이르되 주 하나님 곧 전능하신 이시여 하시는 일이 크고 놀라우시도다 만국의 왕이시여 주의 길이 의롭고 참되시도다

오직 주의 길만 의롭고 참되다는 찬송과 함께 어떤 노래가 불리나? 경건하지 않은 자들에 대한 성도의 최종적 출애굽 승리와 대적들에 대한 심판, 즉 '모세의 노래'다. 그것은 16장에서 보겠지만, 10가지 재앙을 대체해 세상을 향한 일곱 재앙으로 이룰 승리로 이어질 것이다. 원래 모세의 노래는 출15:1 "이 노래로 여호와께 노래하니…6 주의 오른손이 원수를 부수시니이다… 11 여호와여 신 중에 주와 같은 자가 누구니이까 주와 같이 거룩함으로 영광스러우며 찬송할 만한 위엄이 있으며 기이한 일을 행하는 자가 누구니이까"에 기인한 것인데, 신 32장에서도 그에 기반을 둔 모세의 노래를 볼 수 있다.

그런데 5:9와 14:3에서 새 노래라 불렸던 찬양을, 출애굽 때 하나님의 백성이 불렀던 모세의 노래를, 이제 오늘 본문 15:2에서는 어린 양의 노래라 칭한다. 첫 출애굽보다 더 놀랍게 모든 민족을 구원한 두 번째 출애굽, 혹은 새 출애굽을 행하신 그리스도를 찬양하는 노래고, 옛 모세의 노래와 달리 하나님과 어린 양을 찬양하는 노래를 14장에서는 새 노래라 칭했었다. 그 노래를 14:3은 누구만 배우고 누구만 부를 수 있다고 했나? "그들이 보좌 앞과 네 생물과 장로들 앞에서 새 노래를 부르니 땅에서 속량함을 받은 십사만 사천 밖에는 능히 이 노래를 배울 자가 없더라" 그러므로
⬆ 많은 것이 우리의 경배를 요구하지만 오직 어린 양의 노래만 부르자.

우리는 지금 어떤 노래를 배우고 있는가? 144,000 밖에 못 배우는 노래인가 아니면, 세상 사람들 누구나 부르는 노래를 따라 부르나?
취직 시켜주셔서, 월급 올려주셔서 감사, 고시 붙게 해주셔서 감사, 투자한 증권 오르게 해주셔서 감사, 몰래 사 놓은 땅값 오르게 해주셔서 감사, 내 빌딩 월세 오르게 해주셔서 감사하다는 노래인가? 그게 안되면 원망하고? 그렇다면 큰 성 바벨론으로 인한 찬미지, 그게 정말 주님을 향한 새 노래인가?

우리 입에서 나오는 노래는 과연 영원한 복음으로 구원받은 자가 부를 새 노래인가? 그래서 계 15:4처럼 **"주여 누가 주의 이름을 두려워하지 아니하며 영화롭게 하지 아니하오리이까 오직 주만 거룩하시니이다 주의 의로우신 일이 나타났으매 만국이 와서 주께 경배하리이다"** 하는 주의 거룩, 주의 의로우심을 찬양하고 오직 주만 영화롭게 하는 노래인가?
우리도 144,000 외에는 배울 수 없는 새 노래 찬양자가 되자!

21
의로운 심판과 참된 축복
(요한계시록 16장)

　서울 올림픽의 흥분이 채 가시기도 전인 1988년 10월 16일, 서울 북가좌동 한 가정집에서 탈주범 4명이 한 가족을 인질로 삼고 경찰과 대치하다가 10시간 만에 자살 또는 사살되는 유혈극이 벌어졌다. 그 인질범 중 하나인 지강헌은 556만원을 훔친 죄로 징역 7년에 보호감호 10년을 받은 사람이었다. 16일 새벽 천 명의 경찰들이 포위하고 인질범 가족들은 자수를 권했으나 지강헌은 '사람이 자기 뜻대로 살 수는 없지만, 마지막은 내 뜻대로 살겠다'며 가장 나이 어린 탈주범 강영일에게 어린아이를 데리고 나가게 한 후, 억울함을 알리겠다고 방송 생중계를 요구했다. "76억을 횡령한 전경환의 형량이 나보다 적은 것은 말도 안된다, 대한민국의 비리를 밝히겠다. 돈이 있으면 판검사도 살 수 있다"고 항변했다.
　실제로 전두환 전 대통령의 동생인 전경환 씨는 수십 억 원에 대한 사기와 횡령으로 1989년 징역 7년을 확정받았으나 3년 수감 후 석방되고 다음 해 대통령 사면으로 복권되었다.
　남은 인질범 3명 중 2명은 권총으로 자살했지만, 총알이 떨어지자 지강헌은 비지스의 홀리데이 테이프를 달라고 요구해 그 노래를 들으며 카메라를 향해 '무전유죄 유전무죄, 우리 법이 이렇다'를 외치며 깨진 유리 조각으로 목을 찔러 자살을 시도했으나 인질을 해치려는 걸로 오해한 경찰

특공대가 쏜 총을 맞고 쓰러져 병원으로 옮기는 중 사망했다. 그래서 이 사건을 바탕으로 만든 이성재 최민수 주연 영화 제목이 홀리데이였다. 이런 영화에는 여러 가지 평이 갈라지기 마련이지만, 이런 사건을 보며 모두가 원하는 한 가지 사실은 죄에 대해, 잘못에 대해, 악에 대해 공정한 심판이 내려져 유전무죄 무전유죄가 없기 바라는 것이다.

하나님은 사랑이시지만, 그 사랑이 거룩한 사랑이기 위해서는 죄와 악에 대한 공정한 심판이 수반되어야 할 것이다. 지금까지 본 것처럼 계시록은 세상 죄에 대해 7인 심판, 7나팔 심판에 이어 이제 마지막으로 7대접 심판을 통해 죄와 그 근원인 사탄 그리고 그 하수인인 짐승과 그 추종자 악인들에 대한 심판을 반복해서 분명히 보여주고 있다. 하나님은 사랑이지만 그 사랑 때문에 죄를 덮어주고 죄인을 눈감아주고 넘어가시지 않는다.

이제 세 세트의 7심판 시리즈의 마지막인 일곱 대접 심판이 시행된다.

16:1 또 내가 들으니 성전에서 큰 음성이 나서 일곱 천사에게 말하되 너희는 가서 하나님의 진노의 일곱 대접을 땅에 쏟으라 하더라 2 첫째 천사가 가서 그 대접을 땅에 쏟으매 짐승의 표를 받은 사람들과 그 우상에게 경배하는 자들에게 악하고 독한 종기가 나더라

15:3에서 어린 양의 노래를 또한 모세의 노래라고 한 이유는 이러한 출애굽 때 모세를 통해 애굽에 내린 심판 재앙 때문이라고 지난주에 말씀드렸다. 2절의 첫 대접 심판은 애굽에 내려졌던 독한 종기 재앙의 환상인데 그것은 마귀의 하수인 짐승의 추종자들에게 임한 심판이다. 비록 첫 대접 심판이 땅에 쏟아졌다고 하지만, 이 때 '짐승의 표'는 훨씬 앞부분 13:16-17에서 처음 언급된 것으로 경제적 의미를 갖고 있는데, 18장에서는 번성하는 해상 교역의 원천인 로마같은 나라들을 상징하는 큰 성 바벨론과 관련이 있음을 다음에 자세히 확인해 볼 것이다. 따라서 땅이란 죄와 악으로 점철된 이 세상 시스템을 뜻하고 2천 년 전 독자들에게 이 재앙은 해상

교역 왕국인 로마에 대한 심판으로 이해되었다.

이제 3절에서 둘째 대접 심판이 시행된다.
16:3 둘째 천사가 그 대접을 바다에 쏟으매 바다가 곧 죽은 자의 피 같이 되니 바다 가운데 모든 생물이 죽더라
이 때 죽음은 물고기들의 전멸처럼 문자적 의미로만 볼 것이 아니라, Beale은 해상 무역 등으로 부를 착취하며 그런 시스템에 의지해 살던 물질주의자들의 경제적 실패와 이로 말미암는 고통을 의미한다고 주장한다.

셋째 대접 심판은 4절에 나온다.
16:4 셋째 천사가 그 대접을 강과 물 근원에 쏟으매 피가 되더라
첫째 대접 심판도 땅에 쏟아졌다고 하나 간접적으로 해상 무역과 관련된 재앙이고, 둘째와 셋째 대접 재앙 역시 강과 바다 같은 물로 상징된 것에 대한 심판이다. 특히 그 물의 근원을 피로 물들여버린 재앙인데, 피 역시 죽음이 아니라 극심한 고통을 상징한다. 물론 이 고통이 문자적 죽음을 가져올 수도 있다.

전에 보았던 나팔 심판에도 비슷하게 심판을 묘사했는데, 16장 대접 심판의 차이는 그 심판이 1/3에만 미치는 부분적이 아니라 보편적 효과를 갖는다는 점이다. 왜냐하면 이것은 마지막 최후의 심판의 전조이기 때문이다. 그런데 어떤 사람들은 이런 심판이 너무 심하다고 생각할지 모른다.

16:5 내가 들으니 물을 차지한 천사가 이르되 전에도 계셨고 지금도 계신 거룩하신 이여 이렇게 심판하시니 의로우시도다 6 그들이 성도들과 선지자들의 피를 흘렸으므로 그들에게 피를 마시게 하신 것이 합당하니이다 하더라
개역개정은 6절 앞에 있어야 할 '왜냐하면'을 생략했는데, 4절에 그들의 삶의 근거지인 물 근원을 피로 물들여버린 심판의 원인, 근거를 언급한 것이다. 그들은 성도들과 선지자들의 피를 흘렸기에 그 보응을 받는 것이란 말이다. 그것은 정당하다는 것이다.

16:7 또 내가 들으니 제단이 말하기를 그러하다 주 하나님 곧 전능하신 이시여 심판하시는 것이 참되시고 의로우시도다 하더라

이처럼 사랑이지만, 동시에 공의의 하나님께서 마지막 때에는 정의로운 심판을 하셔야 '무전유죄, 유전무죄'란 소리가 사라지고 핍박받고 순교당한 하나님 백성들의 억울함이 풀릴 것이다. 불신자들이나 부정으로 고난당하던 힘없는 약자들도 그런 하나님을 원한다.

물론 사탄이 최종 멸망을 당하기 전 공중 권세 잡은 자가 이 세상에 횡행하는 동안에 이 땅에 완전한 공의란 없다는 것을 성경을 통해 우리는 잘 안다. 그래서 어서 주께서 오셔서 이 악의 고리를 끊고 공의가 강물처럼 흐르는 날이 오기를 우리는 소원하는 것이다. 그 날에도 죄인을 심판하지 않는다면, 억울한 자의 기도를 들으시고 보응해주지 않는다면, 의인이 옳은 것을 입증해주지 않는다면 정의가, 참된 공의가 어디있는가? 의인들의 원통함을 풀어주지 않는다면 "하나님은 어디 계신 것인가?" 사람들은 물을 것이다. 그러나 성경은 하나님께서 심판하실 것이고, 그 분의 심판은 항상 참되고 의롭다는 것을 분명히한다.

그래도 그렇게까지 심판해야 하나? 그것이 정말 정당한가 아직도 의문인가? 죄인의 실상을 보라.

16:8 넷째 천사가 그 대접을 해에 쏟으매 해가 권세를 받아 불로 사람들을 태우니

넷째 대접이 태양에게 쏟아지자 해도 권세를 받아 재앙을 일으킨다. 이것은 하나님을 모독하는 자들에 대해 부어질 하나님의 마지막 심판이다.

그런데 우리가 보고 있는 계시록은 지금까지 확인했듯이 상징적 언어로 그려진 환상과 계시에 근거한 것이라, 불로 사람을 태우는 것도 문자적 개념이 아니라 하나님의 진노가 쏟아진다는 말로 이해하는 것이 적절하다. 이것이 상징적 언어인 것은 다음 절 9절에서 더 분명해진다.

16:9 사람들이 크게 태움에 태워진지라 이 재앙들을 행하는 권세를 가지신 하나님의 이름을 비방하며 또 회개하지 아니하고 주께 영광을 돌리지 아니하더라

사람들이 큰 불로 태워졌는데도 계속 하나님을 비방하고 회개하지 않는 것은 그 불이 하나님의 진노로 인한 고통이고 사람이 물리적으로 타서 녹아서 없어진 것이 아니기 때문이다. 계시록이 계속 보여주는 것은 죄에 대해 하나님이 진노하시고 징계를 해도 마지막 영벌에 넘기는 최후 처리할 때까지 그들은 회개도 돌아서지도 않는다는 것이다.

6째 나팔 심판에도 불경건한 자들은 회개하지 않고 더 죄악으로 치닫는 완악함을 보였다. 9:20을 보자. "이 재앙에 죽지 않고 남은 사람들은 손으로 행한 일을 회개하지 아니하고 오히려 여러 귀신과 또는 보거나 듣거나 다니거나 하지 못하는 금, 은, 동과 목석의 우상에게 절하고 21 또 그 살인과 복술과 음행과 도둑질을 회개하지 아니하더라"

악인들, 죄인들, 짐승의 추종자들의 이런 완악함은 오늘 본문에서 계속 지적되는 것이다.

16:10 또 다섯째 천사가 그 대접을 짐승의 왕좌에 쏟으니 그 나라가 곧 어두워지며 사람들이 아파서 자기 혀를 깨물고

5번째 대접 재앙은 짐승의 왕좌에 부어지는 것이다. 계 2:13은 로마 정부와 황제숭배의 중심지 버가모를 사탄의 권좌가 있는 곳이라 했다. 짐승의 왕좌는 짐승이 영향력을 미치는 영역에 대한 주권을 의미한다. 그 짐승의 나라가 어두워질 것이라고 한다.

출 10:21 애굽에 내린 흑암 재앙은 바로가 자신을 태양신 Ra라고 주장했는데, 그에 대한 징벌이었다. 이것은 그와 동일한 재앙이다. 그 결과는 출 10:23 "그 동안은 사람들이 서로 볼 수 없으며 자기 처소에서 일어나는 자가 없으되 온 이스라엘 자손들이 거주하는 곳에는 빛이 있었더라"였다. 흑암 재앙은 하나님과의 영적인 분리, 영원한 지옥의 흑암이 기다리는 것으로 묘사된다.

징벌, 심판의 고통을 줘서, 너무 아파서 혀를 깨물 정도로 하면 악인이 돌이킬까?

16:11 아픈 것과 종기로 말미암아 하늘의 하나님을 비방하고 그들의 행위를 회개하지 아니하더라

아무리 아프고 종기로 고통스럽고 혀를 깨물 정도로 아프고 눈물 쏙 빼도 여전히 회개하지 않고 하나님을 비방하고 잘못을 회개하지 않는 사람들이 있다.

16:9, 11, 21에 걸쳐 고통은 세 번 반복된다. 그러나 회개는커녕 하나님 이름을 모독, 신성모독, 하나님 비방을 계속하는 악함을 보인다. 불로 태워도 어떤 고통에도 달라지지 않는다. 회개하지 않는 완악함이 있다. 이 요지부동의 회개하지 않는 완악함은 마치 불치병 같다. 그들은 인침을 받은 적 없는 짐승에 속한 사람들이다. 징벌에 격분하여 하나님을 저주할 뿐이다. 끊임없이 하나님을 비방하고 조롱하는 사람들은 자신들이 귀신의 영에 사로잡힌 것임을 모른다. 그걸 자각해야한다.

하나님께서 3세트의 7재앙을 반복해서 이렇게 길게 다루시는 이유는 그 재앙과 심판 속에서 한 사람이라도 돌아서고 회개하고 모두가 구원에 이르기를 바라시는 사랑 때문이다. 그런데 그 자비와 긍휼과 오래 참으심이 무한 계속되지 않는다. 다 때가 있는 법이다.

16:17 일곱째 천사가 그 대접을 공중에 쏟으매 큰 음성이 성전에서 보좌로부터 나서 이르되 되었다 하시니

그리스도의 음성이 들려온다 "다 되었다(gegonen- ginomai)." 이미 시작된 심판은 7째 대접 심판으로 역사의 마지막에 도달했다는 말씀이다. 마지막 재앙이라 다시는 돌이킬 기회가 없다는 뜻이다. 그것이 무서운 것인줄 알아야 한다. 악과 마지막 전쟁 후 부패한 세상 구조의 최후의 파멸만 기다리고 있다.

16:18 번개와 음성들과 우렛소리가 있고 또 큰 지진이 있어 얼마나 큰지 사람이 땅에 있어 온 이래로 이같이 큰 지진이 없었더라

이 구절은 단 12:1을 떠오르게 한다. 이는 개국 이래로 그 때까지 없던 최후의 파멸이다.

16:19 큰 성이 세 갈래로 갈라지고 만국의 성들도 무너지니 큰 성 바벨론이 하나님 앞에 기억하신 바 되어 그의 맹렬한 진노의 포도주 잔을 받으매

하나님 앞에 기억하신 바 되는 것은 때로는 감사하고, 동시에 무서운 것이다.

선의 기억은 감사하다. 예를 들면 행 10:31 "말하되 하나님이 네 기도를 들으시고 네 구제를 기억하셨으니"의 말씀처럼 우리가 기도하고 천사들이 그 기도의 향을 하나님께 올려드리면 하나님이 사람들의 행위를 하나하나 그대로 상기하게 된다. 악인과 잘못한 자에게 하나님의 기억은 무서운 것일 뿐이다.

큰 성 바벨론 뿐 아니라 예루살렘과 로마는 물론 모든 악인들로 구성된 불경건한 세상 구조를 의미한다. 단 4:30을 참조하라.

"만국의 성들도 무너지니"란 부분은 최후 심판의 보편성을 의미한다. 로마나 어떤 큰 도시만도 아니고, 정치경제사회의 기반이, 모든 세상 시스템이 무너진다는 것을 의미한다.

16:21 또 무게가 한 달란트나 되는 큰 우박이 하늘로부터 사람들에게 내리매 사람들이 그 우박의 재앙 때문에 하나님을 비방하니 그 재앙이 심히 큼이러라

출애굽 당시 우박 재앙의 확장인데, 범위는 애굽이 아니라 하나님을 반대하는 세상 전역의 모든 민족에게이다. 우박의 무게인 한 달란트는 20-60Kg인데 상징적인 비유로 보인다. 우박이 야구공만 해도 맞으면 머리가 터질 것이다.

사람들은 이런 심각한 재앙 임하면 두려워하고 회개하기보다 하나님을 비방한다. 계시록은 인간 죄성의 끝을 보여준다. 끝없는 비방, 하나님에 대한 원망, 반복되는 하나님께 대한 조롱이다. 그러나 그 결과가 기다리고 있다. 그 재앙이 심히 클 것이다! 이제 더 이상 기회는 없다. 마지막 기회다. 더 이상 하나님을 저주하고 하나님의 이름을 비방하면 돌이킬 기회가 없다. 그러므로

🔺 하나님의 징벌에 원망하고 대들지 말고 회개하자.

끝까지 하나님을 조롱하고 대항하는 악의 세력들은 조금 전에 본 7째 대접 심판과 최후의 심판 전, 즉 6번째 대접 심판이 끝날 때 마지막 저항을 위해 세력들을 모아 대적한다. 그런데 그것은 그들을 모조리 단번에 처단하기 위해 하나님께서 허락한 일이라는 비밀을 계시록은 드러낸다. 그것이 12-16절이다.

16:13 또 내가 보매 개구리 같은 세 더러운 영이 용의 입과 짐승의 입과 거짓 선지자의 입에서 나오니 14 그들은 귀신의 영이라 이적을 행하여 온

천하 왕들에게 가서 하나님 곧 전능하신 이의 큰 날에 있을 전쟁을 위하여 그들을 모으더라

여섯째 대접 심판이 시행될 때, 세 더러운 영을 가진 악한 세력의 지도자가 활동을 시작한다. 요한계시록에서 처음으로 13절에서 '거짓 선지자'란 말이 나타난다. 많은 사람들을 속여 짐승을 경배하도록 하는 계 13:11-17의 미혹하는 둘째 짐승의 영과 같은 존재이다.

개구리는 레 11:9-12, 41-47에서 부정한 것이다. 유대교 주석가들은 출애굽 때 개구리 재앙을 해석하며, 의미 없이 소리만 큰 것들을 언급한다. 사람들을 미혹하는 시끄러운 주장들 때문일 것이다. 사실 애굽에서 개구리 재앙은 개구리로 상징된 애굽의 부활의 여신 Heqt 여신을 이긴 것을 의미한다.

이미 앞에서 짐승은 치명적 상해를 입자 부활한 것처럼 가장했었다. 14절을 보면 그런 소위 '큰 이적'을 좋아하고 잘 속아 넘어가는 온 천하 왕들을 모아 하나님을 대적하게 한다.

12절에서 동방에서 오는 왕들이라고 한 것이 14절에서는 온 천하 왕들이다. 왕들은 불경건한 세상 구조의 통치자들을 뜻한다. 그들이 우상숭배하며 충성을 바치는 대상은 권력인데, 그 힘은 바벨론을 향한 것이다.

세상 권력과 힘을 줘서 충성하게 만들며 자신을 떠받들게 한 것은 그 힘들을 규합해 '마지막 날, 큰 날에 하나님께 대적하는 전쟁'을 하기 위함이다. 이 전쟁 이야기는 19:19와 20:8에서 상세히 다뤄질 것이니 기대하라. 그 이야기가 16절이다.

16:16 세 영이 히브리어로 아마겟돈이라 하는 곳으로 왕들을 모으더라

아마겟돈은 세대주의 신학자 Walvoord 등이 역사상 최후의 전투가 벌어질 장소라고 해서 유명해진 명칭이다. 그런데 앞에서 유브라데가 문자적 지리 표현이 아니듯 아마겟돈도 문자적으로 해석하면 곤란하다. 이 말은 아마 겟돈이 아니라, 하르(산)-마게돈 혹은 하르 므깃도가 어원이라고 해도, 어떤 분명한 답을 줄 수 있는 명백한 근거가 없기 때문이다.

구약을 보면 마지막 전쟁은 예루살렘이나 시온 산 근처 주변 산에서 벌어진다고 하나, 실제 므깃도는 예루살렘 북쪽으로 이틀 정도 걸어가야 하는 이스르엘 계곡의 지정학적 요충지인 평원을 의미하거나 혹은 거기에 자리 잡은 북부 팔레스타인 고대 도시를 말하므로 그곳이 아니다.

구약이나 유대 문헌에 므깃도에는 산에 대한 언급이 전혀 없고 실제로도 없다는 점은 아마겟돈은 바벨론과 유브라데처럼 특정 지리적 장소가 아닌 어떤 비유적 표현임을 지지해준다.

구약에 므깃도는 바락과 시스라 사이의 전투(삿 5:19)에서 이스라엘은 원수를 크게 패배시킨 곳이나 거기엔 산이 없고 오히려 물가가 나온다. 산이라면 므깃도에서 멀지 않은 곳에 갈멜산이 있다. 갈멜산이 므깃도 산으로 묘사된 곳의 한 부분이라면 엘리야가 바알 선지자들을 패배시킨 곳(왕상 18:19-46)이다.

그렇다면 아마겟돈은 아마 하나님의 백성을 억압하는 왕들의 패배(삿 5:19-21), 거짓 선지자들의 파멸(왕상 18:40), 악한 왕들의 죽음(왕하 23:29; 대하 35:20-25)을 의미했던 것처럼 예루살렘을 치러 오는 불경건한 이방 나라를 므깃도 골짜기에서 하나님이 멸망시키는 것(슥 12:9-11)을 상징하는 것이다. 그러므로 아마겟돈 전쟁이 어디서 벌어질까 하는 장소에 관심 갖지 말라. 당신이 하나님을 조롱하고 무시하고 짐승을 따르는 곳이 바로 므깃도다.

16절 이하의 의미는 모여서 하나님을 대적하는 자들은 하나님의 심판에 직면하게 될 것이라는 것이다. 그러므로 그런 짐승 쪽 전쟁에 말려들어가지 말라! 죄의 병기로 쓰이지 말라. 교회 욕하고 하나님 조롱하는 악의 병기로 자신을 내주지 말라. 썩어짐의 종노릇(롬 8:19-21) 하지 말라. 당신의 인생을 빼앗기지 말라. 우리는 그리스도의 군사다. 의의 병기다!

🔼 마귀의 미혹에 빠져 하나님 대적하는 일에 끼지 말자.

그럼 하나님은 말세를 사는 우리가 어떻게 살기를 바라시는 것일까?

16:15 내가 도둑 같이 오리니 누구든지 깨어 자기 옷을 지켜 벌거벗고 다니지 아니하며 자기의 부끄러움을 보이지 아니하는 자는 복이 있도다

15절 그리스도의 말씀 삽입구를 보자. 복음서에서 깨어있으라는 권면과 함께, 지금까지 봤던 계시록의 반복되는 핵심 교훈 중 하나는 경고를 받아 영적으로 깨어 살라는 것이다. 왜냐면 거짓 교사는 교회 밖에 뿐 아니라 교회 안에서도 활동할 것이기 때문이다. 그래서 3:2를 보면 사데 교회의 영적 게으름이 깨어있지 않았기 때문임을 지적했다. 3:18 라오디게아 교회에게 요청한 것도 자기 옷을 지키라, 땅의 호화로운 옷도 벌거벗은 수치를 가릴 수 없다. 특산물 검은 옷 말고 흰 옷을 사 입어 벌거벗은 수치를 보이지 않게 하라는 것이었다.

벌거벗고 다니지 않음이란 표현에서 벌거벗음은 죄로 얼룩진 교회가 노출되는 치욕을 지칭한다.

자기 옷을 지킴이란 도둑 맞지 않게 하라는 것보다 주의하라는 것을 강조하는 표현이다. 깨어 있는 것이 옷을 입고 있는 것이다. 정신 차려 우상 숭배 요구에 굴복하지 않음을 요구하는 것이다. 타협하는 신자는 겔 23장에 의하면 망하고 벌거벗게 된다.

우리는 나름 한 평생 열심히 교회 다녔다. 그런데 주님 앞에 섰을 때 그리스도의 신부로 정결한 예복도 없이 벌거벗은 모습으로 발견되면, 그 부끄러움을 어떻게 해야 하나?

죽어가는 말기암 환자분을 심방가서 살펴보면 고통 속에도 정말 어린 애 같은 경우가 있다. 모든 욕심을 다 내려놔서 그렇다. 반대로 욕심으로 가득찬 사람 얼굴은 악이 받쳐 분노와 원망으로 가득하고 일그러져있다. 과연 무엇이 예수 믿는 사람의 축복일까?

마태복음의 8복에 대응하는 **요한계시록의 7복**이 여기 있다.

> 1:3 이 예언의 말씀을 읽는 자와 듣는 자와 그 가운데에 기록한 것을 지키는 자는 복이 있나니 때가 가까움이라
> 14:13 또 내가 들으니 하늘에서 음성이 나서 이르되 기록하라 지금 이 후로 주 안에서 죽는 자들은 복이 있도다
> 16:15 누구든지 깨어 자기 옷을 지켜… 자기의 부끄러움을 보이지 아니하는 자는 복이 있도다
> 19:9 천사가 내게 말하기를 기록하라 어린 양의 혼인 잔치에 청함을 받은 자들은 복이 있도다
> 20:6 이 첫째 부활에 참여하는 자들은 복이 있고 거룩하도다
> 22:7 보라 내가 속히 오리니 이 두루마리의 예언의 말씀을 지키는 자는 복이 있으리라
> 22:14 자기 두루마기를 빠는 자들은 복이 있으니 이는 그들이 생명나무에 나아가며 문들을 통하여 성에 들어갈 권세를 받으려 함이로다

우리는 모두 하루하루 최선을 다해 열심히 산다. 하지만, 사는 것은 우리 마음대로 되는 것 같지 않다. 퇴근하며 매일 지나가는 양재 내곡터널에서 분당 넘어가는 길은 2년 6개월 전, 정체로 차가 서 있는데 뒤에서 졸음 운전하던 트럭이 덮쳐서 4중 추돌로 3명이 죽은 적이 있는 곳이다. 그 구간을 지날 때마다 기분이 묘하다. 내가 아무리 운전 조심해도 차에 앉아서 왜 밀리나 앞만 쳐다보다가 뒤에서 트럭이 덮쳐 어떻게 죽는지도 모르고 죽은 것이다. 열심히 살던 어느 날 깨어보니 하나님 앞에 섰는데 아무것도 내놓을 것이 없어 부끄러울 수 있다. 구원은 받았으나 내 놓을 것 없는 부끄러운 구원을 받을 사람도 있다. 그러므로 어느 날 천국에서 눈 떴을 때 주님 앞에서 부끄럽지 않았으면 좋겠다.

⬆ 항상 깨어 자신을 지켜 부끄럽지 않은 복된 사람이 되자.

오늘은 하나님께서 우리 교회를 이곳에 세우신 이유가 무엇인지, 무엇을 기대하시는지 많이 생각해 보았다.

우아한 교회들이 우아한 사람들끼리 모여 우아한 설교 듣고 만족스런 얼굴로 뿌듯하게 헤어지는 그렇고 그런 교회 중 하나가 되면 안된다. 세상은 유전무죄 무전유죄라 하지만, 죄인에게는 공의의 심판을 선언하고 억울하게 사는 의인에게는 주께서 구원하신다는 소망을 정확히 전하고 그렇게 행하는 교회가 되면 좋겠다.

우리 베이직 교회는 이 땅의 죄인들을 향해 하나님께서 다가서시기 전, 죄가 죄인지도 모르는 사람들에게 무엇을 회개해야 하는지 선명한 십자가의 복음을 외칠 수 있는 교회가 되면 좋겠다. 그리고 거룩한 하나님의 책망과 징계 앞에 회개는커녕 대드는 어리석은 자들에게 참된 구원의 길을 제시할 수 있는 교회가 되면 좋겠다. 그리고 그런 교회를 이곳 뿐 아니라 곳곳에 세워 그런 교회들이 하늘의 뭇 별과 같이 많아지는데 기여하기를 소원한다.

그리고, 오래 교회를 다녔지만 남들 사는대로 똑 같이 살고 세상이 요구하는대로 끌려다니며 무엇이 잘못되었는지도 모르고 각양 거짓 교사와 마귀의 미혹에 빠져 하나님 대적하는 일에 끼지 말자고 분명하게 도전할 수 있는 복음의 증거의 터전이 되면 좋겠다.

또한 지치고 힘든 자들 뿐 아니라, 조금 여유롭게 살지만 자신들의 삶이 어디부터 잘못된 것인지 모르고 사는 강남의 한량들에게 회개의 복음으로 경각심을 일깨우고 빛나고 깨끗한 세마포 옷을 입히는 일을 할 수 있는 교회가 되었으면 좋겠다. 그것을 위해 나도 편한 설교, 그저 재밌고 감동적인 설교가 아니라 준비할 때 조금 힘들어도 정확히 말씀을 전하려

하고, 듣기 불편하다 해도 참된 진리의 길을 밝히려고 애쓰고자 한다.

깨어 기도하고, 어느 날 주님 앞에 자신이 발견되었을 때 하나님을 우러러 한점 부끄러울 것이 없는 복된 사람으로 발견되도록 돕고 세워주는 교회가 바로 여러분으로 인해 될 수 있기를 축원한다.

22
흙탕물에서 나오세요!
(요한계시록 17-18장)

　작년 재벌 3세 조태오를 열연한 유아인과 황정민 주연으로 1,300만명의 관객을 동원했던 베테랑이란 영화 포스터에는' 마약 폭행 살인 등 잘못하고도 자기를 수사해 들어오는 서도철(황정민) 형사에게 "나한테 이러고도 뒷감당할 수 있겠어요?"라며 비웃는 대사가 큼직하게 실려 있었다. 그 영화의 소재 중 하나는 SK 계열 한 물류회사의 최철원 사장이 하도급 탱크로리 사장 유씨를 야구방망이로 때리고 맷값이라고 수표를 던져준 사선이었다. 돈과 권력을 가진 사람 중에 이런 행각을 일삼는 일이 드물지 않다. 무엇이 그들을 이런 사람으로 만든걸까?
　2013년 6월 미국 텍사스 한 도시에서 16살의 Ethan Couch란 소년이 무면허 만취 상태에서 아버지 회사 트럭을 몰다가 4명이 사망하고 10여 명이 부상을 당하는 큰 사고를 냈다.
　당시 사람들은 그가 비록 미성년이지만, 무면허에 음주운전으로 큰 인사사고를 내서 여러 사람의 인생을 송두리째 망가뜨렸으니 중형을 받을 것으로 예상했다. 그러나 변호사는 그 소년이 너무 부유하게 자라 감정조절이 안되는 병이 걸렸다는 사유서를 법원에 제출했고 법원은 이를 받아들여 보호관찰 10년을 선고해, 미국판 유전무죄 사건으로 유명했다. 변호인이 주장했던 소년의 병은 Affluenza로, 이 단어는 F.C. Whitman이란 사람이 풍요Affluence + 독감 Influenza의 합성어인데 1988년 2월 타임지가 소개했던 증상이다. 이렇게 병으로 명명하면 그런 행동은 병이 되고 더 이상 문제가 없어지는 것인가? 2013년 당시 16살이던 그 소년은 자중해야 할 보호감찰 기간 중에도 음주와 방탕한 생활을 하다가 2015년 수사를 받자 엄마와 멕시코로 도망을 갔다가 다시 체포되어 소환되었다.

우리는 다 잘 살기를 원하고 부자 되는 것이 하나님의 축복이라 생각할지 모르지만, 영성이 제대로 되지 않은 상태에서는 그 풍요로움이 사람을 파괴해 버릴 수 있다는 것을 알아야 한다. affluenza란 병이라고 명명만 하면 되는게 아니라, 그 풍요병 뒤에 무엇이 있는지 알 필요가 있다. 이런 문제에 대해 성경은 무엇이라고 말하는지 오늘 함께 생각해 보고 그에 대한 하나님의 음성을 듣기를 원한다.

17:1 또 일곱 대접을 가진 일곱 천사 중 하나가 와서 내게 말하여 이르되 이리로 오라 많은 물 위에 앉은 큰 음녀가 받을 심판을 네게 보이리라

17-18장에 걸쳐 성경이 길게 말하는 마지막 대접 심판의 대상을 본문은 음녀라 한다. 그것은 사람들을 꾀어 그리스도로부터 떼어 놓으려고 미혹하는 특성 때문이다. 그런데 그 음녀의 정체는 5절에 보면 메소포타미아 지역의 강대국 바빌로니아 제국의 수도 바빌론이다.

이 음녀가 많은 물 위에 앉아있는데, 이것은 렘 51:13 "많은 물 가에 살면서 재물이 많은 자여 네 재물의 한계 곧 네 끝이 왔도다"에 기초한 것이다. 이 음녀가 앉아 있는 많은 물이 무엇을 뜻하는지는 17:15을 보면 알 수 있다. "**또 천사가 내게 말하되 네가 본 바 음녀가 앉아 있는 물은 백성과 무리와 열국과 방언들이니라**" 그렇다면 이 큰 성 바빌론은 매우 많은 나라에 큰 영향을 끼치고 수많은 민족들 위에 군림하고 있다는 말이다.

그런데 우리의 주목을 끄는 것은 이 음녀 바빌론이 어떤 존재인가에 대한 성경의 설명이다. 음녀 바빌론에 대한 상세 묘사가 4절이다. 이 여자는 진주와 금 그리고 각종 보석으로 꾸미고 멋진 명품 세마포 옷을 입었는데, 이 화려하고 치명적인 매력은 18:16에서도 반복될 정도로 인상적이다. 그 모습은 다음 주에 19:7-8에서 볼 그리스도의 신부와 유사한, 아니 평범한 신부보다 더 멋지게 치장해 어떤 남자도 절대로 이 여자가 나쁜 여자일 리가 없다고 생각하게 만드는 게 문제다. 이쁘게 미덕인 세상이라 이쁘면 착한거란 생각은 남자만의 생각은 아닌 것 같다. 요즘은 이쁜 여자들에 여자들이 더 환호한다.

17:5 그의 이마에 이름이 기록되었으니 비밀이라, 큰 바벨론이라, 땅의 음녀들과 가증한 것들의 어미라 하였더라

그런데 17:5은 그리스도의 신부처럼 예쁘게 차려입은 이 여자의 본질은 화려하고 멋진 악녀라는 비밀을 밝힌다.

우리의 첫 질문은 이것이다. 계시록은 왜 이렇게 17-18장에 걸쳐 반복해서 바벨론 혹은 음녀의 화려함을 언급하는가? 그리고 앞으로 보겠지만 그녀가 입은 옷 뿐 아니라, 그녀가 가지고 있는 금과 재물과 보석과 금잔 그리고 18:3 상인들이 가셔다 팔고 싶어 하는 사치품들 18:12-13의 다양한 사치품에 대한 묘사를 그렇게 자세히 하는 걸까?

그런 재력, 화려함에 빌붙어 사는 우리들의 현실을 보라는 것이다. 교회는 다니지만, 금은보석과 진주, 최고급 비단과 각종 수입 원목과 명품 상아 그릇과 향수와 고급 화장품과 최고급 포도주와 올리브유와 수입 자동차를 갖기 위해 몸부림치고 있는 우리의 모습을 보라는 것이다. 전 세계에서 나는 이런 사치품들의 집산지요 무역항은 사도 요한 당시에는 바빌론으로 상징된 로마였다. 당시 소아시아 지역까지 이르는 큰 도시들의 많은 군신들은 로마의 통치에 열광적이었다. 왜냐면 땅의 임금들로 표현된 지방 관리들은 로마의 경제적 번영에 유착해 개인적으로 유익을 받고 있었기 때문이다. 그들은 바벨론과 결탁하여 물질적 안전을 보장 받는

다. 계시록이 지금 드러내고자 하는 이런 상황에 대한 배경은 호 4:11 "음행과 묵은 포도주와 새 포도주가 마음을 빼앗느니라 12 내 백성이 나무에게 묻고 그 막대기는 그들에게 고하나니 이는 그들이 음란한 마음에 미혹되어 하나님을 버리고 음행하였음이니라"는 말씀이었다. 음녀 바빌론과 로마란 도시만 문제가 아니다. 더 큰 문제는 거기에 빌붙어 살며 영혼을 판 사람들이다.

아까 언급했던 베테랑 영화에서도 악의 축은 조태오(유아인)란 재벌 3세지만, 어린 조태오가 그 망나니짓을 계속하며 살 수 있었던 것은 그가 저지른 사고를 뒤처리해주며 빌붙어 사는 최상무(유해진)가 있었기 때문이다. 가진 재물을 권력 삼아 휘두르려는 놈과 그 재물의 유익을 필요로 하는 하수인의 상부상조하는 삶의 자세가 함께 죄악을 구성하는 것이다. 그 조태오와 최상무의 인생관을 단적으로 보여주는 대사가 있다. "문제 삼지 않으면 문제가 안되는데, 문제를 삼으니까 문제가 되는 거예요" 슬쩍 넘어가면 하나님께도 문제가 안되는가?

17:2에 보듯 땅에 사는 사람들은 음녀가 주는 **음행의 포도주에 취했다**. 음녀가 가진 것은 로마의 그럴듯한 매력이고 만국을 취하게 하는 금은과 보석과 화려한 수입 사치품들이다. 그녀가 건네주는 금잔에 가득한 것을 계시록 17:4은 **가증한 물건과 음행의 더러운 것**이라 정의한다. 그것이 바로 세상을 취하게 하고 우리를 미치게 만드는 것들인데 말이다. 이렇게 성경이 계속 말하는 것은 우리의 삶의 실상을 비추어 보라는 것이다.

그러나 일단 음녀가 건네주는 금잔의 포도주에 취하면 바벨론의 파괴적 성격이 안보이고 그저 빠져들며, 설령 누가 그것은 잘못되었다고 말해도 저항할 마음이 사라진다. 그리고 참된 안전의 원천인 하나님께는 눈멀고 바벨론이 주는 부의 편안함이 안전의 근본인 것처럼 여겨진다. 그 결과 계시록을 통해 하나님께서 계속 경고하시는 다가올 심판에 대한 두려움이 상실되고 무감각해진다. 그렇게 해서 멸망해가는 것이다.

그래서 **5절**에서 이 여자를 '**땅의 음녀들과 가중한 것들의 어미**'란 표현을 사용한 것이다. 음녀 바빌론의 속성이 우상숭배 문화와 거짓 종교 활동으로 연결된다는 점이다.

음녀는 겉만 화려하게 치장한게 아니라 영적으로도 매력적으로 보인다. 사람들이 환호하며 몰리는 세상의 어떤 유명강사 강연을 보면 눈물 콧물 쏙 빼놓는 달변과 멋진 음악과 조명이 부흥회 느낌을 줘서 가장된 영적 만족감을 느끼게 한다. 물론 그들이 자신을 짐승의 도구로 쓰려고 작정하지는 않았을 것이다. 그러나 은연중 인간의 위로와 함께, 십자가의 길을 우습게 알게 만들고 세상과 어느 정도 보조를 맞추며 살아 성공을 붙잡으라고 충고할 때 이미 종교적이 되는 것이다. 경제적 부와 안일에서 행복을 느끼게 하며 자신을 계속 따르게 하는 것이 교회 다니며 기독교 신앙 생활과 양립할 수 있다고 음녀는 계속 유혹한다.

그러나 성경은 여자의 화려함과 일순간의 성취에도 불구하고 그녀에게 임할 심판을 계시함으로써 그 여자를 추종하는 삶의 결말이 어떨 것인지 통찰하는 안목을 가지라 한다.

12장의 여사는 교회를 낳았지만, 17장의 여자는 교회 즉 하나님의 백성을 파멸시킨다. 당신은 어떤 여자인가? 세상 사람들의 감탄과 경배의 대상이 되어 자신을 멋지게 치장하고 미혹하는 이 여자에게서 하나님께로 시선을 돌리는 교정이 성경의 목적이다.

그것을 위해 **3절**을 보면 성령으로 사도 요한을 **광야**로 데려간다. 광야는 하나님 백성을 보호하는 장소이며, 12:3에 의하면 동시에 들짐승과 악령들의 거처이며 머리가 일곱이고 뿔이 열인 붉은 용이 있는 곳이다. 그것을 18:2은 큰 성 바벨론이 "귀신의 처소와 각종 더러운 영이 모이는 곳과 각종 더럽고 가증한 새들이 모이는" 광야라 한 것이다. 광야는 이처럼 바벨론의 죄를 드러내고, 세상 위험에서 백성들을 안전하게 보호하고 분리할 수 있는 곳이기 때문에 성령님은 우리를 광야로, 광야로 데려가신다. 그 광야에 서야 17:3 여자는 **붉은 짐승**을 탄 것임이 비로소 보이는데, 이것은 대도시의 사치와 풍요가 짐승으로 표현된 마귀와의 동맹 관계에 있음을 보여주는 것이다. 그래서 우리도 때로는 광야로 가야한다!

세상 사람들은 이 음녀로 상징된 세상이 주는 풍요의 음란의 포도주에 취했지만, 6절은 하나님의 계시를 통해 요한은 이 여자는 성도들의 피와 예수 증인들의 피에 취한 것을 보고 놀라고 또 크게 놀랍게 여긴다. 그러자 7절에서 보듯, 천사는 '**왜 놀랍게 여기느냐?**'고 묻는다. 그 말은 왜 놀라는지 몰라서 묻는게 아니라, 그 실상을 보는 안목을 가져야 할 것이 아니냐는 역설적인 문학적 표현이다. 그 실상을 모르겠냐는 것이다. 8절에서 보듯 그 배후의 짐승은 **무저갱으로부터 올라**왔지만, 결국은 **멸망으로 들어갈 자**이다. 성경은 우리를 유혹하는 음녀 큰 성 바빌론의 뒤에 숨어있는 그런 미혹하는 영들의 비밀을 우리에게 보여주는데 그걸 못보는 것이 비극이다. 그렇다면 성경이 우리에게 요구하는 것은 무엇인가? 9절 "**지혜 있는 뜻이 여기 있으니**" - 현대인의 성경은 "이런 때일수록 지혜가 필요하다."라 하고 NIV는 'This calls for a mind with wisdom'이라 한다. 왜 이 세상살이 뒤에 숨어 있는 실상을 보는 안목을 갖고, 바른 분별력을 가지라고 성경이 말하는가 하면, 세상은 아무에게나 그런 재물과 재력을 주지 않고 영혼을 내놓고 몸 바쳐 일하는 자에게만 주기 때문이다. 그래서 실상을 보는 지혜가 있어야 한다. 재물은 은연 중에 종교가 되고 영적이 되고, 돈은 맘몬신이 되어버린다. 성령을 따르면 거룩한 영의 원천인 하나님 품으로 들어가 영원하신 하나님과 영생할 것이고, 재물과 권력을 미끼로 우리의 일생과 영혼마저 요구하는 음녀 바빌론을 따르면 결국 그 짐승과 함께 마지막에 무저갱 지옥불 속으로 들어가는 영벌에 처하는 게 영적 원리다. 그러므로 세상이 주는 금잔의 포도주에 취하지 말고 영적

📌 실상을 보는 안목과 분별하는 지혜를 가져라!(17:5-9)

이런 말을 해도 문제는 사람들이 음녀가 건네는 음란한 포도주에 목말라 있어서 부정적인 얘기 하지말라며 불편해 한다는 점이다. 그래도 그 문제를 지적하면 이 세상의 경제 시스템이 얼마나 견고한 데 결국 심판받고 멸망할 거란 헛소리를 하나며 콧방귀도 안뀌는 사람들도 많다.

18:1을 보면 큰 권세를 가진 **천사**가 **하늘에서 내려와 2절 힘찬 음성으로 외쳐 '무너졌도다 무너졌도다 큰 성 바벨론이여!'**라고 외쳐도, 18:6-7에서 아무리 바빌론의 심판을 보여줘도 그들은 안믿고 확신에 차서 부르짖는 사람들이 있다. 절대로 이 큰 시스템이 망할 리가 없다고!

18:7을 보면 큰 성 바빌론, 음녀는 "내가 **과부냐**? 난 **여왕**으로 등극한 여자"라고 주장한다. 그것은 "나는 **애통함을 당하지 않을 것**이다"란 자만에서 나온다. 우리 기독교인들 가운데도 **견고하고 큰 성**(10, 19), 그 큰 세상 경제 시스템이 무너질 리가 없다고 생각하는 사람이 있는 것 같다. 그러나 천만에, No way!

이것은 마치 3:17에서 본 라오디게아 교회가 "나는 부자라 부요하여 부족한 것이 없다"고 자신만만하게 외쳤던 것과 다름없다. 돈 좀 있는 사람들은 이런 자기기만으로 자신을 속여왔다. 그러나 분명한 것은 18:7은 음녀 바빌론과 그 추종자들이 자기를 영화롭게 사치한 것과, 그 영광과 부를 얻기 위해 저지른 죄들에 대해 그 고통을 배나 더 당하게 심판하겠다고 선언한다는 점이다. **18:8**은 **하루 동안에**(10, 17, 19 한 시간에) 그 **재앙들이 이를 거라** 경고한다. 서서히가 아니라 망해도 순식간에, 한 번에 훅간다!

하나님의 심판으로 바빌론이 하루아침에 몰락하고 멸망할 것인데 18:9에 보듯 그 때가 되어야 그들은 **울고 가슴을 치며**… 11 **울고 애통할 것**이다. 그런데 그들이 애통하는 이유가 무엇인가? 11 "**다시 그들의 상품을 사는 자가 없음이라**" 그들이 애통한 것은 심판받는 큰 성의 사람들의 멸망에 대한 안타까움이 아니라, 자신들의 경제적 손실 때문이다! 성경은 이처럼 세상 사람들의 이기심, 자기중심성, 물질적 가치관, 인간성 말살, 세

속성을 철저하게 고발한다.

18:14 보라. "바벨론아 네 영혼이 탐하던 과일이 없어졌다"

사람들이 성령의 열매보다 더 탐하던 달콤했던 세상의 열매들이, "사장님/사모님~" 해가며 굽실거리는 사람들의 달콤한 아부들이 다 사라지는 날이 온다는 것이다.

18:15 "바벨론으로 말미암아 치부한 이 상품의 상인들"이 당할 애통을 경고한다. 바빌론 제국의 돈과 권력이 보장해주던 멋진 옷, 멋진 가방, 멋진 장신구, 멋진 차, 멋진 집들이 우리의 지속적 행복을 보장하지 못한다.

19 보배로운 상품으로 치부했던 그 장밋빛 인생이 사라질 것을 성경은 경고한다.

그러면서 성경은 우리가 치부해왔던 바빌론 물건들의 본질을 다시 보여준다.

18:14 맛있는 것과 빛난 것들 - 세상이 주는 빛나 보이는 것은 하나님 영광의 대치품들이다. 먹음직도 보암직도 한, 빛나는 것들을 추구했던 것은 영적 문제다(겔 27:33). 사실이 그렇다. 18:12을 보면 바빌론이 주는 화려한 금실, 자색실, 홍색실, 세마포, 보석 등은 대제사장 복장과 관련된 것이다. 돈 좀 가지고 그런 것들로 자신을 치장하면 우리는 으쓱대며 마치 자신이 하나님의 대행자처럼 행세하지 않던가?

18:23b을 보라. **"상인, 왕족들 네 복술로 말미암아 미혹되었다"** 이건 마술적 언어, 종교적이라는 것이다. 이득을 얻기 위해, 물질적 안정을 얻기 위해 영혼을 판 짐승의 추종자들이 되었다고 성경은 지적한다. 그렇다면 우리가 그토록 추종하는 큰 성 바빌론의 정체는, 17:2에서 이미 보았듯, **"귀신의 처소, 각종 더러운 영이 모이는 곳"**이 분명하며 바빌론은 음녀가 분명하니 바빌론과 그 추종자들은 다 하나님의 심판으로 멸망당할 것이다. 그 멸망은 돌이킬 수 없는 완전한 멸망이다.

21 맷돌을 **바다에** 던져 버리듯 **큰 성 바빌론**을 바다 속에 **던져** 버려 다

시 떠오르지 못하게 된다는 것이다. 그 결과 18:22 노래방의 **풍류** 생활도 룸싸롱의 떠들썩함도 다 사라져버릴 것이다. 23a 집안에 불이 다 꺼지고, 다시는 시집가고 장가가는 잔치도 다 사라지게 될 것이란 말이다. 그러니 이 세상 경제 시스템이 절대로 망할 리 없다는

⬆ 헛된 자기 확신에서 벗어나라!(18:7-23)

음녀 큰 성 바빌론으로 상징된 탐욕과 욕망과 사치의 세상 경제시스템에 빠져 사는 바빌론 추종자들 뿐 아니라, 바빌론의 시대를 사는 하나님의 백성들에게도 주님은 말씀하신다.

18:3a 그 **음행의 포도주**는 곧 하나님의 **진노**를 일으킬 포도주임을 알라는 것이다. 그리고 **4b 내 백성아 거기서 나와라! 그의 죄에 참여하지 말아라 그가 받을 재앙들을 받지 말아라**고 강력히 명령한다. 세상이 줄, 음녀가 줄 떡고물이나 바라고 괜히 음녀 주변에 얼쩡거리다가, 음녀 바빌론이 받을 재앙을 같이 받지 말라고 성경은 충고하는 것이다.

그런데 기기시 나오라고 했다고 예수님 믿으면 모든 사람이 다 예수님 앞에 나왔던 마 19:21의 부자 청년처럼 소유를 팔아 가난한 자들에게 주고 와서 주님을 따르라는 것은 아니다. 예수 믿고 천국 가려면 아씨시의 성 프란치스코처럼 부친의 상속권과 모든 재산을 다 버리고 허름한 옷 한 벌 걸치고 평생을 탁발 수도생활하며 살라는 말도 아니다. 즉 세상의 부와 사치를 버리고 모두 가난해져야 천국 간다는 말도, 거기서 나오랬다고 세상의 경제 시스템을 포기하고 직장생활을 하지 말라는 뜻도 아니다.

가난한 사람만 천국 가나? 그럼 부자는 못가나? 부자는 천국에 들어가기 어렵다고 하셨지, 부자는 일절 못 들어간다고 하지 않으셨다. 주님의 말씀은 하나님이 아니라 바빌론과 돈에 의지하고 사는 것이 일종의 믿음 생활이기에 그런 사람은 천국에 못간다는 의미였다.

부유해도 검소하게 살며 가진 것을 주님 위해 교회 위해 이웃을 위해 베풀며 살던 권사님이 계셨다. 그분은 주어진 일 열심히 하고 살았더니 물질이 따라왔다고 간증했다. 반대로 가난해도 사치하며 자기와 자식 밖에 모르고 복음과 이웃에 대해 무감각하며 끊임없이 더 많은 부와 더 큰 명성의 무지개를 따라다니는 사람도 있다. 부자가 천국 들어가기가 얼마나 힘드냐는 말씀보다 요즘 더 강조해야 할 것은 사실 없는데 사치하고, 없기에 더 돈에 매달리는 게 더 문제다. 주변 사람이 명품 가방에 밍크코트에 외제차 탄다고 나도 그 수준으로 살고 싶다고 카드로 긁었을 때는 좋지만 한 달 후 신용불량자로 전락하는 일이 얼마나 많나? 그러니 교회 갈 때 있어도 내 맘대로 멋부리고 다니는 거 조심할 수밖에 없다. 17-18장은 분별력 없이 세상의 부에 자신을 바친 삶, 분별력 없이 사치에 취한 감각적인 삶을 말한다.

경건한 삶을 유지하는 데 필요한 것 이상으로 바빌론 사람처럼 세상 사람들과 똑같이 살고 싶어 하는 탐욕이 악이다. 그러다가 그런 삶을 정상으로 보게 되고, 그 기준을 받아들이라는 음녀 바빌론의 유혹을 받아들인다. 그리고 더 많이 갖기 위해 다른 사람의 희생을 당연한 것으로 받아들이는 미혹에 빠져 사는 사람들이 있다. 그런 기독교인들에게 성경은 분명하게 도전한다. **거기서 나오라!** 그리스도인은 세상에 있으나 세상에 속하지 않아야 한다. 이것이 교묘하게 우리 영혼을 갉아먹고 우리를 멸망하게 만들기 때문이다.

이런 것은 음녀 바빌론의 대명사인 로마만의 문제가 아니었다. 서머나 교회의 문제가 무엇이었나? 당시 황제 숭배는 서머나 도시의 전 영역에 스며들어 있고, 경제적 번영과 사회적 지위를 더 높이려면 어떤 식으로든 도미티안 황제 숭배 같은 일에 가담해야 했다. 수시로 황제에게 제사를 드리고 외국인과 방문자도 황제 숭배에 참여할 것을 종용받았다. 그들은 상인길드 같은 것으로 경제적 영향력을 갖고 수호신에게 절하게 하는 우상승배를 조장했다. 거절하면 비밀투표(오스트라시즘)를 통해 경제적 추방을 당하고 교역 특혜를 빼앗겼다. "까불어? 이 바닥에 발도 못 붙이게 해 버릴꺼야~!!" 그런데 계 2:9은 "내가 네 환난과 궁핍을 알거니와 실상은 네가 부요한 자니라 자칭 유대인이라 하는 자들의 비방도 알거니와 실상은 유대인이 아니요 사탄의 회당이라"한다. 서머나 교회는 분명한 그리스도인 다운 삶을 살았기에 세상 사람들은 물론 하나님 믿는다면서도 세상과 벗되어 살던 주변 유대인들의 비방과 함께 경제적 어려움 즉 환난과 궁핍을 겪었다. 그럼에도 불구하고 신실한 믿음으로 인해 실상은 부요한 자라는 칭찬을 들었다. 반면 바빌론에 빌붙어 부요하게 살면 실상은 네가 가난한 자란 말만 들을 뿐이다. 그래서 주변 유대인들은 실상은 유대인이 아니요 사탄의 모임이라는 평을 받았다.

아브라함은 우상숭배로 가득한 네 본토 친척 아비집을 떠나라는 명령에 순종해 믿음의 사람이 되었다. 그러나 바벨론에 살며 음녀에 속해 살면서 주일 예배만 드리며 여전히 세상과 잘 어울려 지내면 그 풍요와 사치 속에서 잘 지낼 수 있는데 굳이 거기서 나와야 하냐고 묻는 사람이 있다. 그러나 성경은 명령한다. 미뭇거리지 말고 서서 나와라!

⬆ 그 더러운 흙탕물에서 나와라!(18:3-4)

사람들이 말하는 영화 베테랑의 명대사 1위가 뭔지 아나? 목사인 나에게는 "기자가 새벽 기도 갔다가 영빨 받아 기사 쓰냐?"였는데 보통 사람들에게는 다른 것이었다. 골통 의협 형사 황정민이 대드는 동료 부패 형사의 팔을 꺾으며 "우리가 돈이 없지 가오(허세·자존심)가 없냐? 수갑 차고 다니면서 가오 떨어질 짓 하지 말자"라고 말한다. 저도 한마디 하고 싶습니다. "예수쟁이 우리가 돈이 없지 가오가 없냐? 성경 들고 다니면서 예수쟁이 가오 떨어질 짓 하지 맙시다!"

나는 한 가지 더 좋아하는 대사가 있다. 황정민이 조태오(유아인)에게 자주했던 말이다.

"조태오씨 재밌게 사시네. 근데 죄는 짓고 살지 맙시다".

마지막에 체포하면서도 이렇게 말한다.

"내가 죄짓지 말고 살라고 했지~"

사랑하는 여러분, 말 안듣고 계속 죄짓고 살다가 하나님께 체포되서 그 말 듣지 맙시다. 그리고 멸망할 바빌론에서 어서 나오세요!

23
종말을 맞이하는 사람의 자세
(요한계시록 19장)

계 19장은 그 앞 17-18장에 나오는 음녀 곧 큰 성 바빌론의 심판과 멸망에 대한 계시의 말씀과 연관지어 봐야 한다. 17-18장의 핵심구절은 18:10 "화 있도다 화 있도다 큰 성 견고한 성 바벨론이여 한 시간에 네 심판이 이르렀다"였고, 우리가 붙잡아야 할 행동 요절은 18:4b "내 백성아 거기서 나와 그의 죄에 참여하지 말고 그가 받을 재앙들을 받지 말라"였다. '거기서 나와라!'

그러니 오랜 세월 깊이 빠져 이 세상의 시스템에 섞어 살던 우리가 거기서 벗어난다는 것은 그리 쉽지 않다. 게다가 음녀가 큰 성 바벨론의 금은보석과 화려한 붉은 옷과 값진 그릇과 향수와 포도주와 말과 수레에 해당하는 수입 자동차들로 우리를 유혹해 우리는 계속 뒤를 돌아보게 된다. 이처럼 사탄은 우리의 발목을 잡고 탐욕의 세상에서 못 빠져나가게 한다. 이것은 소리 없는 영적 전쟁이다. 그런데 이 영적 전쟁을 치르기에 우리의 힘만으로는 한계가 있다. 그렇다고 절망할 필요는 없다. 오늘 본문 19장은 우리에게 소망을 준다.

먼저 11절 보자. 하늘이 열리며 마지막 때의 비밀이 보인다. 그 환상은 무엇인가?

19:11 또 내가 하늘이 열린 것을 보니 보라 백마와 그것을 탄 자가 있으니 그 이름은 충신과 진실이라 그가 공의로 심판하며 싸우더라

미혼 여성들의 로망, 백마 탄 왕자가 드디어 등장한다! '백색의 간달프도, 빛나는 외모 심쿵 특전사 유시진 대위'도 게임이 안되는, 백마 탄 전사 Warrior이다. 그 분이 우리를 위해 앞장서서 나가 싸우신다. 구원받았으나 죄악의 권세에 발목 잡힌 우리를 구하기 위해 그 죄악의 세력을 마지막으로 처단하기 위해 나가 싸우시는 전사 그 분은 누구신가?

"하늘이 열린 것을 보니" 4:1; 11:19; 15:5에서 모두 심판 장면을 이끌어 내는 표현이었다. 그럼 백마 탄 왕자, 우리의 전사는 심판자란 것이다. 구약에서 하나님, 구원자, 심판자에 대한 이미지 중 하나는 신적 전사 Divine Warrior다.

그런데 그 분의 이름은? 우선 충신과 진실이다. 충신은 *pistis* faithful 믿음직함이고, 진실은 *alethinos* true 진리(aletheia truth)다. 이처럼 믿음의 주요 온전케 하시는 이(히 12:2)는 누구며, "내가 곧 길이요 진리"라고 하신 이 분은 누구인가? 예수 그리스도시다.

19:12a 불꽃같은 눈으로 우리의 삶을 꿰뚫어 보시며 하나님의 백성인 양 가장해 스며들어온 사탄의 궤계를 다 간파하고 계시는 그 분은 또 누구인가? 1:14; 2:18 두아디라 교회에 보내는 편지에서 그의 눈은 불꽃같은 분은 인자라 했으니 역시 예수 그리스도시다.

12b에서는 **그 이름은 그리스도 자신 밖에 아는 자가 없다**고 한다. 유대적 배경에서 상대의 이름을 아는 것은 그에 대한 통제권을 갖는 것이다. 그래서 불신자는 누구도 그 전사의 이름을 알 수도, 그 분을 통제할 수도 없다. 창 32:29을 보면 욕심장이 야곱이 천사와 씨름할 때도 '당신의 이름을 알려주소서'라 하자 '어찌하여 내 이름을 묻느냐?'하며 안 가르쳐 준 이유가 그것이다. 심판자 되신 그리스도의 이름은 불신자에게는 마지막 심판의 순간에 보게 될 비밀이다. 그런데 우리 성도들은 안다. 13절b에서

그 이름은 하나님의 말씀이라 계시되었다. 요 1:1에서 예수 소개할 때 "태초에 말씀… 이 말씀(logos)은 곧 하나님이시니라"라 했다.

16절을 보면 그 분의 이름은 옷에도 새겨 있다.

19:16 그 옷과 그 다리에 이름을 쓴 것이 있으니 만왕의 왕이요 만주의 주라 하였더라

영어성경들은 다리를 thigh 허벅지라 번역했는데 이는 전사가 칼을 찬 위치이다. 칼을 찬 넓적다리를 덮은 옷에 새겨진 그 분의 이름은 만왕의 왕, 만주의 주시니, 이 역시 그리스도임을 가리킨다.

그런데 그 분의 옷 상태는 어떤가? 치열한 전쟁터에서 싸우고 계신 우리의 전사는 **19:13 "또 그가 피 뿌린 옷을 입었는데"** 이것은 사 63:1 하나님이 민족들을 심판하실 때 '붉은 옷을 입고…옷이 포도즙 틀을 밟는 자 같으냐… 그들의 선혈이 내 옷에 튀어 내 의복을 다 더럽혔음이니'에서 온 상징이다. 백마 탄 하나님의 전사 옷에 묻은 핏자국은 짐승과 악인들을 심판하고 처벌할 때 튄 악인들의 피이다. 이 때 우리를 위해 싸우시는 그 전사가 이 전쟁에서 사용한 무기는 무엇일까?

19:15 그의 입에서 예리한 검이 나오니 그것으로 만국을 치겠고 친히 그들을 철장으로 다스리며 또 친히 하나님 곧 전능하신 이의 맹렬한 진노의 포도주 틀을 밟겠고

신적 전사가 사용한 무기는 그 입에서 나오는 예리한 검인데, 그것은 하나님의 말씀으로 사 49:2를 떠올리게 한다. 이 말씀은 내 사역의 소명 말씀 중 한 부분이기도 하다. 사 49:1-3를 보면 "여호와께서 태에서부터 나를 부르셨고 내 어머니의 복중에서부터 내 이름을 기억하셨으며 2 내 입을 날카로운 칼 같이 만드시고 나를 그의 손 그늘에 숨기시며 나를 갈고 닦은 화살로 만드사 그의 화살통에 감추시고 3 내게 이르시되 너는 나의 종이요 내 영광을 네 속에 나타낼 이스라엘이라 하셨느니라"했다.

'만국을 치고'란 구절은 사 11:4에서 그리스도가 그 입에서 나오는 말씀의 검과 철 지팡이(철장)로 세상의 이리를 치는 것이며, '진노의 포도주 틀을 밟는다'는 것은 사 63:2-3에 근거한 심판의 모습이다. 그래서 악인의 심판자 그 분의 옷은 13절처럼 선혈이 낭자한 피가 튀어 있게 된 것이다.

이처럼 백마 탄 주님은 죄인들이 마지막 심판 때 지불해야 할 죄 값인 피로 말미암아 붉지만, 주님의 십자가 보혈로 씻음 받은 사람들의 옷은 어떨까?

19:14 하늘에 있는 군대들이 희고 깨끗한 세마포 옷을 입고 백마를 타고 그를 따르더라

그렇다. 주님과 함께 하는 그리스도의 군사, 거룩한 성도들은 희고 깨끗한 세마포 옷이다. 그리스도의 피로 씻음 받은 사람은 그 죄가 주홍 같을지라도 눈과 같이 희어진다(사 1:18).

이 때 14절에서 놓치지 말아야할 핵심 이미지는 그 전사는 혼자 싸우는 것이 아니란 점이다. 마지막 전쟁 때 하나님의 백성들은 주님을 따르며 주님과 함께 싸운다. 우리는 마귀 사탄과, 짐승과 그들 편에 서서 주님을 대적하는 어둠의 영들과 그 추종자 악한 영들과의 전쟁에 주님 홀로 싸우시라며, 우리는 교회 속에 숨어서 여기가 좋사오니 하고 있으면 안된다. 우리 성도들은 그리스도의 군사이지, 교회는 병원이라며 밤낮 환자 짓만 하며 누워있으면 안된다. 그 분께 나가 고침을 받고 우리는 강한 그리스도의 군대가 돼야지, 교회를 중환자실로 여기며 밤낮 "여기 아파요 저기 아파요 상처 받았어요 난 누워있어야 해요"하는 것은 사탄만 좋아하는 것이지 종말론적 교회 모델도 종말론적 성도의 모습도 아니다.

마지막 전쟁터의 모습에 대한 환상은 17절 이하에 묘사되어 있다.

19:17 또 내가 보니 한 천사가 태양 안에 서서 공중에 나는 모든 새를 향하여 큰 음성으로 외쳐 이르되 와서 하나님의 큰 잔치에 모여 18 왕들의 살과 장군들의 살과 장사들의 살과 말들과 그것을 탄 자들의 살과 자유인들이나 종들이나 작은 자나 큰 자나 모든 자의 살을 먹으라 하더라

희안한 것은 본문 계 19장은 모든 것이 역순으로 기술되어 있는데, 이 17-18절은 사실 19-21절의 마지막 전쟁 이후에 벌어질 일의 간략한 묘사다.

19:19 또 내가 보매 그 짐승과 땅의 임금들과 그들의 군대들이 모여 그 말 탄 자와 그의 군대와 더불어 전쟁을 일으키다가

이것은 16:14 아마겟돈 전쟁 준비에서 이미 보았고 또 앞으로 20:8에 나오는 곡과 마곡과의 마지막 전쟁 장면에서 다시 보겠지만, 심판자 하나님에게 마지막으로 저항하려 짐승과 그 추종자들이 결집하는 상황이다.

그러나 그 전쟁 결과는 수차 확인한 것처럼 결국 대적자 짐승의 완패다.

19:20 짐승이 잡히고 그 앞에서 표적을 행하던 거짓 선지자도 함께 잡혔으니 이는 짐승의 표를 받고 그의 우상에게 경배하던 자들을 표적으로 미혹하던 자라 이 둘이 산 채로 유황불 붙는 못에 던져지고

이에 따라 최후의 심판은 2단계로 진행되는데 먼저 짐승과 거짓 선지자가 심판을 받고, 선고에 따라 유황불 못에 던져진다. 그 다음에 추종자들이 처단된다.

즉 표적을 행하며 자신들이 마치 하나님인 양 주장했던 짐승들과 그에게 경배하도록 미혹하던 거짓 선생들은 모두 이렇게 심판 받을 것이다. 그리고 어떻게 처형되나? 산채로 유황불 못에 던져진다. 그리고 짐승과 거짓 선지자들을 따라다니며 그리스도의 대적자 짓을 하고 다닌 무리들에 대한 무서운 심판의 결과가 이어서 21절에 묘사된다.

19:21 그 나머지는 말 탄 자의 입으로부터 나오는 검에 죽으매 모든 새가 그들의 살로 배불리더라

18절과 21절에서 반복되는 시체를 새가 뜯어먹는 심상은 그것이 어떤 광경인지 본 사람만 그 끔찍함을 알 것이다. 이것은 신 28:26의 율법에 불순종하는 자의 저주로 겔 39:17-18에 근거한 것이다. EBS에도 소개된 적이 있지만 티벳의 鳥葬 혹은 天葬 (sky burial) 풍습을 통해 그 모습을 엿볼 수 있다. 라마 승려의 장례의식이 끝나면 장례사들이 독수리들이 먹기 좋게 사람 몸을 머리부터 다리까지 살가죽을 날카로운 칼로 다 찢고 뼈도 망치로 잘게 부수어서 놓으면 독수리들이 몰려와서 뜯어먹게 한다. 그것은 티벳 불교의 윤회사상에서 나온 육 보시 관습인데 독수리가 먹고 하늘로 올라간다는 생각 때문이다.

그런데 독수리는 제일 좋아하는 부위인 눈알부터 파먹고, 몸을 발로 밟고 부리로 내장을 뜯어 먹는다. 미리 피를 뽑았다고 해도 부리로 살점을 뜯을 때 이리 저리 피가 튀기고, 서로 먹겠다는 독수리들의 경쟁으로 살점이 이리 저리 튕겨나가는 장면은 너무 끔찍해서 차마 검색해보라고 할 수가 없을 정도이다. 종교의식으로 대하는 사람이 아닌 이상, 이것처럼 끔찍하고 저주스런 죽음은 없어 보인다.

최후의 심판에서 죄로 인해 이처럼 처절한 죽음을 당해 마땅하고 영원한 유황불 못의 멸망에 처할 우리를 구원하고, 공중을 나는 새들의 먹이 밖에 되지 못할 우리의 구원을 위해 싸우시는 주님께 감사하자. 우리의 구원을 위해 십자가에서 죽으시고 음부까지 내려가 싸우시고 승리를 선포하신 주께 감사하자!

🔼 **우리의 전사로 싸워주시는 주께 감사하자**(1-3, 11-21).

이런 지엄한 심판은 죄인과 악인들에게는 참으로 무서운 일이지만, 의

인에게는 어떤가?

19:1 이 일 후에 내가 들으니 하늘에 허다한 무리의 큰 음성 같은 것이 있어 이르되 할렐루야 구원과 영광과 능력이 우리 하나님께 있도다
　하늘의 허다한 무리의 할렐루야 찬양의 첫 번째 이유는 무엇인가? 하나님께 우리의 구원이 있기 때문이다. 그의 영광과 능력을 찬미하자!

　찬양의 2번째 이유는
19:2 그의 심판은 참되고 의로운지라 음행으로 땅을 더럽게 한 큰 음녀를 심판하사 자기 종들의 피를 그 음녀의 손에 갚으셨도다 하고
　이 전쟁으로 시행될 하나님의 심판이 참되고 의롭기 때문이다. 즉 억울하게 순교한 종들의 피를 음녀의 손(압제)에 갚으셨기 때문이다. 이 말은 6:10 성도들의 신원 기도에 따른 하나님의 보복이다. 이런 하나님의 보복 개념은 계 17:1-5; 18:3, 7-9은 물론 구약에 40회 이상 등장한다.

> 시 58:10 의인이 악인의 보복 당함을 보고 기뻐함이여 그의 발을 악인의 피에 씻으리로다
> 사 61:2 여호와의 은혜의 해와 우리 하나님의 보복의 날을 선포하여 모든 슬픈 자를 위로하되

　이 때 주의할 것은 심판자 하나님의 보복은 의롭고 정당하나, 우리의 사적 보복은 안된다는 점이다. 원수 갚는 것은 하나님께 맡기라는 것이 성경의 일관된 가르침이다. 그러나 이런 하나님의 의로운 보복은 성도들에게 3절의 두 번째 할렐루야를 불러일으킨다.

19:3 두 번째로 할렐루야 하니 그 연기가 세세토록 올라가더라

계시록의 할렐루야는 전부 19장에 몰려있다. 19장에는 4번의 할렐루야 찬양이 나온다. 성도들의 이 두 번째 할렐루야 찬양 이유는 사 34:10의 에돔이 받았던 심판처럼 악인에 대한 불타는 심판의 연기, 공의의 심판 때문이다.

세 번째 할렐루야는 4절에 나온다.
19:4 또 이십사 장로와 네 생물이 엎드려 보좌에 앉으신 하나님께 경배하여 이르되 아멘 할렐루야 하니
억울하게 죽은 성도들을 위한 원수갚음에 대한 감사 찬양에 이어 네 번째 할렐루야는 하늘 보좌 주변에 앉은 24장로와 네 생물의 찬양인 것이다.

이제 6절에서 네 번째 할렐루야가 나오기 전의 묘사를 보자.
19:5 보좌에서 음성이 나서 이르시되 하나님의 종들 곧 그를 경외하는 너희들아 작은 자나 큰 자나 다 우리 하나님께 찬송하라 하더라
하나님을 경외하는 자들 즉 하나님의 백성 곧 종들에게 보좌에 앉은 이가 할렐루야 노래를 부르라는 명령이 나온다. 그렇다 주님은 구원받은 주의 백성 우리에게 할렐루야 노래하라고 명하신다.

19:6 또 내가 들으니 허다한 무리의 음성과도 같고 많은 물 소리와도 같고 큰 우렛소리와도 같은 소리로 이르되 할렐루야 주 우리 하나님 곧 전능하신 이가 통치하시도다
드디어 네 번째 할렐루야 노래가 나온다. 그 노래는 얼마나 큰 성가대의 찬양인지 많은 물소리와 큰 우렛소리 같은 소리로 들릴 정도다. 이것은 겔 1:24 "생물들이 갈 때에 내가 그 날개 소리를 들으니 많은 물소리와도 같으며 전능자의 음성과도 같으며"에서 나온 심상이다.

우리의 하나님 찬양의 근거는 이처럼 하나님께서 우리 위해 행하신 일이나 사적인 은택 같은 주관적인 부분 때문만이 아니다. 1-6절은 그것과 관계없이 그분이 구원과 영광과 능력의 하나님이시며 그의 심판이 의롭고 참되며 드디어 하나님의 완성된 통치의 시작 때문이다!

이 네 번의 할렐루야 찬양 후에 그 하나님 나라에 대한 묘사가 계시록 7복 중 5번째로 등장한다.

19:9 천사가 내게 말하기를 기록하라 어린 양의 혼인 잔치에 청함을 받은 자들은 복이 있도다 하고 또 내게 말하되 이것은 하나님의 참되신 말씀이라 하기로

복 중 가장 큰 축복은 무엇일까? 믿음을 지키고, 백마 타고 나가 우리를 위해 싸우시는 그리스도의 군사로 싸워 이긴 사람들에게는 어린 양되신 예수님의 혼인 잔치에 청함(부르심)을 받는 축복이다. 우리의 구원을 성경은 이런 부르심과 선택으로, 잔치의 초대와 축복으로 묘사한다.

2:17에서 발람과 니골라 당의 도전을 이겨내면 버가모 교회에게 상을 약속하셨다. "이기는 그에게는 내가 감추었던 만나를 주고" 그 약속 즉 감추었던 만나를 먹는 축복의 잔치가 이제 본문 어린 양의 혼인 잔치에서 (19:9) 성취된다. 이 생명의 떡은 그리스도와의 교제를 상징하며, 지금까지 감추어졌던 만나가 마지막 심판 날 하나님 백성에게 주어진다.

라오디게아 교회에게도 열심을 내고 회개하면 3:20에서 "내가 그와 더불어 먹고 그는 나와 더불어 먹으리라"고 약속하셨다. 그리스도와 백성이 함께하는 잔치, 그 만찬 초대의 약속이 이제 성취되는 것이다. 그 잔치에의 참석은, 내 자격으로 얻는 것이 아니라 청함을 받는 것으로 묘사되는 것은 어린 양 혼인잔치 초청이란 축복은 본질적으로 하나님의 주권적 은혜에 속한 것이란 뜻이다. 그래서 은혜의 초대를 받은 자는 감사하고 경배하게 된다.

19:10 내가 그 발 앞에 엎드려 경배하려 하니 그가 나에게 말하기를 나

는 너와 및 예수의 증언을 받은 네 형제들과 같이 된 종이니 삼가 그리하지 말고 오직 하나님께 경배하라 예수의 증언은 예언의 영이라 하더라

이 놀라운 환상, 계시 앞에 감격한 요한이 계시의 전달자 천사의 발 앞에 엎드려 경배하려 한다. 그러자 천사는 다음과 같이 명령한다. "나는 형제들과 같이 된 종이다. 그러니 나를 경배하지 말고, 오직 하나님께 경배하라!" 이것은 지엄한 주의와 교정의 말씀이다.

오래 전 전북 익산지역의 한 대형 교회에 집회하러 갔을 때였다. 설교를 마치고 중앙통로를 가로질러 나가는데 한 분이 엎드려 큰 절을 하는 것이었다. 너무 당황한 나머지 피해 지나가며 "왜 이러세요?"라고 했다. 그 때 이 말을 했어야 했는데 후회스럽다.

하나님의 말씀 메시지는 존중하되, 전하는 종 메신저를 경배해서는 안 된다. 아무리 존경하고 은혜를 입힌 어떤 목사도, 통일교 신천지 교주도 심지어 천사도 경배하면 안된다는 것이 성경의 가르침이다. 하나님께서 쓰시는 종이니까 존중하고 섬겨야 한다고? 그럼 천사는 더 존중하고 더 섬기고 더 경배해야하지 않겠나? 그런데 천사가 자기는 우리와 같은 종이니 경배하면 안된다고 성경은 말한다. 그게 우상숭배라는 것이다. 천사는 하늘에서 주를 섬기는 종이며 세상으로 보냄받는 심부름꾼이고, 우리는 땅에서 주님을 섬기는 종으로 같은 종이다. 그런데 우리는 얼마나 종종 메신저를 메시지처럼 대하는지, 이 실수는 얼마나 뿌리 깊은지 22:8에 다시 반복될 것이다.

그렇다면 이제 우리는 오직 누구만 따르고 누구를 경배해야 하는가? 오직 하나님만 경배하자. 천사도 그 누구도 말고. 심지어 우리의 할렐루야 찬양의 이유도 우리에게 베푸신 사적인 은혜보다 그의 의와 다스림 자체, 즉 하나님 그 분 자체로 찬양하라는 것이 본문의 가르침이다. 그러니

⬆ **오직 하나님만 찬양하자**(4-6, 9-10).

이와 같이 6절 하나님의 통치로 인한 기쁨이 7절에 나오고, 주님께 영광 돌림이 이어진다. 의인은 하나님을 영화롭게 하는 법이다.

19:7 우리가 즐거워하고 크게 기뻐하며 그에게 영광을 돌리세 어린 양의 혼인 기약이 이르렀고 그의 아내가 자신을 준비하였으므로 8 그에게 빛나고 깨끗한 세마포 옷을 입도록 허락하셨으니 이 세마포 옷은 성도들의 옳은 행실이로다 하더라

하나님의 통치로 인한 즐거움, 크게 기뻐함은 신앙생활의 본질적 모습이다. 대상 16:31에는 "하늘은 기뻐하고 땅은 즐거워하며 모든 나라 중에서는 이르기를 여호와께서 통치하신다 할지로다"이 있다. 이처럼 신앙생활의 본질은 사랑의 왕의 통치로 인한 즐거움이지, 독재자의 헌금과 봉사의 강요에 의해 찌든 종교생활이 아니다. 그 기쁨을 7-8절은 이제 어린 양의 혼인 잔치로 묘사하는데, 결혼을 앞두고 신부는 무엇을 준비해야 하나? 8절 빛나고 깨끗한 세마포, 면사포와 웨딩드레스? 아니다! 그럼 지참금일까?

2014년 미국 CNN 방송은 인노 동무 자르크한드 주 경찰을 인용해 1월 30일 둠카 지역에서 결혼 3년 차인 22살 여성과 한 살배기 딸에게 남편과 시부모가 석유를 끼얹고 불을 질러 숨졌다고 보도했다. 2013년 한 해 동안 인도 전역에서 불법이지만 다우리라는 지참금 관련으로 살해당한 여성은 8,233명에 이른다. 일부 딸들은 지참금이라는 부모의 무거운 부담을 덜어 주려고 혼기가 차면 혼인하기 전에 죽음을 선택하기도 한다. 비극적인 일이다.

그러나 8절을 정확히 읽어보면, 신부에게 빛나는 면사포와 웨딩드레스, 보석과 옷과 지참금도 준비해오라 하지 않는다. 그럼 그것은 누가 준비하나? 6절의 주어, 통치자 왕이신 하나님이시다. 하나님이 친히 준비하신 그 빛나는 웨딩드레스를 신부에게 입도록(hina) 주어진다(edothe 허락된다)!

이처럼 어린 양 예수님의 혼인잔치는 누가 주관하나? 철저하게 하나님께서 주관하시고 준비하신다. 그럼 신부가 준비할 것은 무엇인가? 7절 자기 자신이다! 그러므로 우리는 주님 앞에 나갈 때 무엇을 준비해야 하나? 신부된 우리 자신을 준비해야 한다. 그것은 우리의 옳은 행실인데 그것은 어떤 지참금을 준비하는 공덕 쌓기가 아니라, 신실함과 인내로 승리에 이르는 믿음의 삶이다. 그러므로

📖 어린 양의 혼인잔치를 위해 우리 자신을 준비하며 살자(7-8).

이처럼 어린 양의 혼인잔치에서 신부된 우리가 준비해야 할 지참금은 없으며, 신부가 입어야 할 웨딩드레스도 신부가 준비하는 것이 아니다. 그것은 자신을 잘 준비한 성도들의 옳은 행실에 대한 그리스도의 상으로 주어지는 것이다. 결혼예식과 예복도 우리가 준비하지 않고 주께서 준비해주시다니 이것은 또 얼마나 놀라운 은혜인가? 우리의 구원은 처음부터 끝까지 모든 것이 다 주님의 은혜다.

우리는 오직 믿음으로 구원받지만 그 믿음이란 성도들의 옳은 행실로 증명되어야 한다. 어린 양의 혼인잔치에 신부가 입게 될 그 빛나는 세마포 옷은, 하나님과의 올바른 관계 속에 살아 온 것에 대해 하나님께서 내려주시는 최종 판결이요 정당화요 증거해 주심이요 상급이다. 지난 주 17-18장에 나온 큰 성 바빌론 음녀가 금실 자색옷과 세마포로 치장한 것이 자신을 제사장으로 흉내낸 것이었다면, 성도들이 빛나고 흰 세마포 옷을 입은 것은 제사장적 삶을 사는 것을 상징화한 것이다. 그런데 우리는 과연 그런 삶을 살고 있는가?

세상, 음녀 큰 성 바빌론과의 동일화된 삶의 상급이 심판과 멸망이었다면, 어린 양 그리스도와의 동일화된 삶의 상급은 주 예수님의 신부됨과 혼인잔치다. 이렇게 음녀와 함께 산 자들과 그리스도의 신부의 운명을 요

한계시록은 선명하게 대조하며 우리가 어떤 삶을 살아야 할지 도전한다.

이 모든 비밀을 다 알게 될 때 우리는 오직 할렐루야 찬양 밖에 할 것이 없다. 그 은혜에 감격한 주의 백성은 그러므로 다 함께 일어나 찬양하자!

천사도 그 누구도 아닌 오직 어린 양 우리 주님만 우리의 찬송을 받으시기에 합당하다. 할렐루야 주님만 찬양하세!

24
첫 번째 부활
(요한계시록 20:1-6)

사실 요한계시록에 부활에 대한 이야기는 오늘 본문에만 나오는 것이 아니다. 1장에서도 나왔고 중간에 한두 번 더 나왔고, 또 나올 것이다.

그 말은 복음서나 바울서신은 물론 다른 신약의 책들과 심지어 계시록까지 부활을 무시하고 빼먹을 수 있는 책은 없다는 것이다. 어떤 사람들은 부활은 신약에서 처음 나온 것처럼 말하는데, 당연히 구약에서도 부활에 대한 것이 여러 번 나온다. 그만큼 부활은 기독교의 가장 근원적이고 가장 중요한 주제인 것이다. 놀라운 것은 첫 부활이 시간적으로 19:11-21의 마지막 전쟁이 있기 전에 일어난 사건이라는 점이다. 계 20:1을 보자.

20:1 또 내가 보매 천사가 무저갱의 열쇠와 큰 쇠사슬을 그의 손에 가지고 하늘로부터 내려와서

'또 내가 보니'란 구절은 이전 사건보다 앞선 시간으로 돌아가는 환상 소개 패턴이다.

19장을 설교하며 19장이 시간적으로 역순으로 배치된 것임을 언급했던 것처럼, 이 역시 시간적으로 역순이다. 이 최후의 전쟁에서 재림하신 백마 탄 그리스도 혹은 그리스도 천사가 오셔서 짐승을 무찌르고 나서 어린 양의 혼인 잔치가 벌어질텐데, 19:20에서 보았듯이 그 전쟁에서 먼저 짐승과 거짓 선지자들과 그 추종자들을 잡아 산채로 유황불 붙는 불못에 던져진다. 그 후에 이어지는 장면이 본문 20:1-2이다.

19:17-21의 큰 성 바빌론이 칼로 멸망되는 것과, 만국과 땅의 임금들 이야기와, 다음 주에 살펴 볼 20:7-10에 등장하는 불로 진멸되는 것과 땅의 사방 백성들 이야기 두 가지 모두 겔 38-29의 전쟁 씬을 인용한 것이다. 사실 오래 전 16:14에서도 악의 영들은 주님을 대적하기 위해 추종자를 모아 군대를 형성해 대적했는데, 지난 주에 본 19:19 '전쟁을 위하여 그들을 모으더라'와 다음에 볼 20:8 세 본문 모두 슥 12-14장 기반을 두고 최후의 전쟁의 시작을 묘사한 것이다. 세 본문 모두 사탄 세력이 성도들에 대한 최후의 공격을 하는 그 마지막 전쟁 사건을 다루는데, 차이라면 그 전쟁을 점차 심화시켜 묘사하는 것으로 19장에서는 사탄의 수하 짐승과 그가 부리는 거짓 선지자들과 추종자의 심판이라면 이제 20장에서는 그 괴수 사탄에 대한 심판이다.

그럼 무저갱 열쇠와 큰 쇠사슬을 가지고 하늘로부터 내려와서 어떻게 하나?

20:2 용을 잡으니 곧 옛 뱀이요 마귀요 사탄이라 잡아서 천 년 동안 결박하여 3 무저갱에 던져 넣어 잠그고 그 위에 인봉하여 천 년이 차도록 다시는 만국을 미혹하지 못하게 하였는데 그 후에는 반드시 잠깐 놓이리라

종기가 나면 그 위에 빨간약을 바른들 반창고를 붙인들 소용이 없다. 고약을 붙이든 째든 뿌리를 빼야 낫는다. 악의 축, 죄의 근원을 처리하지 않으면 이 모든 문제는 해결되지 않는다. 그래서 주님도 처음에는 짐승과 거짓 선지자와 그 추종자들을 처리하지만 모든 죄와 반역의 근원인 사탄 마귀를 처단한다.

그런데 이 사건은 이미 12장에 예언된 바 있었다. 12:7-11은 하늘에서 천사가 사탄을 하늘에서 땅으로 내쫓는 장면이었다면, 이제 20장은 사탄이 땅에서도 다시 패배하여 땅에서 무저갱으로 내쫓기는 장면이다. 사실 사탄의 패배는 여기서 일어나는 것이 아니라 그리스도의 십자가에서였다.

이 시점에서 우리의 궁금증은 이것이다. 2천 년 전 십자가에서 사탄이 패했다면 왜 사탄은 아직도 힘을 가지고 우리를 괴롭히며, 왜 하나님은 그가 역사하게 허용하시냐는 것이다.

이것은 하나님 나라의 원리와 같은 것인데, 한마디로 말해서 2차대전에 일본이 연합군에게 패했는데 그것은 이미 벌어진 사건이다. 히로시마 나가사키에 원폭이 떨어진 후 일본 천황은 항복을 선언했지만 아직 오지 않은 완전 종결의 날 전까지 여기저기서 조그만 국지전은 한동안 지속되었다. 그것과 같다. 심지어 뉴스에서 우리가 종종 봤듯이, 필리핀이나 여기저기서 동굴 속에 패전을 모르고 숨어있던 일본군들이 발견되었는데 그들은 여전히 영향을 끼쳤던 것이다. 그것을 우리 거듭난 성도들이 이 땅에서 경험하는 하나님 나라는 예수님이 오시며 이 땅으로 끌고 들어오셨는데, 재림 때 완성의 날이 오기까지 그 사이에 살고 있는 것이며 그것을 이미 그러나 아직이란 말로 설명하는 것과 사탄의 패배와 그 영향도 같은 원리라는 것이다.

사탄도 십자가라는 D-Day에 이미 패했지만 아직 오지 않은 V-Day 사이에 사는 우리에게는, 그 강력한 파장의 여파가 계속 우리를 흔들고 세상을 흔들고 있는데, 이것을 주께서 계 20장 본문의 전쟁을 통해 마지막으로 잔불 정리를 하시겠다는 것이다.

자 이것이 상황적 설명이고, 이제 그런 일을 허용하신 이유는 무엇일지 생각해보자. 십자가에서 주님은 이미 승리하셨지만, 사탄이 하늘에서 쫓겨났는데 이렇게 땅에서 횡포를 부리게 허용됐다는 사실이 이해가 안가는 것이다. 왜 그러셨을까?

9:1-3보면 다섯 번째 나팔 심판 중 하늘에서 천사가 열쇠를 가지고 내려와서 무저갱을 열어 황충이 나와 사람들을 괴롭히게 하는 것을 봤는데 그

이유와 같다. 그 때 하나님은 황충과 전갈이 사람들을 쏘지만, 한계선은 하나님의 백성은 해치지 못하게 하고 그 기간도 한시적으로 5달만 허용하셨었다. 그것을 통해 하나님은 불신자들이 회개하고 돌아오도록 기회를 주신 것이고, 누가 참으로 하나님 백성이며 누가 사탄의 종인지 드러나게 하신 것이다. 그것이 사랑과 공의다.

십자가에서 패한 사탄이 최후의 심판 날까지 두루다니며 사람들을 미혹하고 망하게 하는 것도 같은 일이다. 분명한 것은 이런 사탄의 횡포도 영원한 것이 아니란 사실이다. 어둠의 추종자와 악한 패거리들을 모아 다시 대들어보지만 결국 패하고 갇히게 된다. 그래서 우리는 감사하고, 할렐루야를 외치게 되는 것이다.

천년 동안 갇혀있다가 풀려나서 잠시 마지막 잔당들을 모아 다시 대적하려는 시도에 대한 설명을 우리는 수차에 걸쳐 계시록에서 봤고 한 번 더 보겠지만 하나님은 그 일을 통해 알곡과 가라지를 구별하시게 될 것이다.

분명한 것은, 하나님께서 이 땅에서 행패부리는 사탄 마귀를 결박해 무저갱에 넣는다는 사실이고 그 사실 자체로 감사가 넘친다는 것이다. 그리고 신실히게 살다가 핍박빋은 자들, 익울하세 죽은 자들의 눈눌의 기도에 신원하시고 의로운 심판을 내려 사탄을 결박해 무저갱에 처넣는다는 사실에 감사한다. 그러므로

┗ 마귀를 결박한 승리를 기뻐하자(1-3).

그러나 원수 마귀의 패배, 하나님의 승리만이 기뻐할 이유의 모든 것이 아니다. 더 있다. 무엇이 더 큰 기쁨인가?

20:4 또 내가 보좌들을 보니 거기에 앉은 자들이 있어 심판하는 권세를 받았더라 또 내가 보니 예수를 증언함과 하나님의 말씀 때문에 목 베임을

당한 자들의 영혼들과 또 짐승과 그의 우상에게 경배하지 아니하고 그들의 이마와 손에 그의 표를 받지 아니한 자들이 살아서 그리스도와 더불어 천 년 동안 왕 노릇 하니 5 (그 나머지 죽은 자들은 그 천 년이 차기까지 살지 못하더라) 이는 첫째 부활이라

　사탄의 결박과 투옥의 결과 이 땅에 그리스도와 그의 백성의 통치와 왕권이 시작된다. 그런데 그게 영원한 것이 아니라, 최종 처리가 한 번 더 있을 것이기에 그 기간을 잠깐이라고 하는게 함정이다.

　이 구절에서 '잠깐' 이라는 단어가 나오는데, 그 잠깐이 천년이다. 그것은 숫자적 천년이 아니라 상징인 것은 계시록 전체의 일관성 있는 숫자 사용 방식 때문이다. 그게 짧게 숫자적 천년이라 할지라도 하루가 천년 같고 천년이 하루 같은 영원한 하나님의 시간 개념에서 보면 실제 천년이든 2천 년이든 그것은 점과 같은 것이라 그 때와 기한은 알 수 없고 그것은 전적으로 하나님의 영역이다. 그걸 알아내려는 것이 불순한 시도들이다.

　20:7을 보면 **천년이 차면 사탄이 그 옥에서 놓인**다. 이것이 12:12에서 말했던 얼마 남지 않은 때이다. 사탄이 무저갱에 갇혔다가 놓이면 분노가 심화되고 격분해 구원받은 자와 세상을 향해 큰 분노를 일으킬 것이란 거 걱정은 하지 말고, 우선은 그 악당을 천 년간 무저갱에 가둬두셨다는 사실에 감사하자.

　아무튼 20:10에서 최종적 멸망시키기 전, 사탄을 무저갱이라는 옥에 가둬 멋대로 못된 짓하지 못하게 무력화 시켜 놓은 기간이 천년인데, 그 시기를 신학적으로 천년왕국이라고 부른다. 이것에 대해서는 조금 후 자세히 살펴보도록 하겠다.

　그런데 사탄이 천 년간 무저갱에 갇혀서 세상을 미혹하지 못하는 기간에 우리에게 무슨 일이 벌어지나?

　4절에 '살아서'라는 부분은 새번역이나 현대인 성경의 '살아나서' 그리고 NIV NRSV같은 영어성경은 'came to life'처럼 어느 시점에 시작된 생명을 묘사한다. 즉 4-5절은 예수님의 초림과 재림 사이의 어느 시기에 죽은 신자들의 영적 부활이 일어난다는 것이다. 따라서 본문은 부활의 주님을 따르며 살다가 믿음으로 죽은 자들이 몸으로 부활할 그리스도의 재림 전 상태를 언급하는 내용으로 이해하는 것이 합당하다.

계시록에서 부활을 언급하는 부분은 본문 20장이 처음이 아니다. 첫 장 1:5-6, 9에서부터 거듭난 우리는 이 땅에 살면서도 먼저 부활하시고 머리되신 그리스도에게 속해 있고, 그의 나라에 참여하여 살고 있음을 말하고 있다. 6:11에서 그리스도인들의 죽임 당함을 어린 양의 죽임 당함과 동일시한다면 우리 그리스도인도 5:6이 말하는 죽임 당한 어린 양의 부활 생명을 갖고 있다는 자연스러운 결론에 도달하게 된다. 차이는 어린 양은 육체 부활했으나 우리 그리스도인들은 마지막 날 주님 재림할 때까지는 영적 부활 상태란 점만 다르다. 오늘 본문 20:4이 바로 그 사실을 다루며 6절에서는 첫 번째 부활이라고 하는 것이다.

이 첫째 부활은 육적 죽음과 육적 부활 사이 시작된 영적 부활 상태다. 첫째 부활이라 함은 그리스도의 몸 부활처럼 두 번째 부활 혹은 죄후의 완성된 육체 부활이 있을 것을 전제로 한 것이다. 그 몸의 부활은 20:12-13, 15에서 엿볼 수 있다.

그런데 놀라운 것은, 성도들도 이 사실을 아는 사람들이 의외로 드문데, 신자만 몸의 부활을 경험하는 것이 아니라, 불신자도 부활을 한다는 사실이다.

마지막 때에 바다와 사망과 음부도 죽은 자들을 내줘서 모든 사람들 전체 부활의 때가 온다. 우리가 잘 아는 요 5:24이하에서 주님은 이미 이런 사실을 말씀하셨다. "내가 진실로 진실로 너희에게 이르노니 내 말을 듣고 또 나 보내신 이를 믿는 자는 영생을 얻었고 심판에 이르지 아니하나니 사망에서 생명으로 옮겼느니라 25 진실로 진실로 너희에게 이르노니 죽은 자들이 하나님의 아들의 음성을 들을 때가 오나니 곧 이 때라 듣는 자는 살아나리라"

이어지는 "28 이를 놀랍게 여기지 말라 무덤 속에 있는 자가 다 그의 음성을 들을 때가 오나니 29 선한 일을 행한 자는 생명의 부활로, 악한 일을 행한 자는 심판의 부활로 나오리라"는 말씀도 주의 깊게 다시 읽어보라.

성경이 가르치는 것은 첫째 부활을 경험하는 신자만이 나중에 새 창조 속에서 생명의 육적 부활이란 완성을 경험할 것이란 사실이다. 그리고 불신자는 심판의 부활로 나와 영원한 고통에 들어가게 된다는 점이다.

그러니까 이 모든 것을 정리해서 말하자면, 첫째 부활은 주안에서 죽은 그리스도인만 경험하는 것이다. 둘째 부활 혹 몸의 부활은 세상의 종말 때 즉 예수님 재림 때에 신자와 불신자 모두가 경험할 일이다. 그 말은 불신자는 첫째 부활이 없고, 몸 부활만 할 것인데, 그 이유는 불 못에서 영벌에 처하는 심판을 받기 위한 심판의 부활이란 점이다. 그것은 얼마나 계속되는 영원한 고통인가? 그러니까 우리 모드는 꼭 예수 믿고 구원받아야 한다.

성도들의 승리 역시 그리스도의 죽음이 그리스도의 부활 생명을 낳는 것으로 말해지는 2:8의 패턴에 기초가 두어져 있다. 계속 말했지만 부활은 복음서의 예수님 부활사건과 바울서신에 처음 나오는 개념이 아니다.

겔 37:10에서 마른 뼈에 생기가 들어가자 부활해 군대를 이루는 사건 후에 12-14에서 "내가 너희 무덤을 열고 너희로 거기에서 나오게 한즉 너희는 내가 여호와인 줄을 알리라 내가 또 내 영을 너희 속에 두어 너희가 살아나게 하고…"라 한다. 이런 영적 부활은 몸의 부활과 이스라엘 땅으로 돌아가게 함으로 연결되며, 바울은 육체의 부활로 완성될 (롬 8:18-23) 것으로 말한다.

그리스도의 부활은 새 창조와 하나님 나라의 시작이다. 그리스도를 믿는 모든 자는 그리스도의 새 창조와 왕적 지위에 동참한다. 그것은 죄인들에 대한 심판과 함께 벌어질 일이다.

본문 계 20:4-6은 초반부 3:11 "아무도 네가 가진 면류관을 빼앗아가지 못하게 굳게 잡으라"와 관련된 말씀이다. 우리는 믿음을 지킴으로 어떤 상을 받나? 믿음 때문에 죽임 당한 신자들은 생명을 받고, 그리스도와 함께 다스림에 참여하고, 둘째 사망에서 보호 받을 것이다.

물론 마귀는 신자들을 물리적 옥에 가두고 그들을 죽일 것이다. 그러나 마귀는 자신들이 영적 옥에 갇혀있기에 그 힘이 제한적이고 그래서 신자들을 최후의 둘째 사망으로 해치지 못한다는 것이 성경의 복된 가르침이다. 그래서 사도 바울은 이렇게 권면했던 것이다.

"우리는 우리 자신이 사형 선고를 받은 줄 알았으니, 이는 우리로 자기를 의지하지 말고 오직 죽은 자를 다시 살리시는 하나님만 의지하게 하심이라(고후 1:9)"

바울서신에서 바울은 불신자들에게 올바르게 살라고 명령하지 않는다. 왜냐면 그들은 그 능력을 갖고 있지 못하고 옛 시대의 한 부분으로 사탄과 세상과 죄의 영향력에 지배를 받고 있기(엡 2:1-3) 때문이다. 그러나 그리스도인들은 하나님을 기쁘시게 하고, 하나님께 순종하기 위해 필요한 부활의 능력을 갖고 있음을 알아야 한다. 그것을 알아야 그렇게 살 수 있다.

우리가 잘 아는 단 7장은 천상의 궁정 모습이 배경이다. 사탄은 무저갱에 갇히고 하나님의 백성들은 보좌에 앉아 통치할 권세를 받는다. 하나님의 백성은 예수의 증인된 삶을 살고, 하나님 말씀 전하다가 갖은 박해(순교 포함)를 당한 사람들의 영혼이다. 몸은 땅에서 썩었지만 그 영은 재림 때의 몸 부활까지 하나님의 보좌에 앉혀져 하나님의 존전에 하나님의 품 속에 하나님과 함께 하고 있다.

사탄이 무저갱에 천 년간 갇혔다가 놓일텐데, 갇혀있는 동안 신실하게 믿음을 지키고 죽은 자들과 순교자들의 영혼은 살아나서 그리스도와 함께 천 년간 왕 노릇할 것이다. 즉 1-3절과 4-6절은 같은 기간 소위 천년 동안 벌어질 일이다.

중요한 것은 다시 말하지만, 이 천년이 문자적 1000년이 아니라 상징적 표현이라는 점이다. 시 90:4와 벧후 3:8에서 천년이 하루같다는 표현처럼 긴 시간을 뜻한다. 물론 영원한 하나님 관점에서는 점과 같은 짧은 순간일 뿐이다.

이미 앞에서 본 계 2:10에서 서머나 교회에게 장차 받을 환난을 경고하며, 마귀가 잠깐 우리를 시험하여 십 일간 환난을 받을 거라고 했는데 그 열흘의 환난이 이제 10의 3제곱으로 천 년간 왕노릇하는 통치로 바뀌는 대조가 핵심이다. 환난은 짧지만 왕노릇하는 축복은 영원하다는 대조이다. 그래서 믿음으로 살면서 환난을 당하게 되면, 그 앞에 있는 기쁨(하나님 보좌 우편)을 위하여 십자가를 참으신 주님(히 12:2)을 기억해야 할 것이다.

📖 사탄이 결박당한 것보다 부활의 영광에 참여함을 기뻐하자(4-5).

원수 마귀가 패하고 무저갱에 갇히게 되는 승리를 감사하고, 죄로 인한 죽음에서 다시 사는 영광의 부활에 참여함을 감사하자.

그러나 오늘 부활의 기쁨은 그게 다가 아니다. 더 큰 기쁨의 이유가 있다. 무엇일까?

20:6 이 첫째 부활에 참여하는 자들은 복이 있고 거룩하도다 둘째 사망이 그들을 다스리는 권세가 없고 도리어 그들이 하나님과 그리스도의 제사장이 되어 천 년 동안 그리스도와 더불어 왕 노릇 하리라

첫째 부활에 참여하는 자들만이 둘째 사망을 이기고 그리스도와 함께 왕 노릇할 것이다.

첫째 부활에 참여하지 못하는 비신자들은 둘째 사망을 겪고 영원한 멸망에 처한다. 그리고 사탄에 대한 심판과 함께 주어진 성도들의 정당성은 부활 생명과 왕권으로 증명된다. 그것이 5-6절에서 제사장직과 왕권 수여로 연결되는 것이다.

슥 6:13 은 "그 자리에 앉아서 다스릴 것이요 또 제사장이 자기 자리에 있을 때"를 언급한다.

본문 20:6에서 부활한 성도들이 그리스도와 왕 노릇할 거란 말씀은 1:5에서 죽은 자들 가운데서 먼저 나시고 땅의 임금들(패배자, 짐승 추종자들)의 머리가 되신 그리스도에 대한 말씀에서 시작된 것이다. 죽은 자들 가운데 먼저 일어나신 그리스도라 함은 구약의 장자 계승과 왕위 계승 서열 관점에서 그리스도의 부활이 세상에 대한 통치권 왕권, 새 하늘과 새 땅에 대한 통치권을 갖고 있음을 말한 것이다. 신천지에서 말하는 통치권은 따라서 부활에 의해 결정되지 어떤 교주가 갖는게 아니다. 왜냐면 예수 외에 부활한 자가 없기 때문이다. 어떤 교주도 부활 없이 통치권을 갖지 못한다. 물론 땅의 임금들에 대한 통치권은 패배자와 짐승 추종자들에 대한 통치권을 포함하며, "곧 살아 있는 자라 내가 전에 죽었었노라 볼지어다 이제 세세토록 살아 있어 사망과 음부의 열쇠를 가졌노니"(1:18)는 말씀처럼 그리스도는 부활로 사망의 전 영역을 지배할 능력을 갖게 되었다.

교회 시대 전체에 걸쳐 사탄의 공격 아래 있지만, 신실함에 대한 보답으로 영원한 영광의 관을 받게 될 하나님 백성의 승리를 예증하는 부분들이 있음을 잊지 말자.

> 딤후 2:11 "미쁘다 이 말이여 우리가 주와 함께 죽었으면 또한 함께 살 것이요 12 참으면 또한 함께 왕 노릇 할 것이요 우리가 주를 부인하면 주도 우리를 부인하실 것이라"
> 출 19:6 "너희가 내게 대하여 제사장 나라가 되며 거룩한 백성이 되리라"

이런 말씀에서 보듯이 성도들의 왕권은 12:11에서처럼 둘 다 사탄의 몰락이 아니라, 성도들의 예수에 대한 증언과 신실한 삶 때문에 발생하는 것이다.

그런데 이처럼 놀라운 말씀보다 사람들의 관심사는 그 천년왕국이 언제 시작되느냐, 그 천년왕국 전에 예수님이 재림하느냐 그 후에 하느냐 등에 있는 것 같다.

크게 3가지 학설이 있는데, 전천년설, 후천년설과 무천년설로 나뉜다.

전천년설- 천년왕국 이전 재림설이라고도 하는데, 성경을 문자적 접근해서 나온 것이다.

핵심은 마지막 전쟁 후 짐승과 거짓 선지자가 불 못에 던져져야 천년왕국이 온다는 것이다.

후천년설- 천년왕국 이후 재림설이라고도 하는데, 성경을 상징적으로 접근한 결과다.

무천년설- 이미 시작된 천년왕국설이라고도 하는데, 예수님이 부활하면서 천년왕국은 시작되어서 종말에 다시 오는 것이 아니라는 것이다. 이것도 성경의 대부분은 상징적 해석을 해야한다는 접근 방식에서 나온 것이다. 따라서 천년왕국은 지금 교회 시대와 동일한 것으로 보는 것이다.

이 세 가지 주장은 모두 성경에서 지지 구절을 찾을 수 있고, 셋 다 가능성이 다 있어서 여전히 종말론에 대해서는 서너 가지 학설로 학자들이 나뉘어 있다. 그 말은 성경이 종말의 때와 시기를 가르쳐 주지 않아서 발생한 문제이므로, 우리 성도들은 성경이 말하지 않는 그런 문제에 대해 신경 쓰지 않는 것이 낫다. 그건 신학자들에게 맡기고 우리는 그 천년왕국 이야기를 통해 오늘 우리가 어떻게 살면 되는 것인지 성경으로부터 듣고 그렇게 살면 된다.

다시 말하지만, 여기서 중요한 것은 천 년 동안 '왕노릇'한다는 사실이지, 그 '천년'이 언제 시작되냐가 중요한 것이 아니라는 점이다! 그런데도 사람들은 잠시 나오는, 그것도 자세히 말하지 않는 천년에 대해 수많은 가설을 세우고 학설을 세우고 그에 따라 나뉘는 것이 이상하다. 천년왕국이 아니라 부활에 관심을 갖기 바란다.

본문에서 천년왕국보다 더 중요한 것은 부활이고, 그것도 감사와 기쁨이지만 또 한 가지 기억해야 할 사실은 우리가 그리스도와 함께 세상을 다스리게 될 것이라는 놀라운 사실이다. 그러므로

📌 부활과 함께 그리스도와 함께 영광스런 통치 참여를 기뻐하자(6).

여러분은 정국을 보며 그 몇 년 안되는 국회의원이 되고 싶어 안달을 하고, 대통령이 되고 싶어 당을 들어가고 나가고 가진 술수를 다 쓰고 거짓말을 밥먹듯이 하며 몸부림치는 것을 보면 참 불쌍하다는 생각이 안 드는가? 우리는 4년이 아니라, 중임해봐야 10년도 못할 그 일이 아니라, 영원토록 그리스도의 통치에 참여하게 될 것이다. 게다가 그것은 얼마나 더 영광스러운 일인가? 그러므로 작은 금 배지 하나 다는 걸 그렇게 부러워 하시 말라. 우리는 숫제 금과 각종 보석 속에 살건데 그까짓 조그만 금 배지가 그렇게 부럽나?

세상 통치와 그리스도 안의 통치는 다르다. 우리의 통치는 무엇으로 하는 통치인가? 사랑과 거룩, 자비와 공의로 사는 삶의 모본과 영향력으로 하는 통치다. 그러므로 그것을 아는 그리스도인들은 세상에서 권세 잡아도, 세상 사람들이 그러듯이 주어진 그 철장을 휘두르며 살면 안된다. 사랑의 영향력, 거룩의 영향력으로 세상을 바꿔야 한다.

그리고 세상 환란과 핍박 속에서 십자가의 길을 걷고 부활의 권능으로 승리하는 모본을 보여야 한다. 내 힘과 지혜가 아니라 죽은 자를 일으켜 세우시는 하나님의 권능으로 세상과 다른 승리하는 것을 보여줘야 한다. 그것이 왕같은 제사장이 되고 거룩한 나라가 되어 세상을 통치하는 길이다.

25
부활과 심판
(요한계시록 20장)

 조금 열심이 있는 사람들이 계시록을 읽으면 빠지는 유혹이 있는데 그것은 무엇일까? 마지막 때에 벌어질 일을 순서대로 정리하고, 그 일들이 언제 벌어질지 규명해내려는 것이다. 그것은 계시록의 특성과 계시록 전체의 구성에 대한 무지 때문에 발생하는 문제이다.

 요한계시록은 사도 요한이 환상 가운데 하나님께서 계시한 마지막 때의 일을 본 것을 기록한 것이므로 모든 것이 다 장절별로 시간 순으로 써놓은 책이 아니다. 이미 16장 일곱 대접 심판에 대한 계시와 큰 성 음녀 바벨론의 심판에 대한 17-18장은 물론, 지난 번에 본 19장의 어린 양의 혼인 잔치나 백마 탄 이의 마지막 심판 등을 설명하며 심지어 역순으로 기록된 것도 있다고 했다. 요한이 본 마지막 때의 그 중대한 일을 여러 형태로 여러 상징으로 설명하다보니 모든 것이 순차대로 된 것이 아니라 중요한 일과 그에 따른 부연 설명을 하다보니 그렇게 된 것이다. 그런 묵시의 특성을 모르고 계시록에 나온 모든 것을 장절 순서대로 시간을 계산하거나 문자적으로 해석하려다 보니 혼란에 빠지게 되는 것이다.

 오늘 우리가 볼 20장도 그렇다. 어떤 성경을 보면 1-6절 앞에 천년왕국이라 써있고, 7-10절 앞에 사탄의 패망, 11-15절에는 크고 흰 보좌에서의 심판(소위 백 보좌 심판)이란 제목이 있다. 그렇다고 그 순서대로 일이 벌어질 거라고 생각하면 안된다. 7-10절의 마지막 전쟁과 사탄의 멸망에 대한 것은 이미 앞에서 여러 번 한 얘기의 결론이고, 가까이는 바로 앞 19장 마지막 부분 19-21절에서 다룬 얘기의 확장이며 때로 동시적으로 발생하는 일이다. 마지막 때에 사탄이 부리는 짐승이 추종자들을 집결해 마지막 전쟁을 벌이지만 그것도 19:20절 등에서 보았듯이 그들은 완전한 패배를 하게 되어 있다. 그런데 그런 어둠의 세력들이 벌이는 마지막 전쟁이 있기 전에 어떤 일이 있을 것인가를 설명하는 것이 그 앞 20:1-6인 것이다.

20:1에서 사도 요한은 무엇을 보았나? 하늘로부터 한 천사가 무저갱의 열쇠와 큰 쇠사슬을 가지고 내려온다. 이 장면은 우리가 이미 봤던 어떤 장면을 떠오르게 하지 않나? 다섯 번째 나팔 심판 9:1-3을 보면 하늘에서 천사가 열쇠를 가지고 내려와서 무저갱을 열어 황충이 나와 사람들을 잠시 괴롭히게 한 적이 있다. 그런데 이번에는 무저갱 열쇠를 가지고 하늘로부터 내려온 이유가 다른데, 그것은 2절을 보면 알 수 있다. 옛 뱀이요 마귀요 사탄을 상징하는 용을 잡아서 결박해서 3a 무저갱에 던져 넣어 잠그고 그 위에 인봉해 두려고 한 것이다. 그래서 1절에서 무저갱 열쇠 뿐 아니라 큰 쇠사슬을 들고 온 것이었다.

그동안 우리를 괴롭혔던 황충이든 짐승과 거짓 선지자와 어떤 음녀든 바빌론의 추종자들이든 그들은 19:20에 보듯 유황불 붙는 못에 던져져 처형되지만, 그들을 부리던 우리의 원수의 괴수 옛 뱀 마귀 사탄이 드디어 포획되는 날이 온다는 것이다. 할렐루야!

그런데 문제는 그 처형이 한 번에 이루어지지 않고 2단계로 된다는 점이다. 2b에서 보듯 '**천년 동안 결박**'하고 3절에서 보듯 '**천년이 차도록**' 무저갱에 투옥되는데 그 후에 '**반드시 잠깐 놓인다**'는 것이다.

그러면 7절에 보듯 '**천 년이 차매 사탄이 그 옥에서 놓여 나와서**' 사방을 다니며 곡과 마곡을 꾀어내서 모아서 다시 하나님과의 마지막 대전을 시도하는데 그것을 허용한다는 것이다. 곡은 에스겔 당시 루디아 지역 야만

인의 땅으로 언급된 가가야 지역 구구 왕에서 유래된 것인데 겔 38:2보면 두발 왕이라 하고, 그들이 살던 지역 혹은 나라를 마곡이라한다. 곡과 마곡은 겔 38-39장을 보면 범죄한 이스라엘을 처벌하기 위해 하나님이 사용한 도구로 나중에 하나님에 의해 멸망당할 침략자의 상징이다.

오늘 우리의 궁금증은 이것이다. 하나님은 악의 축인 사탄을 한 번에 다 처단해 버리지 않고 왜 이렇게 하셔서 우리를 힘들게 하시는가? 그것은 아까 보았듯이 계 9장에서 무저갱에서 황충이 나와 사람들을 5달 동안 괴롭히는 것을 하나님께서 허용한 이유와 같다. 12:7ff에서 하늘 전쟁에서 용과 추종자들이 하나님의 미가엘에게 패해 땅으로 도망갔을 때 12:12을 보면 마귀가 자기의 때가 얼마 남지 않은 줄 알고 크게 화가 나서 사람들을 괴롭히고 추종자들을 모아 13:16에서 666의 표를 주고 자신의 군대 삼는 것을 허용한 것과도 같다. 16:9, 11, 14에서 귀신의 영을 받은 그들은 하나님을 비방하고 전능자의 큰 날에 있을 전쟁을 도모해 벌이는 아마겟돈 전쟁을 오늘 본문에서는 곡과 마곡 그리고 전 세계에서 군대를 모아 하나님 백성을 포위해 전쟁을 벌이다가 9절처럼 하늘에서 내려온 불로 심판을 받아 결국 패한다. 이 일을 통해 하나님은 불신자들이 회개하고 돌아오도록 기회를 주신 것이고, 또한 누가 참으로 하나님 백성이며 누가 사탄의 종인지 드러나게 하신다.

복음서 표현으로는 추수 날에 알곡과 가라지를 구별해 내는 것이고, 마지막 전쟁에 마귀 뿐 아니라 한 자리에 다 모인 그 추종자들을 한꺼번에 다 처벌해 버릴 수 있을 것이다. 그것이 하나님의 사랑과 공의다.

복음서와 바울서신이나 베드로의 서신에서는 이런 일련의 과정을 십자가에서 패한 사탄이 최후의 심판 날까지 우는 사자같이 두루 다니며 사람들을 미혹하고 망하게 한다(벧전 5:8)고 간단하게 표현했던 것을 사도 요한은 계시록에서 여러 번에 걸쳐 자세히 설명하다 보니 복잡하게 느껴진 것이다.

그럼 마귀가 결박되어 옥에 갇힌 천년 동안 우리에게는 무슨 일이 벌어지나? 그것이 4-6절이다. 먼저 4-5절을 같이 읽어보자.

20:4 또 내가 보좌들을 보니 거기에 앉은 자들이 있어 심판하는 권세를 받았더라 또 내가 보니 예수를 증언함과 하나님의 말씀 때문에 목 베임을 당한 자들의 영혼들과 또 짐승과 그의 우상에게 경배하지 아니하고 그들의 이마와 손에 그의 표를 받지 아니한 자들이 살아서 그리스도와 더불어 천 년 동안 왕 노릇 하니 5 (그 나머지 죽은 자들은 그 천 년이 차기까지 살지 못하더라) 이는 첫째 부활이라

먼저 4b '살아서'란 단어를 주목하라. 새번역, 현대인 성경은 '살아나서'라 번역했다. 그것을 5절은 '첫째 부활'이라고 부른다. 4-5절은 예수님의 초림과 재림 사이에 사탄이 천 년간 옥에 갇혔을 때에, 그 동안 죽은 그리스도인들의 영적 부활이 일어날 것을 가르쳐 준다. 이 때 첫째 부활이라 함은 마지막 날 예수님의 재림 때 그리스도께서 몸으로 부활해 오실 것처럼 우리의 두 번째 부활 혹은 최후의 완성된 육체 부활이 있을 것을 전제로 한 것이다. 그러나 계시록은 우리의 몸 부활을 두 번째 부활이라는 표현을 사용하지 않는다. 다만 그 몸의 부활은 조금 후에 살펴 볼 크고 흰 보좌란 최후의 심판 직전에 발생할 것임을 20:12-13에서 살짝 보여줄 뿐이다.

그럼 하늘에서 내려온 천사가 사탄 마귀, 용을 결박해 무저갱이란 옥에 가둬 무력화시킨 동안 우리는 살아나서 무엇을 하나?

4a 보면 보좌에 앉아 심판하는 권세를 행하는 것이며, 4c를 보면 '살아나서 그리스도와 더불어 천년 동안 왕 노릇한다'. 이것은 예수님께서 눅 22:30에서 "너희로 내 나라에 있어 내 상에서 먹고 마시며 또는 보좌에 앉아 이스라엘 열두 지파를 다스리게 하려 하노라"고 하셨던 말씀의 성취다.

그럼 누가 그리스도와 함께 이런 엄청난 왕노릇을 하게 된다는 말인가? 그들은 4b에 보니 예수 증인의 삶을 살고, 하나님 말씀 전하다가 갖은 박해(순교 포함)를 당한 사람들이다. 신실하게 믿음을 지키다가 죽은 자들과 순교자들이 살아나 왕이신 그리스도와 함께 천 년간 왕노릇하게 된다. 이것은 구약 단 7장에서 이미 보여줬던 하늘 궁정의 환상과 같다. 단 7:10보면 최후의 심판의 책들이 펴질 때, 단 7:18의 지극히 높으신 이의 성도들이 나라를 얻으리니 그 누림이 영원하고 영원하고 영원하고, 27절에 "나라와 권세와 온 천하 나라들의 위세가 지극히 높으신 이의 거룩한 백성에게 붙인 바 되고"… 모든 권세있는 자들이 다 그를 섬기며 복종하리라 한다. 신약 딤후 2:11도 보면 "미쁘다 이 말이여 우리가 주와 함께 죽었으면 또한 함께 살 것이요 12 참으면 또한 함께 왕 노릇 할 것이요 우리가 주를 부인하면 주도 우리를 부인하실 것이라"고 했다.

이때 그리스도와 함께 통치할 기간이 얼마나 되는가? 사탄이 갇혀있는 천 년 간이다. 그래서 이것을 신학자들은 천년왕국이라고 부른다고 했다.

혹시 드디어 왕노릇 좀 해보나 했더니 영원한게 아니라 겨우 천년이라서 실망했나? 이왕 쓰시는 김에 한 2천 년 쯤 해주시면 안되나 섭섭한가?

여기서 말하는 천년은 문자적 1000년이 아니라 상징적 표현이라 했다. 계시록의 천은 숫자의 천이 아니라 매우 많다는 의미다. 144,000이란 구원받은 백성의 숫자도 12지파x12사도x1,000 매우 많다는 뜻이었던 것과 같다. 계 2:10에서 서머나 교회에게 장차 받을 환난을 경고하며 마귀가 잠간 우리를 시험하여 십 일간 환난을 받을 거라고 했는데, 십일의 환난이 이제 10의 3제곱으로 천 년간 오래 왕노릇하는 통치로 뒤집히는 대조가 핵심이다. 그 천년 후 사탄은 20:3처럼 잠시 놓일 것이고 다시 20:10에서 보듯 마귀는 영벌에 처해질 것이고, 그러면 새 하늘과 새 땅이 열리고 새 예루살렘에서 22:5처럼 우리는 세세토록 왕 노릇할 것이다.

저는 여러분이 겨우 천년 만 왕노릇하는 것 아니냐 하며 섭섭해 하지 않기를 바랄 뿐이다. 천년왕국 후 사탄의 처벌 후에는 어차피 영원히 왕 노릇 할 것이므로 아쉬워 말고, 우리 같은 무지랭이들을 그 영광의 보좌에 함께 앉히시고 우리 같은 사람들과 함께 온 세상을 다스리기로 하신 것을 인해서 감사할 뿐이다. 그러므로

🔼 그리스도와 함께 왕노릇 할 것을 인해 감사하자(4).

이런 천년왕국이 끝나면 7절에 보듯 사탄이 잠시 그 옥에서 놓여 곡과 마곡의 전쟁을 통해 마지막 발악을 하지만 **10절**에 보듯 결국 **불과 유황 못에 던져져** 19:20절에서 이미 던져졌던 짐승과 거짓 선지자들과 그 추종자들과 함께 영원히 괴로움을 당하는 형벌에 처해질 최후의 심판이 있음을 성경은 오늘도 반복해 보여준다. 그 결말이 오늘도 핍박받는 우리에게 힘이 된다!

그것으로 끝나는 것이 아니라, 마지막 때에는 하나님의 피조물인 인간들에 대한 최후의 심판이 있음을 성경은 가르쳐 준다. 그것이 20장 후반인 11-15절이다.

11절에 보듯 **크고 흰 보좌**가 있고 **그 위에 앉으신** 심판주를 사도 요한은 보게 된다. 그 분앞에는 **12절**에 보듯 **책들이 펼쳐져** 있는데, 그것이 아까 언급했던 단 7:10 "심판을 베푸는데 책들이 펴 놓였더라"의 환상과 같은 것이다. 본문 **20:12b**는 그 하나를 **생명책**이라고 한다. 이미 계 3:5 "이기는 자는 이와 같이 흰 옷을 입을 것이요 내가 그 이름을 생명책에서 결코 지우지 아니하고 그 이름을 내 아버지 앞과 그의 천사들 앞에서 시인하리라" 등 계시록에 수차 등장한 그 책은 하나님의 백성들의 이름이 기록된 책이고 **15절**처럼 거기에 이름이 쓰이지 않은 사람은 구원받지 못하고 **불못에 던져지는** 멸망에 들어갈 것이다. 공천 명단 못들어가면 정치인은 탈당하면 되나 생명책은 방법이 없다. 그런데 최후 심판 자체를 안믿는 것

이 문제이다. 2014년 조사에 의하면 죽으면 심판자 앞에 설 것이란 생각이 84년에는 35%정도였는데 지금은 22-24% 정도로 줄었다. 그러나 성경은 모두 심판대 앞에 설 것을 가르친다. 2014년 월평균 15,000건 교통사고가 났는데, 차량 대수 2천만대 대비 0.07%밖에 안되지만 보험은 다 들면서, 왜 심판주 앞에 설 것을 대비하지 않는지 참 궁금하다. 엄청난 용기다.

이 때 흔히 놓치고 있는 중요한 사실이 하나 더 있다. **13절**이다. 유대교에서 바다는 마귀와 짐승이 거하는 죽음의 영역인데, 그 **바다**가 그 가운데 있던 **죽은 자들을 내주고**, 또한 **사망과 음부**(하데스)**도 그 가운데에서 죽은 자들을 내 준다**. 이것은 12절 신자 뿐 아니라, 하나님을 거역하고 죄 가운데 죽은 불신자들까지 모두의 몸 부활을 말한다.

놀랍게도 교회를 오래 다녔고 성경공부 열심히 했다는 성도들도 이 사실을 아는 사람들이 의외로 드문데, 신자만 몸의 부활을 하는 것이 아니라, 불신자도 부활을 한다는 사실이다. 요 5장에서 주님은 이미 이런 사실을 말씀하셨다. "요 5:28 이를 놀랍게 여기지 말라 무덤 속에 있는 자가 다 그의 음성을 들을 때가 오나니 29 선한 일을 행한 자는 생명의 부활로, 악한 일을 행한 자는 심판의 부활로 나오리라" 생명의 부활이 몸 부활이듯, 심판의 부활도 몸 부활이다.

12절에서 보듯 크고 흰 보좌 심판을 받을 때 첫째 부활을 경험한 신자는 새 창조 속에서 생명의 육적 부활이란 완성을 경험할 것이다. 그리고 불신자는 13절에서 보듯 심판의 부활로 나와 영육 모두 영원한 고통에 들어가게 되는데 이 때 그들도 행위대로 심판을 받게 된다. 그러니까 다시 정리해서 말하자면, 신자에게는 영적 부활인 첫째 부활은 있지만, 둘째 사망이 없다. 불신자에게는 첫째 부활은 없고 둘째 사망만 있다. 반면 둘째 부활 즉 몸의 부활은 세상의 종말 때 즉 예수님 재림 때에 신자와 불신자 모두가 경험할 일이라 따로 그 명칭을 쓰지 않는다. 불신자는 첫 부활 없이 최종적인 몸의 부활만 하는데, 그 이유는 불 못에서 영벌에 처하는 심판을 영육 간에 가장 극렬히 받기 위해서다. 그러니 죽으면 영혼이 없어지는게 아니고, 벌 받아도 영혼만 받는게 아니라 영과 육으로 영원히 고통을 받게 되니, 그러지 않으려면 예수 믿고 구원받아야 한다.

이 사실만 놀라운 것이 아니라, 12-13절의 최후의 심판 때 불신자뿐 아니라 신자도 모두 심판대에 서서 자기 행위에 따라 심판을 받게 된다는 것이 그리스도인들에게는 더 놀라울지도 모르겠다. 왜냐면 많은 교회들이 예수 믿으면 심판이 없다는 것만 간단히 가르쳤기 때문이다. 그 말은 요 5:24처럼 맞지만 그게 다는 아니다. 참으로 거듭나 믿음으로 산 하나님의 백성은 최후의 심판대에서 천국과 지옥을 나누는 심판은 받지 않는다. 그렇다고 구원 받았으니까 어떻게 살든 상관없다는 것은 잘못된 가르침이다. 그것이 고린도 교인들의 문제였고, 구원파식 잘못된 기독교다. 사람들은 유병언, 박옥수 쪽만 구원파 이단이라고 하는데 정통 교단 안에 구원파적 가르침을 가르치는 교회가 많다. 나도 신앙 초기에 제자훈련가들로부터 그런 식으로 구원의 확신을 배웠고 그렇게 믿고 산 적이 있다. 그러나 성경은 그렇게 가르치지 않는다. 이것은 공덕주의 행위 구원 혹은 율법주의와 완전히 다르다. 그것은 구원받기 위해 무엇을 해야된다는 잘못된 가르침이고, 바른 성경의 가르침은 오직 믿음으로 그리고 예수님의 은혜로 구원을 받지만, 마지막 날 하나님의 최후의 심판대 앞에서 우리는 이 땅에서 우리의 삶에 대한 판단을 받게 되므로 제대로 살아야된다는 것이다.

우리는 행위로 구원받지 않는다. 그러나 행위로 심판 받는다! 신자들도 행한 대로 심판 받는다는 것은 성경의 반복된 가르침이다. 분명한 것은 선행이든 악행이든 다 하나님 앞에서 낱낱이 밝혀진다는 사실이다. 고전3:15 "누구든지 그 공적이 불타면 해를 받으리니 그러나 자신은 구원을 받되 불 가운데서 받은 것 같으리라" 고후 5:10 "이는 우리가 다 반드시 그리스도의 심판대 앞에 나타나게 되어 각각 선악간에 그 몸으로 행한 것을 따라 받으려 함이라" 그것이 신자도 받을 행위 심판이다. 그래서 빌2:12에서 하나님의 자녀들에게 "항상 복종하여 두렵고 떨림으로 너희 구원을 이루라"고 했고, 초기 교회 가장 큰 사도였던 야고보도 구원받는 믿음을 가르치며 행함이 없는 믿음은 헛것임을 그렇게도 강조했던 것이다.

계시록도 마찬가지다. 두아디라 교회 판단에서도 2:23c "내가 너희 각 사람의 행위대로 갚아 주리라"고 했다. 사데 교회 문제도 3:2 "너는 일깨어 그 남은 바 죽게 된 것을 굳건하게 하라 내 하나님 앞에 네 행위의 온전한 것을 찾지 못하였노니"라고 했다. 계시록이 말하는 교회들의 문제는 무엇인가? 그리스도 이름에 합당한 행위가 없다는 점이었다. 반면 빌라델비아 교회를 향한 칭찬은 무엇이었나? 계 3:8b "내가 네 행위를 아노니 네가 작은 능력을 가지고서도 내 말을 지키며 내 이름을 배반하지 아니하였도다"였다. 그러니 교회를 그렇게 오래 다니고, 성경을 그렇게 많이 읽고, 이제 계시록 강해를 그렇게 열심히 들었다는 사람들이 난 세례 받았고 난 예수 믿으니 그까짓거 대충 살고 어떻게 살아도 심판 날에 아무 상관없을 것이다라고 생각하면 정말 큰 오산이다. 우리는 행위대로 심판받을 것이다.

바울서신을 읽어보면 바울은 불신자들에게 올바르게 살라고 명령하지 않는다. 왜냐면 그들은 그 능력을 갖고 있지 못하고 옛 시대의 한 부분으로 사탄과 세상과 죄의 영향력에 지배를 받고 있기(엡 2:1-3) 때문이다.

그러나 그리스도인들은 하나님을 기쁘시게 하고, 하나님께 순종하기 위해 필요한 부활의 능력을 갖고 있음을 알라고 한다. 그러면서 마지막 날 몸의 부활을 기다리는 하나님의 백성들은 어떤 삶을 살라고 가르치나? 롬 6:13 "또한 너희 지체를 불의의 무기로 죄에게 내주지 말고 오직 너희 자신을 죽은 자 가운데서 다시 살아난 자 같이 하나님께 드리며 너희 지체를 의의 무기로 하나님께 드리라" 그것이 부활절을 기념하는 성도의 삶이다.

충격적으로 보일지 모르는 오늘의 본문 20:12-13은 계 3:11 "아무도 네가 가진 면류관을 빼앗아가지 못하게 굳게 잡아라"는 말씀의 연장이지 다른 새로운 교리가 아니다.

다음으로 궁금한 것은 20:12 행위를 따라 심판한다고 할 때 그것은 어떤 행위를 말하는 것일까? 어린 양의 혼인잔치를 다루는 지난 19:8에서 그리스도의 신부된 하나님의 백성들이 입을 옷을 "성도들의 옳은 행실"에 따라 주는 세마포 옷이라고 한 것이 그것이다. 그것은 인내와 신실함으로 믿음을 지킨 것이라 여러번 말했다. 그것이 바로 3:18에서 라오디게아 교인들에게 "벌거벗은 모습으로 발견되지 않게 하라"는 충고의 연장이다.

다시 말하지만, 마지막 날 우리가 겪을 크고 흰 보좌의 심판은 하나님 백성들에게는 천국과 지옥을 나누는 구원과 멸망을 가르는 심판은 아니다. 그러나 하나님 백성들이 이 땅에서 살아온 삶에 따른 심판과 상급이 있음을 무시하지 말기 바란다. 그래서 20세기 말 정통 교회 안에 자리 잡은 이상한 구원파들의 가르침과 달리, 기독교의 오래된 격언은 "구원은 은혜로 받지만 심판은 행위로 받는다"였던 것이다. 그러므로

⬆ 마지막 날 심판대 앞에 설 때 **부끄러울 것 없이 살자**(12-13).

죽는 날까지 하늘을 우러러 한 점 부끄럼 없기를, 그래서 잎새에 이는 바람에도 괴로워했던 크리스천 시인 윤동주를 잘 알것이다. 수년 전 내 책에도 인용했던 그의 대학 시절 시가 있다. "땀내와 사랑내 포근히 품긴/ 보내주신 학비 봉투를 받아/ 대학노트를 끼고/ 늙은 교수의 강의를 들으러 간다…" 그 시의 후반에 "인생은 살기 어렵다는데/ 시가 이렇게 쉽게 씌여지는 것은 부끄러운 일이다"라는 부분이, 설교를 쉽게 쓰려는 내게

큰 울림과 도전이 되었었다. "육첩방은 남의 나라, 창 밖에 밤비가 속살거리는데, 등불을 밝혀 어둠을 조금 내몰고, 시대처럼 올 아침을 기다리는 최후의 나/ 나는 나에게 작은 손을 내밀어, 눈물과 위안으로 잡는 최초의 악수"란 마무리에게 가슴이 찡해진다.

우리는 음녀 바빌론 속에 사는데, 누군가는 믿음을 지키기 위해 치열하게 살 때 아무 생각 없이 신앙생활을 이렇게 대충 쉽게 하고 있다는 것이 조금은 부끄러워야 하지 않을까? 그렇지 않다면 고민하는 신앙양심, 그 시대의 젊은 청년 윤동주 앞에 나이 든 우리가 더 부끄러울 것이다.

26
하늘과 땅의 위대한 결합
(요한계시록 21:1-8)

교인들에게 구원받는 것이 무엇이냐고 물으면 교회 좀 다닌 사람들은 영생을 얻는 것이라고 잘 대답한다. 그러면 저는 다시 묻는다. "영생이 무엇이지요?" 그럼 사람들은 얼른 대답한다. 영원히 죽지 않고 사는 것이라고. 그러면 저는 다시 교회 안다녀도 예수 안 믿어도 영생 한다고 말해준다. 대부분은 이 대목에서 충격을 받는다. 정말 그럴까?

마지막 때의 일을 보여 준 계 20장에서 알게 된 것이 무엇이었나? 12-13절에서 마시막 날에 신자나 불신자가 다 부활해 심판대 앞에 선다는 것이다. 차이는 하나님의 자녀는 생명의 부활로 나와 하나님의 복된 품 안에 주님과 함께 한다는 점이다. 그러나 하나님을 버린 자, 즉 하나님을 거역하고 세상 죄를 따라간 불신자, 사탄과 그 하수인인 짐승과 거짓 선지자들을 추종한 자들은 유황불 타는 연못 혹은 바닥없는 무저갱이라 말한 소위 지옥으로 던져져서 죽지 않고 영원토록 형벌을 받게 된다는 것이다. 그것이 계시록 20:14의 표현으로는 둘째 사망이고, 요 5:29 표현으로는 심판의 부활로 나온 다음 겪게 되는 결과이다. 그것도 영생이다. 어떤 영생이냐가 문제이다!

이 부분에서 계 20장을 다시 정리하자면, 음녀같은 이 세상, 큰 성 바벨론의 유혹에도 불구하고 신실하게 믿음을 지키고 인내한 하나님의 자녀들은 천년왕국 때 영으로 살아나는 첫째 부활을 하고, 최후의 심판인 크고 흰 보좌 심판 때가 되면 생명책에 기록되었기에 몸으로 부활해 주님과 함께 하는 영생 복락을 누릴 뿐 아니라 천년왕국 때 경험했던 그리스도와 함께 세상을 다스리는 축복에 영원히 참여하게 될 것이라는 점이다. 그게 우리가 말하는 영생이다. 그 결과 성도들에게는 둘째 사망 얘기가 나오지 않는 것이다.

반면 비신자들에게는 20:5에서 말하는 성도들이 받을 첫째 부활은 없고, 함께 놀던 사탄과 어둠의 세력들과 함께 불 못에서 고통 받는 둘째 사망만 있다. 성경은 악인은 마귀와 함께 심판의 부활한 몸으로 불 못에서 죽지 않고 세세토록 고통 받는다고 말한다. 그것도 죽지 않고 영원히 사니 영생이기는 한데, 다만 불행한 영생이고 우리가 바라는 영생이 아니다. 이게 심각한 것이다. 그래서 예수님 믿고 구원받아야 한다는 것이다.

그렇다면 구원받는다는 것은 무엇인가? 구원받는다는 것을 성경은 하나님의 백성이 되고, 하나님의 자녀 혹은 양자가 되는 것으로 말하기도 하고, 때로는 우리의 죄로 인해 하나님과 원수되었던 우리가 예수님 덕분에 하나님과 화해가 된 것으로 설명하기도 한다. 어떤 경우에는 우리가 믿음으로 의롭다함을 받는 것으로 설명되기도 하고, 때로는 하나님의 영원한 생명을 수여받아 하나님과 함께 거하는 영생으로 표현하기도 한다. 구원은 이처럼 넓고 크고 깊은 것이라 성경은 다양한 여러 관점으로 설명하고 있다.

그런데 구원 '받는' 것을 천당 티켓을 받아 썩어 없어질 몸에서 영혼만 빠져나와 천당이란 데로 가는 것으로 이해하는 사람도 있다. 그들에게 부활은 한갓 교리일 뿐 못 믿을 일일지도 모른다.

그렇게 되면 하나님의 창조는 사실 실패한 것이란 말이 된다. 물론 죄로 인해 오염되기는 했지만 그렇다고 하나님께서 창조하신 세상은 포기하고, 하늘로 올라가는 것만이 우리 기독교인들의 소망이 되버린다. 구원에 대해 그런 생각을 가진 사람들로 인해 기독교는 마치 출가하는 불교처럼 현실 도피적으로 교회나 기도원에 가야 평안하고, 탈 세상적 즉 이 세상을 떠나 천당 가는 신앙이 되어 버린다. 그 결과, 보수신앙을 가진 사람들일수록 세상에 대한 책임감이 없고, 구원받아 천당 입장 티켓만 확보되면 구원 이후 이 땅에서의 삶이 어떠하든 상관없다는 식이 되어 버린다. 그 결과 교인들의 삶은 세상 사람 보기에 자신들과 다를 바 없고 자신들보다 오히려 더 약삭빠르고 거기다 천당 티켓까지 얻어낸 얌체로 비치게 된 것이다.

그에 대해 계 20장은 불신자만 심판을 받는 것이 아니라, 신자도 행위에 따라 심판받을 것임을 가르쳐 준다. 성도는 그 이름이 생명책에 기록되었기에 천국이냐 지옥이냐를 가르는 심판은 받지 않지만, 이 땅에서의 삶에 따라 행위대로의 상급 심판을 받게 될 것이기에 이제 우리는 어떻게 살아야 할 것인가를 고민하라는 것이다. 그래서 구원은 은혜로 받지만, 심판은 행위에 따라 받는다는 성경 전체의 가르침을 통해 우리 삶이 달라져야 함을 앞에서 생각해 보았다.

그럼 이토록 오묘한 우리의 구원의 완성에 대해 계시록 마지막 부분은 어떻게 가르쳐 주고 있는지, 마지막 때에 대한 계 21장의 환상을 통해 알아보자. 한마디로 말해서 만물을 새롭게 함(1-5)이다.

21:1 또 내가 새 하늘과 새 땅을 보니 처음 하늘과 처음 땅이 없어졌고 바다도 다시 있지 않더라

무엇보다도 '새 하늘과 새 땅' 이야기가 눈에 띄는데, 이것은 앞 장 계 20:11 "또 내가 크고 흰 보좌와 그 위에 앉으신 이를 보니 땅과 하늘이 그 앞에서 피하여 간 데 없더라"에 이어지는 부분이다. 우리가 구원받고 소위 천당 간다는 것이 계 21:1의 용어로는 새 하늘과 새 땅에 들어가는 것이다. 이것은 사 65:17에서 이미 예언되었던 것이다. "보라 내가 새 하늘과 새 땅을 창조하나니 이전 것은 기억되거나 마음에 생각나지 아니할 것이라"

사 66:22은 "내가 지을 새 하늘과 새 땅이 내 앞에 항상 있는 것 같이 너희 자손과 너희 이름이 항상 있으리라 여호와의 말이니라"한다.

이 관점에서 사도 바울은 한 사람이 구원 받는 것을 '그런즉 누구든지 그리스도 안에 있으면 새로운 피조물이라 이전 것은 지나갔으니 보라 새 것이 되었도다(고후 5:17)'로 말한 것이다.

그런데 새 하늘과 새 땅은 1절에 의하면 죄로 망가진 옛 하늘과 옛 땅이 20:12-15의 심판으로 파멸된 후에 이루어지는 새 창조라고 한다. 그것은 창 8:22에서 노아에게 약속을 주실 때 "땅이 있을 동안에는"라고, 이 땅이 영원하지는 않을 것임을 암시한 것과 같다.

신약 교회의 기둥이었던 사도 베드로는 이것을 벧후 3장에서 현재 하늘과 땅은 말씀에 의해 물에서 나와(5) 형성된 것인데, 다시 그 동일한 말씀으로(7) 지금의 하늘과 땅이 불에 타서 풀어지고 물질이 뜨거운 불에 녹아지고(10, 12) 약속된 새 하늘과 새 땅이(13) 나올 것이라고 설명했다. 그 때 땅과 그 중에 있는 모든 일이 드러날 것이니(10), "종말을 대비해 어떻게 살아야겠느냐?"는 것이 이어지는 벧후 3:14의 도전이었다.

이처럼 새 하늘과 새 땅을 보려면 - 처음 하늘과 처음 땅이 없어지고 바다도 사라져야 한다. 왜냐하면 구약에서 바다는 위협적인 장소요, 악의 근원이고, 음녀 바빌론의 멸망 환상에서 보았듯 우상숭배적 세상의 무역이 일어났던 주 무대이며, 죽은 자의 처소이기 때문이다. 그래서 앞 장 계 20:14 사망과 음부도 불못에 던져지니 이것은 둘째 사망 곧 불못이라.

그 결과 21:1절처럼 하늘과 땅은 없어지고, 바다도 다시 있지 않을 것이다. 그 결과,

21:4 모든 눈물을 그 눈에서 닦아 주시니 다시는 사망이 없고 애통하는

것이나 곡하는 것이나 아픈 것이 다시 있지 아니하리니 처음 것들이 다 지나갔음이러라

이 구절은 구약 사 25:8 "사망을 영원히 멸하실 것이라 주 여호와께서 모든 얼굴에서 눈물을 씻기시며 자기 백성의 수치를 온 천하에서 제하시리라"의 성취다.

우리는 이 땅에 살며 참 힘들게 살았다. 눈물과 애곡과 아픔과 죽음, 많은 질고들, 그러나 우리가 힘든 이 세상 살아가며 좋아하는 말이 있다. "이 또한 지나가리라!" 맞다. 이 눈물 가득한 세상은 영원하지 않을 것이다. 이 또한 지나가고, 우리가 그토록 소망했던 천국의 삶이 이루어질 곳이 바로 새 하늘과 새 땅이다. 그 소망을 가진 자는 이 땅의 삶을 능히 이겨낼 것이다! 그러므로

⬆ 이 세상도 고통도 다 지나갈 것을 알고 살자(1).

그런데 새 하늘과 새 땅은 어디에 있는 것인가? 우리가 구름타고 올라갈 곳인가?

21:2 또 내가 보매 거룩한 성 새 예루살렘이 하나님께로부터 하늘에서 내려오니 그 준비한 것이 신부가 남편을 위하여 단장한 것 같더라

새 하늘과 새 땅이 새 예루살렘으로 묘사되는데, 놀라운 것은 그 새 예루살렘은 하늘에서 내려오는(katabainusan) 것이란 사실이다! 이 세상을 실패작이라며 다 없애버리는 것이 아니라, 새 질서로 대치하신다. 이 개념이 여기만 나오면 무시하겠는데, 계시록이 시작할 때와 여기와 마칠 때 세 번이나 반복된다. 그것은 그냥 수사적 표현이 아니라는 말이다.

계 3:12 하나님의 성 곧 하늘에서 내 하나님께로부터 내려오는 새 예루살렘, 계 21:10 성령으로 나를 데리고 크고 높은 산으로 올라가 하나님께

로부터 하늘에서 내려오는 거룩한 성 예루살렘을 보이니…

이것은 하늘과 땅의 위대한 결합이다. 새 예루살렘이 하늘에서 내려옴으로 하늘과 땅이 드디어 하나로 연합되는 현상이 발생한다. 하늘이 땅으로 내려와 이 땅이 하늘이 된 것, 그것이 천국이다. 천국은 저 뭉게구름 위 우리가 구름타고 올라가야 할 하늘 위 어디가 아니다.

새로운 세상은 전통적으로 우리가 천당이라고 생각했던 하늘과 하나님이 창조하신 낙원인 땅이 결합한 것이다. 그래서 그 결합을 남편과 신부의 결혼 비유로 설명하는 것(N.T. Wright)이다. 이것은 육체의 포기와 영혼의 탈출을 꿈꾸던 영지주의나 신비종교를 거부하는 기독교의 독특성이다.

천국 즉 새 하늘과 새 땅이 하늘에서 내려오는 것은 또 어떤 의미를 갖는가? 우선 "죄 많은 이세상은 내 집 아니니"란 찬양을 부르며 어떤 사람들이 가졌던 생각처럼, 어서 죽고 천당 갔으면 좋겠다는 생각 뒤에 숨어있는 이 세상을 포기하고 싶은 생각을 버려야 한다는 것이다. 또한 "저 멀리 뵈는 나의 시온성"이지만 그 시온성을 향해 순례의 길 향해 갈 때, 마지막에 그 시온성이 우리에게 다가 온다는 점도 큰 위로가 된다.

새 하늘과 새 땅은 또한 우리에게 어떤 축복이 되나?

21:3a 내가 들으니 보좌에서 큰 음성이 나서 이르되 보라 하나님의 장막이 사람들과 함께 있으매 하나님이 그들과 함께 계시리니 그들은 하나님의 백성이 되고 하나님은 친히 그들과 함께 계셔서

이것은 겔 37:27-28의 성취다. "내 처소가 그들 가운데에 있을 것이며 나는 그들의 하나님이 되고 그들은 내 백성이 되리라 28 내 성소가 영원토록 그들 가운데에 있으리니 내가 이스라엘을 거룩하게 하는 여호와인 줄을 열국이 알리라 하셨다 하라" 그것은 또한 사 66:22의 성취다. "내가 지을 새 하늘과 새 땅이 내 앞에 항상 있는 것 같이 너희 자손과 너희 이름이 항상 있으리라 여호와의 말이니라"

옛 세상에서는 우리가 절기를 지켜 성전에 가야 했다. 게다가 옛 장막에는 유대인만 들어갈 수 있었고, 성전 시대에도 하나님께서 거하시는 성소에는 제사장들만 들어갈 수 있었다. 그러나 이제 새 하늘과 새 땅에서는 하나님이 우리 가운데로 다가 오신다. 게다가 하나님이 모든 사람들과 함께 사시겠다고 하심으로 모든 출입 제한이 사라졌다. 이미 20:6에서 본 것처럼 모든 사람이 다 왕같은 제사장이 되었기 때문이다. 그것은 완전히 새로워진 새 세상이다. 그래서 세상도 그에 대한 소망으로 신세계, 이단도 신천지란 말을 쓰는 것이다. 그만큼 엄청난 것이란 말이다.

이 때 '새' 하늘과 '새' 땅은 앞으로 생길 시간 상 최신인 neos가 아닌, 본질상 새로운 것을 의미하는 kainos란 단어로 설명된다. 그렇다고 앞에서 말한 것처럼 이전 첫 창조 세상은 사라진 게 아니라, 새 형태가 되지만 본질적 어떤 부분은 하나님의 창조 세계 땅이란 점은 여전히 갖고 있다. 즉 연속성과 불연속을 동시에 갖는다. 그것은 부활할 때 예수님이 보여주셨듯이 새롭게 하신 몸을 갖고 있지만 이전의 정체성은 여전히 갖고 있는 것과 같다. 그러나 현 질서로 볼 때 이것은 새 차원이고 본질상 새로움이다. 이 모든 일이 다 한마디로 '만물을 새롭게 함'으로 정리된다. 5절을 보자.

21:5 보좌에 앉으신 이가 이르시되 보라 내가 만물을 새롭게 하노라 하시고 또 이르시되 이 말은 신실하고 참되니 기록하라 하시고

이처럼 새 창조가 종말 때의 핵심주제이고 계 21-22장의 중심이지, 단지 최후의 심판과 세상의 멸망이 아니다. 그러므로

▣ 만물을 새롭게 하는 은혜 속에 살자(2-5).

지금까지 살펴 본 것처럼 성경이 말하는 구원이란, 원래의 것을 회복시키는 것이지 과거는 실패라서 다 없애 버리고 어떤 새로운 세상으로 가는

것이 아니다. 인간이 원래 창조되었던 죄 없는 상태의 회복 그것이 하나님의 구원이다. 그런데 그것이 너무도 큰 변화라서 새 창조라 불린 것이다. 이 모든 것이 다 이사야서의 예언 성취다. 구원받은 사람만 '새 것(고후 5:17)이 되는' 것이 아니라, 모든 것이 다 새롭게 된 새로운 세상이다. 이것을 6절에서는 '이루었도다'로 표현한다. 6절을 같이 읽어 보자.

21:6a 또 내게 말씀하시되 이루었도다 나는 알파와 오메가요 처음과 마지막이라

'이루었도다'(gegonan) 이것은 예수께서 십자가에서 '다 이루었다'고 하셨던 것을 이 땅에 새 창조로 완성시키는 것을 의미한다. 이렇게 다 이루었기에 주님은 자신을 알파와 오메가, 처음과 마지막이라 말할 수 있는 것이다. 그럼 이 새 하늘과 새 땅에는 누가, 어떻게 들어갈 수 있는가?

21:6b 내가 생명수 샘물을 목마른 자에게 값없이 주리니

예수님을 믿어 구원받은 사람만 들어갈 수 있다. 그것은 수가성의 여인에게 예수님께서 약속하셨던 '영원히 목마르지 않는 생수'를 마시는 것이며, 그 물은 6절에서는 영생을 상징하는 생명수 샘물인 것이다. 그런데 그 구원은 지난주에도 말씀드렸듯이 값없이, 은혜로 주어지는 것이다. "오호라 너희 모든 목마른 자들아 물로 나아오라 돈 없는 자도 오라 너희는 와서 사 먹되 돈 없이, 값없이 와서 포도주와 젖을 사라"(사 55:1)

여기서 끝나는 것이 아니라 구원받은 자에게는 7절처럼 하나님의 자녀됨의 신분이란 관계성까지 주어진다.

21:7 이기는 자는 이것들을 상속으로 받으리라 나는 그의 하나님이 되고 그는 내 아들이 되리라

또한 하나님의 아들과 딸이 된 자 왕자 공주에게는 다스릴 새 예루살렘

'성'과 통치권 등 수많은 상속권이 주어진다.

반대로 8절이 말하듯 하나님을 믿지 않는 자와 죄인들은 지옥 불에 던져져서 영원히 고통받는 둘째 사망을 받게 되어 새 하늘과 새 땅에 들어갈 수 없게 된다.

21:8 그러나 두려워하는 자들과 믿지 아니하는 자들과 흉악한 자들과 살인자들과 음행하는 자들과 점술가들과 우상숭배자들과 거짓말하는 모든 자들은 불과 유황으로 타는 못에 던져지리니 이것이 둘째 사망이라

이처럼 새 하늘과 새 땅은 거룩한 성이라 거룩함을 입은 자, 오직 은혜로 구원받고 하나님 백성된 자, 즉 하나님의 자녀가 되고 하나님이 우리의 아버지가 된 사람들만 들어가서 살 수 있다. 그럼 오직 믿음으로 들어간다는 말은 무엇인가? 8절처럼 세상의 협박이 두려워 신앙을 타협하고 믿음을 버린 자들은 우상숭배자들과 악인들과 함께 지옥불에 던져지고 들어갈 수 없다는 말이다. 이 때 믿음으로 산다는 것은 7a처럼 이기는 자이고 그것이 바로 신실하게 믿음을 지키며 인내한 자다.

분명한 것은 이 새 하늘과 새 땅에는 변화된 부활의 몸을 가진 자들만이 살 수 있다는 사실이다. 새 차원의 영역이기 때문이다. 이 때 전 우주 차원에서 볼 때는 새 하늘과 새 땅만 존재하는 것은 아니다. 옛 하늘과 옛 땅은 사라지지만, 사탄과 짐승과 악인들의 영원한 처벌의 영역은 여전히 존재한다. 다만 본문 8절과 계시록 마지막 시간에 22:15에서 보겠지만 그것은 다 성 밖에 새 하늘과 새 땅 영역 밖에 영원히 있을 것이다. 그래서 그것을 피하려면 구원과 생명의 부활이 중요한 것이다.

그 말은 또한 앞에서 말했듯 구원이란 죽어서 우리 영혼만 천당 가는 것이 아니라는 말이다. 그것은 기독교로 포장된 플라톤적 사고의 결과며, 몸은 악하고 버려야하고 영혼만이 고귀하다고 주장하는 영지주의의 환생이요, 팔정도와 육바라밀다를 통해 차안을 피해 피안으로의 도피를 추구하는 미생 불교의 탈을 쓴 기독교다. 이처럼 하늘이 내려와서 주님이 창조하신 세상이 포기되지 않고 새로워지며 처음 창조되었던 에덴이 이 땅에 새 하늘과 새 땅으로 회복되고, 이 땅이 새 에덴 혹은 낙원이 되는 회복. 그것이 구원인 것이다. 하나님의 창조는 선한 것이기에 새 창조된 부활의 몸으로 낙원 즉 새 에덴에 사는 것이 소위 천당의 삶이다.

이처럼 하늘의 영광스런 것이 이 땅으로 내려와 합쳐지는 것으로 첫 창조의 소멸이 아니다. 성경적 종말론은 하나님의 선한 창조의 회복이고 완성이다. 그래서 부활도 첫 부활처럼 영혼의 살아남(20:5)만 있는 것이 아니라 그 후에 몸의 부활이 있는데 그것이 새 창조다. 그렇게 하여 새 하늘과 새 땅은 옛 하늘과 옛 땅과 연속성과 불연속성을 동시에 갖게 된다. 이 원리는 세례, 주의 만찬, 하나님 백성됨은 물론 몸의 부활, 그리고 새 하늘과 새 땅 등 모든 면에 나타나는 방식이다. 그러므로

🔼 새 창조로 완성될 구원에 합당하게 살자(6-8).

지금까지 한 얘기는 사실 이미 계시록 초반 일곱 교회 메시지에서 계시되었던 내용과 같은 것이다. 그 때 이해하지 못했을 뿐이다. 이제 계시록의 긴 여정을 마쳐가며, 신실하게 계시록을 잘 따라온 사람들이라면 그 부분이 다시 보이고 이제 이해가 될 것이다.

다시 한 번 보자.

계 3:12 이기는 자는 내 하나님 성전에 기둥이 되게 하리니 그가 결코 다시 나가지 아니하리라 내가 하나님의 이름과 하나님의 성 곧 하늘에서 내 하나님께로부터 내려오는 새 예루살렘의 이름과 나의 새 이름을 그이 위에 기록하리라

하늘에서 내려온 새 하늘과 새 땅에서의 삶이란 측면에서 우리 구원의

완성을 발견하게 되면 우리의 삶의 자세는 어떻게 바뀌어야 할까?

비록 죄로 파괴되었지만 하나님이 이 땅을 포기할 수 없다면, 우리도 이 땅을, 이 세상을, 나 자신을 사랑해야 한다. 부족하지만 내 마음에는 안들지만 그래도 자신을 사랑하고 포기하지 말고 하나님의 손길로 우리를 새롭게 해주실 그 은혜를 사모하며 살아야 한다. 그것이 만물을 새롭게 하실 하나님의 새 창조에 참여하는 것이다.

27
새 예루살렘 새 에덴
(요한계시록 21:9-22:5)

    옛 부흥사들의 단골 메뉴는 천국 간증이었다. 그런데 천국 다녀왔다는 사람들이 말하는 천국의 비밀이 무엇인가? 여기서 봉사 많이 하고 헌금 많이 하면 이 다음에 올라가서 살 천국의 맨션 평수가 커지고, 그렇지 않으면 쪽박찰 것 같이 말했다. 예수님은 아버지 집에 거할 곳이 많다고 했는데, 뭐 그리 땅이 좁고 아파트가 모자라고 평수 작은 집 받을까봐 걱정인지 나는 이해가 안간다. 열심히 헌금하고 봉사하는 것도 결국 천국 가서 큰 평수의 맨션을 받으려고 한 투자인가? 세속화되고 물질화된 교인들의 욕심에 따라 천국을 설명한 세속화된 맞춤 설교이다. 오히려 우리가 주목해 봐야 할 것은 그런 욕망으로 점철된 천국관을 갖게 해준 이 세상과 대조되는 천국의 모습이다.

    먼저 10절을 다시 읽어보자. 하늘에서 내려오는 새 예루살렘 성을 지난 주 2절에서는 신부가 단장한 것이라 했는데 9절에서는 **신부 곧 어린 양의 아내를 보이리라** 한 후에 보여주신다. 그것은 소위 천국 새 예루살렘 성이 우리가 사는 이 세상 큰 성 바벨론 즉 음녀와 대조되는 순결함을 강조하기 위함이다. 그래서 **10절**은 **거룩한 성**이라 한다.

반면 음녀로 묘사된 큰 성 바벨론 즉 이 세상은 18:12-13을 보면 우리를 "금과 은과 보석과 진주와 세마포와 자주 옷감과 비단과 붉은 옷감이요 각종 향목과 각종 상아 그릇이요 값진 나무와 구리와 철과 대리석으로 만든 각종 그릇이요 13 계피와 향료와 향과 향유와 유향과 포도주와 감람유와 고운 밀가루와 밀이요 소와 양과 말과 수레와 종들과 사람의 영혼들"로 미혹한다고 했다. 그리고 17:4과 18:16을 보면 "화 있도다 큰 성이여 세마포 옷과 자주 옷과 붉은 옷을 입고 금과 보석과 진주로 꾸몄다"고 했다.

이에 대비해 새 예루살렘 성은 21:11 **하나님의 영광이 있어 그 성의 빛이 지극히 귀한 보석 같고 벽옥과 수정 같이 '맑더라'**고 한다. 이처럼 성경은 천국을 거룩하고 순결한 모습으로 그린다. 물론 그 다음 18-21을 보면 바벨론은 아까 본 것처럼 세상의 명품들로 우리를 미혹하려 하지만, 새 예루살렘 성은 그것과 비교할 수 없이 존귀한 곳임을 설명하기 위해 성 자체가 숫제 귀한 보석으로 만들어졌다고 한다.

21:18 그 성곽은 벽옥으로 쌓였고 그 성은 정금인데 맑은 유리 같더라 19 그 성의 성곽의 기초석은 각색 보석으로 꾸몄는데 첫째 기초석은 벽옥이요 둘째는 남보석이요 셋째는 옥수요 넷째는 녹보석이요 20 다섯째는 홍마노요 여섯째는 홍보석이요 일곱째는 황옥이요 여덟째는 녹옥이요 아홉째는 담황옥이요 열째는 비취옥이요 열한째는 청옥이요 열두째는 자수정이라 21 그 열두 문은 열두 진주니 각 문마다 한 개의 진주로 되어 있고 성의 길은 맑은 유리 같은 정금이더라

금은과 유리와 수정과 진주는 알아도 그 나머지는 어떤 보석인지 잘 모르겠다. 21절에 성 문 높이만한 진주라면 직경이 66미터인데 그런 진주가 있는지도 모르겠다. 그러나 문제 될 것 없는 것은 이것은 계시록의 상징적 언어이기 때문이다. 그럼에도 불구하고 음녀 바벨론성과는 다른 점은 마지막 부분 21b에서 볼 수 있듯이, 맑은 유리같고 정금 pure gold and transparent as glass로 표현된 것처럼 순수하고 투명하다는 점이다. 그것은 하나님의 거룩한 빛과 진리를 상징한 것이니 그 나라는 정말 거룩하고 영광스런 곳이다. 새 예루살렘 성이 맑을 뿐 아니라 빛나는 곳인 이유는 각종 보석 때문이 아니다.

21:25 낮에 성문들을 도무지 닫지 아니하리니 거기에는 밤이 없음이라

그곳은 어둠, 밤이 없는 세상이다. 우리는 하나님을 기쁘시게 살고 싶지만, 끊임없이 우리를 유혹하는 어둠의 세력들과 밤 문화 때문에 얼마나 힘든가? 그런데 더 이상 밤도 없고 어둠도 죄의 유혹도 더 이상 없는, 밝은 빛의 나라라니 얼마나 기대가 되는가? 그런 세상을 생각해보니 가슴이 뛰고 기쁨이 넘치고 기대가 된다. 여러분도 그랬으면 좋겠다. 그런데 새 예루살렘 성에 밤도 없고 등불과 햇빛도 쓸 데 없는 이유는 무엇 때문일까?

21:23 그 성은 해나 달의 비침이 쓸 데 없으니 이는 하나님의 영광이 비치고 어린 양이 그 등불이 되심이라

그 성이 빛나는 이유는 각종 보석 때문이 아니라 빛되신 하나님 때문이다. 보석도 빛이 있어야 빛나는 것 아닌가? 하나님의 영광과 어린 양의 자체발광 미모로 인해 보석도 해와 달도 소용없을 정도다.

24 모두가 다 그 빛 가운데로 다닐 것이다. 22:5a도 다시 밤이 없겠고 등불과 햇빛이 쓸 데 없으니 이는 주 하나님이 그들에게 비치심이라

새 예루살렘 성이 큰 성 바벨론과 차이가 나는 근본적인 이유는 죄와 탐욕으로 가득한 세상은 사탄의 어둠으로 가득하지만 새 예루살렘 성은 11a 하나님의 영광이 있어 그 성이 빛난다는 것이다. 하나님은 빛이시다. 그래서 하나님의 영광이 거하는 곳은 다 거룩하고 빛난다. 건물도 사람도 …

여러분은 여러분 안에 거하는 그리스도로 인해 빛나고 광채가 나는가? 대학시절까지 나는 오랫동안 전도 받아도 교회를 안 다녔고, 대학 때 기독교 동아리 회장할 때도 안 믿었다. 그런데 군 생활 중 통신 차감 장로님이 좋은 강사 왔다고 부흥회 가보라고 했을 때 간 적이 있다. 이유는 그분의 얼굴이 너무나 빛나서, 교만했던 나도 도저히 거부할 수 없었기 때문이다. 성화에서 본 듯한 후광이 느껴졌기 때문이다. 아무리 비싼 명품 옷과 악세서리로 휘감아도 싼티나고 천박해 보이는 사람이 있지만, 예수님의 광채가 나는 사람은 비싼 맛사지 안받아도 그냥 빛난다. 마찬가지로 하나님의 영광이 있기에 그 성은 보석보다 빛난다. 이처럼

📌 빛이신 하나님이 계셔서 어둠이 사라진 새 예루살렘 성을 사모하자.

(21:21:11, 23-25; 22:5)

천국은 새 하늘과 새 땅이고, 21:9ff은 그것을 **새 예루살렘 성**으로 묘사히지만, **22:1-5**은 **새 에덴 동산**으로 묘사한다. 그런데 에덴의 중심인물은 아담이다. 물론 아담은 후에 타락해서 에스겔서에서는 두로왕으로 묘사되지만, 그리스도의 신부의 원형인 처음 아담은 무엇으로 단장했다고 묘사되나?

겔 28:13 "네가 옛적에 하나님의 동산 에덴에 있어서 각종 보석 곧 홍보석과 황보석과 금강석과 황옥과 홍마노와 창옥과 청보석과 남보석과 홍옥과 황금으로 단장하였음이여"

이렇게 에덴에 있던 아담을 겔 28:13이 각종 보석으로 단장한 것으로 묘사하는 이유는 계 21:18-21에서 보듯 그 보석으로 만들어진 새 예루살렘 성이 바로 아담이며, 그 거룩한 성이 하나님의 백성인 성도라는 것을 알리기 위해서이다.

그 말은 역으로 새 아담들이 성전이고 구원받은 하나님의 백성이 곧 교회라는 말이다.

20:6에 의하면 우리는 제사장이다. 그런데 출 28:17ff 아론계 제사장의 흉패에 달려있던 것이 무엇인지 기억나나? 바로 21:19-21에서 본 빛나는 새 예루살렘 성을 묘사하는 보석들이다. 마지막 날에 보게 될 각종 보석으로 빛나는 새 예루살렘 성이 아론의 흉패에 축소되어 장식되었던 것이다. 왜 그렇게 했냐하면, 아론의 제사장들이 섬기던 이 땅의 지성소가 본래 하늘의 지성소를 본 따서 만들어진 것이기 때문이다. 히 8:5을 보자. "그들이 섬기는 것은 하늘에 있는 것의 모형과 그림자라 모세가 장막을 지으려 할 때에 지시하심을 얻음과 같으니 이르시되 삼가 모든 것을 산에서 네게 보이던 본을 따라 지으라 하셨느니라"

참된 제사장은 이처럼 가슴에 하늘의 성소 교회를 품고 살아야 한다.

그런데 이 성은 어떻게 생겼나?

21:16 그 성은 네모가 반듯하여 길이와 너비가 같은지라

측량해보니 길이 너비 높이가 12000 스타디온인 것은 12(지파/사도)x1000(족속이란 의미)인데,(그 크기면 둘레가 8800km로 당시 알려진 그리스 세계 크기) 17절에서 성곽이 144(12지파 x 12사도) 규빗(460m)이라는 것은 문자적으로 해석하면 성곽이 성보다 작아 도저히 맞지 않는 비율이 된다. 이처럼 계시록의 숫자는 문자적으로 해석하면 안되는 상징적 의미임을 알아야한다. 그래서 17c에서 인간의 의미로 주어진 천사의 측량이라 한 것이다.

이 때 측량하는 것은 겔 40장의 예언에서 나온 심상인데, 하나님의 거룩한 보호를 상징한다. 따라서 새 예루살렘 성을 금으로 만든 자로 측량하는 것은 새 예루살렘 성안에 새 에덴에 사는 사람들이 세상이 주지 못하는 영광스러운 하나님의 영원한 안전과 보호(11:1), 평강 샬롬 속에 살게 될 것을 상징하는 것이다. 그런데 우리가 나중에 이 거룩한 성, 새 예루살

렘에 사는 것이 왜 안전과 샬롬을 뜻하는가? 그 이유는

22:3b 하나님과 그 어린 양의 보좌가 그 가운데에 있으리니 - 그곳은 왕의 보좌가 있는 곳이기 때문이다. 만왕의 왕이 계신 곳이 가장 안전한 곳이다.

아까 측량은 겔 48장의 심상에서 나온 것이라 했다. 그런데 겔 48:35 "(측량을 다한 후) 그 날 후로는 그 성읍의 이름을 여호와삼마라 하리라" 여호와삼마란 하나님께서 거기 계시다는 뜻으로, 본문 22:3과 같은 말이다. 천국은 이처럼 창조주 하나님이 거하시는 곳이란 점에서 안전하다. 그러나 이 땅에 사는 동안 우리는 물리적 위협과 박해를 겪을 수도 있다. 그래도 새 하늘과 새 땅, 새 예루살렘 성의 삶을 이 땅에서 살아내야한다. 불안 근심 걱정을 다 주님을 신뢰함으로 이겨내야 한다. 그래서 믿음을 지키고 인내하라고 하는 것이다. 그러므로 이 땅에 사는 동안,

📖 왕이신 하나님이 계셔서 안전한 새 예루살렘 성을 사모하자(21:15-22, 25-27; 22:3).

그런데 놀라운 것이 한 가지 더 있다. 새 예루살렘에 하나님이 계셔서 안전하시다면 그 하나님이 계신 곳이 어디인가? 성전이다. 그런데 그 성전은 그 성 어디에 있는가?

21:22a 성 안에서 내가 성전을 보지 못하였으니

새 예루살렘이 안전한 곳일 뿐 아니라, 거룩한 성인 이유도 하나님이 그 곳에 거하시기 때문이다. 그런데 성안에 하나님이 거하시는 성전이 없는 이유는 무엇인가?

22b 하나님과 어린 양이 성전이심이라.

새 예루살렘 성 자체가 하나님이 거하시는 성전이 되어버려 성전이 따로 없다는 것이다.

21:16에서 새 예루살렘 성을 측량해보니 **네모 반듯**하다 했다. 그것도 새 예루살렘 성이 왕상 6:20에 묘사된 정사각형 모양의 성전, 지성소임을 보여준 것이었다.

20:1, 10에서 반복 강조하듯 마지막 날에 하늘이 내려와 하늘과 땅이 연합해 이 땅이 하늘화(Heavenized)되면 이 땅이 하나님께서 인간과 함께 거하시는 완전한 장막이 된다. 이 사상은 구약 겔 37:25-28에도 나타났던 개념이다. 이렇게 하여 새 하늘과 새 땅, 이 땅에 세워질 천국은 만국이 순례하고 예배드리러 올 우주 중심의 지성소가 된다.

그 말은 새 하늘과 새 땅이 성전이고, 하나님이 거하시는 거룩한 도성 새 예루살렘이 성전이고, 천당이 하나님이 영광 가운데 거하시는 성전이라는 말이다. 하나님 나라 전체가 성전이지, 신천지가 말하듯 과천이나 어느 지역에 지리적으로 구분된 성전이 아니다.

그러므로 천당, 천국, 새 하늘과 새 땅, 새 예루살렘 성에 들어갔는데 주일 아침에 교회 가려고 찾아보니까 교회가 안 보여서 인터넷 검색해 봐도 "성전: 없음!"으로 뜰것이다.

하나님과 어린 양 자신이 성전이라서 따로 성전이란 건물을 찾을 수 없는 것이다.

이처럼 21:9-27은 새 하늘과 새 땅, 새 예루살렘 성을 새로운 성전 새로운 지성소로 소개했고 22:1-5은 새 에덴동산 이미지로 소개했다. 새 하늘과 새 땅이 새 예루살렘 성이면서 동시에 하나님께서 처음 창조하신 에덴의 회복으로 설명하는 것이다.

그런데 창세기의 에덴동산의 원래 의미가 무엇이었을까?

창 2:9 "여호와 하나님이 그 땅에서 보기에 아름답고 먹기에 좋은 나무가 나게 하시니 동산 가운데에는 생명나무와 선악을 알게 하는 나무도 있더라 10 강이 에덴에서 흘러 나와 동산을 적시고 거기서부터 갈라져 네 근원이 되었으니"

그런데 에스겔이 본 성전의 환상은 어떠했나? 겔 47:1 "그가 나를 데리고 성전 문에 이르시니 성전의 앞면이 동쪽을 향하였는데 그 문지방 밑에서 물이 나와 동쪽으로 흐르다가 성전 오른쪽 제단 남쪽으로 흘러 내리더라 5b 물이 가득하여 헤엄칠 만한 물이요 사람이 능히 건너지 못할 강이더라"

강이 어디서 흘러나오나? 성전에서 흘러나온다. 창 2:9에서는 어디서 흘러나온다고 했나? 에덴에서 흘러나온다. 그 말은 에덴이 원래 생명수가 흐르는 성소, 성전이라는 개념이다.

우리는 에덴동산을 낙원이라고 하는데, 그리스어 파라데이소스인 낙원은 본래 페르시아 왕의 정원 파이리다에자, 즉 울타리로 둘러싸인 정원에서 나온 말이다. 구약의 그리스어 번역인 「칠십인역」 성경은 에덴동산과 관련하여 이 왕의 정원이란 파라데이소스라는 단어를 사용한다.

그런데 **22:1-2 하나님과 및 어린 양의 보좌로부터 나와 길 가운데로 흐르는 생명수 강**이 있다. 그리고 에덴에서 흘러나온 강이 동산을 적시고 거기서부터 갈라져 네 근원이 된다. 이렇게 성소인 새 에덴에서 흐르는 생명수 복음은 이제 전 세계 모든 민족의 구원의 능력이 된다. 따라서 에덴은 세상에 생명을 부어줄 생명수 강이 흐르는 성소로 묘사되고 있다.

그 에덴동산에는 계 22:2을 보면 **생명나무**가 있고, **열매**가 있고 **만국을 치료할 잎사귀**가 있다. 이것은 죄를 치유하고 생명을 줄 성전의 기능이다. 이것 역시 영원한 에덴의 재건설을 다루는 겔 47장에 예언되었던 것이다.

중동 땅에 있는 현재의 이스라엘과 다른 점은, 새 에덴에는 하나님과 어린 양이 해가 되고, 그 해는 지지 않으므로 1년 12달 항상 새 열매가 맺어질 것이란 점이다. 이런 생명나무의 가지와 열매에서 구약 지성소의 등잔대의 모형이 나온 것이다.

이렇게 하여 계시록 처음 일곱 교회에 준 약속이 성취된다. 계 2:7 "이기는 그에게는 내가 하나님의 낙원에 있는 생명나무의 열매를 주어 먹게 하리라"

성 중앙에 생명나무가 위치해있고, 생명수 강이 흘러 사방 온 세상 생명의 근원이 되는 것으로 묘사된 것 새 예루살렘 성 그것은 성소였고, 그곳이 바로 에덴이라는 것이다.

거꾸로, 에덴이 성전이었다는 개념에서 창세기를 다시 잘 읽어보면 첫 에덴동산은 첫 사람이 하나님을 경배한 성전의 모형이었음이 이제 보일 것이다.

창 3:8 "그들이 그 날 바람이 불 때 동산에 거니시는 여호와 하나님의 소리를 듣고 아담과 그의 아내가 여호와 하나님의 낯을 피하여 동산 나무 사이에 숨은지라"

이처럼 에덴은 하나님의 정원일뿐 아니라, 아담이 성전의 제사장처럼 하나님과 함께 대화하는 곳, 즉 거룩한 성전이었다.

마지막 날에 하나님의 도성 새 예루살렘 성이 이 땅으로 내려와 이곳이 새 에덴이 되고, 하나님의 성소가 되는 것 그것이 창조의 완성이고 회복이고 그것이 구원이란 사실이 마지막 때의 환상을 보여주는 계 21-22장의 교훈이다. 그렇다면 새 하늘과 새 땅, 새 예루살렘 성, 거룩한 성, 에덴 모두 같은 성전 이미지이며, 결국 천국은 에덴의 회복이고 그것은 이 땅이 창조주 하나님의 완전한 성소로 회복되는 것이다. 그러므로

🔼 새 에덴이며 우리의 성소인 새 예루살렘을 사모하자(21:12, 22, 26, 27; 22:2, 3).

천국은 성소란 말을 오늘날 표현으로 쉽게 말한 교회이다. (물론 역으로 교회가 천국이란 말은 아니다.) 그러니 교회가기 싫은 사람 천국 못 간다.

그럼 구원받은 우리가 마지막 날에 주께서 새 창조하신 새 에덴에 그리스도와 함께 살며 무엇을 할까? 그것은 에덴에서 아담의 사명은 무엇이었나를 보면 알 수 있다.

아담의 사명은 창 1:28 "하나님이 그들에게 복을 주시며…모든 생물을 '다스리는' 것"이었다. 20:6에서 보듯 우리는 그리스도와 함께 새 에덴을 다스릴 것이다. 또한 계 **22:5**에서 **세세토록 왕** 노릇할 것이다. 천년왕국 동안 잠시가 아니라, 영원한 왕노릇 즉 통치행위를 할 것이다. 그러니 사라질 세상에서 권력 잡고 통치해보려고 발버둥칠 필요가 없다.

또한 하나님이 아담이란 사람을 지으시고 창 2:15에 보면 "여호와 하나님이 그 사람을 이끌어 에덴 동산에 두어 그것을 경작하며 지키게 하시고", 여기 아담의 사명이 또 나타난다.

성경을 잘 모르는 사람들은 아담에게 경작하며 지키게 한다고 할 때 경작을 농사짓는 것으로 보며, 그것은 우리가 타락한 심판으로 노동의 처벌을 받은 것이라고 생각한다.

그러나 그건 나중 창 3:17 사건이다. 죄의 결과는 수고해도 가시덤불과 엉겅퀴가 나고 땀 흘려도 소산이 없는 저주고, 여기 타락 전인 창 2장에서 경작한다는 히브리어 단어는 *abad* 인데 Kline교수나 유대인 구약학자 Cassuto는 경배하고 순종한다는 뜻으로 이해했는데, 왜냐하면 이 단어는 본래 제사장이 성막을 섬긴다라고 할 때 사용된 단어(민 37:8, 8:25-26; 18:5-6 대상 23:32 겔 44:14)이기 때문이다. 그래서 구약의 헬라어 번역인 70인역도 이 단어를 제사장적 예배사역 행위인 *latreuo*로 번역했던 것이다. 그 배경에서 오늘 본문 계 22:3도 중앙에 있는 어린 양 보좌 주변에서 그의 종들이 그를 '섬기며'라 할 때 바로 이 단어 *latreuo*를 사용해 아담에게 주어졌던 제사장적 사명의 완성을 표현한 것이다. 즉 계 7:15와 본문 22:3이 반복해서 가르치는 것은, 새 하늘과 새 땅에서 우리는 모두 에덴에서 첫 아담처럼, 하나님을 예배하는 제사장으로 섬기게 될 것이란 말이다.

이 때 우리의 예배가 섬김/사역이 되고, 참된 섬김 혹은 사역은 예배가 되는 것이다. 그런데도 우리는 여전히 매 주일 예배를 단순히 구경꾼 행위에서 끝나고 섬김은 없지 않나? 또한 우리의 섬김과 예배와 사역을 별개처럼 구분하는 것이 옳은가도 생각해 봐야 한다. 우리의 섬김과 사역이 예배가 되는 것이 바로 이 새 에덴에서 보여주는 성도의 완성된 삶의 모습이다.

그렇다면 거듭난 우리의 사명은 무엇이 되는가? 하나님이 지은 세상을 돌보고 악으로부터 지키고 보호하고 하나님을 예배하고 섬기는 것이다. 그것이 인간의 본분이다. 죽고 마지막 날 부활해 새 하늘과 새 땅에 가면 우리는 다시 그 직무를 회복하여 제사장적 삶을 완성하게 될 것이다. 그러므로

📖 예배자인 우리의 사명을 다할 새 하늘과 새 땅을 사모하자.

그래서 구원받은 우리가 이 땅에서 하는 일은 이 다음에 천국에 가서 할 그 영광스러운 일을, 그 축복을 교회에서 맛보는 것이다. 즉 하나님을 예배하고 하나님 나라를 섬기는 것이다. 다른 말로 우리의 예배는 천국의 기쁨이 되어야 한다.

첫 아담이 범죄하여 하나님의 성소인 에덴에서 쫓겨날 때, 첫 아담의 제사장적 직무는 보좌 옆에서 하나님을 섬기는 그룹/천사들에게 넘겨져서, 그들이 지성소인 동산 중앙의 생명나무에 죄인들이 함부로 접근하지 못하도록 길을 지키게 되었다(창 3:24). 이제 그리스도의 복음으로 하나님의 자녀가 되고 왕 같은 제사장이 된 우리는, 복음 전파로 주님을 섬겨 사

람들이 구원받아 마지막 날에 다 함께 새 에덴에 들어가 생명나무 과실을 먹을 수 있게 도와야 할 것이다.

그리고 이 땅에 사는 동안 다시는 바벨론의 미혹에 넘어가지 말고, 다시는 에덴에 뱀의 유혹을 허용하지 말아 실낙원하지 말아야 할 것이다. 또한 이 땅에 사는 동안에도 하나님을 예배하는 삶, 복음의 증인의 삶에 실패하지도 말아야 할 것이다!

그것이 천국을 소망하는 자, 새 하늘과 새 땅을 바라보는 사람, 새 에덴에 들어가 하나님과 낙원 속에서 거니는 소망을 가지고 사는 사람들의 삶이어야 한다.

28
우리를 향해 다가오시는 주님
(요한계시록 22:6-21)

어떤 일의 핵심은 처음과 끝을 보면 안다. 특히 시종일관 반복되는 것이 있으면 그게 중요한 핵심이다. 성경 주제와 핵심도 그렇다. 창세기의 창조와 계시록의 새 창조를 보라. 창세기의 에덴동산과 계시록의 새 에덴을 보라.

그렇다면 계시록의 주제는 '종말'이 아니라 '새로운 시작'임을 깨달아야 한다. 한 가지 더, 계시록의 시작과 끝은 무엇으로 시작되고 무엇으로 마치는가?

계시록 시작은 순종의 축복으로 시작된다. 계 1:3 "이 예언의 말씀을 읽는 자와 듣는 자와 그 가운데에 기록한 것을 지키는 자는 복이 있나니 때가 가까움이라" 2:26 "이기는 자와 끝까지 내 일을 지키는 그에게 만국을 다스리는 권세를 주리니"

계시록의 중간은 무엇인가? 14:12 "성도들의 인내가 여기 있나니 그들은 하나님의 계명과 예수에 대한 믿음을 지키는 자니라"

계시록의 결론 역시 거룩한 순종과 그 때 순종의 축복을 언급한다.

22:7 말씀을 지키는 자는 복이 있으리라, 9 이 두루마리의 말을 지키는
즉 순종하는 자의 복은 무엇인가? 14b을 보면 열린 **문**을 통해 새 예루살렘 **성에 들어갈 권세**를 받고, 드디어 **생명나무**로 접근하게 되며 17절에서는 **생명수**가 흐르는 새 에덴의 삶이다.

그렇다면 믿음이란 무엇인가? 교회를 다니는게 아니라 하나님 말씀을 지켜 행하고 끝까지 순종하는 것이다. 그 사람이 바로 계시록에서 말하는 끝까지 신실하여 세상과 우상을 좇아 하나님을 배신하지 않고 이기는 자다. 새 하늘과 새 땅은 이렇게 구원의 말씀을 순종하여 삶의 열매를 맺는 자들에게 주어지는 축복이다.

이런 말씀 순종과 구원은 또 다시 심판과 상급이란 주제로 연결된다.

계시록 시작 부분, 7교회에 대해 언급할 때 2-3장에서만 10회나 반복해 성도의 행위에 대해 지적했었다. 예를 들어 계 2:23 "내가 너희 각 사람의 행위대로 갚아 주리라."는 말씀이 있다.

계시록 끝날 때도 행한대로 심판과 상급까지 언급한다! 22:12 "보라 내가 속히 오리니 내가 줄 상이 내게 있어 각 사람에게 그가 행한 대로 갚아 주리라"

이것은 사 62:11b의 성취다. "보라 네 구원이 이르렀느니라 보라 상급이 그에게 있고 보응이 그 앞에 있느니라 하셨느니라" 마지막 심판 때에 천국과 지옥 판결에서 구원 외에도, 신자나 불신자 모두 행위대로 심판받음을 강조한다. 이것은 20:12-13에서도 이미 언급했던 것이다.

20:12 "또 내가 보니 죽은 자들이 큰 자나 작은 자나 그 보좌 앞에 서 있는데 책들이 펴 있고 또 다른 책이 펴졌으니 곧 생명책이라 죽은 자들이 자기 행위를 따라 책들에 기록된 대로 심판을 받으니 13 바다가 그 가운데에서 죽은 자들을 내주고 또 사망과 음부도 그 가운데에서 죽은 자들을 내주매 각 사람이 자기의 행위대로 심판을 받고"

그러므로 상급에 대해 말하는 것을 두려워 말라. 상급을 기대하는 것이 부끄러운 게 아니다. 나도 신앙이 어렸을 때는 상급 기대가 유치한 저급 신앙이라 생각했다. 그러나 자식을 길러보고, 신앙 연륜이 생기며 이제 깨달은 것은 아버지의 마음이다. 열심히 한 아이들, 기특한 아들 딸에게 상주고 싶은 마음, 뭔가를 베풀고 싶은 마음을 알게 됐다. 내가 교만했었다. 혼자 고상한척 하지 말자. 상 주시는 아빠를 기뻐하는 것이 어린아이 같은 순수한 신앙 자세다.

물론 상 받는 것 자체가 목표인 신앙생활은, 댓가를 기대하며 행동하는 세속적이고 물질주의적인 속물들의 모습이다. 그런 이상한 신앙이 되지 않게 조심하자. 하나님은 상급을 우리 선행의 미끼로 쓰지 않는다. 그게 철없는 부모와 하나님 아버지가 다른 점이다. 그렇다고 착한 자녀들에게 상주시겠다는 하나님 아버지에 대한 성경의 가르침을 수준 낮은 것으로 생각해서는 안된다.

성경은 반복해서 상에 대해 가르친다. 고전 3:8 "각각 자기가 일한 대로 자기의 상을 받으리라" 고전 9:24 "너희도 상을 받도록 이와 같이 달음질하라" 히 11:26 "그리스도를 위하여 받는 수모를 애굽의 모든 보화보다 더 큰 재물로 여겼으니 이는 상 주심을 바라봄이라"

본문 22:12도 마지막 날, 주의 재림 때 하나님이 주실 상급이 있음을 명확하게 가르친다. 그것을 소망하자. 상급을 구원으로만 제한하지 말라. 그리고 상급에 대한 기대를 부끄럽게 생각 말라. 다시 말하지만 상 받으려고 일하지는 말자. 상 자체가 목적이 될 수 없다. 그러나 하나님은 신실하게 믿음을 지킨 자에게 상급 주실 것을 분명히 말씀하심을 부정하지도 말라.

산상수훈 후 마 5:12과 눅 6:23은 "기뻐하고 즐거워하라 하늘에서 너희의 상이 큼이라"고 한다. 또한 마 6장에서는 참된 구제, 금식, 기도 생활에서도 상을 4회(1, 2, 5, 16)나 언급한다. 요이 8은 "너희는 스스로 삼가 우리가 일한 것을 잃지 말고 오직 온전한 상을 받으라"고 권면한다.

이처럼 창세기부터 계시록까지 일관성 있게 가르치는 것은 하나님 말

쏨에의 순종은 구원 받아 새 예루살렘 성에 들어가는 축복과 함께 상급이 있다는 사실이다. 그러므로

⬆ 순종하라는 이 위대한 명령에 귀를 기울이자(22:7-23).

그럼 불순종하는 자의 운명은 어떠할까?

옛 언약인 토라의 구조는 순종하는 자에게 축복, 불순종하는 자에게 저주와 심판이었다. 새 언약인 예수님의 복음의 구조도 믿는 자에게 구원, 믿지 않고 거부하는 자에게는 심판과 멸망이다!

요한계시록의 구조도 마찬가지이다. 순종하는 자에게 새 에덴, 불순종하는 자에게는 심판이 있다는 것이다. 21:27 "무엇이든지 속된 것이나 가증한 일 또는 거짓말하는 자는 결코 그리로 들어가지 못하되 오직 어린 양의 생명책에 기록된 자들만 들어가리라" 22:15도 같은 말을 한다. "**개들과 점술가들과 음행하는 자들과 살인자들과 우상숭배자들과 및 거짓말을 좋아하며 지어내는 자는 다 성 밖에 있으리라**"

이처럼 하나님의 구원의 말씀에 불순종하는 자는 심판을 받는데, 그들은 이단과 우상숭배자와 살인자 같은 죄인들만이 아님을 주목하기 바란다. 지난번에 봤던 21:6-7절의 새 예루살렘 성에 들어가는 축복에서 배제되는 자들은 모두 언약 밖에서 태어난 이방인들, 살인자와 우상숭배자들만이 아니다.

21:8 "그러나 두려워하는 자들과 믿지 아니하는 자들과 흉악한 자들과 살인자들과 음행하는 자들과 점술가들과 우상숭배자들과 거짓말하는 모든 자들은 불과 유황으로 타는 못에 던져지리니 이것이 둘째 사망이라"

: '두려워하는 자들과 믿지 아니하는 자들'도 새 예루살렘 성에 못 들어가고 불과 유황으로 타는 못에 던져진다.

G.K. Beale교수는 그들은 언약 백성 가운데에 존재하면서도 믿음 없이

사는 자들임을 지적한다. 그것은 계시록에서 계속 반복된 경고였다. 그것이 바로 21:7에서 '이기는 자'만이 상속을 받는 자녀가 된다고 말한 이유이다. 이기는 자는 타협을 요구하는 세상 속에서 목숨을 거는 대가를 치르더라도 믿음을 지키고 인내하는 사람들임을 계시록은 계속 강조해오지 않았던가!

이처럼 끝까지 믿음을 지킨 이들은 새 에덴 즉 천국에 들어가고, 이 두루마리의 예언의 말씀을 순종하지 않는 이들은 22:15에서 보듯 다 성 밖 곧 소위 지옥으로 분리된다. 이것을 C.S. Lewis는 Great Divorce 크나큰 이혼이라 했다.

지난 번에 21:1-7에서 본, 마지막 날에 하늘에서 새 예루살렘 성이 내려와 새 에덴이 만들어지는 현상을 '하늘과 땅의 위대한 결합'이라고 했다. 그래서 21:2b에서 그것을 신랑과 신부의 결혼 비유로 설명한 것이라 했는데, 이것과 대조해서 오늘 본문 21:8 불과 유황 못에 던져지는 둘째 사망과 오늘 본문 22:15이 말하듯 불신자는 다 성 밖으로 분리되는 것은 '천국과 지옥의 위대한 이혼'이라고 부를 수 있다. 이 거대한 분리는 구약 사 52:1의 성취다. "시온이여 깰지어다 깰지어다 네 힘을 낼지어다 거룩한 성 예루살렘이여 네 아름다운 옷을 입을지어다 이제부터 할례 받지 아니한 자와 부정한 자가 다시는 네게로 들어옴이 없을 것임이라"

이런 최후의 심판에 따른 위대한 분리가 억울하고 불공평하다고 원망할 수 있을까? 아니다. 주님은 수없이 회개와 구원의 기회를 주셨다. 그러나 그들은 거절했다. C.S. Lewis는 『천국과 지옥의 이혼』에서 "선은 오직 하나, 하나님뿐이라네. 그 밖의 모든 것은 하나님을 바라보고 있을 때는 선하고, 등을 돌리고 있을 때는 악한 게야"라고 말한다. 그래서 지옥의 문은 누가 밖에서 걸어 잠근 게 아니라 우리가 안에서 걸어 잠근 셈이다. 그것이 11절 말씀이다.

22:11 불의를 행하는 자는 그대로 불의를 행하고 더러운 자는 그대로 더럽고 의로운 자는 그대로 의를 행하고 거룩한 자는 그대로 거룩하게 하라

이것은 다니엘이 했던 예언과 같다. 단 12:10 많은 사람이 연단을 받아 스스로 정결하게 하며 희게 할 것이나 악한 사람은 악을 행하리니 악한 자는 아무것도 깨닫지 못하되 오직 지혜 있는 자는 깨달으리라. C.S. Lewis는 다시 말한다. "… 세상에는 딱 두 종류의 인간밖에 없어. 하나님께 '당신의 뜻이 이루어지이다'라고 말하는 인간들과, 하나님의 입에서 끝내 '그래, 네 뜻대로 되게 해 주마'라는 말을 듣고야 마는 인간들. 지옥에 있는 자들은 전부 자기가 선택해서 거기 있게 된 걸세. 자발적인 선택이라는 게 없다면 지옥도 없을게야. 진지하고도 끈질기게 기쁨을 갈망하는 영혼은 반드시 기쁨을 얻게 되어 있어."

이처럼 언약에 순종하면 새 에덴 즉 낙원의 삶을 사는 축복이 있지만, 불순종한 배교자에게는 성 밖 불 못의 저주와 심판이 있다는 천국과 지옥으로의 이 거대한 분리! 이것은 피할 수 없는 현실이고 수정할 수 없는 약속이다. 지난 신명기 맥잡기 시간에 봤듯이 이것은 고대 근동 지역에서 큰 왕과 속국 작은 왕과 맺은 조약 구소와도 같은 것인데, 이 때 문서 규정에는 항상 수정 금지 규정이 있었다. 신 4:2; 12:32 "내가 너희에게 명령하는 이 모든 말을 너희는 지켜 행하고 그것에 가감하지 말지니라" 하나님 말씀이 갖는 권위는 가감불가, 수정 금지 규정이 따르는 것이다. 이를 어기면 저주와 심판이 따른다. 그것의 계시록 버전이 22:18 **"내가 이 두루마리의 예언의 말씀을 듣는 모든 사람에게 증언하노니 만일 누구든지 이것들 외에 더하면 하나님이 이 두루마리에 기록된 재앙들을 그에게 더하실 것이요 19 만일 누구든지 이 두루마리의 예언의 말씀에서 제하여 버리면 하나님이 이 두루마리에 기록된 생명나무와 및 거룩한 성에 참여함을 제하여 버리시리라."** 이다.

옛 언약인 토라 율법은 물론, 새 언약인 복음과 계시록의 예언도 모두

더하거나 감하는 자에게 저주가 있다고 한다. 둘 다 하늘 큰 왕과의 수정 불가 조약 규정이기 때문이다.

그러므로 마지막 날에, 믿고 말씀대로 사는 자는 새 에덴으로, 복음을 거부하고 세상을 사랑하는 자는 사탄과 함께 불못으로 던져지는 위대한 분리에 대한 성경의 가르침, 계시록의 가르침을 경솔히 여기지 말라.

📖 위대한 분리에 대한 경고에 귀를 기울이자.

하나님은 사랑이시지만, 동시에 하나님은 공의의 하나님이시다.

우리는 예수 그리스도의 복음을 믿을 때, 값없이 주어지는 구원의 은혜와 축복을 경험한다.

요 3:16 "하나님이 세상을 이처럼 사랑하사 독생자를 주셨으니 이는 그를 믿는 자마다 멸망하지 않고 영생을 얻게 하려 하심이라"

그러나 예수님의 회개하라는 명령과 복음 말씀을 거부할 때 심판과 저주가 있음도 잊지 말아야 한다.

요 3:18 "그를 믿는 자는 심판을 받지 아니하는 것이요 믿지 아니하는 자는 하나님의 독생자의 이름을 믿지 아니하므로 벌써 심판을 받은 것이니라"

마지막 날 새 하늘과 새 땅 밖, 어두운 곳으로 쫓겨나 사랑하는 가족들과 분리된 채 홀로 슬퍼 울며 이를 갊이 없기 바란다. 간절히 바라건대 사랑하는 사람들과 헤어지지 않기 바란다! 당신이 가장 사랑하는 자들과 이 자리에서 함께 예배드리는 형제자매들이 모두 다가오고 있는 새 하늘과 새 땅에서 다시 만나, 함께 영원하고 복된 삶을 살 수 있기 바란다.

그런데 경건한 그리스도인의 특징이 있다. 그들은 영안이 열려서 하늘의 비밀한 것을 요한처럼 눈앞에 있는 것처럼 보게 된다.

우리나라에서 시력 좋은 사람은 2.0이다. 그러나 깨끗한 곳, 초원에 사는 몽고 유목민들의 시력은 4.0~8.0이라는 설이 있다.

요한이나 경건한 그리스도인들의 영적 시력은 어느 정도일까?

구약에서 하나님은 이렇게 말씀하셨다. 말 3:1 "만군의 여호와가 이르노라 보라 내가 내 사자를 보내리니 그가 내 앞에서 길을 준비할 것이요 또 너희가 구하는 바 주가 갑자기 그의 성전에 임하시리니 곧 너희가 사모하는 바 언약의 사자가 임하실 것이라 2 그가 임하시는 날을 누가 능히 당하며 그가 나타나는 때에 누가 능히 서리요"

그러나 대부분의 사람들은 2천 년 전 어느 날 주님이 갑자기 임하신 사실이 보이지 않았다. 그리고 우리의 구원을 위한 십자가의 사명을 다 마치고 부활해 하늘로 돌아가기 전, 마지막 날 심판자로 다시 오실 것을 말씀하시며, 마 24:44 "이러므로 너희도 준비하고 있으라 생각하지 않은 때에 인자가 오리라" 하셨다. 그런데 그게 다시 눈에 안보이기 시작했다. 왜냐하면 세상이 너무 좋아서 그렇다. 세상에 빠져 살다보니까 그렇다.

그러나 생각지도 못한 때에 갑자기 오실 주님에 대해서는 사도 요한은 계시록 초반부터 수차 말씀하신 바 있다. 계 1:7 "볼지어다 그가 구름을 타고 오시리라 "Look, he is coming with the clouds," (NIV, NRSV, ESV) 주님은 손오공이 아니므로 구름타고 오시는 것이 아니라, 구약에서 하나님이 나타나실 때 거룩한 구름이 가득했던 것처럼, 하나님의 영광의 구름과 함께 나타나신다는 뜻이다.

계시록 중반에서도 경고했다. 16:15 "보라 내가 도둑 같이 오리니 누구든지 깨어 자기 옷을 지켜 벌거벗고 다니지 아니하며 자기의 부끄러움을 보이지 아니하는 자는 복이 있도다"

이제 계시록 마지막 부분에서 주님은 다시 말씀하신다.

22:12a "보라 내가 속히 오리니 Look, I am coming soon (NIV, NRSV, ESV)"

역시 주님은 내가 나중에 올 것이라 하지 않으셨다. 그 시제를 정확히 표현하면 '지금 오고 계시다'는 것이다. 깨어있으라고 도둑같이 갑자기 임할 것이라고 하던 때는 지났다. 주님이 지금 오고 계시다!

그래서 **22:10** "**이 두루마리의 예언의 말씀을 인봉하지 말라 때가 가까우니라**"고 하신 것이다. 그렇다. 그래서 주님은 7교회에게 이렇게 주의를 주신 적이 있다. 3:11 "내가 속히 오리니 I am coming soon 네가 가진 것을 굳게 잡아 아무도 네 면류관을 빼앗지 못하게 하라"

이처럼 영적 시력이 좋은 경건한 사람은 먼 미래에 오실 주님이 아니라 지금 우리에게 다가 오고 계시는 주님이 보이기에 임박성을 느낀다. 이 현상은 경건한 그리스도인들에게는 초기 교회부터 있었다. 신약에서 가장 먼저 쓰인 살전 4:15을 보면 "우리가 주의 말씀으로 너희에게 이것을 말하노니 주께서 강림하실 때까지 우리 살아남아 있는 자도 자는 자보다 결코 앞서지 못하리라"한다. 사도 바울과 데살로니가 교인들은 자신들이 살고 있는 당대에 예수님의 재림이 일어날 것이라고 보았다. 경건한 그리스도인들의 영적시력은 10.0이다. 미래가 현실로 보인다.

그런데 즉시 재림이 이루어지지 않으면 기가 죽을만도 한데, 사도 바울은 롬 13:11-12에서 "너희가 이 시기를 알거니와 자다가 깰 때가 벌써 되었으니 이는 이제 우리의 구원이 처음 믿을 때보다 가까웠음이라 12 밤이 깊고 낮이 가까웠으니 그러므로 우리가 어둠의 일을 벗고 빛의 갑옷을 입자"고 여전히 교인들을 권면한다. 그리고 빌 3:20-21에서 "우리의 낮은 몸을 자기 영광의 몸의 형체와 같이 변하게 하실 주 예수그리스도를 기다린다"고 한다. 이게 영적 시력을 가진 경건한 사람들의 특성이다. 우리는 주님이 지금 우리를 향해 오고 계심을 봐야한다. 그리고 그때 벌어질 마지막 심판을 준비하며 천국을 바라보며 오늘을 살아야한다.

주님과의 만남에 대한 기대가 없다면 우리 신앙에 이상이 있다는 이상 신호다. 사랑하는 사람을 보고 싶지 않다는 것은 정상이 아니다. 드라마

'태양의 후예'에서 유시진(송중기) 대위가 작전 중 죽었다는 소식을 들은 송혜교의 폭풍 눈물 연기와 짧은 대사가 기억난다. "안와? 이제 못 보는거야?" 사랑하는 사람을 못 본다는 것처럼 절망스런 것은 없다. 그러다가 그가 살아 돌아오는 모습을 보면 달려나가야 한다. 그리고 두 팔을 크게 벌려 허그(Big hug)해야 한다. 사랑하는 사람을 만나는 것처럼 설레는 것은 없다. 그 분이 우리에게 다가 오신다. 그 소식에 가슴이 뛰어야 한다. 그것이 영적 건강이다.

그런데 지난 두 주 동안 22:2, 10을 통해 우리는 끊임없이 천국을 향해 가야만 하는 것이 아님을 배웠다. 우리가 새 예루살렘 성을 향해 순례의 길을 가노라면, 새 예루살렘 성이 하나님으로부터 하늘로부터 내려와 우리에게 다가옴을 보았다.

우리는 또한 믿음과 기도로 주님께 가까이 나아가야 한다. 그러면 신 4:7 "우리 하나님 여호와께서 우리가 그에게 기도할 때마다 우리에게 가까이 하심과 같이" 하나님이 우리에게 다가 오신다고 약속하셨다. 그 말씀이 이제 완성된다. "내가 오고 있다. I am coming"

오고 계시는 주님, 이것은 우리의 순수한 신앙에 따른 영적 시력이고 망원렌즈 효과다. **16절**에서 예수 그리스도께서 **다윗의 뿌리요 자손**임이 보이는 것도 같다. 우리 모두가 그 투명한 눈, 선명한 영적 시력으로 지금 우리에게 다가 오시는 주님을 볼 수 있기 바란다.

이러한 주의 재림은 또한 모두에게 알려야 할 귀중한 계시다. 그런데 구약의 묵시는 단 12:4, 9 "다니엘아 마지막 때까지 이 말을 간수하고 이 글을 봉함하라"했었다. 그렇다. 비밀스러운 닫힌 계시 그것은 마지막 때까지다. 그러나 다니엘의 인봉된 계시가 열리는 날이 이제 임한 것이다. 계시록을 통해 이 계시는 이 마지막 때가 임박한 우리 모두에게 열렸다.

22:10 이 두루마리의 예언의 말씀을 인봉하지 말라 때가 가까우니라
신약의 묵시는 그런 의미에서 열린 계시다. 이런 계시록의 교훈은 인봉할 수 없는, 아니 인봉해서는 안될 가르침이다. 하나님은 종말의 일을 특별 계시를 받았다고 주장하는 소수, 구원파나 신천지 같은 이단에게만 주는 계시로 하지 않는다. 계시록은 모두가 읽으면 자명하게 알 수 있도록 열려있는 계시이지, 절대로 이만희 같은 교주 몇 명에게만 허락된 닫힌 비문이 아니다. 모두에게 알려야 할 계시이다. 그래서

22:16 나 예수는 교회'들'을 위하여 내 사자를 보내어 이것들을 너희에게 증언하게 하였노라 그리고 모두를 이 혼인잔치에 초대한다. 17 성령과 신부가 말씀하시기를 오라 하시는도다 듣는 자도 오라 할 것이요 목마른 자도 올 것이요 또 원하는 자는 값없이 생명수를 받으라 하시더라 18 내가 이 두루마리의 예언의 말씀을 듣는 모든 사람에게 증언하노니
이처럼

📖 모든 성도들에게 이 다시 오실 약속은 열려있다. 우리 모두 주님과의 위대한 만남을 기대하자.

모두가 이 초대를 듣는다. 그러나 다 나아오지는 않는다. 목마른 자, 원하는 자만 올 것이다. 모두가 주님의 다가오심에 대한 소식을 듣는다. 그러나 모두가 원하지도 않는다. 그들은 세상에 목말라 있기 때문이다. 우리에게 종말은 기쁜 새 시대의 시작이다. 그러나 그들은 주님의 다시 오심이 심판이 될 것임을 그 영이 본능적으로 느끼기에 사실 종말에 대한 두려움 속에 산다. 그러면서도 세상의 화려한 유혹의 불꽃으로 빠져들어 타죽는 나방처럼 미친 듯이 멸망의 지옥불 속에 끌려들어간다. 우리 모두 거짓과 위선과 권력과 탐욕의 그 밤의 유혹에서 벗어나야 한다. 빛으로

나아오라!

하나님의 공식 선언이신 *ego eimi*로 예수님은 13절에서 **알파요 오메가**로 그리고 16절에서는 **나는 다윗의 뿌리요 자손이니 곧 광명한 새벽 별이라** 하시는 분이 말씀하신다. 20 "**내가 진실로 속히 오리라**"고 말씀을 듣는 노사도 요한이 외쳤듯이 우리도 "**아멘 주 예수여 오시옵소서**"라고 같이 외칠 수 있으면 좋겠다. 하나님의 영원한 생명과, 새 예루살렘과 새 에덴을 가지고 그분이 우리에게 오고 계시다.

우리는 청지기로서 각기 맡은 소명에 최선을 다해야 한다. 그러나 정치 경제 사회를 봐도 패역한 세상에 소망이 없음을 알기에 오직 주께만 소망을 둔다. 그래서 주님의 다시 오심을 소원한다.

그리고 계시록이 말하는 종말은 끝이 아니라 새로운 시작임을 알기에 새 하늘과 새 땅을 소망한다.

그래서 사도 바울이 고전 16:22 "우리 주여 오시옵소서(*Marana Tha!*)"라고 외쳤듯이, 우리도 주를 사랑한다면 그 소망을 담아 '우리 주여 오시옵소서'라고 외치게 된다.

'내가 진실로 속히 오고 있노라'는 주님의 말씀에 사도 요한이 "*Amen erku kyrie Yesu* 아멘 주 예수여 오시옵소서" 외쳤듯이 우리도 '아멘 주 예수여 오시옵소서'라고 이 시간 외칠 수 있기 바란다.